Religion und Geschlechterverhältnis

Veröffentlichungen der Sektion
„Religionssoziologie"
der Deutschen Gesellschaft
für Soziologie

Band 4

Ingrid Lukatis
Regina Sommer
Christof Wolf (Hrsg.)

Religion und Geschlechterverhältnis

Leske + Budrich, Opladen 2000

Gedruckt auf säurefreiem und alterungsbeständigem Papier.

Die Deutsche Bibliothek – CIP-Einheitsaufnahme

Religion und Geschlechterverhältnisse / Ingrid Lukatis ... (Hrsg.) - Opladen : Leske + Budrich, 2000
 (Veröffentlichungen der Sektion „Religionssoziologie" der Deutschen Gesellschaft für Soziologie ; Bd. 4)
 ISBN 3-8100-2546-1

© 2000 Leske + Budrich, Opladen

Das Werk einschließlich aller seiner Teile ist urheberrechtlich geschützt. Jede Verwertung außerhalb der engen Grenzen des Urheberrechtsgesetzes ist ohne Zustimmung des Verlages unzulässig und strafbar. Das gilt insbesondere für Vervielfältigungen, Übersetzungen, Mikroverfilmungen und die Einspeicherung und Verarbeitung in elektronischen Systemen.

Druck: Druck Partner Rübelmann, Hemsbach
Printed in Germany

Inhalt

Dank 9

Ingrid Lukatis, Regina Sommer, Christof Wolf
Frauen und Männer – Religion und Kirche –
Wechselwirkungen und Spannungen (Einleitung) 11

Annette Wilke
Wie im Himmel so auf Erden?
Religiöse Symbolik und Weiblichkeitskonstruktion 19

**Religiosität von Frauen und Männern
in historischer Perspektive**

Irmtraud Götz von Olenhusen
Feminisierung von Religion und Kirche im 19. und 20. Jahrhundert 37

Theresa Wobbe
Edith Stein (1891-1942): Der Wandel von Geschlechterordnung
und Religion im frühen 20. Jahrhundert 49

Christof Wolf
Zur Entwicklung der Kirchlichkeit
von Männern und Frauen 1953 bis 1992 69

Religiosität von Frauen und Männern heute

Robert Kecskes
Religiosität von Frauen und Männern im internationalen Vergleich 85

Petra-Angela Ahrens
Frauen in der Kirche: Spielt das Geschlecht (noch) eine Rolle? 101

Rainer Volz
Über die Hartnäckigkeit des ‚kleinen' Unterschieds –
Religiosität und Kirchlichkeit im Vergleich der Geschlechter
und ihrer Rollenbilder 115

Edith Franke
Die Göttin als zentraler Bezugspunkt feministischer Religiosität 131

Regina Sommer
Geschlechtsspezifische Alltagserfahrungen und Religion.
Zur Funktion von Religion und Religiosität im Lebenskontext
berufstätiger Mütter 139

Arbeiten in der Kirche

Sabine Federmann
Was Kirche ist entscheide ich – Frauen in christlichen Gruppen 149

Sigrid Reihs
Zur Motivation ehrenamtlicher Mitarbeiterinnen
und Mitarbeiter in der Kirche. 157

Christiane Bender, Hans Graßl, Heidrun Motzkau
Geschlechtsspezifische Arbeitsteilung in kirchlichen Organisationen 171

Walburga Hoff
„Kirche ... ist irgendwo so ein geschützter Raum"
Weiblichkeitskonstruktionen in den Berufsstrukturen
der katholischen Kirche 181

Kornelia Sammet
Die Autorität der Pfarrerin – Charisma, Amt und Tradition
in der Arbeit evangelischer Pfarrerinnen 193

Gregor Siefer
Der geweihte Mann 203

Gertrud Hüwelmeier
Vom Dienstmädchen zur Dienstmagd Christi –
Weiblichkeitskonstruktionen in einer katholischen Ordensgemeinschaft ... 215

Alternative Religiosität

Donate Pahnke
Priesterinnen und Priester in neuen religiösen Bewegungen 225

Frauen und Islam

Karin Werner
Weibliche Lebensstile und Neo-Islam in Kairo 241

Ruth Klein-Hessling
Religiöse Praktiken und Wandel der Geschlechterverhältnisse –
Eine Fallstudie aus dem Nordsudan 251

Sigrid Nökel
Migration, Islamisierung und Identitätspolitiken:
Zur Bedeutung der Religiosität junger Frauen in Deutschland 261

Gritt M. Klinkhammer
Zur Bedeutung des Kopftuchs für das Selbstverständnis von
Musliminnen im innerislamischen Geschlechterverhältnis 271

Religion und Geschlechterordnung

Monika Wohlrab-Sahr, Julika Rosenstock
Religion – soziale Ordnung – Geschlechterordnung.
Zur Bedeutung der Unterscheidung von Reinheit und
Unreinheit im religiösen Kontext 279

Verzeichnis der Autorinnen und Autoren 299

Dank

Wir danken dem Dezernat für eine erneuerte Gemeinschaft von Frauen und Männern in der Kirche der Evangelisch-lutherischen Landeskirche Hannovers und der Hanns-Lilje-Stiftung für die großzügige Gewährung des Druckkostenzuschusses. Ohne diesen Zuschuß wäre dieser Band nicht erschienen.

Der vorliegende Band, der die gleichnamige Tagung der Sektion Religionssoziologie der Deutschen Gesellschaft für Soziologie dokumentiert, verdankt sein Erscheinen aber auch der tatkräftigen Unterstützung vieler Menschen. Besonderen Dank schulden wir Hartmann Tyrell. Als Mitorganisator hat er großen Anteil an dem Gelingen dieser Tagung gehabt. Ebenso gilt unser Dank dem Vorstand der Sektion Religionssoziologie für seine Unterstützung bei der Tagung und bei der Realisierung dieses Bandes. Den Autorinnen und Autoren sei für die Bereitschaft zur Überarbeitung ihrer Artikel gedankt. Schließlich danken wir dem Forschungsinstitut für Soziologie der Universität zu Köln für die Nutzung seiner Infrastruktur und seinen Mitarbeiterinnen und Mitarbeitern für die Hilfe beim Korrekturlesen und die Suche nach fehlenden bibliographischen Angaben.

August 1999

Ingrid Lukatis
Regina Sommer
Christof Wolf

Ingrid Lukatis, Regina Sommer, Christof Wolf

Frauen und Männer – Religion und Kirche – Wechselwirkungen und Spannungen

Systematische soziologische Analysen zum Verhältnis von Religion und Geschlechterordnung fehlen – zumindest in Deutschland – bis heute weitgehend. Vor dem Hintergrund einer seit mindestens einem Vierteljahrhundert andauernden und mittlerweile institutionalisierten Geschlechterforschung und dem in den letzten Jahren wieder gestiegenen Interesse für religionssoziologische Fragestellungen ist dies besonders erstaunlich.[1] Manches deutet sogar darauf hin, daß beide Seiten, die sozialwissenschaftliche Geschlechterforschung ebenso wie die Religionssoziologie, das jeweils andere Feld aus ihren Betrachtungen ausklammern.

Wenn die *Religionssoziologie* überhaupt mit der Kategorie Geschlecht arbeitet, dann nahezu ausschließlich zur Frage eines Unterschieds zwischen Frauen und Männern mit Bezug auf ihre Religiosität und Kirchlichkeit. Einschlägigen Studien, die in aller Regel zu dem Ergebnis einer größeren Nähe von Frauen zu Religion und Kirche kommen, mangelt es aber meist an dem Versuch, dieses Resultat auf die je unterschiedlichen sozialen Lagen von Frauen und Männern, mithin die Geschlechterordnung, zu beziehen. Geschlecht bleibt hier also eine vor-soziale, quasi natürliche Kategorie.

Auf Seiten der *Geschlechterforschung* überwiegt die Auseinandersetzung mit Themen, die die Ordnung der Geschlechter, und das heißt zunächst: die Unterordnung der Frauen, besonders in den Blick nehmen: Studien zum Verhältnis von Hausarbeit und Erwerbsarbeit, zur geschlechtsspezifischen Segmentation des Arbeitsmarktes und ihrer Folgen, zur geschlechtsspezifischen Sozialisation und schließlich zur Konzeptualisierung dessen, was „Geschlecht" überhaupt meint: die sex-gender Debatte, Diskussionen um das Problem Zweigeschlechtlichkeit vs. multipler Geschlechter etc. (s. ausführlich Klein 1994). Im Verhältnis zu diesen Themenbereichen bestimmen Religion und Kirche die Geschlechterforschung in unserer Gesellschaft heute

---

1 Die Sektion Frauenforschung der Deutschen Gesellschaft für Soziologie wurde bereits 1979 gegründet und ist mit ca. 550 Mitgliedern heute die größte Sektion der DGS. Die Sektion Religionssoziologie wurde – nach ihrer Auflösung Ende der 1960er Jahre – im Jahr 1995 erneut eingerichtet und hat z.Zt. ca. 140 Mitglieder.

kaum noch. Während also in der „Religionssoziologie die Geschlechterdifferenz *systematisch* invisibilisiert ist", haben wir es „auf der Seite ... der Frauen- und Geschlechtersoziologie" mit einer „(ziemlichen) Religionsblindheit" zu tun (Tyrell 1998: 4 und 7). Mit anderen Worten: Eine ‚feministische Religionssoziologie' läßt noch auf sich warten.

Die in diesem Band versammelten Arbeiten sind ein erster Versuch, sich dieser Gesamtthematik in einer größeren Breite zu nähern, als dies bisher geschehen ist. Die einzelnen Beiträge versuchen dies in recht unterschiedlicher Weise. Auffällig ist zunächst, daß sich dabei ein bereits bekanntes Muster der Geschlechterforschung widerspiegelt: Die allgemein erkennbare Tendenz, Geschlechterfragen überwiegend als „Frauenfragen" und ihre Bearbeitung und Rezeption als „Frauensache" wahrzunehmen, wird auch hier sichtbar, und zwar in zweifacher Hinsicht:

Zum einen sind 21 der 26 AutorInnen Frauen, zum anderen stehen zahlreichen Beiträgen, die die Erfahrungen und Umgangsweisen von Frauen mit Religion und Kirche beleuchten, nur zwei Artikel gegenüber, die eine Männerperspektive in den Vordergrund stellen. Gerade mit Bezug auf das Erleben von Religion *durch* und die Bedeutung von Religiosität *für* Männer besteht offensichtlich ein beträchtliches Defizit soziologischer Forschung.

Hier mag zwar eingewendet werden, daß die Religionssoziologie wie auch andere gesellschaftstheoretische Arbeiten, die das Geschlechterverhältnis nicht reflektieren, „Mensch" und „Mann" gleichsetzen (Klein 1994: 196), entsprechende Theorien somit durchweg „Männer-Theorien" sind. Dem ist aber entgegenzuhalten, daß ein solcher nur impliziter Bezug nicht dazu führt, das Spezifische männlicher Lebenswelten in seiner Bedeutung für das Religions- und Kirchenverhältnis der Männer systematisch zu bedenken und zu untersuchen. Soziologische Studien zur Religiosität von Männern sollten daher auch explizit von diesen sprechen, ebenso wie es selbstverständlich ist, frauenspezifische Religiosität mit Bezug auf Frauen zu diskutieren. Sicherlich muß es prinzipiell eine empirische Frage bleiben, inwieweit sich Männer und Frauen tatsächlich im Blick auf ihr Verhältnis zu Religion und Kirche unterscheiden und welche Aspekte ihrer je unterschiedlichen Sozialisation, ihrer sozialen Rollen und ihrer sozialen Lagen für diese Unterschiede, so sie denn bestehen, verantwortlich sind. Angesichts offensichtlich existenter asymmetrischer Ausgestaltung des Geschlechterverhältnisses in religiösen wie anderen sozialen Bereichen, bedarf es jedoch dringend einer differenzierenden Analyse.

Eine umfassende Untersuchung der Beziehungen zwischen Religion und Geschlechterverhältnis hat vier Phänomenbereiche zueinander ins Verhältnis zu setzen:
- Aussagen zu Göttinnen, Göttern bzw. anderen übernatürlichen Mächten, die im jeweiligen Religionssystem Gültigkeit haben,

- im jeweiligen Religionssystem gültige Vorstellungen zur Geschlechterordnung,
- andere (d.h. nicht-religiös definierte) Vorstellungen zur Geschlechterordnung, die in der jeweiligen Gesellschaft gelten, sowie
- faktische Gegebenheiten des Geschlechterverhältnisses in religiösen Organisationen und in der jeweiligen Gesellschaft insgesamt (Über-/Unterordnung, geschlechtsspezifische Arbeitsteilung usw.).

Eine solch umfassende Analyse kann nicht von der Soziologie allein geleistet werden. Sie erfordert Beiträge verschiedener Disziplinen. Die Beschäftigung mit geschlechtsspezifischen Momenten der theologischen Konstruktion transzendenter bzw. „heiliger" Wesenheiten, seien es Göttinnen, Götter oder andere Vorstellungen, fallen zunächst einmal in den Bereich theologischer und religionswissenschaftlicher Forschung, ebenso theologische Vorstellungen bezüglich der Geschlechterordnung in der Welt. Davon zu trennen ist die Analyse der Wechselwirkungen zwischen den (offiziellen) Leitideen und Ordnungsmustern einer Religion bzw. deren Repräsentanten zum Verhältnis der Geschlechter und anderen – außerhalb des religiösen Bereichs existierenden – gesellschaftlichen Vorstellungen. Die Analyse dieser Beziehungen betrifft eher soziologische, zum Teil auch psychologische Fragen. Dort, wo Veränderungsprozesse im Zeitablauf bzw. unterschiedliche Ausgestaltungen solcher Relationen in verschiedenen Kulturen untersucht werden sollen, sind – neben der Soziologie – die Geschichtswissenschaft bzw. die Ethnologie gefragt.[2]

Die nachfolgend dokumentierten Beiträge nehmen folgende Fragen auf:
- *In welchem Verhältnis stehen unterschiedliche Vorstellungen von „Weiblichkeit" und „Männlichkeit" religiöser Bezugsgrößen zu den Vorstellungen über das Verhältnis von Frauen und Männern und zu dessen realer gesellschaftlicher Ausgestaltung?*

Annette Wilke nimmt dieses Thema auf und diskutiert die These, daß Gottesbilder mit ihrer je spezifischen Ausgestaltung die Geschlechterordnung prägen. Einer solchen Vermutung folgend vergleicht sie die Geschlechterkonstruktionen in einer islamischen, von einer patriarchalen Gottesvorstellung geprägten Gesellschaft mit entsprechenden Vorstellungen und Praktiken in einer hinduistisch geprägten Gesellschaft, die auch weibliche Gottheiten kennt. Sie kommt zu dem Schluß, daß das faktische Geschlechterverhältnis nicht unmittelbar mit jeweils vorherrschenden Gottes- bzw. Göttinnenbildern korrespondiert. Im Gegenzug zeigt *Edith Franke*, wie Veränderungen im Selbstverständnis von

---

2 Mit dieser Auflistung ist keine „Zuweisung" einzelner Teilaspekte des Problems an unterschiedliche Disziplinen intendiert. Vielmehr soll auf den interdisziplinären Charakter der Fragestellung aufmerksam gemacht werden: Zur Bearbeitung der anstehenden Fragen bedarf es unterschiedlicher Theorien und Methoden.

(christlichen) Frauen ihrerseits zu einer aktiven Suche nach und Gestaltung von Göttinnenbildern und damit zu religiösen Neuorientierungen – auch innerhalb der Kirchen – führen können. Und *Donate Pahnke* beschreibt in ihrem Beitrag über neo-pagane Religionssysteme, wie bestimmte von Männern bzw. Frauen geprägte Gruppen unterschiedliche religiöse Vorstellungen – auch im Blick auf das Geschlechterverhältnis – entwickeln: Einem patriarchalisch-frauenfeindlichen und zugleich individualistisch-machtorientierten Muster steht ein eher feministisch und zugleich sozialethisch-gemeinschaftsorientierter Entwurf gegenüber.

- *Welche faktischen Zugangschancen für Männer und Frauen bestehen in den organisierten Sozialformen des Christentums als einer traditionell eher patriarchal geprägten Religion?*

Die geschlechtsspezifische Teilhabe an Ämtern in den großen christlichen Kirchen wird in mehreren Beiträgen thematisiert. So fragt *Kornelia Sammet* nach spezifischen Problemen und Lösungsstrategien evangelischer Pfarrerinnen, die an der noch immer vorherrschenden Norm des männlichen Pastors gemessen werden. *Gregor Siefer* untersucht im Gegenzug die aufgrund des mangelnden Nachwuchses unter Druck geratene Rolle des katholischen Priesters, die noch immer für Männer reserviert ist. Seines Erachtens läßt sich das Problem des Priesternachwuchses nur durch eine Öffnung des Priesterberufs auch für Frauen und/oder die Aufhebung des Zölibats beheben. In dem Beitrag von *Gertrud Hüwelmeier* wird das Bild der katholischen Kirche als Männerbund kritisch hinterfragt. Am Beispiel eines katholischen Frauenordens, der Armen Dienstmägde Jesu Christi, stellt sie dar, wie Frauen sich auch in einer von Männern dominierten Struktur wie der katholischen Kirche Freiräume schaffen und diese aktiv gestalten.[3]

Zwei Beiträge von *Christiane Bender, Hans Gaßl* und *Heidrun Motzkau* sowie von *Walburga Hoff* thematisieren Frauen, aber auch Männer, als Angestellte der (katholischen) Kirche. Die AutorInnen machen deutlich, in welchem Maß die Kirche als Arbeitgeberin Frauen auf typische „weibliche" Arbeitsfelder und Positionen festlegt. Die von Frauen im Vergleich zu ihren männlichen Kollegen eingenommenen beruflichen Positionen zeichnen sich darüber hinaus auch im Rahmen der katholischen Kirche sehr oft durch geringere soziale Anerkennung und niedrigere Bezahlung aus.

Neben den hauptamtlich in der Kirche Beschäftigten sind ehrenamtlich Tätige für das ‚Funktionieren' der Kirchen von entscheidender Bedeutung. Dieser Personenkreis steht im Mittelpunkt der beiden Beiträge von *Sigrid Reihs* und *Sabine Federmann*. Während *Federmann* am Beispiel verschiedener evangelischer Gruppen zeigt, wie ehrenamtlich

---

3 Der weiter unten genannte Beitrag von *Theresa Wobbe* nimmt diese Sichtweise ebenfalls auf.

tätige Frauen ihre Rolle und damit zugleich auch die Kirche (um-) formen, beschreibt *Reihs*, wie Frauen und Männer ihre kirchlichen Ehrenämter in je unterschiedlicher Weise interpretieren, ausfüllen und nach ihren Bedürfnissen gestalten.
- *Welche Rückwirkungen haben gesellschaftliche Veränderungen des Geschlechterverhältnisses auf das Verhältnis, welches Frauen und Männer gegenüber Religion bzw. Kirche einnehmen?*

Theresa Wobbe arbeitet am Beispiel von Edith Stein heraus, wie sich durch die erweiterten Möglichkeiten, die von Frauen seit Anfang dieses Jahrhunderts erkämpft wurden, auch ihr Verhältnis zur Religion wandelt. Religion und Religiosität werden Frauen nun zu einer Möglichkeit, für oder gegen die sie sich bewußt entscheiden können. Damit geraten auch die Kirchen (und letztlich die Religion selbst) unter Druck, fordern doch Frauen wie Edith Stein gleichen Zugang zu Ämtern wie Männer. Obwohl dies bis heute noch nicht in allen Kirchen für alle Ämter gelungen ist, ist der Erfolg dieser Bewegung in der westlichen Welt doch unübersehbar.[4]

Christof Wolf zeigt, daß es nach 1945 zu einer deutlichen Abnahme der Kirchennähe von Frauen kommt. Dieser Prozeß geht offensichtlich mit Veränderungen im gelebten Geschlechterverhältnis einher, ist insbesondere mit einem verstärkten Zugang von Frauen zur Berufswelt und zum öffentlichen Raum verbunden.

Eine Erklärung für die in interkulturell vergleichender Perspektive noch immer nachweisbar stärker ausgeprägte Religiosität von Frauen schlägt *Robert Kecskes* vor: Weit mehr als sozialstrukturelle Differenzen zwischen Männern und Frauen sieht er Unterschiede im Bereich der religiösen Sozialisation hierfür verantwortlich; diese, so *Kecskes*, scheint bei Mädchen deutlich ausgeprägter zu sein als bei Jungen und zugleich eher von Frauen (Müttern) als von Männern (Vätern) geleistet zu werden.

Petra-Angela Ahrens geht in ihrem Beitrag der Frage nach, inwieweit sich auch heute noch nachweisbare Unterschiede der Religiosität von Frauen und Männern auf ihre je unterschiedlichen gesellschaftlichen Positionen zurückführen lassen. Sie stellt unter anderem fest: Die Bejahung des herkömmlichen Geschlechterverhältnisses hält Frauen – weniger ausgeprägt auch Männer – in Verbindung zu Religion und Kirche. Die Nähe traditioneller Geschlechtsrollenstereotype zu ebenso traditionellen christlichen Glaubensinhalten wird damit belegt.

---

4 Selbst dort, wo Frauen der Zugang zu kirchlichen Ämtern mittlerweile offensteht, wie etwa zum Amt der Pfarrerin in der evangelischen Kirche, bleibt das mit diesen Ämtern verbundene Rollenbild über weite Strecken noch androzentrisch geprägt (vgl. den Beitrag von *Sammet*).

Rainer Volz greift diese Fragestellung speziell im Blick auf Männer auf, indem er fragt, wie sich veränderte männliche Selbstbilder auf die religiösen und kirchlichen Orientierungen von Männern auswirken. Und er kommt zu einer ganz ähnlichen Schlußfolgerung wie *Ahrens*: Je traditioneller das Selbstbild von Männern, desto stärker ist ihre religiöskirchliche Orientierung.

Dennoch greift die einfache Gleichsetzung von traditionell und religiös bzw. modern und nicht-religiös zu kurz. Es kommt vielmehr darauf an, welche Moderne gemeint ist und welche gesellschaftliche Situation zum Bezugspunkt genommen wird. Ein sozialgeschichtlicher Beitrag unterstreicht dies ebenso wie vier Arbeiten, in deren Mittelpunkt die Religiosität islamischer Frauen aus verschiedenen Ländern steht:

Irmtraud Götz von Ohlenhusen untersucht, wie es im Deutschen Reich vor der Jahrhundertwende durch die Trennung von Staat und Kirche zu einem Rückzug von Männern aus der Kirche kommt. Die von ihr in diesem Zusammenhang diagnostizierte Feminisierung von Religion und Kirche wird dabei in einen komplexen Zusammenhang beginnender Frauenemanzipation und fortschreitender männlich dominierter Säkularisierungsprozesse (Verwissenschaftlichung) bzw. innerweltlicher Sakralisierungsprozesse (Nationalismus) gestellt.

Karin Werner und *Ruth Klein-Hessling* argumentieren, daß die Einhaltung religiöser Gebote wie Verschleierung, Jungfräulichkeit etc. und die souveräne Beherrschung religiösen Wissens für junge islamische Frauen in Ägypten und im Sudan nicht notwendigerweise als Einschränkung, sondern vielmehr als Zugewinn an (Selbst-)Sicherheit und gesellschaftlicher Anerkennung zu deuten sind.

Vergleichbares wird auch in den Studien von *Sigrid Nökel* und *Gritt M. Klinkhammer* zur Situation junger islamischer Frauen in Deutschland sichtbar. Ähnlich wie *Wobbe* die Konversion Edith Steins zum Katholizismus und ihren späteren Eintritt in den Karmel als Ergebnis einer freien Entscheidung skizziert und darin einen Ausdruck der für Frauen neuen gesellschaftlichen Möglichkeiten erkennt, deuten diese Autorinnen die Re-Islamisierung junger Frauen, die in Deutschland als Kinder von ArbeitsmigrantInnen aufgewachsen sind, als Versuch, ihrerseits das Verhältnis von Frauen und Männern in aktiver Weise neu zu gestalten.

- *Besteht ein Wechselverhältnis zwischen geschlechtsspezifischen Arbeits- und Aufgabenteilungen und der Bedeutung und Funktion, die Religion für den individuellen Lebensalltag hat?*

Regina Sommer zeigt in ihrem Beitrag für die Situation berufstätiger Mütter auf, daß deren widersprüchlicher Lebensalltag Religion in spezifischen Funktionen relevant werden läßt. Frauen- und geschlechtsspezi-

fische Aspekte von Religiosität lassen sich somit am ehesten an geschlechtsspezifischen Erfahrungskontexten festmachen.
• Es stellt sich abschließend noch einmal die alle Einzelthemen verbindende Frage, woraus die offenbar enge Verknüpfung von Religion und Geschlechterverhältnis resultiert.
Monika Wohlrab-Sahr und *Julika Rosenstock* nehmen dieses Problem in ihrem Beitrag theoretisch auf. Nach einer einleitenden Skizze der engen Bezüge zwischen religiöser Ordnung, sozialer Ordnung und Geschlechterverhältnis in neuen fundamentalistischen Bewegungen entfalten sie ein diesem Geflecht generell zugrundeliegendes Muster, welches aus ‚Erfahrungs-Nähe', struktureller Ähnlichkeit und gleichzeitigem Spannungsverhältnis zwischen der erotischen und religiösen Sphäre (Max Weber) erwächst. Wenn – wie Niklas Luhmann dies beschreibt – das Begriffspaar Transzendenz-Immanenz als spezifische Codierung jedes Religionssystems zu denken ist, und wenn zugleich Reinheit-Unreinheit als dessen „Zweitcodierung" dienen, dann resultiert aus der besonderen Verknüpfung dieses Merkmals mit dem jeweils geltenden Frauenbild und dem weiblichen Lebenszusammenhang eine enge gesellschaftliche bzw. gruppenspezifische Verzahnung von Religion und Geschlechterverhältnis. „Den Frauen und der durch sie repräsentierten Geschlechterordnung", so *Wohlrab-Sahr* und *Rosenstock*, „kommt damit exemplarische Bedeutung zu im Hinblick auf die Präsentation der religiösen Gruppe". Die Aufrechterhaltung der Geschlechterordnung ist dann um so wichtiger, je zentraler die Bedeutung, die der Erhaltung der „Heilsordnung" beigemessen wird, ist; und veränderte Vorstellungen im Blick auf das Geschlechterverhältnis machen neue Muster auch im religiösen Denken wahrscheinlich.

Angesichts des Facettenreichtums der Befunde fällt ein bündiges Fazit dieser Tagung zum Thema „Religion und Geschlechterverhältnis" schwer. Eine Frage aber drängt sich auf, die dazu beitragen könnte, weitere Forschungsarbeiten zu fokussieren. Die eingangs konstatierte Tendenz, Geschlechterfragen als „Frauenfragen" zu behandeln, wird durch die in den Vorträgen präsentierten Resultate um einen neuen, inhaltlichen Aspekt ergänzt: Jenseits vordergründiger Beschreibung von Differenzen zwischen weiblicher und männlicher Religiosität – und d.h. in der Regel: stärker ausgeprägten religiös-kirchlichen Tendenzen bei Frauen – scheint die Beantwortung der Frage *nach Zusammenhängen zwischen Religion und Geschlechterverhältnis* selbst eine geschlechtsspezifische Differenzierung zu erfordern.

Was Frauen betrifft, so läßt der Themenkreis „Religion und Geschlechterverhältnis" ein auffallend prägnantes Muster erkennen: Zum einen zeigt sich da ein offenbar recht stabiles ‚traditionales' Syndrom; Frauen, die ihrerseits an einer herkömmlichen Ausformung des Geschlechterverhältnisses orientiert sind, erweisen sich überwiegend zugleich dem Religionssystem eng verbunden, in dessen (traditionalen) Vorstellungen und Praktiken sie in der Regel intensiv sozialisiert wurden. Frauen, deren Überzeugungen und Lebenspraktiken eher nicht-traditionale Muster aufweisen, zeigen zwar zum Teil zugleich Tendenzen einer Distanzierung von Religion und Kirche. Nicht wenige von ihnen aber praktizieren ein anderes Verhalten: Indem sie die im Religionssystem geltenden Gottesbilder und/oder die religiös legitimierte und im Religionssystem praktizierte Geschlechterordnung im Sinn des von ihnen selbst gelebten und im Blick auf gesellschaftliche Verhältnisse erstrebten Geschlechterverhältnisses umdeuten und verändern, tragen sie dazu bei, die wechselseitigen Bezüge von Religion und Geschlechterverhältnis in aktiver, innovativer Weise neu zu gestalten,.

Die – wenigen – Beiträge, die den Zusammenhang von Religion und Geschlechterverhältnis aus expliziter Männerperspektive behandeln, scheinen dagegen eher ein Un-Verhältnis – im soziologischen Sinn – zum Ausdruck zu bringen. Zwar finden sich auch hier Hinweise auf ein ‚traditionales' Syndrom, das Religiosität ebenso einschließt wie die Orientierung an Elementen herkömmlicher Geschlechterordnung; dieses scheint jedoch erheblich schwächer ausgeprägt als bei Frauen. Und dort, wo Männer ihrerseits Veränderungen des eigenen Rollenbildes – und damit der von ihnen gedachten und gelebten Geschlechterordnung – probieren, geschieht dies anscheinend weitgehend ohne erkennbaren Bezug zum religiösen System. Mehr noch: Anders als viele Frauen scheinen veränderungsorientierte Männer im Religionssystem kaum Möglichkeiten einer Unterstützung des eigenen innovatorischen Handelns im Blick auf das Geschlechterverhältnis zu vermuten.

Weitere religionssoziologische Forschungsarbeiten zum Thema „Religion und Geschlechterverhältnis" könnten versuchen, eine Erklärung für diese Differenz zu finden. Sie werden auch dazu die interdisziplinäre Zusammenarbeit mit historischen und kultur- bzw. religionswissenschaftlichen Studien brauchen.

Literatur

Klein, Uta, 1994: Das Geschlechterverhältnis und die Soziologie. S. 191-223 in: Georg Kneer, Klaus Kraemer, and Arnim Nassehi (Hg.): Soziologie. Zugänge zur Gesellschaft. Geschichte, Theorien und Methoden. Münster-Hamburg: Lit.
Tyrell, Hartmann, 1998: Eröffnungsreferat. Beitrag zur Tagung ‚Religion und Geschlechterverhältnis' der Sektion Religionssoziologie der DGS in Wiesbaden-Naurod, 8.-10. Mai 1998.

Annette Wilke

Wie im Himmel so auf Erden?
Religiöse Symbolik und Weiblichkeitskonstruktion

1. Einleitung

„All of the major living religions of the world are essentially patriarchal and male dominated" stellt der Soziologe Lester R. Kurtz (1995: 234) fest, nicht ohne auf die fundamentale Rolle zu verweisen, welche die feministische Kritik und spezifischerweise die feministische Theologie gespielt hat, zu solchen Aussagen überhaupt zu kommen. Die feministische Kritik an der Misogynität der abendländisch-christlichen Tradition und am androzentrischen jüdisch-christlichen Gottesbild hat auch den Blick auf andere religiöse Traditionen geschärft. Niemand kann heute verkennen, dass in der Tat in den sogenannten Weltreligionen Männer dominieren, in den institutionellen Organisationsformen wie in den textualen Traditionen.

Der feministische Diskurs hat ein Umdenken bewirkt. Eine Reihe von neueren Publikationen zu ausserchristlichen Traditionen rücken Frauen ins Zentrum der Untersuchung.[1] Es ist zwar bezeichnend, dass weitgehend nur Frauen Autorinnen solcher Studien sind, doch blieben feministische Kritik und die Aufdeckung positiver Frauentraditionen nicht ohne Wirkung auf gelebte Religiosität. Hatte die amerikanische Frauenrechtlerin Elizabeth Cady Stanton noch entrüstet festgestellt:

„So long as ministers stand up and tell us that Christ is the head of the church, so is man the head of the woman, how are we to break the chains which have held women down through the ages." (zitiert bei Kurtz, 1995: 228)

so dürften heute nur wenig Priester dieses Pauluswort mehr verwenden, ohne zugleich die andere paulinische Aussage mitzuliefern: „Es gibt nicht mehr Juden und Griechen, nicht Sklaven und Freie, nicht Mann und Frau, denn ihr alle seid ‚einer' in Christus." Unter den Theologen ist es gang und gäbe geworden, die weiblichen Seiten Gottes zu betonen, und das „Vater unser" ist in nicht wenigen Liturgien zum „Vater und Mutter unser" geworden. Der doppelgeschlechtliche Anruf ist praktische Umsetzung einer der Hauptthesen

---

1 Neben Studien zu einzelnen religiösen Tradtionen gibt es Traditionen übergreifende Titel wie: Falk und Gross (1993), Bynum (1986), King (1987, 1995), Pahnke (1993), Sharma (1987).

feministischer Kritik, nach welcher Gottesbilder und Geschlechterverhältnis korrelieren. Der Diagnose, dass das traditionelle jüdisch-christliche Gottesbild an der sozialen Diskrimierung der Frau wesentlich mitverantwortlich sei und dass das hierarchische Machtgefälle Gott – Mensch jenes von Mann und Frau spiegelbildlich abbilde, reproduziere und stabilisiere, folgte als strategische Therapie eine Suche nach nicht-sexistischen Symbolen. U.a. findet die hinduistische Göttin Kālī neuerdings in der Spiritualität westlicher Frauen starken Anklang.

Mein Beitrag zeichnet die Linien solch religiöser Neuorientierung nach und fragt nach einer systematischen Verhältnisbestimmung von religiöser Symbolik und Weiblichkeitskonstruktion. Wenn wir uns den Hinduismus und den Islam als zwei Enden eines Kontinuums verschiedener Gottesvorstellungen ansehen, stellen wir fest, dass zwischen Gottesbild und Geschlechterordnung kein Zusammenhang besteht. Das normative Frauenbild und die faktische Rolle von Frauen in hinduistischen und muslimischen Gesellschaften sind weitgehend deckungsgleich. Ich zeige im folgenden, dass Weiblichkeitskonstruktionen weniger der Evokativkraft religiöser Symbolik per se zuzuschreiben sind als dem durch die sozialen Kontexte bestimmten diskursiven Gebrauch von Symbolen. Wenn westliche Frauen die Göttin Kālī als Symbol der Befreiung für sich entdecken, so folgen sie einem grundsätzlich anderem Diskursmodell als indische Kālī-Verehrer und -Verehrerinnen.

2. Gottesbild und Geschlechterverhältnis in der feministischen Kritik

Feministische Theologinnen machen geltend, dass das patriarchale Gottesbild an der Diskriminierung der Frauen maßgeblich beteiligt war oder allgemeiner formuliert: dass religiöse Symbole auf das Geschlechterverhältnis wesentlichen Einfluss haben. Die Symbolauffassung kommt jener von Clifford Geertz (Religion als Modell von und Modell für Mensch und Gesellschaft) am nächsten, schöpft aber auch aus Tillich und insbesondere aus Jungs Archetypenlehre und aus Freuds Tiefenpsychologie (dazu Christ, 1983). Rosemary Radford Ruether stellt fest:

> „... the male bias of Jewish and Christian theology not only affects the teaching about women's person, nature and role, but also generates a symbolic universe based on the patriarchal hierarchy of male over female. The subordination of woman to man is replicated in the symbolic universe in the imagery of divine-human relations." (zitiert bei Kurtz, 1995: 229).

Und Rita M. Gross konstatiert:

„... it is undeniable that the male symbolism of deity has been a major contributor to the exclusion of women from positions of respect and authority in Western society and religion." (Gross, 1983: 217).

Mary Daly argumentiert, dass maskuline Pronomina und Titel wie Vater, Sohn, Herr, König im Unterbewussten die Botschaft hinterließen, männliche Macht sei göttlich. Sarkastisch spricht sie von „Vater, Sohn & Co.", welche eine Eroberungs- und Herrschafts-Mentalität generiert und die unheilige Trinität Vergewaltigung, Genozid und Krieg herbeigeführt hätten. Im Gegensatz zu Ruether u.a., denen es um eine Transformation der biblischen Tradition geht, sieht Daly keine andere Lösung als die „gyn-ökologische" Abkehr vom christlichen Gott.

Gross ist zunächst biblisch orientiert. Epitheta wie ‚der Heilige' sind nach Gross grundsätzlich bisexuell, und sie fordert den Übergang von einer androzentrischen zu einer androgynen Methodologie, welche eine Transformation der tatsächlichen Verhältnisse bewirke, „subtle and overwhelming, though not total" (zitiert bei McCance, 1990: 168). Androgyne Begrifflichkeit und Symbolik scheinen ihr in einer späteren Publikation jedoch nicht mehr ausreichend. Sie schlägt deshalb vor, aus der indischen Göttinnen-Tradition zu borgen und spricht von einem „second coming of the goddess".

Wenn sich seit den späten 60er Jahren feministische Kritik von einer Identifizierung sexistischer Stereotypen zu einer Suche nach positiven Neuentwürfen gewandelt hat, so hat sich durch alle divergierenden Positionen, die sich dabei ausdifferenzierten, die Prämisse der Konvergenz irdischer und himmlischer Verhältnisse durchgehalten. Um das Machtgefälle zwischen Mann und Frau zu überwinden, suchte man nun, die weiblichen Seiten Gottes stark zu machen; auf der einen Seite durch die Entdeckung der mütterlichen Seiten des alttestamentlichen Gottes usw., auf der anderen Seite durch den radikalen Bruch mit der biblischen Tradition und die Anknüpfung an Göttinnen-Traditionen.[2] Die Suche nach nicht-sexistischen Symbolen innerhalb und außerhalb der biblischen Tradition setzt sich bis heute fort (vgl. auch Franke in diesem Band).

Symbolen wird somit eine große Wirkmacht zugeschrieben. Frauen wollen diese Wirkmacht ausschöpfen, indem sie selbstbewusst Traditionen umgestalten. Alte Symbole werden neu gedeutet, vergessene ans Licht geholt und auf moderne Verhältnisse zugeschnitten, neue werden geschaffen. Carol P. Christ erklärt programmatisch:

„I believe we are living in a revolutionary time when new religious symbols are being formed by a process of syncretism and creativity that includes discovering new meanings in biblical and nonbiblical symbolisms... It is my belief that the work that feminists are

---

[2] Für eine Zusammenfassung der unterschiedlichen Positionen vgl. McCance (1990) und Christ (1983); kritisch gegenüber post-biblischen Entwürfen äußert sich Janowski (1996).

doing to transform the image of God has profound but subtle and not easily observable consequences for social life." (Christ, 1983: 231).

Solch eine Aussage ist typisch für die abendländische Moderne, die sich weniger durch Säkularisierung als durch Individualisierung der Religion auszeichnet. Bezeichnenderweise bevorzugen viele Frauen den Begriff ‚Spiritualität' gegenüber ‚Religion', mit der Begründung, ‚Religion' sei patriarchal besetzt. Der Begriff ‚Spiritualität' zeigt die starke Tendenz zur Individualisierung an. Religion als Spiritualität verstanden ist nicht an Institutionen wie Priestertum, soziale Organisationsformen, Kirche, Gemeinde usw. gebunden, sondern ist ein rein subjektives Phänomen. Solch eine Definition von Religion finden wir schon bei den Romantikern wie auch bei William James. Wenn jedoch nach James primär der Heilige, der Charismatiker, das singuläre religiöse Genie definierten, was Religion ist, so ist es nun jedermann oder besser: jede Frau. Frauen fühlen sich als religiöse Virtuosae. Das Neue daran ist, dass Religion als subjektives Phänomen nicht nur mit Innerlichkeit und Haltungen assoziiert wird, sondern dass Phantasie, Imagination und Kreativität miteinbezogen werden und traditionelle Autoritäten ersetzen. Frauen wollen endlich Subjekt werden, sie wollen Religion aktiv mitgestalten und im Extremfall ihre Religion selbst bestimmen und kreieren. Inspirierende Stimuli und Wahlmöglichkeiten finden sich auf dem Markt der Religionen zum Überfluss. Am stärksten äußert sich diese Tendenz bei den postbiblischen Feministinnen, welche die Göttinnen wiederbeleben und sich als „neue Hexen" bezeichnen. Eigene Selbstwerdung und Religion fallen dabei in eins. Göttinnen werden in der Regel als psychologische Kräfte und innere Energien gedeutet. Rituale werden erfunden, um diese Kräfte zu aktualisieren. Naomi Goldberg schuf das Wort ‚Thealogie' als Ersatz für ‚Theologie'. Das Wort ‚Magie' wird, wie das Wort ‚Hexe', in bewusster Abgrenzung gegen die üblichen negativen Konnotationen verwendet und damit positiv besetzt (vgl. auch Pahnke in diesem Band). Die Betonung der Irrationalität ist durchaus rational. Zunehmende Technologisierung, eine kranke Umwelt, totaler Kommunikationszwang und zugleich Entpersönlichung von Kommunikation durch Internet wie auch globale Gleichschaltung à la McDonalds machen den Hang zur Individualisierung und die Suche nach einer Aktivierung der eigenen kreativen Kräfte verständlich.

So kritisch die an der biblischen Tradition orientierten Frauen den neuen, bewusst ahistorischen Göttinnen-Rezeptionen gegenüberstehen, geht es allen doch grundsätzlich um dasselbe Anliegen: um die Aufwertung des Weiblichen, um die Suche nach weiblichen Vorbildern, um Modelle weiblicher Macht wie auch um Modelle der Gleichheit von Mann und Frau. Feministische Theologie wie post-biblische Thealogie gehen davon aus, dass Gottesbilder soziale Tatsachen, insbesondere das Geschlechterverhältnis, prägen. In der Kritik ist man sich einig, auch wenn die Lösungsstrategien differieren.

Es stellt sich indes die Frage, ob eine Veränderung der Geschlechterordnung mit der Evokativkraft der neuen, frauengemäßeren Symbole zu tun hat. Die Suche nach einem frauengemässen Gottesbild begann erst unter bestimmten gesellschaftlichen Bedingungen, spezifischerweise nachdem Frauen aufgrund ökonomischer Unabhängigkeit autonom geworden waren. Auch ein Vergleich mit außerchristlichen Traditionen stellt in Frage, dass Gottesbilder einen direkten Einfluss auf sozial definierte Geschlechterrollen haben. Lebendige Traditionen der großen Göttin und androgyne Gottesbilder, wie wir sie im Hinduismus finden, haben keine soziale Besserstellung der Frau hervorgebracht als der strenge Monotheismus des Islam.

3. Frauen in Islam und Hinduismus

Obgleich die Weltreligionen sich wesentlich voneinander unterscheiden und in sich noch einmal pluralistisch sind, sind ihre Weiblichkeitskonstruktion bestechend analog: die Eckdaten sind voreheliche Keuschheit, absolute Treue in der Ehe, Reproduktion (und Erziehung). Kurzum, die Frau wird, im Gegensatz zum Mann, als sexuelles Wesen bestimmt. Diskurse der gegenseitigen Ergänzung, wie sie alle Weltreligionen kennen, basieren auf der apostrophierten biologischen Verschiedenheit von Mann und Frau und schreiben ein genderspezifisches Rollenverhalten in Religion und Gesellschaft fest, das sich in der Subordination der Frau im öffentlichen Raum expliziert. Gottesbilder scheinen daran in sehr geringem Maße beteiligt. Es sind vielmehr religiös fundierte Normen und kollektiv-gesellschaftliche Werte, die ein bi-polares, ungleichgewichtiges Geschlechtermodell vorgeben. Nehmen wir als konkretisierendes Beispiel den eklatantesten Gegensatz was das Gottesbild betrifft, den Islam und den Hinduismus, in deren Gesellschaften normative und gelebte Ebene weitgehend übereinstimmen.

Nach Juliette Mince (1992), Laudowitz (1992: 32-36) u.a. sind für den Islam charakteristisch: die Erziehung der Mädchen zu schamhaften Wesen, die bescheiden ihren Blick vor fremden Männern senken und sich verschleiern sollen; die voreheliche Keuschheit der Töchter und Schwestern, die zu wahren oft zur Verheiratung vor der Geschlechtsreife führt; Treue und Unterordnung der Gattinnen; der Wunsch der Frauen nach Söhnen, denn als Mütter von Söhnen gewinnen sie enormen Einfluss; die Bevorzugung der Söhne vor den Töchtern, was bereits mit der längeren Stillzeit beginnt; das enge Mutter-Sohn-Verhältnis; u.a. deshalb das gespannte Verhältnis zur Schwiegermutter, mit welcher die junge Frau im selben Haushalt lebt und zu deren Bedienstete sie wird; weiblich apostrophierte Werte wie Sanftheit, Fügsamkeit, Bescheidenheit, Nicht-Aggressivität, Zurückhaltung. Mit dem Ausschluss aus der Öffentlichkeit nach der Heirat korreliert die Machtposition im eigenen Haushalt, spezifischerweise dann, wenn die Frau Mutter geworden ist. Primärbedürfnisse und vorherrschende gesellschaftliche Werte sind Ehre, guter Name und Familienstolz. Punkt für Punkt stimmen diese Charakteristika mit jenen der hinduistischen Gesellschaft überein.[3] Werte, die sich auf das Kollektiv der Großfamilie beziehen, stehen auch hier, wie in anderen traditionalistischen Gesellschaften, an erster Stelle im Gegensatz zu den primären Bedürfnissen Selbstverwirklichung und Individualität moderner westlicher Gesellschaften. Wie in islamischen Ländern werden auch in Indien Mädchen zur Schamhaftigkeit und Bescheidenheit erzogen, zur Senkung des Blicks vor fremden Männern. In Gebieten Nordindiens gibt es das Gebot der Verschleierung, wenn auch nicht im gleichen Ausmaß wie im Islam. Die wichtigsten weiblichen Werte Schamhaftigkeit, Bescheidenheit, Hingabe, Fügsamkeit, Anmut, Zurückhaltung, Nicht-Aggressivität äußern sich u.a. dergestalt, dass eine Frau kaum in Anwesenheit des Vaters oder des Ehemannes spricht. Wiederholt erlebte ich während meiner Feldforschungen, dass Frauen oft viel spannendere Informationen zu bestimmten Riten usw. bieten konnten als die Männer, dass der Informationsstrom aber jäh versiegte, sobald Vater oder Ehemann dazutraten. Traditionsgebundene verheiratete Frauen verlassen das Haus kaum je alleine, es sei denn für den Tempelbesuch. Die voreheliche Keuschheit ist eines der am sorgsamsten gehüteten Güter. Ein pubertierendes Mädchen wird zum Gefahrenpotential. Sobald die Menstruation eingesetzt hat, will der Vater die Tochter möglichst schnell verheiraten, aus Angst vor Inzest-Gerüchten und um die Schande einer unehelichen Schwangerschaft zu verhüten. Im Hinduismus ist eine uneheliche Schwangerschaft besonders prekär, weil sie eine unstandesgemäße Verbindung beinhalten könnte, die den an die Kastenordnung gebundenen Status der Familie zerstörte.[4] Verheiratet, sind Treue, Ergebenheit, Hingabe und Unterordnung unter den Gatten die wichtigsten Tugenden.[5] Sie sind *strīdharma*, die einzig normative religiöse Pflicht der Frau. Obgleich idealtypische Vorschriften, prägen sie auch heute noch stark das Bewusstsein und Leben hinduistischer Frauen. So erlebte ich, dass eine junge

---

3   In meinen Feldforschungen in Nordindien (Benares) und Südindien (Madras), die den folgenden Beobachtungen zugrunde liegen, bin ich in erster Linie mit höherkastigen, der brahmanischen Tradition verpflichteten Frauen zusammengekommen. Das folgende Bild ist schematisch. Es gibt ebensowenig *die* Frau in Hinduismus wie *die* Frau in Islam. Trotzdem halte ich das Bild für zutreffend, insofern der Großteil indischer Frauen, gerade jene aus niedrigeren Kasten und auf dem Lande, sich den traditionellen Werten entsprechend verhalten. Es versteht sich, dass in den großen Metropolen Delhi und Bombay eine zunehmende ‚Säkularisierung' auch das soziale Rollenverhalten ändert.
4   In ländlichen Gebieten kommt Verheiratung vor der Geschlechtsreife noch vor, obgleich sie gesetzlich nicht erlaubt ist.
5   Nach dem alten Gesetzbuch des Manu darf eine Frau zu keiner Zeit ihres Lebens autonom sein. Als Kind soll sie unter der Kontrolle des Vaters stehen, als Frau unter der Kontrolle des Ehemannes, als Witwe unter der Kontrolle des Sohnes. Den Gatten soll sie wie eine Gottheit verehren.

Frau, die ihren Mann verlassen hatte, weil er sie schlug, in der Nachbarschaft als „bad woman" galt. Eine „gute" Frau stellt die eigenen Bedürfnisse zurück. In traditionellen Haushalten speist eine Frau nicht mit ihrem Gatten zusammen, serviert vielmehr ihm zuerst das Essen. Wie bei den muslimischen Frauen, ist auch bei hinduistischen Frauen der Wunsch nach Söhnen der ausgeprägteste überhaupt, und das Mutter-Sohn-Verhältnis ist außerordentlich eng. Als Mutter genießt eine Frau große Verehrung: Noch der alte Pandit, mit welchem zusammen ich Sanskrittexte studierte, zog kein neues Kleidungsstück an, ohne es zuerst von seiner Mutter segnen zu lassen. Die Wertschätzung der Mutter und die Wichtigkeit des Sohnes haben im Hinduismus einen ganz spezifischen Grund: Ein Sohn ist nicht nur lebenswichtig als Altersversorgung, sondern auch der rituelle Garant des Ahnenhimmels. Für das diesseitige Wohl ist die Frau verantwortlich, und sie genießt uneingeschränkte Herrschaft über das Haus. Es überraschte mich immer wieder, dass meine landlady ausnahmslos „my house" sagte und nicht „unser Haus", ebenso wie mein landlord immer von „her house" sprach, obgleich es sich um das Haus seines Vaters handelte.

Wir sehen dieselben Rollenzuschreibungen und dasselbe Rollenverhalten wie bei muslimischen Frauen, auch wenn sie von anderen kulturellen Voraussetzungen und Vorstellungen geprägt sind. Solch eine deskriptiv-phänomenologische Feststellung sollte nicht mit der normativ-wertenden Aussage, im Islam und im Hinduismus seien Frauen diskriminiert und unterdrückt, verwechselt werden. Viele frauenzentrierte Studien erliegen der Gefahr, die Beschreibung mit einem ethnozentrischen Werturteil zu vermischen und mit missionarischem Eifer zu koppeln. So zeichnet etwa Mince ein ausgesprochen beklemmendes und einseitiges Bild der Muslimas. Tenor ist: Die muslimische Frau wird beherrscht, unterdrückt und ist nur zur Befriedigung des Mannes da, der sie gefangen zuhause hält. Der Schleier ist „Symbol der Einsperrung" (1992: 75). Mince stellt zwar fest, der Eingeschlossenheit stehe „eine in unterschiedlichem Maße kodierte, starke, autonome Frauenwelt gegenüber" (ebd.: 55), doch erfahren wir wenig von dieser. Statt dessen kommt es zu peinlichen Formulierungen wie:

„In der Tat hat diese Gesellschaft bei den Frauen eine Mentalität erzeugt, wie man sie bei allen Unterdrückten findet. Heuchelei, Lüge, Doppelzüngigkeit sind die einzigen Waffen, über die sie letztlich verfügen... Bei den nicht arbeitenden Reichen kommt noch Arroganz, Faulheit und Eitelkeit hinzu." (ebd.: 61).

Erst das westliche Modell und westliche Kleidung verleihen nach Mince den Muslimas ein sicheres Auftreten und ein gutes Selbstbewusstsein (ebd.: 67). Feministische Wertvorstellungen werden hier zur Religion, zum Erlösungsmittel.

Trotz der vielbeschworenen Tatsache, dass es *die* Frau nicht gibt, läuft der feministische Diskurs im Hinblick auf andere Kulturen oft Gefahr, ein stereotypes Frauenbild zu reproduzieren, das es so auch in sogenannt traditionellen Gesellschaften bzw. in nach Religion und Gesellschaft funktional unausdifferenzierten Lebenstilen nicht gibt. Traditionelle Frauenrollen werden in der gelebten Praxis von den Frauen, die sie einnehmen, nicht nur in vielfältiger Weise konterkariert, subversiv hintergangen und umgedeutet, sondern sie verleihen auch Sicherheit, Selbstbewusstsein und das Gefühl von Macht, Stärke und Würde. Die Verschleierung wird nicht nur aufgezwungen, sondern von Muslimas auch bewusst gewählt, u.a. um ein neues religiöses Selbstbewusstsein zu dokumentieren.[6] Die Politisierung des Schleiers bis in staatliche Zwangsmaßnahmen hinein – Verschleierungsgebot im Iran, Verschleierungsverbot in der Türkei – hat seine unschuldige Funktion verwischt, Konvention zu sein. Im nicht-politisierten hinduistischen Kontext Nordindiens gehört Schleiertragen zum guten Ton und Anstand, wie die Anthroplogin Gloria Goodwin Raheja feststellt:

„... women in Pahansu [Uttar Pradesh] veil not because they believe themselves to be inferior to men but because such a pose of deference and modesty is required if the honour of one's household is to be upheld." (Raheja, in: Raheja und Gold, 1994: xxi).

Es gilt, normative und lebenspraktische Ebene, Selbst- und Fremdinterpretation, veränderliche und stabile Werte zu berücksichtigen. Wenn im hinduistischen Referenzrahmen die Tochter nicht vor dem Vater spricht, obgleich sie mehr weiß als er, so folgt sie den traditionellen Konventionen. Da aber der Vater die gelehrte Tochter eigens gerufen hatte, um am Gespräch teilzunehmen, ist die Wahrscheinlichkeit groß, dass er absichtlich das Zimmer verlässt, um sie sprechen zu lassen.[7] Die lebenspraktische Ebene wahrt oft die Spielregeln im vollen Bewusstsein ihrer Beschränktheit. So soll beispielsweise Sharada Devi, die Gattin des bengalischen Heiligen Ramakrishna (19. Jh.), alle im Hinduismus hochgehaltenen weiblichen Werte verkörpert haben, aber es wird zugleich folgender Ausspruch zur Ehe von ihr überliefert:

„Is it not a misery to remain in lifelong slavery to another and always dance to his tune?" (zitiert bei Suddhasatwananda, 1990: 50).

Trotzdem war für Sharada nach eigenen Worten der Dienst am Gatten höchste Seligkeit. Sharada stand gar kein anderes Interpretationsmuster weiblicher Entfaltungsmöglichkeit zur Verfügung als die Ehe und deren Bruch, das Entsagertum, das sie über die Ehe stellte. Heute sind durch Industrialisierung und bessere Bildungschancen mehr Möglichkeiten gegeben, aber nach wie vor hat eine gattenlose Frau praktisch keinen sozialen Ort und ist gesellschaftlicher Isolation ausgeliefert. So konnte beispielsweise dieselbe Frau, die mir erzählte, wie hart es gewesen sei, nach der Heirat plötzlich wie eine Gefangene gehalten zu werden, eine andere junge Frau, die ihren Mann verließ, scharf verurteilen. Die religiösen Normen und ihr Pflichtgefühl waren

---

6 Vgl. die Beiträge von Werner, Nökel, Klein-Hessling und Klinkhammer in diesem Band.
7 Diesen Punkt hat Ruth Klein-Hessling mit Recht in der Diskussion geltend gemacht.

für sie dominanter als die eigene Erfahrung, die ein milderes Urteil erlaubt hätte. Andererseits ist die Religion, die derartige Fesseln auferlegt und zu einem stereotypen Verständnis von Weiblichkeit wesentlich beiträgt, zugleich Garantin, aus den begrenzten Traditionsmustern auszusteigen. Eine Frau, die sich religiösen Übungen widmet und spirituelle Vervollkommnung über den Dienst am Gatten stellt, muss nicht mit gesellschaftlicher Ächtung rechnen und wird unter Umständen sogar als Heilige verehrt.

Das traditionelle Image der Hindu-Frau, in den *dharmaśāstras* festgelegt und in der erzählenden Literatur narrativ ausgestaltet, kennt praktisch keine Alternative zur Heirat. Das Bild der Frau, von männlichen Autoren entworfen, ist ambivalent. Derselbe Text, der starke und tugendhafte Frauen feiert, kann sich über die Verderbtheit der Frau und ihre zügellose, männerverschlingende Sexualität auslassen. Entscheidend ist, dass es sich nicht um dieselben Kategorien ‚Frau' handelt. Die tugendhaften Heldinnen sind ausnahmslos gattenergebene Frauen. Die gattentreue Frau wird der keuschen Jungfrau analog gedacht und gilt als mit übernatürlicher Macht begabt. Die Frauengestalten, etwa Sāvitrī, die ihren Gatten durch ihre Treue und Klugheit aus den Klauen des Todes befreit, sind eindrücklich und wirken als idealtypische Vorbilder auf die real existierenden Frauen. Da das Modell der ‚guten' und der ‚schlechten' Frau getrennt vorgeführt wird, kann sich die Selbstreferentialität das positive Bild aussondern und es modifizieren, wo es (wie im Falle von Sītā) als problematisch empfunden wird. Das negative Bild kann als Urteil über Sexualität, nicht über die Frau, verstanden werden – so betrachtet beispielsweise Sharada Sexualität als tierisch –, oder es wird von Frauen nicht rezipiert: Sie sprechen unbefangen über Sexualität und thematisieren diese in obszönen Heiratsliedern auch vor Männern (vgl. Raheja und Gold, 1994). Fremdinterpretation (vgl. O'Flaherty, 1980) wird in den Erzählungen einen anderen illokutionären Code entdecken: Gattenergebenheit, Unterordnung dienen der sexuellen Kontrolle und dämmen die Angst des Mannes vor der verschlingenden Frau/Mutter. Die Frauen zugeschriebene ungezügelte Sexualität wird durch Heirat unter Kontrolle gebracht. Heirat bannt das Chaos möglicher Vermischung der Kastengrenzen. Gesellschaftsordnung und Bewahrung der weiblichen Tugend sind korrelativ.

Die Soziologin Fatima Mernissi macht mit Blick auf den Islam geltend: Je sexuell aktiver die Frau gedacht wird, desto ausgeprägter die Geschlechtersegregation und die Trennung von privatem (der Frau zugeordneten) und öffentlichem (dem Mann zugeordneten) Raum. Der Schleier im Islam wäre damit weniger ein Mittel, um die Frau vor dem Mann zu schützen – wie oft argumentiert wird – als vielmehr umgekehrt den Mann vor der Frau zu schützen bzw. vor dem Chaos, der Unordnung, der Anfechtung, welche die sexuell aktive Frau für ihn darstellt. Eine uneheliche sexuelle Beziehung gefährdet die gesellschaftliche Ordnung. Ein kürzlich in der NZZ (22./23. Aug. 1998) veröffentlichter Bericht veranschaulicht, wie stark diesbezügliche konventionelle Werte die Moderne bestimmen, auch wo mit überkommenen Traditionen partiell gebrochen wird.

So besuchten vier Istanbulerinnen ohne männliche Begleitung eine der Raki-Kneipen im verruchten Viertel Kumpaki – üblicherweise gewiss kein Ort, an den sich Frauen hinwagen, es sei denn Prostituierte oder Ausländerinnen. Die Frauen werden belästigt, und eine der Frauen, die zwanzigjährige Zeynab, ersticht ihren Bedränger mit einem Messer. Ihre Strafe fällt mit 18 Monaten Gefängnis milde aus. Sie hat ihre Ehre verteidigt und wird zur Heldin aller Frauen, die unter männlicher Knechtschaft leiden. Nach ihrer Entlassung wird Zeynab Hauptdarstellerin einer Fernsehserie, welche jedoch jäh gestoppt wird, als sie von der Polizei in flagranti mit einem verheirateten Mann entdeckt wird. Die Rechtsanwältin, die Zeynab im Mordprozess verteidigt hatte, hält den Ehebruch für unentschuldbar und ist nicht gewillt, die Klientin erneut zu vertreten.

4. Die Göttin und die Frauen

Der Hinduismus kennt wie keine andere der großen lebendigen Religionen nicht nur viele weibliche Gottheiten, sondern auch einen weiblich konnotierten absoluten Bezugspunkt, der sich vornehmlich mit den Namen Durgā und Kālī verbindet und in entmythologisierender Sprache als *śakti*, „Macht, kosmische Energie", verstanden wird. Der Durgā-Mythos (7. Jh. n.Chr.) ist der Ausgangspunkt der Verehrung der großen Göttin als höchstes Prinzip. Durgā wird darin mit sogenannten männlichen Charakterzügen gezeichnet: Sie ist kriegerisch und wild. Zugleich aber ist sie anmutig, lieblich und von berückender Schönheit, so dass der mächtige Dämon, der die Welt ins Chaos gestürzt hat, in Liebe zu ihr entflammt. Während er um sie wirbt, fordert sie zum Kampf auf, besiegt ihn und stellt die Ordnung wieder her.

Der Durgā-Mythos entstand in einer Zeit, in der die Rechte der indischen Frau stark zurückgeschnitten worden waren. Die große Göttin bricht mit den sozialen Rollen: Sie ist gattenlos und autonom. Frauen ziehen aus der Durgā-Gestalt keine Konsequenzen für das alltägliche Leben. Bestimmend sind vielmehr die historisch früher entstandenen Normen, die sie in ihrem Frausein prägen und bestätigen. Dies hat sich bis in die symbolische Ebene hinein ausgewirkt. Durgā, nach ihrem zentralen Mythos kriegerische Jungfrau, wurde im Laufe der Zeit mit Pārvatī, der Gattin Śivas, gleichgesetzt. Kinder wurden ihr beigegeben. Nur als Gattin Śivas und als Mutter hat sie für Frauen eine wichtige Symbolfunktion. Seit dem 17./18. Jh. hat sich ein spezifisches Frauenritual entwickelt, das Durgā während ihres Jahresfestes als zurückgekehrte Tochter in den elterlichen Haushalt feiert. Die wilde, aggressivzerstörerische Seite ist für die Frauen praktisch inexistent, obgleich Durgā

seit dem späten Mittelalter wie keine andere Gottheit Symbol der Herrschermacht geworden ist.[8]
Nicht Gottesbilder prägen soziale Tatsachen, sondern soziale Tatsachen prägen Gottesbilder. Die jungfräuliche, kriegerische Durgā kann kein Vorbild für hinduistische Frauen sein, da es in der Gesellschaft keinen Platz für unverheiratete Frauen gibt. Doch ist heute vieles im Wandel. Die Kastengrenzen weichen sich auf, und in den modernen Großstädten gibt es zunehmend auch alleinstehende Frauen, die einem Beruf nachgehen und sich selber versorgen. In der westlichen Gesellschaft ist diese Tendenz viel weiter fortgeschritten, weshalb überhaupt erst die Frage nach einem frauengemäßen Gottesbild auftauchte. Die Schlachtkönigin Durgā, ihre Verbindung von kriegerischer Stärke und Schönheit, hat deshalb, paradoxerweise, nur für westliche Frauen eine Vorbildfunktion. Zumindest nach Ansicht von Rita Gross. Für andere post-biblische Thealogien sind indische Göttinnen im großen und ganzen nicht besonders en vogue. Man wendet sich eher den altorientalischen und antiken Göttinnen zu. Werden indische Göttinnen rezipiert, so ist es in erster Linie die wilde Kālī – nach Gross die zweite Ressource für westliche Frauen, da Kālī für die coincidentia oppositorum steht. Kālīs bildliche Darstellungen mit lächelndem Gesicht und der furchtabwendenden Handgeste einerseits, der heraushängenden Zunge und der Totenschädelkette andererseits sind Illustrationen für diese coincidenta oppositorum. In der Tat verbinden sich in Kālī, mehr noch als in Durgā, Schrecken und Segen, Zerstörung und Kreativität, Tod und Leben. Ihr Tanz auf dem hingestreckten Gott Śiva wirkt wie der Sieg des Weiblichen über eine von Männern dominierte Welt.

Die Kālī-Ausstellung, die 1994 im Völkerkundemuseum Zürich stattfand, fand breites Echo unter Frauen. In einem Fernseh-Interview erklärte die feministische Theologin Gina Schibler, sie wolle die Kālī in sich entdecken. Plakativ lautete der Titel eines Zeitungsartikels zur Ausstellung: „Beim Gewaltsweib Kali fangen Frauen Feuer" (SonntagsZeitung, 23. Jan. 1994). Im Leitwort heißt es:

„Die Schweizerinnen entdecken eine neue Göttin, Kali, die Zerstörerin, ist die schamloseste und radikalste Symbolfigur des Hinduismus. Gegen sie hat unsere Jungfrau Maria keinen Stich." (Gery Nievergelt, ebd.)

In einem Interview mit der Video-Künstlerin Pippilotti Rist antwortete diese auf die Frage: „Was fällt Ihnen zur Hindugöttin Kali ein?":

„Dass sie nicht nur die Zerstörung symbolisiert, sondern auch das Leben. Für mich ist sie aber vor allem deshalb interessant, weil sie so wild ist. Sie muss es nicht allen recht machen und darf deshalb auch einmal böse sein. Und dann denke ich schnell einmal an die Männer und ihre riesengroße Angst, von der Frau verschlungen zu werden." (ebd.)

---

8 Während ihres Jahresfestes ließen sich Könige ihre Autorität von der Göttin symbolisch bestätigen und Krieger vor dem Auszug in die Schlacht ihre Waffen weihen.

Pippilotti formuliert hier dieselben Vorstellungen von Frau und Sexualität, wie wir sie von islamischen und hinduistischen Kulturen gehört haben, obgleich in der christlich-abendländischen Tradition Frausein mit Passivität konnotiert ist. Auch dies wird von Pippilotti angesprochen, wenn sie auf die Frage, „Ist die Frauenfigur Kali für die westliche Welt nicht zu extrem?" antwortet:

„... Ich denke, dass Figuren wie die Kali gerade auch uns wichtig sind. Denn wir haben ein latentes Manko an lauten, groben, radikalen Frauen... Sie passen so schlecht in das Frauenbild, das den christlichen Religionen lieb und teuer ist." (ebd.)

Genau dies ist in der Tat der Grund, warum Frauen sich von Kālī angesprochen fühlen, wie Rachel Fell McDermotts (1996a) Artikel „The Western Kālī" dokumentiert. Ob historisierend, psychologisch oder rituell, immer ist Kālī ein Symbol „for women's empowerment" (ebd.: 283), eine positive, obgleich potentiell gefährliche Kraft, ein Instrument zu innerer Transformation. Die Göttin repräsentiert die Macht, ja den Zorn von Frauen gegenüber frauenverachtenden Strukturen; die Akzeptanz des eigenen Schattens und der eigenen Wut heilt die vom Patriarchat zugefügte Spaltung.

Stellen wir nun diese westliche Kālī den indischen Daten gegenüber, finden wir eine ganz andere Kālī (vgl. ebd.: 294ff.). Indische Feministinnen machen vom Kālī-Bild praktisch keinen Gebrauch. Mit Sicherheit geht Kālī nicht in prähistorische Zeit zurück, wie die historisierende feministische Lektüre postuliert, sondern taucht kurz vor oder nach unserer Zeitrechnung auf. An Bedeutung gewinnt sie erst seit dem 6.Jh. Im Durgā-Mythos erscheint sie noch als der Durgā untergeordnete Emanation. Die typische bengalische Darstellung von Kālī auf dem liegenden Śiva kann nicht vor dem 17. Jh. verifiziert werden und stammt aus dem tantrischen Milieu. Wenn Kālī mit dem Kali-Yuga, dem dunkelsten Zeitalter, assoziiert wird und Frauen daraus eine Dämonisierungshypothese ableiten, so beruht dies ganz einfach auf der Unkenntnis des Sanskrit. Die Göttin wird nämlich mit langem ā und langem ī geschrieben, im Gegensatz zum kurzen a und i des *kali* im Terminus *kaliyuga*. Weil in der älteren Literatur die Diakritika oft wegfielen, konnte der Irrtum entstehen. Dämonisierungen lassen sich zwar in der Tat im Hinduismus nachweisen, aber im Falle Kālīs verhält es sich genau umgekehrt. Kālī war ursprünglich eine eher unbedeutende, blutrünstige Göttin und wurde erst im Laufe der Zeit zur universellen, erbarmungsvollen Muttergöttin. Diese geschichtliche Entwicklung einer Versüßung und Verschönung spiegelt sich auch in der Ikonographie. Auf alten Darstellungen ist Kālī nackt, hässlich und ausgemergelt; erst später wird sie jung, schön, vollbusig und reich geschmückt wie eine verheiratete Frau. In den rituellen Figuren und auf Postern wird Kālī immer lieblicher und mädchenhafter. Diese Entwicklung nahm erst im Bengalen des 18. Jh. mit der Dichtung Rāmprasād Sens ihren Lauf. Der Dichter sieht seine Beziehung zu Kālī im Lichte von *prativātsalya*, d.h. dem

Gefühl der Liebe des Kindes zur Mutter. Dieses Verständnis hat sich durchgesetzt: Die milde Kālī hat die wilde ersetzt.

Die Kālī-Rezeption im Mutterland ist somit ganz anderer Art. Wenn Kālī in Indien, insbesondere in Bengalen, eine außerordentlich populäre Göttin ist, dann nicht als Symbol der Befreiung von patriarchalen Werten, sondern weil man in ihr die liebevolle, milde, gütige und süße Mutter aller sieht. Als McDermott (vgl. 1996b) einem Vortrag in der Ramakrishna-Mission eine Kālī-Interpretation zugrunde legte, welche die coincidentia oppositorum und die dunklen Aspekte betont, stieß sie auf völliges Unverständnis. Eine Frau hielt ihr entgegen, dass die westliche Kālī-Interpretation keinen Sinn für sie mache. Die meisten Bengalis sähen Kālī nicht als Vereinigung von Gegensätzen und glaubten nicht, dass die Verehrung der dunklen Seite zu spiritueller Transformation führe. Kālī sei ganz einfach Mā, die all-gütige Mutter. Mit den ikonographischen Repräsentationen sei man von Kindheit an so vertraut, dass einem keine Vorstellung von Zerstörung käme.

Ein aufschlussreiches Detail für die konträren Diskurse ist Kālīs herausgestreckte Zunge. In unserem Kulturraum assoziieren wir eine herausgestreckte Zunge mit Frechheit und Schamlosigkeit. Im hinduistischen Kontext ist die illokutionäre Botschaft Scham: Als Kālī gewahrt, dass sie auf Śiva herumtrampelt, beißt sie sich aus Scham auf die Zunge. In beiden Fällen handelt es sich um nachträgliche Interpretamente, die mit der Ikonographie wenig zu tun haben. Die Zunge visualisiert Kālīs Funktion im Mythos: Die Göttin leckt das Blut eines mächtigen Dämonen auf, aus dessen Blutstropfen beständig neue Dämonen entstehen und rettet dadurch die Schlacht.

5. Geschlechterordnung und Image

Aus einer religionsvergleichenden Perspektive wird die feministische These, dass Gottesbilder die Geschlechterordnung prägen, widerlegt. Die Vorstellung, eine Manipulation der symbolischen Ordnung ziehe eine Tranformation sozialer Verhältnisse nach sich, muss in diesem Licht naiv erscheinen. Die Suche nach der Weiblichkeit Gottes leidet zudem an der theoretischen Inkonsequenz, jene Repäsentation von Frau fortzuschreiben, gegen die angekämpft wird. Wenn es, um mit Judith Butler zu sprechen, das Subjekt Frau vorrangig gar nicht gibt, vielmehr dieses erst diskursiv hergestellt wird, ist andererseits die Suche nach Vorbildern (androgynes Gottesbild, Göttinnen, starke Frauengestalten) legitim, denn sie leitet einen neuen Diskurs ein. Ein unhistorisch-idealisiertes Heraufbeschwören von Göttinnentraditionen mag unwissenschaftlich sein, aber es ist Ausdruck eines Mangels, den das traditionelle Christentum nicht abdeckt. Im christlichen Kontext fanden Frauen bislang kein symbolisches Bezugssystem vor, das ihnen den illokutionären Code „Es ist gut, Frau zu sein" vermitteln konnte. Indische Göttinnen erfüllen nach Gross (1983: 226) diese Funktion. Es ist kein Zufall, dass von den indischen Göttinnen einzig die wilde Kālī – extremer Bruch stereotyper Weiblichkeit – bei westlichen Frauen Beachtung findet, umgekehrt bei Inderinnen aber keine Vorbildfunktion hat. Westliche Frauen suchen in den Göttinnen weniger einen neuen transzendenten Bezugspunkt als vielmehr ein neues Selbstbewusstsein und Image. Theoretisch folgt aus diesen Beobachtungen, dass religiöse Symbole wie die große Göttin nicht Skripte für ein soziales Rollenverhalten vorgeben, sondern Projektionsflächen bereitstellen, die selektiv genutzt werden. Stabilisierend oder verändernd sind die Diskurse, nicht die Symbole. Die Diskurse gehorchen gesellschaftlichen Prozessen. In dem Maße, wie die traditionellen religiös fundierten Normen nicht mehr einzige Quelle moralischer Wertfindung sind, verändert sich das Frauenbild und ermöglicht eine plurale Sicht der Geschlechterbeziehung. Die westliche Göttinnen-Rezeption geht von gebildeten Frauen der Mittelschicht aus, die nicht mehr bereit sind, sich von den traditionellen Normen bestimmen zu lassen. Ihre Suche nach der Göttin konnte erst entstehen, als sich aufgrund ökonomischer Freiheit und höherer Bildung ein neues Selbstbewusstsein dieser Frauen entwickelt hatte. Die Göttin hat Vorbild- und Bestätigungscharakter für dieses Selbstbewusstsein. Die Projektionsfläche Kālī erlaubt eine imaginäre Topographie von Wildheit, Androgynität und Autonomie, die bei indigenen Kālī-Verehrern und -Verehrerinnen gar nicht ins Blickfeld kommt, da sie weitgehend von den traditionellen Normen geprägt sind. Ihre Kālī gehorcht einem anderen Diskursmodell: Kālī ist mild, süß und mütterlich. Als gütige All-Mutter und Zerstörerin von Unheil ist sie transzendenter Bezugspunkt und hilft der Kontingenzbewältigung. Vorbild- und Bestätigungscharakter für die Frauen haben die epischen Heldinnen und die Gattinnen-Göttinnen, die Stärke mit Lieblichkeit und Hingabe an den Gatten einen – wie auch die große Göttin als Mutter. Was diskursiv hergestellt wird, ist in jedem Fall ein positives Selbstbild, ein Selbstbewusstsein weiblicher Stärke und Kreativität.

Zwischen der Auswirkung eines Symbols auf die Geschlechterordnung und einer positiven Selbstbildproduktion gilt es zu unterscheiden. Interessanterweise finden wir nicht nur in der feministischen Theoriebildung die Überzeugung, dass Gottesbild und Frauenbild korrelieren, sondern auch in der Selbstinterpretation hinduistischer Frauen und Männer. Das Selbstbewusstsein indischer Frauen bis in Gang und Gestik hinein und die leitenden Stellungen, die Frauen wie Indira Gandhi einnehmen, werden auf die starke Präsenz von Göttinnen und auf das *śakti*-Konzept zurückgeführt. Als ich Frauen fragte, warum es nur Frauenrituale gebe, die das Wohl der Familie, insbesondere die Erlangung eines Sohnes und die Langlebigkeit des Ehemannes und Sohnes fördern sollen, aber keine Rituale für die Frauen, wurde ich stets belächelt. Wiederholt wurde versichert, Frauen hätten solche Rituale nicht nötig, da sie selbst *śakti* seien. Der Terminus *śakti* bezeichnet sowohl die große Göttin als autonome, unabhängige Macht, als auch die abhängigen Gattinnen-Göttinnen, die als schöpferische ‚Potenz' des männlichen Gottes aufgefasst werden. Die Frauenrituale dienen vornehmlich der Image-Pflege, denn der Glaube an die Wirksamkeit solcher Riten ist weitverbreitet. Die kognitive Dissonanz der asymetrischen Rollenverteilung wird durch das Gefühl autonomer Macht und die als selbstverständlich erachtete Überzeugung, eine Frau sei eben anders als ein Mann, kompensiert.

Wenn umgekehrt feministische Kritik soziale Missstände wie die Tötung weiblicher Föten und die soziale Diskriminierung indischer Frauen in den Vordergrund stellt, blendet sie das offenkundig positive Selbstbild, das sich aus traditionellen Werten speist, aus. Korrelation und Diskrepanz von Göttinnensymbolik und Status der Frau im Hinduismus werden geltend gemacht. Die Korrelation wird in der Ambivalenz von Frauen- und Göttinnenbild gesehen, welche u.a. auf die symbiotische Mutter-Sohn-Beziehung zurückgeführt wird. Während Frauen wie Göttinnen Macht, an erster Stelle sexuelle Macht besitzen, besitze die Göttin auch Autonomie (O'Flaherty, 1980: 77). Die materieverhaftete, destruktive und unkontrollierbare Seite des Weiblichen diene dazu, Bilder mächtiger Göttinnen zu unterstützen und gleichzeitig Frauen zu unterdrücken (Pintchman, 1983). Frauen als Verkörperung der Göttin zu betrachten bedeute deshalb keine Statusverbesserung, sondern im Gegenteil „a cheap way of covering up the fear or denigration of women so that is not recognised for what it is" (McLean, 1989: 21).

Religiöse Symbolik ist multifunktional, und es erstaunt nicht, dass unterschiedliche Diskurse unterschiedliche Weiblichkeitskonstruktionen generieren. Was dabei hergestellt wird, ist ein Image von Frausein, das eher aus der bestehenden Geschlechterordnung gespeist wird, als dass es sie verändert. Zweifellos ist es fundamental für Frauen, Vorbilder im religiösen Symbolsystem vorzufinden, doch sollte das daraus resultierende positive Selbstbild nicht mit einer Neuordnung sozialer Verhältnisse vermengt werden. Die Produktion eines positiven Selbstbildes kann auch von einer klaren Rollentrennung ausgehen.

Ob unsere Vorstellung von Emanzipation erstrebenswert sei und ob sie wirklich mehr Glück bringe, wird sowohl von muslimischen als auch von indischen Frauen in Frage gestellt. Als mir eine junge Inderin, welche gerade mit einem Universitätsabschluss in Wirtschaftswissenschaften brilliert hatte, voller Freude erzählte, ihr Vater habe soeben ihre Heirat arrangiert, war mir ihre Begeisterung über die fremdbestimmte Heirat unverständlich, zumal ich sie als selbständige, keineswegs traditionsgebundene Frau kannte. Doch hielt sie mir entgegen, dass sie uns westliche Frauen um unserer Freiheit willen bedaure. Uns sei alles aufgelastet: einen Beruf zu wählen und erst noch einen Mann zu finden. Emanzipation bringe nicht nur Gewinn, sondern auch Verlust. Der Blickwechsel, den diese Frau forderte, scheint mir notwendig für unsere Einschätzung von Frauen anderer Kulturen.

Literatur

Butler, Judith, 1991: Das Unbehagen der Geschlechter. Frankfurt/M. Suhrkamp.
Bynum, Caroline Walker et al. (Hg.), 1986: Gender and Religion: On the Complexity of Symbols. Boston: Beacon Press.
Christ, Carol P., 1983: Symbols of Goddess and God in Feminist Theology. S. 231-251 in: Carl Olson (Hg.): Book of the Goddess – Past and Present. New York: Crossroad.
Falk, Nancy Auer und Rita M. Gross (Hg.), 1993: La religion par les Femmes. Genf: Labor et Fides.
Gross, Rita M., 1983: Hindu Female Deities as a Resource for the Contemporary Rediscovery of the Goddess. S. 217-230 in: Carl Olson (Hg.): Book of the Goddess – Past and Present. New York: Crossroad.
Janowski, J. Christine, 1996: Feministische Theologie – ein Synkretismusphänomen? Versuch einer systematisch-theologischen Klärung. S. 143-192 in: Volker Drehsen und Walter Sparn (Hg.): Im Schmelztiegel der Religionen. Konturen des modernen Synkretismus. Gütersloh: Kaiser.
King, Ursula (Hg.), 1987: Women in the World's Religions. Past and Present. New York: Paragon House.
King, Ursula (Hg.), 1995: Religion and Gender. Oxford: Blackwell.
Kurtz, Lester R., 1995: Gods in the Global Village. The World's Religions in Sociological Perspective. London: Pine Forge Press.
Laudowitz, E., 1992: Frauen im Islam. Ein Überblick. S. 7-61 in: Dies. (Hg.): Fatimas Töchter. Frauen im Islam. Köln: Papy Rossa Verlag.
McCance, Dawne, 1990: Understandings of ‚the Goddess' in contemporary feminist scholarship. S. 165-178 in: Larry W. Hurtado (Hg.): Goddesses in Religious and Modern Debate. Atlanta: Scholars.
McDermott, Rachel Fell, 1996a: The Western Kālī. S. 281-313 in: John Stratton Hawley und Donna M. Wulff (Hg.): Devi. Goddesses of India. Berkeley: University of California Press.
McDermott, Rachel Fell, 1996b: Popular Attitudes Towards Kālī and Her Poetry Tradition. Interviewing Śāktas in Bengal. S. 281-313 in: Axel Michaels, Cornelia Vogelsanger und Annette Wilke (Hg.): Wild Goddesses in India and Nepal. Bern: Lang.
McLean, Malcolm D., 1989: Women as Aspects of the Mother Goddesses in India. A Case Study of Ramakrishna. Religion 19, 13-25.
Mernissi, Fatima, 1991: Geschlecht, Ideologie, Islam. 4. Auflage, München: Kunstmann.
Mince, Juliette, 1992: Verschleiert – Frauen im Islam. Reinbek: Rowohlt (franz. Originalausg. 1990).
O'Flaherty, Wendy Doniger, 1982: Women, Androgynes and Other Mythical Beasts. Chicago: University of Chicago Press.

Pahnke, Donate (Hg.), 1993: Blickwechsel. Frauen in Religion und Wissenschaft. Marburg: Diagonal-Verlag.
Pintchman, Tracy, 1993: The Ambigous Female: Conceptions of Female Gender in Brahmanical Traditions and the Roles of Women in India. S. 144-159 in: Ninian Smart und Shivesh Thakur (Hg.): Ethical and Political Dilemmas of Modern India. New York: St. Martin's Press.
Raheja, Gloria Goodwin und Ann Grodzins Gold, 1994: Listen to the Herons Words. Reimagening Gender and Kinship in North India. Berkeley: University of California Press.
Sharma, Arvind (Hg.), 1987: Women in World Religions. Albany: State University of New York Press.
Suddhasatwananda, Swami (Hg.), 1990: Thus Spake the Holy Mother. Madras: Sri Ramakrishna Math.

Irmtraud Götz v. Olenhusen

Feminisierung von Religion und Kirche im 19. und 20. Jahrhundert

1. Einleitung

Die Feminisierung von Religion und Kirche war eine Folge grundlegender Wandlungen der christlichen Kultur. Die ‚vormodernen' Gesellschaften des christlichen Abendlandes waren durch patriarchalische Macht- und Mentalitätsstrukturen geprägt, in denen Frauen in aller Regel von männlichen Klerikern dominiert wurden. Bis in die jüngste Vergangenheit waren die Amtskirchen aller christlichen Konfessionen reine Männerbünde, in denen Frauen als aktive Kirchenmitglieder erst im 20. Jahrhundert schrittweise Mitbestimmung erlangten. Im Zuge der Trennung von Staat und Kirche – mit dem entsprechenden Machtverlust der Kirchen auf der säkularen Ebene – füllten Frauen tendenziell in dem Maße ‚Leerstellen' kirchlich gebundener Frömmigkeit, in dem sich Männer sukzessive aus dem Raum der Kirche zurückzogen bzw. durch Säkularisation und die Entmachtung der Kirchen zurückgedrängt wurden. Umgekehrt war es für Frauen seit dem Beginn der Frauenemanzipationsbewegung – im Umfeld der Französischen Revolution – fast nur möglich bzw. akzeptabel, wenn sie im Bereich von Caritas, Kirche und Religion die nun privaten Räume von Haushalt und Familie verließen und öffentlichkeitswirksam aktiv wurden.

Auf der Ebene einer Sozialgeschichte der Ideen ist die Feminisierung der Religion noch ein Forschungsdesiderat, dem hier nicht abgeholfen werden kann; deswegen wird ein äußerst komplexer und keineswegs geradliniger Prozeß hier nur thesenhaft skizziert. Als Feminisierung von Religion und Kirche sollen hier drei Phänomene bezeichnet werden (zum Forschungsstand vgl. Götz von Olenhusen, 1995a):

- Die geschlechtsspezifisch unterschiedlich ausgeprägte Frömmigkeit und Religiosität,
- das allmähliche Eindringen von Frauen in kirchliche Räume und die Entwicklung einer eigenen, weiblichen Religiosität und Frömmigkeit,
- der männlich dominierte gegenläufige Säkularisierungsprozeß.

2. Geschlechtsspezifisch unterschiedlich ausgeprägte Frömmigkeit und Religiosität[1]

Allein im Kulturprotestantismus (Hübinger, 1994) spielten neue Weiblichkeitsentwürfe und -diskurse eine bedeutsame Rolle; der „Vater des liberalen Protestantismus" (Nipperdey, 1985: 427) – Friedrich Daniel Schleiermacher – sprach auch mit seinem modernen Weiblichkeitsideal nur die zunehmend kirchenferne Bildungselite an. Die spätere Vermählung zwischen bürgerlicher Frauenbewegung und Liberalismus in Form des Kulturprotestantismus fand auf der katholischen Seite ihr Pendant im katholischen Liberalismus, der während des Kulturkampfes marginalisiert wurde und sich entsprechend kirchenfern entwickelte wie sein protestantisches Pendant bzw. in Form des Altkatholizismus zur Sekte degenerierte. Die ‚positive' protestantische Theologie blieb – wie die kirchliche Orthodoxie – auch im Protestantismus vormodernen Gesellschaftsentwürfen verbunden (vgl. Baumann, 1992; Kaufmann, 1988).

Die Betonung femininer Elemente in Kulten und symbolischen Interaktionen im Zuge der Wiederbelebung traditioneller Frömmigkeitsformen, die symptomatisch vor allem für die Rekonfessionalisierungsprozesse im Katholizismus des 19. Jahrhunderts waren, fanden vermutlich ebenfalls ihr – wenn auch weit schwächer ausgeprägtes – Pendant in der neuen protestantischen Erweckungsfrömmigkeit pietistischer Prägung.

Im katholischen Milieu erlebten der Marienkult und andere Frauenkulte[2] – wie die Wallfahrten zu stigmatisierten Frauen[3] und ‚Seherinnen' – und die damit verbundenen Konversionen und ‚Erweckungen' seit der Romantik einen beeindruckenden Aufschwung. Während der Kulturkämpfe der zweiten Hälfte des 19. Jahrhunderts spielten dann Marienerscheinungen[4] und ‚wun-

---

1   Auf die quantifizierbare kirchlich gebundene Frömmigkeitspraxis wie Kirchen-, Kommunions- und Abendmahlsbesuch etc. werde ich im folgenden nicht eingehen, weil diese noch eingehender Untersuchungen bedarf. Die gedruckten kirchlichen Statistiken über Kirchenaustritte, Gottesdienst und Abendmahls- bzw. Kommunionsempfang (Kirchliches Handbuch für das katholische Deutschland 1 (1907/08) ff.; Kirchliches Jahrbuch für die evangelische Kirche Deutschlands 1 (1874) ff. beginnen zum einen erst mit der Jahrhundertwende und sind zum anderen nicht nach Geschlechtern differenziert. Die Zählbögen der Gemeinden sind aber differenzierter und insbesondere Kirchenvisitationsberichte, Vereinsmitgliederlisten, Wallfahrtsberichte etc. sagen einiges über geschlechtsspezifische Frömmigkeitspraxis aus (vgl. allgemein McLeod, 1988). Der Augangspunkt einer Feminisierung des Katholizismus ist hervorragend dargestellt von Schlögl (1995). Zur kirchlichen Statistik der evangelischen Kirchen ohne Differenzierung nach Geschlechtern siehe Hölscher (1990, 1992, 1996).
2   Die Studie von Weiss (1976, 1995) eröffnet ein beeindruckendes und zum Teil bizarres Bild solcher Frauenkulte.
3   Dazu Nipperdey (1985) und das dichte Fallbeispiel von Muhs (1995).
4   Der berühmte „Fall Marpingen", in dem während des preußischen Kulturkampfes Militär gegen die katholischen Seherinnen und Seher von Marienerscheinungen eingesetzt wurde,

derbare Erscheinungen' – als psychosoziales Phänomen der krisenhaften Modernisierungsprozesse im Zuge der Hochindustrialisierung – eine wichtige Rolle bei der Konsolidierung des katholischen Milieus. Am Beispiel des Herz-Jesu-Kultes ist besonders anschaulich und in konkreten Größenordnungen deutlich gemacht worden, in welchem Maße sich der „Trend zu einer verstärkten ‚Feminisierung' der Religion" (Busch, 1997: 271) zwischen Kulturkampf und erstem Weltkrieg fortsetzte, die dann durch den Krieg selber und in der Zwischenkriegszeit ihr abruptes und vorläufiges Ende nahm. Erst nach dem Zweiten Weltkrieg finden sich dann – in abgeschwächter Form – ähnliche Muster einer Zuflucht zur Muttergottes (Zumholz, 1995).

Die Feminisierung des katholischen Milieus während der Kulturkampfzeit hat vielleicht Wilhelm Busch durch die Brille eines mit den gängigen Vorurteilen behafteten Protestanten in boshafter Form am besten in der bigotten und heuchlerischen Betschwester „Die fromme Helene" und in der Doppelmoral des frömmelnden, Frauen nachsteigenden „Pater Filucius" in massenhaft wirksamer Form karikiert und popularisiert.

3. Das Eindringen von Frauen in kirchliche Räume und die Entwicklung einer weiblichen Religiosität und Frömmigkeit

Eine wesentliche Voraussetzung für die Feminisierung der konfessionellen Milieus war die Subjektivierung und Sentimentalisierung der Religion durch den aufkommenden Pietismus seit Ende des 18. Jahrhunderts, die Romantik und den frühen Ultramontanismus nach der französischen Revolution. Die zweite Voraussetzung war die emotionale Neubesetzung der Familie, die Entdeckung der Kindheit und eine entsprechende Familialisierung der Religion[5]. Während im katholischen Milieu die Geschlechtertrennung noch sehr strikt gehandhabt wurde, kann man für den Kulturprotestantismus der Jahrhundertwende geradezu von einer Vermählung zwischen der gemäßigten bürgerlichen Frauenbewegung und einer nicht mehr kirchlich gebundenen Religiosität bzw. der Bildungsreligion männlicher Protestanten des 19. Jahrhunderts sprechen (Blaschke und Kuhlemann, 1996; Hübinger, 1994).[6] In

---

ist in all seinen Implikationen ausführlich analysiert und geschildert von Blackbourn (1995, 1997).
5   Für das bürgerlich-katholische Milieu betont diesen Prozess der Familiarisierung zu Recht Mergel (1995).
6   Die Biographien bzw. Mentalitäten von Helene Lange und Gertrud Bäumer wären prominente Beispiele für a) die Bildungsreligion und b) die nationale Religion von zwei Generationen der protestantisch geprägten bürgerlichen Frauenbewegung, wobei Gertrud Bäu-

diesem Kontext liegt eine vorbildliche erste Studie zur spezifisch weiblichen Religiosität einer Protestantin im ausgehenden 19. Jahrhundert und einer Katholikin in der zweiten Hälfte des 20. Jahrhundert vor, die allerdings – auf der Basis von zwei Tagebüchern – noch keine verallgemeinernden Schlüsse zuläßt (Behnen und Schmid, 1996).

Insgesamt blieben im 19. Jahrhundert die bürgerliche Öffentlichkeit und das Vereinswesen männlich geprägt und dominiert, während Frauen in den konfessionellen Milieus zum wichtigsten Potential der Rekonfessionalisierungsprozesse und der Bewahrung vormoderner religiöser Identitäten wurden. Das Eindringen von Frauen in die patriarchalischen Männerbünde der Kirchen erfolgte dann erst im 20. Jahrhundert. Damit wurden auch ‚Leerstellen' gefüllt, die durch das abnehmende Interesse von Männern an Religion und Kirche[7] entstanden waren.

Die öffentliche Betätigung von Frauen[8] war vor der Entstehung der bürgerlichen Frauenbewegung in den 1860er Jahren und den – gleichsam im Gegenschlag gegründeten, konservativen konfessionellen Frauenverbänden seit dem ausgehenden 19. Jahrhundert (vgl. dazu den Überblick von Baumann, 1995) – im wesentlichen auf karitative Aktivitäten – auch in Form von Vereinen (Prelinger, 1987) beschränkt. In den Mütterhäusern der Diakonissen und den katholischen Frauenkongregationen (Meiwes, 1995), die in den 1830er und 1840er Jahren in breitem Umfang gegründet wurden, fanden Frauen nicht nur in der Armen- und Krankenpflege, sondern parallel dazu auch in der Mädchenbildung Betätigungsfelder, in denen sich ihnen eigene Handlungsräume, eine eigene Lebensführung jenseits der Familie und damit Zugänge zu einer neuen weiblichen Identität öffneten (Jacobi, 1996; siehe auch den Beitrag von Hüwelmeier). Aufschlußreich ist die Hysterie, die beispielsweise im liberalen Großherzogtum Baden die Niederlassung des Ordens der Barmherzigen Schwestern unter den Liberalen beider Konfessionen hervorrief (ausführlich dazu Götz v. Olenhusen, 1995b). Die Befürchtungen, barmherzige Schwestern würden als Agentinnen der Jesuiten und des Papstes im Sinne einer ultramontanen Großoffensive eingesetzt, erreichten hier die Dimensionen eines ersten Kulturkampfes vor 1848.

Gerade im Bereich der von den Kirchen getragenen Krankenpflege fanden dann verstärkt seit Ende des 19. Jahrhunderts und in der ersten Hälfte des 20. Jahrhunderts Professionalisierungsprozesse statt, die – parallel zu den

---

    mer ebenso wie andere Angehörige ihrer Generation durch den Ersten Weltkrieg vollkommen unter dem Banne des neuen Nationalismus stand.

7 Auch die Kirchenaustritts- bzw. die Freidenkerbewegung – als ein zentraler Indikator des Säkularisierungsprozesses – wurde noch nicht unter geschlechtergeschichtlichen Fragestellungen untersucht. Die Kirchenaustritts- und Mitgliedsstatistiken der Freidenkerverbände wurden bisher nur geschlechtsunspezifisch reproduziert (vgl. Kasier (1981) und Groschopp (1997), die beide die Rolle von Frauen nicht thematisieren).

8 Vgl. für England die differenzierte und gründliche Untersuchung von Davidoff und Hall (1987).

Anstrengungen der Frauenbewegung, Mädchen und Frauen den Zugang zu den staatlichen, höheren Bildungsanstalten zu öffnen – den Weg zur Akzeptanz einer Berufstätigkeit bürgerlicher Frauen bahnten (siehe auch den Beitrag von Wobbe). Die Entdeckung einer eigenen weiblichen Subjektivität und Spiritualität (Hübinger, 1994; Hölscher, 1996) sowie der Zugang zu öffentlichen Räumen über die eigene religiöse Identität vollzog sich neben den etablierten Kirchen oder war – wie die deutschkatholische Bewegung[9] – gegen diese gerichtet.

Die Feminisierung der Religion als Zugang zu öffentlichen Räumen und politischen Aktivitäten spielte in den USA[10] – aufgrund der Trennung von Staat und Kirche – eine wesentlich größere und mit den deutschen Verhältnissen kaum vergleichbare Rolle. In Deutschland kam durch die enge Verbindung von Staat und Kirche, die auch nach deren offizieller Trennung seit dem Kulturkampf bzw. seit der Weimarer Republik patriarchalisch-autoritäre Mentalitäten förderte, anders als in den USA und England, freien Gemeinden, in denen Frauen größere Handlungsspielräume zugestanden wurden als in den Amtskirchen, nur ein Randdasein zu[11].

Erst 1919 erlangten dann in Deutschland Frauen beider Konfessionen – im Zuge der Einführung des Stimmrechtes bzw. der politischen Gleichberechtigung von Frauen in der Weimarer Republik – aktives und passives Stimmrecht bei den kirchlichen Pfarr- und Synodalwahlen. Diese Entwicklung war nicht von Frauen initiiert worden. Die Stimmrechtsbewegung war in Deutschland dem radikalen Flügel der bürgerlichen Frauenbewegung zum einen, der Sozialdemokratie zum anderen zuzurechnen. Die konfessionellen Frauenverbände standen dem Frauenwahlrecht vor 1918/19 ablehnend gegenüber, was sie nicht daran hinderte, die politische Gleichberechtigung von Frauen in der Weimarer Republik für ihre Interessen einzusetzen.

Während „mit dem Stichtag 1. Januar 1978 alle Gliedkirchen der EKD" – mit Ausnahme von Schaumburg-Lippe – „Frauen als ‚Pfarrerinnen' den Männern als ‚Pfarrern' gleichgestellt" haben (Reichle, 1978: 165)[12], ist die katholische Amtskirche bekanntermaßen ein gerontokratischer Männerbund geblieben.

---

9 Paletschek (1990, 1995) setzt den Schwerpunkt ihrer Interpretation auf die Bedeutung der deutschkatholischen Bewegung als erste bzw. als Vorform der organisierten Frauenbewegung in Deutschland.
10 Von Welter (1976) ist diese These von McLeod (1988) übernommen und etwas überstrapaziert worden.
11 In diesem Zusammenhang bedürfte die altkatholische Bewegung dringend einer gesonderten Untersuchung. Dort scheint nämlich Frauen eine vergleichsweise emanzipierte Position zugestanden worden zu sein.
12 Diesen wichtigen Literaturhinweis verdanke ich Ingrid Lukatis.

4. Männlich dominierte gegenläufige Säkularisierungs- und innerweltliche Sakralisierungsprozesse

Mit der Trennung von Staat und Kirche wurde Religion zur Privatsache; die geschlechtsspezifische Macht-, Wissens- und Arbeitsteilung der vormodernen Gesellschaften trug in der entstehenden Industriegesellschaft zur ‚Feminisierung' von Religion und Kirche bei, obwohl auch Frauen sukzessive vom Nationalismus affiziert wurden. Der im 19. Jahrhundert aufkommende und im Umfeld der großen Kriege – insbesondere der beiden Weltkriege des 20. Jahrhunderts – übersteigerte Nationalismus und der Sozialdarwinismus führten zeitweise zu einer Entfeminisierung der Religion. Auf die Rolle von Bildung und Kunst als ‚Religionsersatz' des Bürgertums werde ich hier nicht eingehen (s. aber Mommsen, 1994).

Infolge der Demontage des christlichen Weltbildes durch die naturwissenschaftlichen und politischen Revolutionen der Neuzeit hatten religiöse Deutungsmuster zunächst für gebildete Männer ihre Verbindlichkeit verloren. Die Popularisierung der Naturwissenschaften wird weitgehend auf Männer beschränkt gewesen sein, obwohl Frauen gelegentlich von Popularisatoren gezielt angesprochen wurden und diese immer wieder auch auf erhebliches Interesse bei Frauen[13] stießen. Der Ausschluß von Frauen aus den höheren Bildungsinstitutionen und dem gesamten Wissenschaftsbetrieb sowie die Ideologie einer ‚geistigen Mütterlichkeit' von seiten der bürgerlichen Frauenbewegung hemmte die Wißbegierde auch von ‚aufgeklärten' Frauen in kaum überwindbarer Weise.

Von zentraler Bedeutung für das 19. Jahrhundert war die Popularisierung des Darwinismus nicht nur als Ideologie der ungehemmt freien Marktwirtschaft: „der Tüchtigste setzt sich durch", sondern auch als Aushöhlung der Vorstellung einer göttlichen Schöpfungsordnung. Im 20. Jahrhundert erfolgte dann, vor allem im Kontext der beiden Weltkriege, eine Radikalisierung und Brutalisierung sozialdarwinistischer Vorstellungen.

Das Phänomen, daß es vor und während der großen europäischen Kriege des 19. Jahrhunderts (Napoleonische Kriege und Reichsgründungskriege) und der Weltkriege des 20. Jahrhunderts zugleich zu Schüben einer *Entfeminisierung* von Religion und Kirche kam, ist im einzelnen noch nicht untersucht worden. Zu vermuten ist, daß die Einbeziehung von Frauen in die imaginierten Nationen und schließlich in die Staatsbürgergesellschaften des 20. Jahrhunderts vor allem in der Zwischenkriegszeit zu einer Entfeminisierung der Religion führte. Allerdings war auch der neue Nationalismus, wie vor

---

13 Vgl. dazu neuerdings die hervorragende Studie von Daum (1998), der diesen Eindruck weitgehend bestätigt (insbesondere S. 177, 425 u. 440). Die Mitgliedschaft von Frauen in Natur- bzw. naturwissenschaftlichen Vereinen blieb dagegen wohl eine Ausnahme (vgl. ebd.: 101, 125 u. 464).

ihm bis zur Mitte des 19. Jahrhunderts das Christentum, primär eine Männerreligion. Besonders deutlich werden die gegenläufigen Prozesse im Wandel der Geschlechtsrollenstereotype in den evangelischen und katholischen Jugendverbänden zwischen der Jahrhundertwende und der nationalsozialistischen Machtergreifung. Während im Gefolge der Erweckungsbewegungen im Protestantismus und der Ultramontanisierungsprozesse im Katholizismus das Idealbild des jungen Mannes bis etwa 1900 aus heutiger Sicht eher weiblich geprägt war, gefragt war der empfindsame und ‚fromme Jüngling‘, wurde dieses Idealbild vor allem im Vorfeld des Ersten Weltkrieges und während des Ersten Weltkrieges als ‚weibisch‘ und ‚unmännlich‘ empfunden. In der unmittelbaren Nachkriegszeit, bis etwa 1923, gehörten dann, auch unter den konfessionell gebundenen Jugendlichen, androgyne Ideale z.B. bei der Konstruktion des ‚neuen Menschen‘, der friedlich und demokratisch sein sollte, zu den vielversprechenden Neuanfängen der Weimarer Republik. In diesen wenigen Jahren gehörten denn auch unter der männlichen Jugend die ‚Softies‘ mit langen Haaren zur Avantgarde der jungen Generation. Von einem radikalen Abbau aller Männlichkeitskulte und der Emanzipation der jungen Frauen versprach man sich ein friedliches Europa. Mit den wirtschaftlichen und politischen Krisen der jungen Weimarer Republik gerieten solche Wunschvorstellungen ins Abseits. Während in den weiblichen Jugendorganisationen der beiden großen Kirchen, die zahlenmäßig weit bedeutender waren als die männlichen, die traditionelle Hausfrauen- und Mutterrolle hochgehalten wurde, setzte sich in den männlichen Jugendverbänden ein heldischer Christus- und Führerkult durch.[14]

5. Ausblick

Während der Zeit der nationalsozialistischen Herrschaft und nach dem Zweiten Weltkrieg wurde die Resistenz des katholischen Milieus gegenüber den verschiedenen Modernisierungseinflüssen dann noch einmal in einem ‚Schub‘ von Marienerscheinungen deutlich (Zumholz, 1995: 248-250). In beiden konfessionellen Milieus wurden – wie in der Weimarer Republik – Frauen zum wichtigen Wählerpotential ‚christlicher‘ Parteien. Mit den Reformanstrengungen des II. Vatikanischen Konzils setzten sich Modernisierungsbestrebungen innerhalb des katholischen Milieus fort. Mit der Auflösung der traditionellen – weitgehend im 19. Jahrhundert entstandenen – kon-

---

14 Vgl. dazu ausführlich Götz v. Olenhusen (1987, 1996) und neuerdings zum Verhältnis von Religion und Nationalsozialismus auch Bärsch (1998).

fessionellen Milieus seit Mitte/Ende der 1960er Jahre und dem Ausgleich von geschlechtsspezifischen Bildungs- und Mobilitätsdefiziten näherten sich dann auch die Geschlechterdifferenzen in Wahlverhalten und Kirchlichkeit einander an (siehe den Beitrag von Wolf). Infolge der neuen Frauenbewegungen sind Frauen heute zu Expertinnen von Gefühlen und Beziehungen, zu den ‚Sinnsucherinnen' der Moderne geworden. Entsprechend spielen sie auch in neuen religiösen Bewegungen eine zentrale Rolle. Auch ‚Wunderheiler' und Propheten, Wahrsagerinnen und Wahrsager, die im „europäischen Untergrund" (Linse, 1996) wirkten, hatten vermutlich – wie heute die ‚Esoterik' – unter den Frauen der verschiedensten sozialen Schichten ihre wichtigste Klientel. Bis heute bieten offensichtlich Religion und Kirchen für Frauen in besonderem Maße Sicherheit, Selbstfindungs-, Trost-, Erbauungs- und Entspannungsmöglichkeiten. Die feministische Theologie in ihren verschiedensten Ausprägungen hat dabei eine stabilisierende Funktion. Eine Geschichte der diesen Phänomenen zugrunde liegenden Mentalitäten – eine Geschichte der Gefühle – steht noch in ihren Anfängen.

Literatur

Bärsch, Claus-Ekkehard, 1998: Die politische Religion des Nationalsozialismus: die religiöse Dimension der NS-Ideologie in den Schriften von Dietrich Eckart, Joseph Goebbels, Alfred Rosenberg und Adolf Hitler. München: Fink.

Baumann, Ursula, 1992: Protestantismus und Frauenemanzipation in Deutschland 1850 bis 1920. Frankfurt/M.: Campus.

Baumann, Ursula, 1995: Religion und Emanzipation: Konfessionelle Frauenbewegung in Deutschland 1900-1933. S. 89-119 in: Irmtraud Götz v. Olenhusen (Hg.): Frauen unter dem Patriarchat der Kirchen. Katholikinnen und Protestantinnen im 19. und 20. Jahrhundert. Stuttgart: Kohlhammer.

Behnen, Imbke und Pia Schmid, 1996: Religion in Tagebüchern von Frauen – zwei Fallstudien. S. 63-99 in: Margret Kraul und Christoph Lüth (Hg.): Erziehung der Menschen-Geschlechter. Studien zur Religion, Sozialisation und Bildung in Europa seit der Aufklärung, Weinheim: Deutscher Studien-Verlag.

Blackbourn, David, 1995: „Die von der Gottheit überaus bevorzugten Mägdlein" – Marienerscheinungen im Kaiserreich. S. 171-201 in: Irmtraud Götz v. Olenhusen (Hg.): Wunderbare Erscheinungen. Frauen und katholische Frömmigkeit im 19. und 20. Jahrhundert. Paderborn: Schöningh.

Blackbourn, David, 1997: Wenn ihr sie wieder seht, fragt wer sie sei. Marienerscheinungen in Marpingen – Aufstieg und Niedergang des deutschen Lourdes. Reinbek bei Hamburg: Rowohlt.

Blaschke, Olaf und Frank-Michael Kuhlemann (Hg.): 1996: Religion im Kaiserreich: Milieus – Mentalitäten – Krisen. Gütersloh: Gütersloher Verlagshaus.

Busch, Norbert, 1997: Katholische Frömmigkeit und Moderne. Die Sozial- und Mentalitätsgeschichte des Herz-Jesu-Kultes in Deutschland zwischen Kulturkampf und Erstem Weltkrieg. Gütersloh: Kaiser.
Daum, Andreas W., 1998: Wissenschaftspopularisierung im 19. Jahrhundert. Bürgerliche Kultur, naturwissenschaftliche Bildung und die deutsche Öffentlichkeit, 1848-1914. München: Oldenbourg.
Davidoff, Leonore und Catherine Hall, 1987: Family Fortunes. Men and Women of the English Middle Class, 1780-1850. Chicago: University of Chicago Press.
Götz v. Olenhusen, Irmtraud, 1987: Jugendreich, Gottesreich, Deutsches Reich. Junge Generation, Religion und Politik 1928-1933. Köln: Verlag Wissenschaft und Politik.
Götz v. Olenhusen, Irmtraud, 1995a: Die Feminisierung von Religion und Kirche im 19. und 20. Jahrhundert: Forschungsstand und Forschungsperspektiven (Einleitung). S. 9-21 in: Dies. (Hg.): Frauen unter dem Patriarchat der Kirchen. Katholikinnen und Protestantinnen im 19. und 20. Jahrhundert. Stuttgart: Kohlhammer.
Götz v. Olenhusen, Irmtraud, 1995b: Fundamentalistische Bewegungen im Umkreis der Revolution von 1848/49 – Zur Vorgeschichte des badischen Kulturkampfes. S. 131-170 in: Dies. (Hg.): Wunderbare Erscheinungen. Frauen und katholische Frömmigkeit im 19. und 20. Jahrhundert. Paderborn: Schöningh.
Götz v. Olenhusen, Irmtraud, 1996: Geschlechterrollen, Jugend und Religion. S. 239-257 in: Margret Kraul und Christoph Lüth (Hg.): Erziehung der Menschen-Geschlechter. Studien zur Religion, Sozialisation und Bildung in Europa seit der Aufklärung. Weinheim: Deutscher Studien-Verlag.
Groschopp, Horst, 1997: Dissidenten. Freidenkerei und Kultur in Deutschland. Berlin: Dietz.
Hölscher, Lucian, 1990: Die Religion des Bürgers. Bürgerliche Frömmigkeit und protestanische Kirche im 19. Jahrhundert. Historische Zeitschrift 250, 595-630.
Hölscher, Lucian, 1992: Kirchliche Frömmigkeitskultur im deutschen Protestantismus. S. 187-205 in: Martin Greschat (Hg.): Christentum und Demokratie im 20. Jahrhundert. Stuttgart: Kohlhammer.
Hölscher, Lucian, 1996: „Weibliche Religiosität"? Der Einfluß von Religion und Kirche auf die Religiosität von Frauen im 19. Jahrhundert. S. 45-62 in: Margret Kraul und Christoph Lüth (Hg.): Erziehung der Menschen-Geschlechter. Studien zur Religion, Sozialisation und Bildung in Europa seit der Aufklärung. Weinheim: Deutscher Studien-Verlag.
Hübinger, Gangolf, 1994: Kulturprotestantismus und Politik. Zum Verhältnis von Liberalismus und Protestantismus im wilhelminischen Deutschland. Tübingen: Mohr.
Jacobi, Juliane, 1996: Religiosität und Mädchenbildung im 19. Jahrhundert. S. 101-119 in: Margret Kraul und Christoph Lüth (Hg.): Erziehung der Menschen-Geschlechter. Studien zur Religion, Sozialisation und Bildung in Europa seit der Aufklärung. Weinheim: Deutscher Studien-Verlag.
Kaiser, Jochen-Christoph, 1981: Arbeiterbewegung und organisierte Religionskritik. Proletarische Freidenkerverbände in Kaiserreich und Weimarer Republik. Stuttgart: Klett-Cotta.
Kaufmann, Doris, 1988: Frauen zwischen Aufbruch und Reaktion. Protestantische Frauenbewegung in der ersten Hälfte des 20. Jahrhunderts. München: Pieper.

Linse, Ulrich, 1996: Geisterseher und Wundersucher: Heilssucher im Industriezeitalter. Frankfurt/M.: Fischer.

McLeod, Hugh, 1988: Weibliche Frömmigkeit – männlicher Unglaube? Religion und Kirchen im bürgerlichen 19. Jahrhundert. S. 134-156 in: Ute Frevert (Hg.): Bürgerinnen und Bürger. Geschlechterverhältnisse im 19. Jahrhundert. Göttingen: Vandenhoek & Ruprecht.

Meiwes, Relinde, 1995: Religiosität und Arbeit als Lebensform für katholische Frauen. Kongregationen im 19. Jahrhundert. S. 69-88 in: Irmtraud Götz v. Olenhusen (Hg.): Frauen unter dem Patriarchat der Kirchen. Katholikinnen und Protestantinnen im 19. und 20. Jahrhundert. Stuttgart: Kohlhammer.

Mergel, Thomas, 1995: Die subtile Macht der Liebe. Geschlecht, Erziehung und Frömmigkeit in katholischen rheinischen Bürgerfamilien 1830-1910. S. 22-47 in: Irmtraud Götz v. Olenhusen (Hg.): Frauen unter dem Patriarchat der Kirchen. Katholikinnen und Protestantinnen im 19. und 20. Jahrhundert. Stuttgart: Kohlhammer.

Mommsen, Wolfgang J., 1994: Die Herausforderung der bürgerlichen Kultur durch die künstlerische Avantgarde. Zum Verhältnis von Kultur und Politik im Wilhelminischen Deutschland. München: Stiftung Historisches Kolleg.

Muhs, Rudolf, 1995: Die Stigmata der Karoline Beller: Ein katholisches Frauenschicksal des Vormärz im Spannungsfeld von Volksreligiosität, Kirche, Staat und Medizin. S. 83-130 in: Irmtraud Götz v. Olenhusen (Hg.): Wunderbare Erscheinungen. Frauen und katholische Frömmigkeit im 19. und 20. Jahrhundert. Paderborn: Schöningh.

Nipperdey, Thomas, 1985: Deutsche Geschichte 1800-1866. Bürgerwelt und starker Staat. München: Beck.

Paletschek, Sylvia, 1990: Frauen und Dissens. Frauen im Deutschkatholizismus und in den freien Gemeinden 1841-1852. Göttingen: Vandenhoek & Ruprecht.

Paletschek, Sylvia, 1995: Auszug der Emanzipierten aus der Kirche? Frauen in deutschkatholischen und freien Gemeinden 1844-1852. S. 48-68 in: Irmtraud Götz v. Olenhusen: Frauen unter dem Patriarchat. Katholikinnen und Protestantinnen im 19. und 20. Jahrhundert. Stuttgart: Kohlhammer.

Prelinger, Catherine M., 1987: Charity, Challenge and Change. Religious Dimensions of the Mid-Nineteenth-Century Women's Movement. New York: Greenwood Press.

Reichle, Erika, 1978: Frauenordination. S. 103-180 in: Claudia Pinl u.a.: Frauen auf neuen Wegen. Studien und Problemberichte zur Situation der Frauen in Gesellschaft und Kirche. Gelnhausen: Burckhardthaus Verlag.

Schlögl, Rudolf, 1995: Sünderin, Heilige oder Hausfrau? Katholische Kirche und weibliche Frömmigkeit um 1800. S. 13-50 in: Irmtraud Götz v. Olenhusen (Hg.): Wunderbare Erscheinungen. Frauen und katholische Frömmigkeit im 19. und 20. Jahrhundert. Paderborn: Schöningh.

Weiss, Otto, 1976: Die Redemptoristen in Bayern (1790-1909). Ein Beitrag zur Geschichte des Ultramontanismus, 3 Bde. München: Phil. Diss.

Weiss, Otto, 1995: Seherinnen und Stigmatisierte. S. 51-82 in: Irmtraud Götz v. Olenhusen (Hg.): Wunderbare Erscheinungen. Frauen und katholische Frömmigkeit im 19. und 20. Jahrhundert. Paderborn: Schöningh.

Welter, Barbara, 1976: The Feminisation of American Religion 1800-1860. S. 137-157 in: Mary S. Hartmann und Lois W. Banner (Hg.): Clio's Consciousness Raised. New Perspectives on the History of Women. New York: Octagon Books. (dt.: „Frauenwille ist Gotteswille". Die Feminisierung der Religion in Amerika 1800-1860. S. 326-355 in: Claudia Honegger und Barabara Heintz (Hg.), 1981: Listen der Ohnmacht. Frankfurt/M.: Europäische Verlags-Anstalt.)

Zumholz, Anna Maria, 1995: Die Resistenz des katholischen Milieus: Seherinnen und Stigmatisierte in der ersten Hälfte des 20. Jahrhunderts. S. 221-251 in: Irmtraud Götz v. Olenhusen (Hg.): Wunderbare Erscheinungen. Frauen und katholische Frömmigkeit im 19. und 20. Jahrhundert. Paderborn: Schöningh.

Theresa Wobbe

Edith Stein (1891-1942): Der Wandel von Geschlechterordnung und Religion im frühen 20. Jahrhundert

1. Einleitung

Die Kulturwissenschaftlerin Margarete Susman beschrieb 1926 die große Umwälzung, die sich seit dem ausgehenden 19. Jahrhundert zwischen den Geschlechtern vollzog: „Mit dem Bild der bisherigen Frau versinkt die bisherige Welt. Denn wenn der Mann diese Welt erbaut hat: die Frau war es, die sie trug. Sie ist die tragende Säule, die er dem großen Haus eingebaut hat und mit deren Sturz es zusammensinken muß." (Susman, 1926: 146) Für Susman trug sich hiermit historisch etwas Neues zu: „Denn wohl hat es schon mehrmals in der Geschichte der extrem männlichen europäischen Kultur Frauenbewegungen gegeben; aber sie sind immer wieder versunken und versandet, ohne deutliche Spuren zu hinterlassen." (Susman, 1926: 143) In diesem Fall aber sei die Frauenbewegung mit einer umfassenden sozialen Transformation verbunden, deren Spuren nicht mehr im Grau der Geschichte verloren gehen könnten.

Susman diskutierte einen Wandel im Geschlechterverhältnis, der über die Einlösung sozialer Forderungen weit hinausreichte und sich auch auf Fragen der Individualität von Frauen und ihre individuellen Lebenskonzepte erstreckte. Damit brach für sie eine neue Zeit an: „Nun erst entbrennt der Kampf um das unteilbar Gemeinsame: der Kampf um Sprache und Bild" (ebenda: 144).

In diesem größeren historischen Rahmen der Entwicklung einer modernen Gesellschaft ist Edith Stein zu situieren. Sie wuchs mit den Möglichkeiten einer modernen Welt auf, die für Frauen gerade im Entstehen war. Sie zählte zu einer Generation junger, selbstbewußter Frauen, darunter viele von ihnen aus jüdischen Familien, die die Perspektive eines eigenen Lebensweges im frühen 20. Jahrhundert auf das Terrain der Wissenschaft und Bildung, der Politik und Religion führte.

Edith Stein ist deswegen ein besonders aufschlußreiches Beispiel, weil sie diese neuen Möglichkeiten nutzt und dann eine Entscheidung trifft, die sie *weltabwärts* ins Kloster führt. Wie kommt eine moderne und zielstrebige Frau, eine Wissenschaftlerin dazu, sich für das Klosterleben zu entscheiden, zumal in einer Zeit, da der Handlungsradius für Frauen größer wird? Oder lassen sich Steins Entscheidungen weniger als Wahl denn als Reaktion auf Blockierungen in der Wissenschaft zurückführen? Auf den ersten Blick scheint der Weg ins Kloster, nämlich der Schritt in einen ganzheitlichen Sozialkontext, in die totale Institution, ein Entschluß zu sein, der einem modernen Lebenskonzept von Frauen widerspricht. Die folgenden Überlegungen möchten diesen ersten Blick korrigieren. Zunächst werde ich den Bezugsrahmen von Moderne, Geschlechterordnung und Religion skizzieren. Dann folgt die Darstellung des Falles Edith Stein. Im dritten Schritt wird Edith Steins Biographie unter dem Gesichtspunkt von Differenzierung und Karriere diskutiert.

2. Moderne, Geschlechterordnung, Religion

Edith Stein gehörte einer Gruppe moderner Frauen an, die im Sinne Karl Mannheims besondere Partizipationschancen hatte und daher als Generationszusammenhang aufgefaßt werden kann (vgl. Mannheim, 1928; Wobbe, 1997, Teil III). Seit dem ausgehenden 19. Jahrhundert konnten diese Frauen erstmals Möglichkeiten nutzen, die ihren Müttern und Großmüttern noch verschlossen gewesen waren. Der Zugang zu Bildung und Beruf, zu Politik und Wissenschaft bildete für sie einen gemeinsamen Teilnahmehorizont. Dabei stellten die Frauenbewegung sowie die Bildungs- und Sozialreform zentrale Kontexte weiblichen Gemeinschaftshandelns und kultureller Vernetzung dar. Diese Generation wuchs im Kaiserreich auf und erlebte zwei politische Systemwechsel. Mit dem ersten Wechsel von der Monarchie zur Republik verbanden die meisten einen hoffnungsvollen Aufbruch. Der Beginn des Nationalsozialismus bedeutete demgegenüber für viele das Ende politischer und beruflicher Karrieren, für einige die Bedrohung der Existenz.

In einer differenzierungstheoretischen Perspektive erhält der sozialstrukturelle Wandel im Geschlechterverhältnis eine deutliche Kontur (zur Religion Luhmann, 1987b, 1989). Die gesellschaftliche Differenzierung besteht in der Aufgliederung und Spezialisierung von Funktionsbereichen, Organisationen und Rollen, die an jeweils eigenen funktionalen Leistungsbezügen orientiert sind. Die geschlechtliche Differenzierung ist demgegenüber nicht auf einen gesellschaftlichen Teilbereich zu begrenzen oder abzugrenzen, vielmehr durchzieht sie die Teilsysteme und ihre Strukturdimensionen (Tyrell, 1986). Die Trennung der Geschlechter und deren soziale Signifikanz verläuft quer zur gesellschaftlichen Differenzierung, ist aber informal über die Modi der Einbeziehung spezifisch auf diese bezogen. Die Spannung zwischen gesellschaftlicher und geschlechtlicher Differenzierung enthält daher zwei Trends, nämlich einerseits die Entdifferenzierung, die partielle

Angleichung der Teilnahmemöglichkeiten von Frauen an die der Männer, und andererseits die steigende Relevanz geschlechtlicher Differenzierung und die Persistenz von Ungleichheit (Heintz, 1997; Heintz und Nadai, 1998). Georg Simmel ist der erste Soziologe, der diese Dynamik soziologisch formuliert hat. Ihm zufolge korreliert die Zunahme von Mitgliedschaften für die Geschlechter unterschiedlich mit der Erweiterung individueller Handlungsspielräume. Die Frauen lösen sich nicht nur historisch später als Männer aus traditionellen Bezügen, sondern die Bedingungen ihrer Individualisierung sind strukturell andere. Durch die segmentäre Beschränkung auf den kleinen Kreis fehlen den Frauen zunächst die Voraussetzungen, Individualität zu entwickeln (Simmel, 1983; dazu Wobbe, 1997). Mit der Aufhebung formaler Hindernisse – Zugang zu Beruf, Bildung, Politik, Wissenschaft – entstehen Voraussetzungen für die Individualisierung der Frauen. In dem Maße, wie die traditionelle Trennung der Geschlechter durchlässig wird, etabliert die Frauenbewegung eine neue Unterscheidung, nämlich eine „parteimäßige Differenz" (Simmel, 1983: 336; vgl. Wobbe, 1997, 1998c) gegenüber den Männern. Der Begriff der Frau wird nach Simmel nun „zum Leitbegriff einer zusammengehörenden Gruppe" (Simmel, 1983: 337). Marianne Weber spricht in diesem Zusammenhang von der neuen und modernen Frau, die einen kulturellen Typus, einen Modus weiblicher Vergesellschaftung repräsentiert (Weber, 1914; Wobbe, 1998a, 1998b).

Diese Veränderung deutet sich auf der Ebene des Rechtssystems mit den Diskussionen zum Arbeitsrecht sowie zum Ehe- und Familienrecht und insgesamt zum Bürgerlichen Recht (Kodifikation) an. Seit dem ausgehenden 19. Jahrhundert beginnt ein Wandlungsprozeß der Rechtsnormen von Hierarchie in Richtung auf Egalität (Gerhard, 1997). Die Einbeziehung von Frauen in Funktionsbereiche wird im frühen 20. Jahrhundert an der zunehmenden Bildungsbeteiligung und Berufstätigkeit, an der Partizipation in der Politik und dem Zugang zum Wissenschaftssystem manifest (Frevert, 1986). In der zweiten Hälfte des 20. Jahrhunderts nähern sich die Teilnahmemöglichkeiten der Frauen partiell an die der Männer bei Persistenz von positionalen Asymmetrien im Geschlechterverhältnis an (Heintz und Nadai, 1998).

Der Zugang zur Bildung stellt um 1900 auf dem Weg zur Rollenerweiterung den entscheidenden Motor dar. Erstens wird mit dem Zugang zur Bildung die Chance auf eine eigene Erwerbsgrundlage, auf berufliches Handeln, und eine eigene Lebensführung wahrscheinlich. Damit hat der sozialstrukturelle Wandel Folgen für Religion und Kirche. Aufgrund ihrer Inklusion in das Bildungs- und Wissenschaftssystem nimmt der Bildungsgrad der Frauen zu, und ihre Expertenkompetenz erhöht ihre Partizipationschancen in kirchlichen und politischen Organisationen der Kirche. Der Zugang der Frauen zum Theologiestudium, zunächst in der evangelischen Theologie, bildet schließlich eine entscheidende Voraussetzung für Teilnahmemöglichkeiten auf dem Gebiet der Religion, d.h. der säkulare Trend der Veränderung des Verhältnisses zwischen Laien und Klerus wird hier manifest. Die Position männlicher Experten, der Priester des Glaubens auf dem Gebiet von Wissenschaft und Kirche, verändert sich mit der Zunahme weiblicher Experten und mit der wachsenden Bedeutung von Laien.[1]

Der Wandel der Geschlechterordnung greift im 20. Jahrhundert über auf Religion und Kirche. Es entstehen christliche Frauenbewegungen als soziale Bewegungen, die die Asymmetrie zwischen den Geschlechtern innerkirchlich und außerkirchlich in Frage stellen und dabei weibliches Gemeinschaftshandeln über die konfessionellen Abgrenzungen hinweg realisieren (Breuer, 1998; Götz von Olenhusen, 1995a; Sack, 1995). Vor allem in den hochgradig segregierten konfessionellen Milieus des Kaiserreichs sind die Frauenbewegungen damit Vorreiter für eine kulturelle Vergesellschaftung (Tenbruck, 1989), die die traditionellen Abgrenzungen überbrückt. Frauen gelangen in verstärktem Umfang in die Organisation der Kirche sowie in eine kirchliche und gesellschaftliche Öffentlichkeit. Die katholische Jugendbewegung und Frauenbewegung, die liturgische und ökumenische Bewegung sind in den 20er Jahren Indikatoren für den Abbau der Hierarchien zwischen den Generationen und Geschlechtern. Beiden Entwicklungen ist der säkulare Trend der Veränderung des Verhältnisses zwischen Laien und Klerus inhärent (vgl. Dobbelaere, 1981). Der theologische Aufbruch in der Patrologie, in der Bibelwissenschaft und in der Erforschung der Kirchengeschichte begünstigt diesen Trend (vgl. Pottmeyer, 1996).

In diesem Bezugsrahmen steht Edith Stein. Sie gehörte im frühen 20. Jahrhundert einer gesellschaftlichen Gruppe von Frauen der bürgerlichen Schichten an, die erstmals ein individuelles Verhältnis zu Beruf, Politik, Wissenschaft und Religion entwickeln konnte. Als moderne Frauen konnten sie ihre Handlungsräume und Rollenmöglichkeiten über den *kleinen Kreis* hinaus erweitern und sich aus dem Selbstverständnis der Tradition und des Herkunftszusammenhangs lösen. Das kollektive Selbstverständnis von Wandelbarkeit, das Modernität als „Bewußtsein und Legitimation zunehmender Veränderlichkeit oder Kontingenz" (Kaufmann, 1986: 291) kennzeichnet, gilt historisch seit dem ausgehenden 19. Jahrhundert somit zunehmend mehr für Frauen. Damit wandelt sich auch für Frauen die Form der sozialen Inklusion, von der Bestimmung durch die Herkunft zur Bestimmung durch die Karriere (Luhmann, 1987a).

---

1 Die Nivellierung der Unterschiede zwischen Frauen und Männern hinsichtlich des Kirchenbesuchs ist hierfür ein Indikator (vgl. den Beitrag von Christof Wolf in diesem Band). Die sog. Laien-Instruktion des Heiligen Stuhls ist ein Indikator für die strukturelle Verschiebung zwischen Experten, d.h. Klerus und Laien in der Katholischen Kirche (vgl. Instruktion, 1997).

3. Wissenschaft, Politik, Erziehung

Am 12. Oktober 1891 wurde Edith Stein als jüngstes Kind einer jüdischen Holzhändlerfamilie in Breslau geboren. Als sie 1911 in Breslau das Studium der Germanistik, Geschichte, Psychologie und Philosophie bei William Stern und dem Neukantianer Richard Hönigswald aufnahm, entschied sie sich für den *Tempel der Wissenschaft*. Ernst Wolfgang Orth spricht in diesem Zusammenhang von der neuen Kirche der Universität, in die man eintrat: „Es war die wissenschaftliche Kultur oder die Kultur der Wissenschaft, in die man eintrat oder für die man eintreten konnte" (Orth, 1993: 18), wenn man als junger Mensch im frühen 20. Jahrhundert seinem Leben eine Bedeutung geben wollte, wenn man aus der Herkunft heraus Modernität zu bewähren versuchte.

Das Studium war auch der Aufbruch in eine neue Lebenswelt. Im Studentinnenverein wurde einmal wöchentlich abends von Studienfragen bis zu Beruf, Ehe und Liebe alles miteinander durchgenommen. Im *Humboldt Verein für Volksbildung* führte Edith Stein Kurse zur Arbeiterinnen- und Arbeiterbildung durch. Und im ziemlich radikalen *Preußischen Verein für Frauenstimmrecht* engagierte sie sich für das politische Bürgerrecht der Frau. Edith Stein griff also eine Fülle sozialer Möglichkeiten auf, die sich jungen und selbstbewußten modernen Frauen zu Beginn des Jahrhunderts boten. Unterbrochen wurde diese Breslauer College-Zeit in den Weihnachtsferien 1912, als die junge Studentin die *Logischen Untersuchungen* Edmund Husserls las. Nach der Lektüre stand der Entschluß für sie fest. Sie wollte Breslau verlassen und in Göttingen bei Husserl studieren.[2]

Als sie 1913 am neuen Studienort eintraf, hatte die Göttinger Phänomenologische Bewegung fast ihren Zenit überschritten. Von Hedwig Conrad-Martius (1888-1966) ist uns das spezifische Milieu der jungen Phänomenologen überliefert: „Die allerdings tief gemeinsame Art des Denkens und Forschens stellte - und stellt - einen Bezug zwischen den Husserlschülern her, den ich nicht anders bezeichnen kann denn als eine (natürliche) Geburt aus einem gemeinsamen Geist, der doch gerade *keine* inhaltlich gemeinsame Weltanschauung ist. (...). Wir besaßen keine Fachsprache, kein gemeinsames System, das am allerwenigsten. Es war nur der geöffnete Blick für die geistige Erreichbarkeit des Seins in allen seinen nur denkbar möglichen Gestaltungen (...) was uns einte" (Conrad-Martius, 1991: 176f.).

Göttingen öffnete Edith Stein zum ersten Mal einen gemeinsamen Horizont des philosophischen Denkens. Aus den Verbindungen, die in dieser Zeit gelegt wurden, erwuchsen beständige Freundschaften. Von dem Religions-

---

2   Für biographische Angaben vergleiche Stein (1987), Herbstrith (1993), Gerl (1991) sowie Müller und Neyer (1998). Eine biographisch orientierte Analyse wird in einem anderen Zusammenhang vorgenommen.

philosophen Adolf Reinach, dem Assistenten Husserls, erhielt sie die entscheidenden Impulse für ihre berufliche Sozialisation als Philosophin. Göttingen bedeutete auch Zugang zur Welt des Glaubens. Edith Stein hat die Begegnung mit Max Scheler (1874-1928), der damals wohl zu den bekanntesten und umstrittendsten intellektuellen Katholiken zählte, festgehalten: „Das war meine erste Berührung mit dieser bis dahin völlig unbekannten Welt. Sie führte mich noch nicht zum Glauben. Aber sie erschloß mir einen Bereich von ‚Phänomenen', an denen ich nun nicht mehr blind vorbeigehen konnte." Die Realität aufschließende Dimension des Glaubens brachte Edith Stein direkt mit der phänomenologischen Aufmerksamkeit für die *Sachen an sich* in Verbindung: „Nicht umsonst wurde uns beständig eingeschärft, daß wir alle Dinge vorurteilslos ins Auge fassen, alle *Scheuklappen* abwerfen sollten. Die Schranke der rationalistischen Vorurteile, in denen ich aufgewachsen war, ohne es zu wissen, fielen, und die Welt des Glaubens stand plötzlich vor mir. Menschen, mit denen ich täglich umging, zu denen ich mit Bewunderung aufblickte, lebten darin." (Stein, 1987: 230) Die Methode der Phänomenologie ermöglichte also für Edith Stein ein neues philosophisches Denken, und zwar ein Denken, das auch eine religiöse Dimension öffnen konnte. Der Studienwechsel steht daher für einen entscheidenden biographischen Wechsel, der die Koordinaten ihrer wissenschaftlichen und persönlichen Existenz verschob.

Edith Steins Weg zu Husserl als Lehrer war weder einfach noch direkt. Nach der Promotion 1916 schien sie am Beginn einer wissenschaftlichen Karriere zu stehen. Denn sie sollte nun für den inzwischen nach Freiburg berufenen Husserl als Privatassistentin arbeiten. Dies war eine ganz außergewöhnliche Gelegenheit für eine ambitionierte junge Wissenschaftlerin ihrer Zeit. Als die philosophischen Kollegen im Krieg waren, befand sie sich an einer Stelle, die sonst von Männern eingenommen wurde, vor ihr von Adolf Reinach und nach ihr von Martin Heidegger. Als erste Privatassistentin der Philosophie befand sie sich in der Werkstatt des *Meisters*.

Die Zusammenarbeit, die 1916 für Husserl und Stein so erwartungsvoll und im Überschwang begann – „Ich weiß nicht, wer glücklicher war. Wir waren wie ein junges Paar im Augenblick der Verlobung" (Stein, 1987: 371) – wurde Anfang 1918 von der Assistentin aufgekündigt. Sie trennte sich von Husserl, der ihr aufgrund konventioneller Vorstellungen von Wissenschaft nicht die Habilitation vorschlug und außerdem ihre Forschungsarbeit an seinen Manuskripten nicht einmal zur Kenntnis nahm (hierzu Wobbe, 1996a, 1996b, 1997).

Ende 1919 probte die Philosophin einen Terrainwechsel. Sie begab sich in Breslau als Mitgründerin der Deutschen Demokratischen Partei in die Arena der Politik. Wie viele andere Frauen ihrer Generation engagierte sich Edith Stein für die Republik und wollte die Stimmen der Frauen für demokratische Parteien gewinnen. Sie hat wohl selbst Handzettel verfaßt, mit denen Frauen zur demokratischen Wahl aufgerufen wurden. In dieser Zeit reiste sie oft nach Berlin, um an den Vorbereitungen der Frauenverbände für die Wahl zur Nationalversammlung teilzunehmen (vgl. Müller und Neyer, 1998: 128). Doch als die Wahl der Nationalversammlung vorüber war, zog sie sich aus der Politik wieder zurück: „Es fehlt mir das übliche Handwerkszeug dazu völlig: ein robustes Gewissen und ein dickes Fell" (Stein, 1991: Brief vom 27. 12. 1918 an Roman Ingarden).

Nach dem Zwischenspiel in der Politik kehrte sie zur Philosophie zurück. Wie so oft in ihrem Leben ging sie wieder einmal mit aller Entschiedenheit vor. Wenn ein Entschluß für sie feststand, war sie kaum noch aufzuhalten, „ja, ich hatte ein Art sportliches Vergnügen daran, scheinbar Unmögliches durchzusetzen" (Stein, 1987: 125). Sie unternahm nun den kühnen und äußerst risikoreichen Versuch, in Göttingen ihre Habilitationsschrift selbst einzureichen, also ohne jegliche Rückendeckung durch einen Ordinarius. Diesen Schritt wagte sie zu einer Zeit, als Frauen die Habilitation formal noch nicht einmal zugestanden wurde. Grundsätzlich galt auch für männliche Kandidaten, daß sie von ihren Professoren zur Habilitation aufgefordert wurden.

Die von Edith Stein eingereichte Schrift wurde mit dem Verweis abgelehnt, daß die Geschlechtszugehörigkeit der Verfasserin ein grundsätzliches Hindernis für die Habilitation sei (ausführlich dazu Wobbe, 1997). Daraufhin protestierte Edith Stein beim Preußischen Kultusminister. Ihre Beschwerdeschrift geriet an die ‚richtige' Adresse, denn sie wurde von Carl Heinrich Becker, dem damaligen Referenten im Kultusministerium bearbeitet. Becker war einer der einflußreichsten Wissenschaftspolitiker der Weimarer Republik, der die Umstrukturierung der Universitäten auf seine Agenda setzte: „Auch in der Wissenschaft muß der Obrigkeitsstaat aufhören!" (Becker, 1919: 34). Hierzu zählte für Becker vor allem auch die Neuregelung des Habilitationsverfahrens und eine gezielte Förderung des wissenschaftlichen Nachwuchses. Becker reagierte auf den Protest der Breslauer Philosophin mit dem historisch bedeutenden Erlaß an alle Universitäten: Die Zugehörigkeit zum weiblichen Geschlecht solle von nun an keine Behinderung mehr für den formalen Zugang zur Habilitation darstellen. Aufgrund der mutigen Eingabe von Edith Stein wurden damit in Deutschland die Hindernisse für die Hochschullaufbahn von Frauen aus dem Wege geräumt. Ihr selbst sollte aber weder in Göttingen noch in Hamburg oder Freiburg die Habilitation gelingen (vgl. Ott, 1993; Wobbe, 1997).

Edith Stein entschied sich nun für einen ungewöhnlichen Weg, der nicht weniger kühn war als die Einreichung der Habilitation in Göttingen. Sie trug sich mit dem Gedanken, eine private Akademie zu gründen. An ihren Freund, den polnischen Philosophen Roman Ingarden, schrieb sie 1920: „Sie sehen, daß ich durch Mißerfolge nicht bescheidener werde." (Stein, 1991: Brief vom 15. 3. 1920 an Roman Ingarden) Sie setzte sich nämlich über den gescheiterten Habilitationsversuch hinweg und lehrte, wozu ihr keine Universität die Berechtigung erteilt hatte: „Von mir habe ich Ihnen zu berichten, daß ich mir faute de mieux selbst die venia erteilt habe und in meiner Wohnung Vorlesungen und Übungen halte (Einleitung in die Philosophie auf phänomenologischer Grundlage)" (Stein, 1976/77: Brief vom 30. 4. 1920 an Felix Kaufmann). Sie startete mit ihrer „Hausakademie" (Müller und Neyer, 1998: 132) im Sommersemester 1920 und hielt zudem an der Volkshochschule in Breslau einen Kurs zur Ethik. Unter den 50 Hörern und Hörerinnen ihrer Privatakademie, die sie die Grundlagen der Phänomenologie lehrte, befand sich auch der junge, damals gerade 23jährige Breslauer Norbert Elias (1897-1990), der zwei Jahre zuvor mit dem Medizinstudium begonnen hatte. Ihn empfahl sie Felix Kaufmann, der nun in Freiburg die Anfängerkurse abhielt. Als Phänomenologin hatte Edith Stein damals ziemlich genaue Vorstellungen über die Ausbildung des jungen Elias: „Ich glaube, es täte ihm recht gut, wenn er in den Kinderzirkel käme. Denn, wie Sie offenbar bereits gemerkt haben, hat er den üblichen Kritizistendünkel. Ich glaube aber, wenn man ihm den aberzogen hätte, käme ganz was Brauchbares zum Vorschein." (Stein, 1976/77: Brief vom 31. 5. 1920 an Felix Kaufmann)

Mit ihren Privatvorlesungen begab Edith Stein sich allerdings auch in die Gefahr, an den Rand zu geraten. Ohne den formalen Rahmen des Wissenschaftssystems hatte sie keinen Zugang zum Beruf der Wissenschaft. Sie erhielt zwar von der Mutter wie bereits während der Assistenz bei Husserl finanzielle Unterstützung. Im Vergleich zu großbürgerlichen Ressourcen waren diese Mittel indes bescheiden und stellten keine Grundlage für eine private Gelehrtenexistenz bereit. Angesichts der kulturellen Fremdheit von Frauen in der Wissenschaft, angesichts der engen Konnotation von Wissenschaft und Männlichkeit, zumal in der wissenschaftlichen *persona* des Philosophen, konnte sie schließlich mit ihrer Hausakademie in eine exzentrische Position geraten (vgl. Abir-Am und Outram, 1987; Honegger und Wobbe, 1998).

In dieser Situation zeichnete sich keine Stabilisierung der Situation ab, weder in beruflicher noch in persönlicher Hinsicht. Nach der Kündigung bei Husserl befand Edith Stein sich in einer Zeit beruflicher und persönlicher Umbrüche. Die angestrebte berufliche Laufbahn als Philosophin gestaltete sich weitaus schwieriger als angenommen. Die erhoffte Liebesbeziehung mit Roman Ingarden wurde unwahrscheinlich. Die seit dem Tode Adolf Reinachs verstärkt einsetzende religiöse Orientierung erhielt deutlichere Konturen.

4. Erziehung und Religion

Edith Stein ließ den *Tempel der Wissenschaft* als akademischen Kontext zunächst hinter sich und betrat den *Tempel des Glaubens*. Neben Göttingen und Freiburg, den Orten der Phänomenologie, und neben Breslau, dem Ort der Familie, entstanden mit Bergzabern, wo sie 1922 getauft wurde, und mit Speyer, wo sie sich beruflich niederließ, neue Bezugsorte. Der Eintritt in die katholische Kirche hatte für ihre Lebensgestaltung erhebliche Folgen. Ihre Tätigkeit als Lehrerin (1923-1931) am Mädchenlyzeum und an der Lehrerinnenbildungsanstalt der Dominikanerinnen von St. Magdalena in Speyer war der Übergang zu einer Lebensführung, die ein religiös geregeltes Leben mit dem beruflichen und dem Alltagsleben verband. Edith Stein entschloß sich in den acht Jahren zwar nicht dazu, in die Ordensgemeinschaft der Dominikanerinnen einzutreten, doch sie lebte im Konvent und mit dem Konvent. Gleichzeitig setzte sie ihre Kommunikation im Netz der Phänomenologen fort, redigierte Manuskripte für das Jahrbuch der Phänomenologie und beteiligte sich an den Debatten. Neben ihren Unterrichtsverpflichtungen begann sie außerdem, die Schriften des Thomas von Aquin sowie des englischen Konvertiten Henry J. Newmann zu übersetzen.

In dieser Zeit nahm sie ebenfalls ihr Engagement für die katholische Hochschul- und Frauenbildung auf und absolvierte eine erstaunliche Anzahl von Vorträgen. Hierbei stand das Rollenvorbild Marias im Mittelpunkt als Orientierung für ein Konzept vom weiblichen Menschen: „Jede Frau ist ein Ebenbild der Gottesmutter, ist eine *sponsa Christi*." (Stein, 1930: 12) Edith Stein betonte, daß der Zugang zur Transzendenz prinzipiell für alle Frauen möglich und damit eine Vielfalt von Rollenmodellen für Frauen vorgesehen sei: „Ob sie als Mutter im Hause, ob an einer weithin sichtbaren Stelle im öffentlichen Leben oder hinter stillen Klostermauern, überall muß sie eine *Magd des Herrn* sein, wie es die Gottesmutter in allen Lagen ihres Lebens gewesen ist" (ebenda); allerdings im historisch spezifischen Kontext. Edith Stein beobachtete den Wandel der sozialen Ordnung im Hinblick auf die Geschlechter und die Religion in der modernen Gesellschaft. Die Einbeziehung der Frau in Leistungssysteme und damit die Vervielfältigung ihrer Bezugskreise stellte für Edith Stein auch neue Anforderungen an die Ordensfrau. Trotz des Rufs zum übernatürlichen Beruf, zum geistlichen Stand, reichte für Edith Stein *Frömmigkeit* allein nicht mehr aus für ein Klosterleben im 20. Jahrhundert. Zu den Schwierigkeiten, „die erst die modernen Lebensverhältnisse hervorgebracht haben", zähle „der Doppelberuf der Klosterfrau, die sich zugleich als Krankenschwester, Lehrerin, Sozialbeamtin auf der Höhe der Anforderungen halten und ihren Ordensverpflichtungen nachkommen soll" (Stein, 1930: 13). Auch die Ordensfrau könne nicht mehr nur in einem System leben wie die erwerbstätige Gattin und Mutter. Ihre Beschäftigung mit strukturellen Ähnlichkeiten des Kloster- und Hausfrauenberufs zielte auf die erhöhten professionellen und sozialen Erfordernisse, mit denen Frauen in der modernen differenzierten Gesellschaft konfrontiert sind. Die Teilnahme der Frauen an Funktionssystemen hat Rückwirkungen auf Spezialisierungen. In dem Maße wie Frauen in berufliche Handlungssysteme einbezogen werden, stellt sich auch für sie die Frage, wie ihre Rollen zu kombinieren sind.[3]

Nüchtern konstatierte Edith Stein ebenfalls einen sozialen und kulturellen Wandel, dem die Kirche, vor allem das Kirchenrecht, Rechnung zu tragen habe. Für sie stand außer Frage, daß die kirchenrechtliche Stellung der Frauen im beginnenden 20. Jahrhundert eine Verschlechterung gegenüber ihrer Position in der Frühen Kirche bedeutete. Die Verdrängung des Frauendiakonats und die Schwächung der kirchenrechtlichen Stellung der Frauen stellte sie in den Kontext der alttestamentlichen und römischen Rechtsnormen, also in den Rahmen des gesetzten Rechts, das wandelbar ist. Als Zeitgenossin beobachtete sie einen innerkirchlichen Wandel in Richtung auf eine zunehmende Teilnahme der Frauen; die katholische Frauenbewegung war in diesem Prozeß ein wichtiger Faktor (vgl. Stein, 1932: 106f.).

Vor diesem Hintergrund gab es daher für Edith Stein keinen Hinderungsgrund, über das Priesteramt der Frau nachzudenken. „Dogmatisch scheint mir nichts im Wege zu stehen, was es der Kirche verbieten könnte, eine solche bislang unerhörte Neuerung durchzuführen. Ob es praktisch sich empfehlen würde, das läßt mancherlei Gründe für und wider zu." (Stein, 1931: 43) Ihre Überlegungen waren geprägt von dem Aufschwung der liturgischen Bewegung und den Reformansätzen des Weimarer Katholizismus, aus dem sich die spätere Trägerschicht des Zweiten Vaticanums formierte (vgl. Pottmeyer, 1996). Beuron und Maria Laach, die Orte, die für Edith Stein in den 1920er Jahren eine große Bedeutung erlangten und die sie immer wieder besuchte, waren Zentren der liturgischen Bewegung.

Als das Ende der Weimarer Republik sich bereits abzeichnete, sondierte Edith Stein noch einmal das Terrain für eine Habilitation. Die Lage sah schlecht aus (vgl. Ott, 1993; Wobbe, 1997). So ist es wohl zu erklären, daß sie im April 1932 das Angebot für eine Professur am *Deutschen Institut für Wissenschaftliche Pädagogik* in Münster annahm. Die Arbeit als Fachhochschulprofessorin verlangte zunächst einmal von ihr, „eine endlose Flut von psychologischer, pädagogischer u. Frauenliteratur" durchzuarbeiten, berichtet sie an Roman Ingarden. Zugleich hatte sie allerdings auch Hoffnung auf eine Position in der Philosophie am Münsteraner Institut (Brief vom 29. 4.

---

3   Marianne Weber hatte mit ihrem Konzept der neuen Frau diese Problemlage allgemein in bezug auf die kulturellen Muster weiblicher Vergesellschaftung formuliert, als sie den dualistischen Frauentypus als einen Sondertypus der modernen Frau bestimmte. Mit dem dualistischen Typus beschrieb sie diejenigen Frauen, die in ihrer Lebensführung verschiedenen Imperativen ausgesetzt sind (Weber, 1914; Wobbe, 1998a).

1932 an Roman Ingarden). Die Tätigkeit in Münster überforderte sie indes auch. Sieben Monate später schrieb sie an Roman Ingarden: „Aber ich sehe immer deutlicher wie völlig ich dem Wissenschaftsbetrieb entfremdet bin, und so brauche ich für alles unverhältnismäßig viel Aufwand an Zeit und Energie und komme mir doch wie ein blutiger Dilettant vor." (Brief vom 11. 10. 1932 an Roman Ingarden) Trotz dieser Arbeitsüberlastung versuchte sie, die für eine erneute Habilitation (in Freiburg) vorgesehene Schrift „Akt und Potenz" zu überarbeiten.

Nach dem politischen Machtwechsel wurde Edith Stein wie viele andere Kollegen und Kolleginnen jüdischer Herkunft im Rahmen des NS-Gesetzes zur *Wiederherstellung des Berufsbeamtentums* aus dem Dienst entlassen. Am Ende aller beruflichen Möglichkeiten als Jüdin sah sie endlich den Zeitpunkt gekommen, ihren Wunsch zu realisieren und in den Karmel einzutreten.

5. Ordenskontext

Als Edith Stein 1933 in den Kölner Karmel eintrat, war dieser Schritt das Ergebnis eines Entscheidungsprozesses, der zu Beginn der 1920er Jahre eingesetzt hatte. Den Wunsch, der Ordengemeinschaft des Karmel anzugehören, hatte sie bereits 1921 nach der Lektüre der *Vida* der Teresa von Avila (1562-1582). Dieses Buch (Avila, 1565), das bis heute als Klassiker für das *innere Gebet* gelten darf, gab für Edith Stein den Ausschlag, nicht zum Protestantismus, wie viele im Kreise der Phänomenologie um Edmund Husserl, sondern zum Katholizismus überzutreten (Müller und Neyer, 1998: 142, 145).

Auguste Stein, Edith Steins Mutter war die einzige in der Familie, die den jüdischen Glauben praktizierte und die Feiertage einhielt. Ihre Kinder folgten ihr darin nicht mehr. Die jüngste Tochter Edith begleitete die Mutter zwar oft in die Synagoge, auch als sie selbst bereits der katholischen Kirche angehörte. Sogar am 12. Oktober 1933, ihrem letzten Tag bei der Breslauer Familie, der Tag ihres Geburtstages und der Abschluß des jüdischen Laubhüttenfestes, besuchte sie gemeinsam mit der Mutter den Festgottesdienst in der Synagoge des Rabbinerseminars. Doch den Glauben der Mutter teilte sie nicht.

Aus ihren autobiographischen Aufzeichnungen erschließt sich, daß sie die Konversion wie überhaupt ihren Glauben auf der Grundlage einer Selbstdistanz reflektierte. In dieser Reflexion wird das Nicht-Glauben, in ihrem Fall der Atheismus, zum Thema. Glauben sowie Nicht-Glauben schließen individuelle Wahl ein und setzten sie voraus. Edith Stein beschreibt, wie aus dem Verlust ihres *Kinderglaubens* eine Existenz als *selbständiger Mensch* erwuchs, der sich der familiären Kontrolle zu entziehen begann. Als Fünfzehnjährige entschied sie sich dann auch nahezu programmatisch gegen religiöse Praktiken: „Hier habe ich mir auch das Beten ganz bewußt und aus freiem Entschluß abgewöhnt." (Stein, 1987: 121) Die Umwelt der Gymnasialzeit bestätigte diesen säkularen Trend. Die jüdischen Mitschülerinnen waren wie sie selbst in assimilierten Familien aufgewachsen. Keine von ihnen war *streng-gläubig* erzogen worden, und über *religiöse Dinge* wurde nie gesprochen (vgl. ebenda: 132).

Seit der Lektüre der *Vida* Teresa von Avilas war Edith Stein von der Spiritualität des Karmel, der Strenge der karmelitischen Lebenswelt und vor allem von der institutionalisierten Möglichkeit des *Verweilens bei einem Freund* (Teresa von Avila) beeindruckt. Die Betrachtung, zweimal in den Tagesablauf des Karmel eingebaut, bot Möglichkeiten, die Teresa in der Vida dargestellt hatte. Hiervon ist auch 1928 in einem Brief Edith Steins an eine befreundete Dominikanerin die Rede: „Es kommt nur darauf an, daß man zunächst einmal in der Tat einen stillen Winkel hat, in dem man mit Gott so verkehren kann, als ob es sonst überhaupt nichts gäbe, und das täglich." (Stein, 1976/77: Brief Nr. 45 vom 12. 2. 1928 an Sr. Callista Kopf OP) Die Reform der spanischen Ordensfrau Teresa lag darin, daß sie die *Betrachtung* als einen festen Bestandteil in den Tagesablauf des Karmel einbaute. Der Weg zum *inneren Gebet* versprach damit nach Teresa auch Freiheit für die einzelne Ordensfrau, „als müßte es für euch ein Trost sein, euch in dieser inneren Burg zu ergötzen; denn ohne Genehmigung der Oberen könnt ihr zu jeder Stunde hineingehen und darin umherwandeln" (Avila 1979 [1577]: 216).

Mit ihrer Entscheidung für den Karmel wählte Edith Stein einen Orden, dessen Tagesordnung auf das Schweigen und das Gebet, auf die Betrachtung und die Sammlung gerichtet ist: 4.30 Aufstehen, 5.00-6.00 erste Betrachtung, anschließend der Beginn des Stundengebetes (Prim/Non), 7.00 hl. Messe, 8.00-9.53 Arbeit, 9.53-10.00 kurze Gewissensforschung, 10.00 Mittagessen, anschließend bis 12.00 Rekreation mit gemeinsamer Unterhaltung, 12.00-13.00 Mittagsruhe, 13.00-14.00 Arbeit (für Novizinnen ab 13.00 Unterricht), 14.00 Stundengebet (Vesper) mit geistlicher Lesung, 15.00-16.35 Arbeit, 16.35-17.00 Kreuzwegsmeditation und geistliche Lesung in der Zelle, 17.00-18.00 zweite Betrachtungsstunde, 18.00 Abendessen und Rekreation, 19.30 Stundengebet (Komplet), 20.00-21.00 Zelleneinsamkeit, 21.00 Stundengebet (Matutin und Laudes) (vgl. Stein, 1976/77; Müller und Neyer, 1998).

Die karmelitische Spiritualität ist von der Spannung zwischen *contemplatio* und *actio* bestimmt (Waaijman, 1997). Edith Stein erfuhr diese Spannung vor allem als eine zwischen der wissenschaftlichen Arbeit und der Betrachtung.[4] An dem Ablauf eines Tages im Karmel ist schnell abzulesen, daß

---

4 In einem Brief beschrieb sie später ihre erste Phase als Konvertitin. Sie habe gedacht „ein religiöses Leben führen heiße alles Irdische aufgeben". Dann sei ihr indes klar geworden, „daß in der Welt anderes von uns verlangt wird und daß selbst im beschaulichsten Leben

diese Ordnung keine Zeit für eine zusammenhängende wissenschaftliche Arbeit vorsieht, sondern diese im Gegenteil durchkreuzt. Die Zentralidee des Karmel findet sich in der Ordensregel, die bis heute Geltung hat: „Es bleibe ein jeder in seiner eigenen Zelle (...), Tag und Nacht im Gesetz des Herrn betrachtend und im Gebete wachend, sofern er nicht durch andere Arbeiten rechtmäßig verhindert ist." (Müller und Neyer, 1998: 223)

Seit Beginn ihres Ordenslebens im Karmel wurde Edith Stein zur wissenschaftlichen und religionsphilosophischen Arbeit aufgefordert. Bald entwickelte sich eine Arbeitsteilung. Nach 1935 übertrug die promovierte Politikwissenschaftlerin Ruth Kantorowicz aus Hamburg, Konvertitin wie die Breslauer Philosophin, die Manukripte Edith Steins und bereitete sie für den Druck vor. Für Edith Stein wurden immer wieder Ausnahmeregeln arrangiert, dies betrifft etwa die regelmäßige Briefkorrespondenz (mit der Mutter in Breslau, mit Husserl, Ingarden u.a.), die nicht der Karmelordnung entsprach. Dies betrifft auch ihre wissenschaftliche Arbeit. Als der Provinzial Theodor Rauch den Kölner Karmel nach Edith Steins erstem Gelübde besuchte, forderte er sie dazu auf, ihr Manuskript „Potenz und Akt" für den Druck vorzubereiten. Er selbst war ihr bei der Beschaffung der Literatur behilflich, da Edith Stein sich nicht außerhalb der Klausur in Bibliotheken begeben konnte. Außerdem wurde sie von der gemeinsamen Mittagsrekreation dispensiert, um zusammenhängend arbeiten zu können. Aber auch von der anfallenden Hausarbeit erhielt sie Dispens: „An sich gilt es bei uns gleich, ob man Kartoffeln schält, Fenster putzt oder Bücher schreibt. Im allgemeinen verwendet man aber die Leute zu dem, wozu sie am ehesten taugen, und darum habe ich sehr viel seltener Kartoffeln zu schälen als zu schreiben." (Stein, 1991: Brief vom Sommer (o.D.) 1937 an Roman Ingarden)

Bis zum Tag der Deportation war Edith Stein mit ihrer Arbeit an der *Kreuzeswissenschaft* beschäftigt, die sie anläßlich des vierhundertjährigen Geburtstages des Johannes vom Kreuz verfaßte.[5] Ihre große Kraft des Denkens und Nachdenkens, den *geöffneten* Blick, ließ sie nicht versiegen. Als Ordensfrau bemühte sie sich bis zu ihrer Verschleppung darum, mit ihrer Schwester Rosa in einen Karmel nach Palästina oder in die Schweiz ausreisen zu können. Als dieser Weg durch die nationalsozialistische Verfolgung gewaltsam versperrt wurde, war sie am Ende ihrer Wahlmöglichkeiten angelangt. Die Mauern des Karmel konnten sie vor den Verbrechen der Zeit nicht schützen.

---

die Verbindung mit der Welt nicht durchschnitten werden darf; ich glaube sogar: je tiefer jemand in Gott hineingezogen wird, desto mehr muß er auch in diesem Sinn, aus sich herausgehen." (Stein, 1976/77: Brief Nr. 45)

5 Die Kreuzeswissenschaft (Stein, 1983) stellt Edith Steins Versuch dar, im Anschluß an Johannes vom Kreuz (1542-1591) eine Theologie des Kreuzes zu formulieren.

6. Differenzierung und Karrieren

Im frühen 20. Jahrhundert werden Frauen zunehmend weniger über die Herkunft, sondern über die Form der Karriere sozial einbezogen. Niklas Luhmann hat einen Karrierebegriff entwickelt, um klären zu können, „ob und wie weit Lebenslagen durch eigene Leistungen oder durch Fremdbeurteilung und Fremdselektion oder sogar durch gesellschaftliche Veränderungen großen Stils (Kriege, Technologieumstellungen, politische Krisen, wirtschaftliche Konjunkturen etc.) bestimmt sind." (Luhmann, 1987a: 188, Fn. 11) Karriere als „zeitliche Struktur des Inklusionsprozesses" besteht danach aus Elementen, die als positionsverändernde Ereignisse „in jedem Einzelfalle durch ein Kombination von Selbstselektion und Fremdselektion zustande kommen". So gesehen wäre Karriere „also nie nur ein Verdienst und nie nur ein Schicksal" (Luhmann, 1987a: 189).

Wie konditionieren die Funktionssysteme die Teilnahmemöglichkeiten Edith Steins? Welche Selektion nimmt sie selbst vor? Welchen Anteil haben größere gesellschaftliche Veränderungen? Zunächst fallen Edith Steins Versuche auf, durch Selbstselektion die Einbeziehung in die Wissenschaft zu forcieren. Es sind vor allem konventionelle Vorstellungen über Frauen als Wissenschaftlerinnen, die Edmund Husserl davon abhalten, seine Schülerin und Assistentin zur Habilitation aufzufordern. Damit blockiert er den Weg zu einer wissenschaftlichen Laufbahn, zur Forschung und zur Ausbildung einer professionellen Rolle. Im Gegensatz zu den üblichen Verfahren reicht Edith Stein dann ihre Habilitationsschrift bei einer Fakultät ein, in der sich kein Philosoph befindet, der ihre wissenschaftliche Arbeit und das Verfahren unterstützt. Es kommt nicht einmal bis zur fachlichen Beurteilung, denn die Arbeit wird im Vorfeld mit dem Verweis auf die Geschlechtszugehörigkeit abgelehnt.

Daraufhin verläßt Edith Stein die fachliche Ebene der Forschungsleistung und begibt sich auf das politische Terrain der staatlichen Regulierung von Wissenschaft. Sie reicht eine Beschwerde bei der Ministerialbürokratie ein, um die Bedingungen der Teilnahmemöglichkeiten zu verändern. Mit diesem Versuch hat sie Erfolg, denn die Politik korrigiert die Regulierung der Inklusion im Hinblick auf die Geschlechtszugehörigkeit. Allerdings erwachsen ihr daraus persönlich keine Positionsveränderungen. Ihre ‚systeminterne Beteiligungsgeschichte', nämlich die Chance zur Verbesserung der Position im Wissenschaftssystem, hängt bis 1933 von diesen ersten Ereignissen ab und wird im Laufe der 1920er Jahre durch weitere Faktoren blockiert. Edith Stein verläßt das Wissenschaftssystem.

Ganz anders dagegen Edith Steins Engagement und Erfahrung in der Politik. Die Teilnahme an der professionellen Parteipolitik wird von ihr selbst aufgekündigt. Sie entscheidet sich gegen die Bedingungen des politischen

Systems, von dessen Stil und Machtcode sie sich abgrenzt. Nach dem Bruch mit der Politik und der Abwendung von der Wissenschaft ‚wechselt' sie mit der Tätigkeit als Lehrerin in das Erziehungssystem. Den Rahmen hierfür bildet der Übertritt in die Katholische Kirche. Die Taufe am 1. Januar 1922 stellt auch formal den Eintritt in das Religionssystem, die Mitgliedschaft in der Katholischen Kirche dar. Die Lehrerinnentätigkeit in Speyer geht bereits auf Referenzen im katholischen Netzwerk zurück. Prälat Schwind, der erste geistliche Berater Edith Steins, empfiehlt sie der Generaloberin Ambrosia Heßler, die bei Pfänder in München Phänomenologie studiert hatte (Müller und Neyer, 1998: 160). Der katholische Rahmen bietet ihr die Möglichkeit, im Erziehungssystem Positionen zu verbessern; auch die Tätigkeit an der Münsteraner Akademie ergibt sich aus dem katholischen Netzwerk. Auf das Wissenschaftssystem wirkt die Zugehörigkeit zum katholischen Milieu aber eher blockierend. Der Katholizismus erlebte zwar während der Weimarer Republik erstmals auch einen Aufbruch, der gesellschaftlich allerdings erst nach 1945 wirksam werden sollte (Gabriel, 1992). Ein forcierter Katholizismus verschlechterte die Position im Wissenschaftssystem; die antisemitischen Ressentiments kamen als weiterer blockierender Faktor hinzu.

Mit dem politischen Systemwechsel im Jahre 1933 wird ein vollkommen neuer Faktor wirksam. Die neue Dimension der nationalsozialistischen Beamtengesetze sowie aller weiteren antijüdischen Verordnungen und Gesetzesänderungen besteht darin, daß diese für die jüdische Bevölkerung nicht nur Positionen verschlechtern, sondern Inklusion überhaupt annullieren. Aufgrund dieser gesellschaftlichen Veränderungen wird Edith Steins Karriere im Erziehungssystem beendet, Karrieremöglichkeiten für weitere Teilbereiche werden verhindert.

Die Entscheidung für den Eintritt in den Karmel ist zunächst einmal ein Schritt, den Edith Stein bereits seit der Taufe 1922 anstrebte, den sie aus Rücksicht auf ihre Mutter, aber auch auf den Rat ihrer geistlichen katholischen Berater hinausgeschoben hatte. Angesichts der Veränderung der politischen und gesellschaftlichen Situation in Deutschland, die die beruflichen Möglichkeiten beendete, hatte der Weg in den Orden eine große Plausibilität. Die Emigration war zu Beginn des Jahres 1933 für Edith Stein indes noch keine Option.

Der Eintritt in den Orden ist aus zweierlei Gründen in der Differenzierungsperspektive aufschlußreich, denn er stellt einmal die Wahl für einen ganzheitlichen, nämlich einen entdifferenzierten Sozialkontext dar, und schließt damit – Klausur und ewiges Gelübde – andere Inklusionen aus. Edith Stein fällt als moderne Frau Entscheidungen, die weitere Teilnahmemöglichkeiten ausschließen, d.h. sie optiert auf dem Hintergrund von Differenzierung für Entdifferenzierung. Der Inhalt der Wahl mag verschiedenen Vorstellungen über moderne Lebenskonzepte von Frauen widersprechen. Die Wahl selbst, ihre Form ist indes modern, da sie die Möglichkeiten von Optionen und die Notwendigkeit der individuellen Entscheidung enthält.

Zum anderen war Edith Stein mit dem Ordensleben im Karmel noch nicht am Ende aller Wahlmöglichkeiten angelangt. Unter dem Druck des Nationalsozialismus sondierte sie im Sozialzusammenhang des Karmel Handlungsalternativen. Sie versuchte, zunächst nach Palästina und dann in die Schweiz auszuwandern. Es gelang ihr lediglich die Ausreise in den Karmel Echt in den Niederlanden. Die Optionen, die ihr im Rahmen des Karmel blieben, waren erst dann erschöpft, als sie zusammen mit anderen Ordensschwestern und -brüdern jüdischer Herkunft in das Sammellager Westerbork und anschließend in das Vernichtungslager Auschwitz deportiert wurde.

7. Ausblick

Edith Stein wuchs auf mit den Möglichkeiten einer neuen Welt. Als moderne Frau griff sie die neuen Teilnahmemöglichkeiten nicht nur auf, sondern versuchte zudem, diese dort zu erweitern, wo sie Blockierungen für Frauen aufwiesen wie im Fall der Wissenschaft, oder entschied sich gegen sie, wie im Fall der Politik. Mit dem Übertritt zum katholischen Glauben wechselt sie zu einer Karriere im Religionssystem, die sie mit Positionen im Erziehungssystem kombiniert und außerdem mit einer Rückkehr in die Wissenschaft (Habilitation) zu verbinden sucht. Sie reagiert also nicht nur auf Blockierungen, sondern versucht, diese zu verändern und trifft dabei Entscheidungen von großer Tragweite. Erst mit dem politischen Systemwechsel erhält die Option des Ordenslebens Aktualität.

Vieles sprach gegen diesen Schritt. Nicht nur ihr Alter von 42 Jahren und ihr Status als Konvertitin, auch die Tatsache, daß sie voraussichtlich wohl die einzige Wissenschaftlerin unter Ordensschwestern mit anderen beruflichen Hintergründen sein würde. Die Familie in Breslau war bereit, sie finanziell zu unterstützen, falls Versorgungsgründe ausschlaggebend für die Eintrittsentscheidung gewesen sein sollten. Edith Stein entschied sich indes für den Karmel. Der Karmel entschied sich allerdings auch für sie. Auch hier hatte sie mehrere Hürden zu nehmen, um als volles Mitglied einbezogen zu werden. Eine dieser Stationen bildet die kanonische Prüfung, bei der vor allem die religiösen Motive und die Gründe für den Eintritt – etwa die wichtige Frage, ob die Kandidatin zur Eintrittsentscheidung gezwungen wurde – geklärt wird.

Der Fall Edith Stein zeigt, daß im frühen 20. Jahrhundert die Individualisierung für Frauen bildungsnaher bürgerlicher Schichten einsetzte, nämlich eine Vervielfältigung der Teilnahmemöglichkeiten und der Trend zur Optionserweiterung. Beide Dynamiken bedingen einander und machen Entscheidungen, die individuell zugerechnet werden, zunehmend notwendig.[6] Religiöse Handlungserwartungen, dies zeigt der vorgestellte Fall außerdem, verschwinden nicht insgesamt, sondern konkurrieren mit anderen. Gerade weil die modernen Möglichkeiten nicht genuin religiöser Handlungen sich vervielfachen, wird die Orientierung auf einen Glauben möglich, „der (wieder) für das ganze Leben relevant ist" (Jödicke, 1993: 226). Schließlich zeigt sich die Modernität von Geschlechterordnung und Religion im frühen 20. Jahrhundert insoweit, „als ihre Änderbarkeit und damit Vergänglichkeit in ihrer Definition mitgedacht wird" (Kaufmann, 1986: 292). Dies gilt für die zunehmende Individualisierung im Geschlechterverhältnis und in der Religion (zur aktuellen Diskussion über Individualisierung und Religion vgl. Gabriel, 1996; Krüggeler, 1996). Der Zukunftshorizont ist damit nicht mehr einer der Verheißung, sondern der Möglichkeiten. Darin liegt die Modernität der Biographie Edith Steins.

Literatur

Abir-Am Pnina G. und Dorinda Outram, 1987: Uneasy careers and intimate lives. Women in Science, 1789-1979. New Brunswick, London: Rutgers.
Avila, Teresa von, 1565: Das Leben der heiligen Theresia von Jesu, übers. Von P. Aloysius Alkoser Ord. Carm. Disc. Darmstadt: Kösel 1994.
Avila, Teresa von, 1577: Die innere Burg, hg. und übersetzt von Fritz Vogelsang. Zürich 1979.
Becker, Carl Heinrich, 1919: Gedanken zur Hochschulreform. Leipzig: Quelle und Meyer.
Breuer, Gisela, 1998: Frauenbewegung im Katholozismus. Der Katholische Frauenbund 1903-1918. Frankfurt/M.: Campus.
Conrad-Martius, Hedwig, 1991: Meine Freundin Edith Stein. S. 176-187 in: Waltraud Herbstrith (Hg.): Denken im Dialog. Zur Philosophie Edith Steins. Tübingen: Attempto-Verlag.
Dobbelaere, Karel, 1981: Secularization: A Multi-Dimensional Concept. Current Sociology 29, 3-213.
Frevert, Ute, 1986: Frauen-Geschichte. Zwischen bürgerlicher Verbesserung und neuer Weiblichkeit. Frankfurt/M.: Suhrkamp.
Gabriel, Karl, 1992: Christentum zwischen Tradition und Postmoderne. Freiburg i.Br.: Herder.

---

6   Der Fall Edith Stein dokumentiert somit eine Differenz zur weiblichen Frömmigkeit des 19. Jahrhunderts, die aus einem weiblichen Lebenszusammenhang erwächst, der von dem der Männer noch weitgehend abgesondert ist (vgl. Götz von Olenhusen, 1995a, 1995b; McLeod, 1988). Edith Stein befindet sich in einem Kontext, in dem die Unterschiede in den Lebenslagen der Geschlechter und zwischen den Geschlechtern abzunehmen beginnen.

Gabriel, Karl (Hg.), 1996: Religiöse Individualisierung oder Säkularisierung. Biographie und Gruppe als Bezugspunkte moderner Religiösität. Gütersloh: Chr. Kaiser, Gütersloher Verlagshaus.

Gerhard, Ute (Hg.), 1997: Frauen in der Geschichte des Rechts. Von der Frühen Neuzeit bis zur Gegenwart. München: Beck.

Gerl, Hanna-Barbara, 1991: Unerbittliches Licht. Edith Stein – Philosophie, Mystik, Leben. Mainz: Matthias-Grünewald-Verlag.

Götz von Olenhusen, Irmtraud (Hg.), 1995a: Frauen unter dem Patriarchat der Kirchen. Katholikinnen und Protestantinnen im 19. und 20. Jahrhundert. Stuttgart: Kohlhammer.

Götz von Olenhusen, Irmtraud, 1995b: Die Feminisierung von Religion und Kirche im 19. und 20. Jahrhundert. Forschungsstand und Forschungsperspektiven (Einleitung). S. 9-21 in: Dies. (Hg.): Frauen unter dem Patriarchat der Kirchen. Katholikinnen und Protestantinnen im 19. und 20. Jahrhundert. Stuttgart: Kohlhammer.

Heintz, Bettina, 1997: Getrennte Welten. Ursachen, Verlaufsformen und Folgen der geschlechtsspezifischen Segregation des Arbeitsmarktes. S. 9-66 in: Bettina Heintz et al. (Hg.): Ungleich unter Gleichen. Studien zur geschlechtsspezifischen Segregation des Arbeitsmarktes. Frankfurt/M.: Campus.

Heintz, Bettina und Eva Nadai, 1998: Geschlecht im Kontext. De-Institutionalisierungsprozesse und geschlechtliche Differenzierung. Zeitschrift für Soziologie 27, 75-93.

Herbstrith, Waltraud (Hg.), 1993: Edith Stein. Ein Lebensbild in Zeugnissen und Selbstzeugnissen. (Original 1983, veränderte Fassung). Mainz: Matthias-Grünewald-Verlag.

Honegger, Claudia und Theresa Wobbe (Hg.), 1998: Frauen in der Soziologie. Neun Porträts. München: Beck.

Instruktion, 1997: Instruktion zu einigen Fragen über die Mitarbeit der Laien am Dienst der Priester. Verlautbarungen des Apostolischen Stuhls Nr. 129 vom 15. 8. 1997, Bonn (Sekretariat der Deutschen Bischofs Konferenz).

Jödicke, Ansgar, 1993: Die moderne Religiosität von Bekehrten. Eine Studie zum Evangelikalismus in der Schweiz. S. 218-230 in: Jürgen Bergmann et al. (Hg.): Religion und Kultur (Sonderheft 33 Kölner Zeitschrift für Soziologie und Sozialpsychologie). Opladen: Westdeutscher Verlag.

Kaufmann, Franz-Xaver 1986: Religion und Modernität, S. 283-307 in: Johannes Berger (Hg.): Die Moderne – Kontinuitäten und Zäsuren. (Sonderheft 4 Soziale Welt). Göttingen: Schwartz.

Krüggeler, Michael, 1996: „Ein weites Feld ...". Religiöse Individualisierung als Forschungsfeld. S. 215-235 in: Karl Gabriel, 1996: Religiöse Individualisierung oder Säkularisierung. Biographie und Gruppe als Bezugspunkte moderner Religiösität. Gütersloh: Chr. Kaiser, Gütersloher Verlagshaus.

Lau, Ephrem Else, 1993: Religiöse Virtuosen: Nonnen. S. 206-217 in: Jörg Bergmann, Alois Hahn und Thomas Luckmann (Hg.): Religion und Kultur. (Sonderheft 33 Kölner Zeitschrift für Soziologie und Sozialpsychologie). Opladen: Westdeutscher Verlag.

Luhmann, Niklas, 1987a: Codierung und Programmierung. Bildung und Selektion im Erziehungssystem. S. 182-201 in: Ders.: Soziologische Aufklärung 4. Beiträge

zur funktionalen Differenzierung der Gesellschaft. Opladen: Westdeutscher Verlag.
Luhmann, Niklas, 1987b: Die Unterscheidung Gottes. S. 236-254 in:Ders.: Soziologische Aufklärung 4. Beiträge zur funktionalen Differenzierung der Gesellschaft. Opladen: Westdeutscher Verlag.
Luhmann, Niklas, 1989: Die Ausdifferenzierung der Religion. S. 259-357 in: Ders.: Gesellschaftsstruktur und Semantik. Studien zur Wissenssoziologie der modernen Gesellschaft, Bd. 3. Frankfurt/M.: Suhrkamp.
Mannheim, Karl, 1928: Das Problem der Generationen. S. 509-565 in: Ders.: Wissenssoziologie, hg. von Kurt Wolff (1969), Berlin/Neuwied: Luchterhand.
McLeod, Hugh, 1988: Weibliche Frömmigkeit – männlicher Unglaube? Religion und Kirchen im bürgerlichen 19. Jahrhundert. S. 134-156 in: Ute Frevert (Hg.), Bürgerinnen und Bürger. Geschlechterverhältnisse im 19. Jahrhundert. Zwölf Beiträge. Mit einem Vorwort von Jürgen Kocka. Göttingen: Vandenhoeck & Ruprecht.
Müller, Andreas U. und Maria Amata Neyer, 1998: Edith Stein. Das Leben einer ungewöhnlichen Frau. Eine Biographie, Zürich/Düsseldorf: Benzinger.
Orth, Wolfgang, 1993: Richard Hönigswalds Neukantianismus und Edmund Husserls Phänomenologie als Hintergrund des Denkens von Edith Stein. S. 16-52 in: Edith Stein, Studien zur Philosophie von Edith Stein. Internationales Edith Stein Symposium Eichstätt 1991 (Phänomenologische Forschungen Bd. 26/27).
Ott, Hugo, 1993: Edith Stein und Freiburg. S. 107-139 in: Edith Stein, Studien zur Philosophie von Edith Stein. Internationales Edith Stein Symposium Eichstätt 1991 (Phänomenologische Forschungen Bd. 26/27).
Pottmeyer, Hermann J., 1996: Modernisierung in der katholischen Kirche am Beispiel der Kirchenkonzeption des I. und II. Vatikanischen Konzils. S. 131-146 in: Franz-Xaver Kaufmann und Arnold Zingerle (Hg.): Vatikanum II und Modernisierung. Historische, theologische und soziologische Perspektiven. Paderborn: Schöningh.
Sack, Birgit, 1995: Katholische Frauenbewegung, katholische Jugendbewegung und Politik in der Weimarer Republik: Standorte, Handlungsräume und Grenzen im Kontext des Generationenkonflikts. S. 120-138 in: Irmtraud Götz von Olenhusen (Hg.): Frauen unter dem Patriarchat der Kirchen. Katholikinnen und Protestantinnen im 19. und 20. Jahrhundert. Stuttgart: Kohlhammer.
Simmel, Georg, 1983: Soziologie. Untersuchungen über die Formen der Vergesellschaftung. 6. Aufl., Berlin: Dunker und Humblot.
Stein, Edith, 1930: Das Ethos der Frauenberufe. S. 1-16 in: Dies., 1959: Die Frau. Ihre Aufgabe nach Natur und Gnade. Druten: de Maas und Waler.
Stein, Edith, 1931: Beruf des Mannes und der Frau nach Natur- und Gnadenordnung. S. 17-44 in: Dies., 1959: Die Frau. Ihre Aufgabe nach Natur und Gnade. Druten: de Maas und Waler.
Stein, Edith, 1932: Probleme der Frauenbildung. S. 93-188 in: Dies., 1959: Die Frau. Ihre Aufgabe nach Natur und Gnade. Louvain und Freiburg: Herder.
Stein, Edith, 1959: Die Frau. Ihre Aufgabe nach Natur und Gnade (Edith Steins Werke Bd. 5). Louvain und Freiburg: Herder.
Stein, Edith, 1976/77: Selbstbildnis in Briefen (Edith Steins Werke Bd. 8/9). Druten/Freiburg: de Maas und Waler.

Stein, Edith, 1983: Kreuzeswissenschaft (Edith Steins Werke Bd. 1). Druten/Freiburg: de Maas und Waler.

Stein, Edith, 1987: Aus meinem Leben (Sonderausgabe der Originalausgabe: Aus dem Leben einer jüdischen Familie. Edith Steins Werke Bd. 7). Freiburg/Basel: Herder.

Stein, Edith, 1991: Briefe an Roman Ingarden 1917-1938 (Edith Steins Werke Bd. 14). Freiburg/Basel: Herder.

Susman, Margarete, 1926: Das Frauenproblem in der gegenwärtigen Welt. S. 143-167 in: Dies., 1992: „Das Nah- und Fernsein des Fremden". Essays und Briefe, hg. und mit einem Nachwort versehen von Ingeborg Nordmann. Frankfurt/M.: Jüdischer Verlag.

Tenbruck, Friedrich, 1989: Die kulturellen Grundlagen der Moderne. Opladen: Westdeutscher Verlag.

Tyrell, Hartmann, 1986: Geschlechtliche Differenzierung und Geschlechterklassifikation. Kölner Zeitschrift für Soziologie und Sozialpsychologie 38, 450-489.

Waaijman, Kees, 1997: Der mystische Raum des Karmels. Eine Erklärung der Karmelregel. Mainz: Matthias-Grünewald-Verlag.

Weber, Marianne, 1914: Die neue Frau. S. 134-142 in: Dies., 1919: Frauenfragen und Frauengedanken. Tübingen: Mohr.

Wobbe, Theresa, 1996a: „Sollte die akademische Laufbahn für Damen geöffnet werden...". Edmund Husserl und Edith Stein. S. 361-374 in: Edith Stein Jahrbuch 1996. Würzburg: Echter.

Wobbe, Theresa, 1996b: Aufbrüche, Umbrüche, Einschnitte: Die Hürde der Habilitation und die Hochschullehrerinnenlaufbahn. S. 343-353 in: Elke Kleinau und Claudia Opitz (Hg.): Geschichte der Mädchen- und Frauenbildung, Bd. 2. Frankfurt/M.: Campus.

Wobbe, Theresa, 1997: Wahlverwandtschaften. Die Soziologie und die Frauen auf dem Weg zur Wissenschaft. Frankfurt a.M./New York: Campus.

Wobbe, Theresa, 1998a: Ideen, Interessen und Geschlecht: Marianne Webers kultursoziologische Fragestellung. Berliner Journal für Soziologie 8, 105-123.

Wobbe, Theresa, 1998b: Marianne Weber (1870-1954): Ein anderes Labor der Moderne. S. 154-178 in: Claudia Honegger und Theresa Wobbe (Hg.): Frauen in der Soziologie. Neun Porträts. München: Beck.

Wobbe, Theresa, 1998c: Elective Affinities: Georg Simmel and Marianne Weber on differentiation and individuation. Vortrag, ISA World Congress Montréal 1998/ RC08 Session 9: The founding of German Sociology: Intellectual origins and discursive contexts.

Christof Wolf

Zur Entwicklung der Kirchlichkeit von Männern und Frauen 1953 bis 1992

1. Einleitung

Die bundesdeutsche Religionssoziologie hat, wie viele andere Bereiche der Soziologie auch, ihre Fragestellungen nur selten an einer explizit geschlechtsspezifischen Perspektive orientiert. So findet sich in der wohl vollständigsten Übersicht der religionssoziologischen Forschung der Bundesrepublik, die 1990 von Feige vorgelegt wurde, keine einzige Arbeit, die das Thema der Geschlechterdifferenz in den Mittelpunkt stellt.[1] Eine genauere Untersuchung der geschlechtsspezifischen Unterschiede scheint auch überflüssig, zeigen die empirischen Befunde doch regelmäßig, daß Frauen religiöser sind, häufiger in die Kirche gehen und seltener aus der Kirche austreten als Männer. Da Religion und Kirche eine „Domäne der Frauen" (Köcher, 1988: 149) ist und die „höhere kirchliche Beteiligung der Frauen ... bereits für Anfang des Jahrhunderts empirisch belegt" ist (Daiber, 1995: 162), erscheint auch die Frage nach der *Entwicklung* der geschlechtsspezifischen Unterschiede der Religiosität und Kirchlichkeit überflüssig. Dabei zeigen historische Analysen, daß die Anteile von Männern und Frauen, die am kirchlich-religiösen Leben teilnahmen, sich erst im 19. Jahrhundert zugunsten der Frauen verschoben haben. Diese beteiligten sich insbesondere dort, wo Männer sich anderen Wirkungskreisen zuwandten, immer stärker am kirchlichen Leben und füllten so das entstandene Vakuum.[2] Die Rückbesinnung auf diesen historischen Prozeß läßt es unwahrscheinlich erscheinen, daß die Verschiebungen der geschlechtsspezifischen Kirchlichkeit nun zu einem Stillstand gekommen sein sollen. Dieser Beitrag geht daher der Frage nach den relativen Veränderungen der Religiosität und Kirchlichkeit von Frauen und Männern seit dem Ende des Zweiten Weltkriegs nach. Weil uns diese

---

1   Dies spiegelt sich auch in Feiges eigener Darstellung, die dieses Thema ebensowenig aufgreift. Es findet sich lediglich ein Hinweis darauf, daß Frauen und Männer sich weder in ihrer Beurteilung der zukünftigen Bedeutung der Kirche (S. 315, FN 24) noch in bezug auf die Bereiche, in denen die Kirchen Jugendlichen Rat bieten sollten (S. 316, FN 25), unterscheiden.

2   Siehe zu diesem Prozeß der „Feminisierung von Religion und Kirche" die Beiträge in Götz von Olenhusen et al. (1995) sowie Götz von Olenhusen in diesem Band.

Veränderungen genaueren Aufschluß über zukünftige Entwicklungsrichtungen von Religiosität und Kirchlichkeit geben, ist ihre empirische Untersuchung für die Religionssoziologie von besonderem Interesse. Bei den folgenden Ausführungen beschränke ich mich auf die Ergebnisse empirisch quantitativer Studien. Nur diese erlauben es m.e., die Untersuchungsfrage nach den *Veränderungen der Geschlechterdifferenz in bezug auf Religion und Kirche* – also nicht nur die Frage nach der Differenz per se – mit einer gewissen Aussicht auf Erfolg zu beantworten. Damit bleibt die Untersuchung notwendigerweise an der Oberfläche dessen, was Glauben für Menschen bedeuten kann. Fragen wie: „Glauben Frauen anders?" (vgl. Klein, 1995), können nicht untersucht werden. Ebensowenig wird auf die Stellung von Frau und Mann in der christlichen – sei es der katholischen oder protestantischen – Anthropologie eingegangen (dazu Heiler, 1976: 87ff. sowie die Beiträge in Klöcker und Tworuschka, 1995).

Was bleibt, ist eine Untersuchung, die die Kirchgangshäufigkeit, die Konfessionszugehörigkeit u.ä. in geschlechtsspezifischer Perspektive beleuchtet. Dazu werde ich zunächst einige empirische Befunde der deutschen Religionssoziologie zur Religiosität von Frauen und Männern berichten. In der Summe bestätigen diese die größere Religiosität der Frauen. Allerdings finden sich eine Reihe von Studien, die nicht zu diesem Ergebnis führen bzw. es in verschiedener Hinsicht differenzieren. Die zu berichtenden Resultate der empirischen Religionssoziologie lassen jedoch keinen Schluß auf die Veränderung des geschlechtsspezifischen Unterschieds in bezug auf die Religiosität zu. Daher werde ich im dritten Abschnitt eigene empirische Analysen vorlegen, die die Entwicklung dieser Differenz in den letzten 40 Jahren mit Bezug auf die Kirchgangshäufigkeit beleuchten.

2. Ein kurzer Streifzug durch ausgewählte Beiträge der deutschen Religionssoziologie

Trotz des weitgehenden Fehlens von Arbeiten mit ausschließlich geschlechtsspezifischer Fragestellung liegen eine Vielzahl empirischer Befunde zur Religiosität von Männern und Frauen vor. Die meisten behandeln das Merkmal Geschlecht als eine (weitere) sozio-demographische Variable, die, wie andere Variablen auch, mit Indikatoren der Religiosität oder Kirchlichkeit korreliert wird. Dabei bleiben diese Analysen in der Regel bei bivariaten Betrachtungen stehen. Ein typisches Beispiel für diese Art der Studien ist die Arbeit von Golomb (1969), welcher die Daten der ersten SPIEGEL-Umfrage zur Kirche, die 1967 durchgeführt wurde und in der etwa 2000 Personen befragt wurden, verwendet. Wie er zeigt, ist Frauen der Glaube wichtiger, sie zweifeln seltener und glauben eher an die Existenz Gottes als Männer (S. 182). Frauen glauben eher als Männer, daß Jesus auferstanden ist, Gottes gesandter Sohn ist, von der Jungfrau Maria geborener Sohn Gottes ist und daß die Bibel Gottes Wort enthält (S. 185). Frauen glauben auch häufiger an folgende Wunder Jesu: die Auferweckung der Toten, den Gang über den See, das Wunder von Kanaa (Verwandlung von Wasser in Wein), Heilung Blinder, Teufelsaustreibung, Voraussagen von Tod und Auferstehung, Brotvermehrung, Himmelfahrt, Krankenheilung (S. 189).

Dies sind nur einige ausgewählte Beispiele, von denen sich viele weitere in Golombs Arbeit finden und die ihn zu der Einschätzung eines „beachtlichen Zusammenhangs" (S. 195) zwischen den religiösen Überzeugungen und dem Geschlecht kommen lassen. Seine empirische Basis sind einfache Korrelationskoeffizenten, deren Größe bei keiner der angeführten Variablen über 0,15 hinausgeht, in aller Regel sogar kleiner ist. In meinen Augen hätte dieser Befund am Ende der 60er Jahre eher für einen erstaunlich kleinen, nahezu nicht vorhandenen Geschlechtsunterschied gesprochen. Es wäre zudem interessant gewesen zu sehen, wie es sich mit diesem Unterschied in verschiedenen gesellschaftlichen Teilgruppen verhält. Eine theoretische Reflexion oder die Kontrolle weiterer Merkmale finden sich bei Golomb jedoch nicht.

Dabei bietet die 13 Jahre früher erschienene Arbeit von Reigrotzki (1956) unzählige Anregungen, wie eine differenziertere Analyse aussehen könnte. Unter Verwendung der sogenannten Bundesstudie, deren Daten 1953 erhoben wurden, untersucht Reigrotzki ausführlich das Ausmaß geschlechtsspezifischer Differenzen in der Kirchlichkeit. Bei einer Analyse nach der Konfessionszugehörigkeit kommt er zu folgender Einschätzung:

„Die zu erwartende größere Kirchlichkeit der Frauen ist zwar vorhanden, spielt sich aber im Rahmen der gegebenen Grundcharakteristik der beiden Konfessionen [der konfessionsspezifischen Kirchgangshäufigkeit, CW] ab." (Reigrotzki, 1956: 21)

Bei einer weiteren Untergliederung nach dem Alter zeigt sich, daß große Unterschiede zwischen der Kirchgangshäufigkeit von Männern und Frauen insbesondere unter Katholiken der mittleren Altersgruppen zu finden sind. Ähnliches gilt für den Zusammenhang von Geschlecht, Konfession und Abendmahls-/ Kommunionshäufigkeit.

Für einen Bereich des religiösen Lebens, nämlich für die aktive Beteiligung am Gemeindeleben, findet Reigrotzki (1956: 23) eine ‚umgekehrte' Differenz (s.u. Tabelle 2). Es zeigt sich überraschenderweise, „daß nicht die Frauen, sondern die Männer stärker an der Gemeindearbeit beteiligt sind". Dieser Befund gilt für beide Konfessionen; erklärt sich aber zumindest für den katholischen Bereich teilweise aus dem Ausschluß von Frauen für bestimmte Tätigkeiten. Dieses Ergebnis konnte von Rendtorff (1958) in einer

Untersuchung an ca. 30 evangelischen Gemeinden in Norddeutschland nicht bestätigt werden. Er kommt in seiner Studie zu dem Schluß:

„... unter den Gemeindegruppen überwiegen die Organisationen der Frauenhilfe und die Gesamtheit der Jugendarbeit. Der Anteil am Gemeindeleben ist bei den Frauen etwa acht- bis zehnmal größer als bei den Männern." (Rendtorff, 1958: 110)

Nach Rendtorff ist die Ursache für dieses Mißverhältnis darin zu sehen, daß Männer sich aus den sozialen Bindungen ihrer lokalen Wohnumgebung lösen konnten oder mußten, während Frauen, insbesondere wenn sie nicht berufstätig sind, an ihren Wohnort gebunden sind.

„Die starke Teilnahme von Frauen am Gemeindeleben hat also nichts zu tun mit einer besonderen religiösen Disposition der Frau und einer größeren Affinität der kirchlichen Verkündigung zum Weiblichen. Solche religionspsychologischen Hypothesen verkennen völlig die entscheidende Bedeutung der traditionellen Kirchengemeinde für die Existenz der Frauenhilfe. Das Gemeindeleben hat dort seine stärkste Seite, wo die lokale Bindung noch erhalten ist und eine soziale Wirklichkeit ausmacht, wie dies vor allem bei verheirateten älteren Frauen der Fall ist." (Rendtorff, 1958: 112)

Zu einem ganz ähnlichen Schluß kommt Schmidtchen 15 Jahre später. In seiner berühmten Studie über Katholiken und Protestanten behauptet er, daß „Frauen ... – entgegen einer landläufigen Vorstellung – keineswegs viel religiöser (kirchlicher) als Männer [sind], sondern nur unter bestimmten gesellschaftlichen Voraussetzungen." (Schmidtchen, 1979 [1973]: 289) Vor allem eine Aufgliederung nach der Stellung im Beruf ergibt ein differenziertes Bild, welches vereinfachend ausgedrückt zeigt, „daß Unterschiede in den Gewohnheiten des Kirchenbesuchs zwischen Männern und Frauen sich mit steigendem Status abschwächen." (Schmidtchen, 1979 [1973]: 290)

Auch in den Analysen von Ingrid Lukatis (1990), meines Wissens der einzigen Arbeit, die sich ausschließlich mit den Unterschieden und Gemeinsamkeiten der Religiosität von Frauen und Männern beschäftigt, spielt der Beruf bzw. die Berufstätigkeit eine zentrale Rolle.

„Als ein Schlüsselfaktor für diese besondere Beziehung [der Frauen, CW] zur Kirche erweist sich – neben dem Lebensalter – die Beteiligung am Erwerbsleben. Rentnerinnen – in etwas geringerem Maß auch Rentner – und Hausfrauen nämlich, also diejenigen, die nicht oder nicht mehr bezahlter Arbeit nachgehen, stehen der Kirche besonders nahe, prägen damit zugleich in besonderer Weise das kirchliche Leben. Dasselbe gilt für Frauen, die nur teilweise erwerbstätig sind. Vollberufstätige und in Ausbildung stehende Frauen und Männer signalisieren deutlich mehr Distanz, ja Austrittsneigung." (Lukatis, 1990: 143)

Neben den bisher aufgeführten Studien finden sich aber auch Untersuchungen, die – v.a. in multivariaten Analysen – keine Unterschiede zwischen Frauen und Männern bezüglich der Religiosität feststellen können. Auf der Basis des ALLBUS 1982 und einer nationalen Umfrage in den Niederlanden

1979 kommen Felling, Peters und Schreuder (1987: 79) beispielsweise zu folgendem Schluß: „Durch das von uns gesammelte Material über Glauben und Kirchlichkeit wird die These, in der modernen Gesellschaft sei vorzugsweise die Frau die Stütze von Religion und Kirche, nicht legitimiert." Kecskes und Wolf (1994) zeigen, daß die Unterschiede zwischen Frauen und Männern mit zunehmender Wohnortgröße abnehmen und in den Großstädten vollkommen verschwinden. Sie widerlegen damit die frühere Aussage von Schmidtchen (1979 [1973]: 289): „Frauen gehen in allen Ortsgrößen häufiger zur Kirche als Männer. Der Abstand der Kirchlichkeit zwischen Männern und Frauen ist in den Städten sogar noch ausgeprägter als auf dem Lande." Wie auch immer dieser Widerspruch aufzulösen ist, er verweist auf die dringende Notwendigkeit, in empirischen Analysen (statistische) Interaktionseffekte zu berücksichtigen.

Im großen und ganzen bestätigen die bisher referierten Untersuchungen, auch dort, wo sie stärker differenzieren und trotz einiger negativer Befunde, die größere Religiosität und Kirchlichkeit der Frauen. Allerdings hat sich das Ausmaß an Religiosität und Kirchlichkeit in den letzten Jahrzehnten erheblich vermindert, und es bleibt daher zu fragen, ob sich mit diesem Wandel auch das Verhältnis der Religiosität von Frauen und Männern geändert hat.

Schon lange konnte aus den vorliegenden Einzelbefunden abgelesen werden, wie stark die Kirchgangshäufigkeit nachläßt und wie die Anzahl der Menschen, die den Kirchen den Rücken zukehren, steigt. Weitgehend unbekannt ist jedoch, wie sich die Geschlechterdifferenz der Beteiligung am kirchlichreligiösen Leben im Zuge dieses Säkularisierungsprozesses verändert hat. Einzig in der von Noelle-Neumann und Piel (1983) herausgegebenen Studie „Eine Generation später" finden sich entsprechende Hinweise. Sie vergleichen die Daten der Bundesstudie von 1953, die schon von Reigrotzki (1956) verwendet wurden, mit einer Folgestudie aus dem Jahr 1979. Mit Blick auf die hier interessierende Fragestellung lauten die zwei zentralen Ergebnisse dieser Studie:

„Die Generationen, junge und ältere Menschen, sind heute weiter von einander entfernt als Anfang der fünfziger Jahre, das ist der eine Punkt. Umgekehrt stimmen Männer und Frauen in ihren Interessen, Empfindungen und Verhaltensweisen heute vielmehr als früher überein." (Noelle-Neumann, 1983: 16)

Obwohl diese Schlußfolgerung mit Bezug auf andere Lebensbereiche gerechtfertigt sein mag, steht sie nicht in Einklang mit der geschlechtsspezifischen Entwicklung der Kirchgangshäufigkeit, die in derselben Studie berichtet wird (s. Tabelle 1). Die publizierten Daten zeigen eindeutig eine *Zunahme* der Unterschiede zwischen Männern und Frauen. Während im Jahre 1953 19% der protestantischen Frauen und 17% der protestantischen Männer regelmäßig die Kirche besuchten, also eine Prozentsatzdifferenz von 2 Punkten zu beobachten war, betrug diese Differenz im Jahr 1979 6 Punkte. Die Differenz der Anteile protestantischer Frauen und Männer, die die Kirche nie besuchen, stieg sogar von 6 auf 10 Punkte. Eine ähnliche Entwicklung lassen die Daten auch für die Katholiken erkennen.

Tabelle 1: Kirchenbesuch nach Konfession und Geschlecht 1953 und 1979 (Spaltenprozent)

	Protestanten				Katholiken			
	1953		1979		1953		1979	
	♀	♂	♀	♂	♀	♂	♀	♂
Regelmäßig	19	17	11	5	64	55	44	27
Unregelmäßig/Selten	71	67	72	68	32	33	47	55
Nie	10	16	17	27	4	12	9	18

Quelle: Noelle-Neumann und Piel (1983: 89f.); eigene Zusammenstellung.

Eine Analyse des Anteils derjenigen, die aktiv in der Gemeinde mitarbeiten, zeigt ein ganz ähnliches Resultat (Tabelle 2). Während der Anteil der aktiven Männer im Jahr 1953 in beiden Konfessionen über demjenigen der Frauen lag, kehrte sich dieses Verhältnis durch einen Rückgang der männlichen und eine Zunahme der weiblichen Partizipationsraten bis ins Jahr 1979 um. Da der Anteil der aktiven Frauen stärker zugenommen hat als derjenige der Männer abgenommen hat, spricht auch dieses Ergebnis nicht für die oben zitierte Auffassung einer Verringerung der Geschlechterunterschiede. Ähnlich stellt Köcher anhand anderer Daten fest:

„Während sich Männer und Frauen in den letzten Jahrzehnten in vielen Anschauungsbereichen angenähert haben, gilt das nicht für die Offenheit für religiöse Fragen. Eine Untersuchung unter 12- bis 16jährigen aus der Mitte der achtziger Jahre zeigt zwischen Jungen und Mädchen ähnliche Unterschiede in den Einstellungen zu Kirche und Religion wie in der Bevölkerung insgesamt, ein Ergebnis, das zum einen den Schluß zuläßt, daß die unterschiedliche Bewertung religiöser Fragen schon früh angelegt ist und sich nicht erst allmählich im Laufe des Lebens herausbildet und zum andern erwarten läßt, daß Religion auch in Zukunft stärker eine Domäne der Frauen als der Männer bleiben wird." (Köcher, 1988: 149)

Tabelle 2: Kirchlich Aktive nach Konfession und Geschlecht 1953 und 1979 (Spaltenprozent)

	Protestanten				Katholiken			
	1953		1979		1953		1979	
	♀	♂	♀	♂	♀	♂	♀	♂
In der Gemeinde tätig	2	3	5	2	3	6	9	5
Nicht tätig	98	97	95	98	97	94	91	95

Quelle: Noelle-Neumann und Piel (1983: 212); eigene Zusammenstellung.

Allem Anschein nach stellt das kirchlich-religiöse Leben einen Bereich dar, in dem sich trotz anders verlaufender Tendenzen in anderen gesellschaftlichen Teilbereichen traditionelle Unterschiede zwischen den Geschlechtern nicht verringern. Obwohl diese These im Einklang mit den Ergebnissen von Noelle-Neumann und Piel sowie Köcher steht, ist sie doch unvereinbar mit den Befunden derjenigen Arbeiten, die keine geschlechtsspezifischen Unterschiede in bezug auf die Religiosität finden können (Felling, Peters und Schreuder, 1987: 79; Kecskes und Wolf, 1996: 79ff.). Dieser Widerspruch läßt sich allein durch empirische Analysen auflösen, die auf möglichst lange, vergleichbare Zeitreihen zurückgreifen können. Im weiteren stelle ich einige Ergebnisse einer solchen Analyse vor.

3. Die Entwicklung der Kirchgangshäufigkeit von Männern und Frauen, 1953-1992

Bei der empirischen Grundlage der folgenden Analysen handelt es sich um einen Datensatz, der aus über 30 einzelnen Erhebungen kumuliert wurde. Die älteste dieser Studien stammt aus dem Jahr 1953, die schon mehrfach erwähnte Bundesstudie, die jüngste Erhebung stammt aus dem Jahr 1992. Insgesamt umfaßt der Datensatz über 130.000 Befragte; den folgenden Analysen liegen aufgrund fehlender Werte jeweils Angaben von etwa 110.000 befragten Personen zugrunde.[3] Alle weiteren Angaben zu diesem Datensatz finden sich bei Kohler (1995), dem an dieser Stelle auch für die Überlassung dieses Materials gedankt sei. Aus Raumgründen beschränke ich mich hier auf die Analyse des Kirchgangs.

Betrachten wir die Entwicklung des Anteils regelmäßiger Kirchgänger[4], so fällt dreierlei auf (Abbildung 1). Erstens ist die über den gesamten Zeitraum hinweg zu beobachtende Abnahme der Kirchgangshäufigkeit bemerkenswert und konsistent mit vielen anderen empirischen Ergebnissen der neueren Kirchen- und Religionssoziologie. Zweitens ist der Anteil der regelmäßigen Kirchgängerinnen in allen Jahren größer als der entsprechende Anteil unter den Männern. Drittens scheint sich die Differenz zwischen Frauen und Männern in den letzten 40 Jahren nicht verändert zu haben; mit Bezug auf den Entkirchlichungsprozeß folgen die Frauen den Männern jeweils etwa acht Jahre später. Somit scheint Köcher recht zu behalten: Eine Annäherung der Geschlechter läßt sich aus Abbildung 1 nicht ablesen.

---

3 Wegen Fehlens der abhängigen Variable, wurden die Erhebungen der Jahre 1961 und 1969 ausgeschlossen.

4 ‚Regelmäßiger Kirchgang' bedeutet hier je nach Datensatz, daß die befragte Person angab, „regelmäßig" oder aber „mindestens einmal in der Woche" in die Kirche zu gehen.

Abbildung 1: Anteil der regelmäßigen Kirchgänger nach Geschlecht
1953-1992[a]

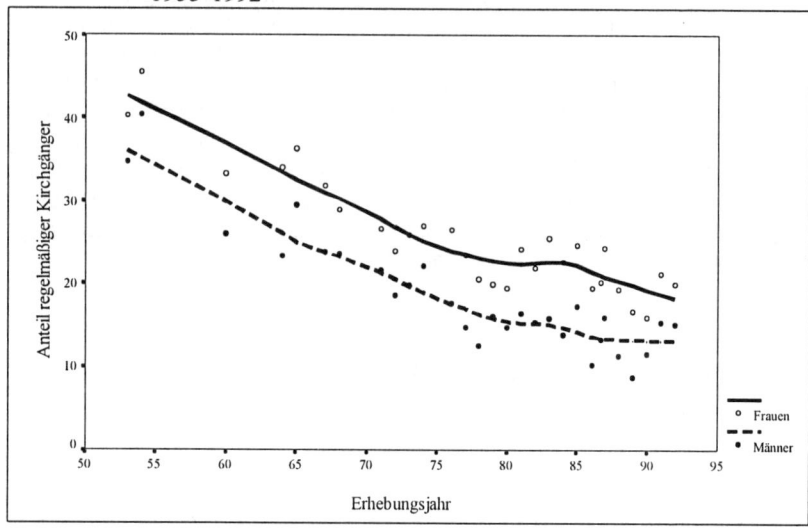

a   Jeder Punkt steht für den Anteil der regelmäßigen weiblichen oder männlichen Kirchgänger eines Erhebungsjahres. Bei den Linien handelt es sich um lokal gewichtete Regressionskurven.

Dieser Eindruck verändert sich jedoch radikal, wenn wir die Angaben nach der Generationszugehörigkeit differenzieren. Wie Abbildung 2 deutlich macht, verkleinert sich die Differenz zwischen Männern und Frauen von einer Generation zur nächsten. Je jünger die Generation, desto weniger unterscheidet sich der Anteil regelmäßiger Kirchgänger und Kirchgängerinnen. Bei Frauen und Männern, die bis 1917 geboren wurden, beträgt die Prozentsatzdifferenz noch 11,3 Punkte. In der Generation derjenigen, die das Licht der Welt während der Weimarer Republik erblickt haben, sinkt die Differenz auf 8,1 Punkte. Bei denen, die zwischen 1933 und 1944 geboren wurden, verringert sich der Unterschied auf 5,5 Punkte, und in den beiden jüngsten Generationen schließlich beträgt die Differenz zwischen dem Anteil der regelmäßigen Kirchgängerinnen und Kirchgänger nur noch 2,3 bzw. 2,0 Prozentpunkte. Hier bestätigt sich ein zentraler Befund der neueren deutschen Religionssoziologie: Die religiöse Säkularisierung ist überwiegend auf die Sukzession immer weniger religiös geprägter Kohorten zurückzuführen und nicht auf eine im Zeitverlauf nachlassende Religiosität (IKSE, 1995; Jagodzinski und Dobbelaere, 1993: 79ff.).

Abbildung 2: Kirchgang nach Geschlecht und Generation

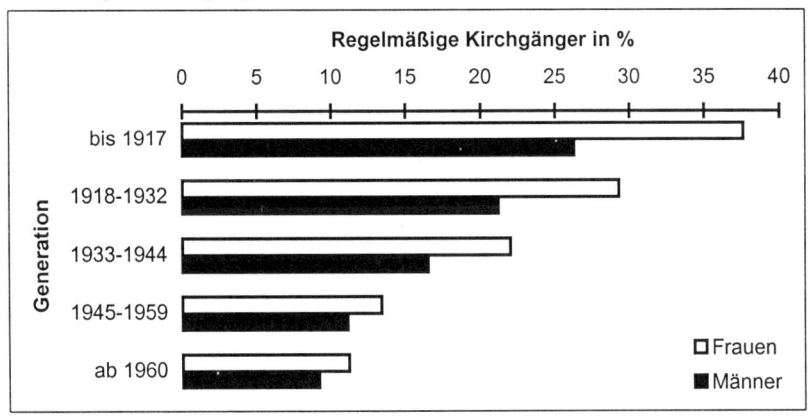

Dieses Bild der in der Generationenfolge abnehmenden Differenz zwischen Männern und Frauen läßt sich durch die Einbeziehung der generationenspezifischen Veränderung in der Zeit noch differenzieren. Dies geschieht in Abbildung 3, in der die Anteile der regelmäßigen Kirchgängerinnen und Kirchgänger der ältesten und zweitjüngsten Generation gegenübergestellt sind. Diese Abbildung zeigt dreierlei sehr deutlich.[5] Erstens nimmt der Kirchgang der Männer und Frauen in beiden Generationen bis etwa 1975 ab und stagniert dann auf dem erreichten Niveau. Dabei ist die generationenspezifische Abnahme des Anteils regelmäßiger KirchgängerInnen weniger stark ausgeprägt als die in Abbildung 1 dargestellte aggregierte Verringerung des Kirchgangs vermuten lassen würde. Mit anderen Worten, der beobachtete Gesamtrückgang des Kirchenbesuchs ist, insbesondere für die Zeit nach 1975, auf Veränderungen der Anteile, die einzelne Generationen stellen, zurückzuführen. In bezug auf die Differenz von Männern und Frauen zeigt die Abbildung drittens, daß diese sich für jede Generation über den betrachteten Zeitraum hinweg nur wenig verändert.

Dieser zuletzt genannte Punkt wird in Abbildung 4 noch einmal in anderer Form verdeutlicht. Hier ist der Anteil der regelmäßigen Kirchgänger in der ältesten, mittleren und jüngsten Kohorte jeweils nach Altersgruppen und Geschlecht getrennt aufgeführt. Während die Differenzen zwischen den Geschlechtern in der ältesten und auch noch in der mittleren Generation relativ groß sind und sogar mit zunehmendem Alter (leicht) ansteigen, ist in der jüngsten Generation kaum ein Unterschied zwischen Frauen und Männern zu erkennen.

---

5 Einen Kontrast der älteren Generation mit den anderen Generationen findet sich in den Abbildungen im Anhang.

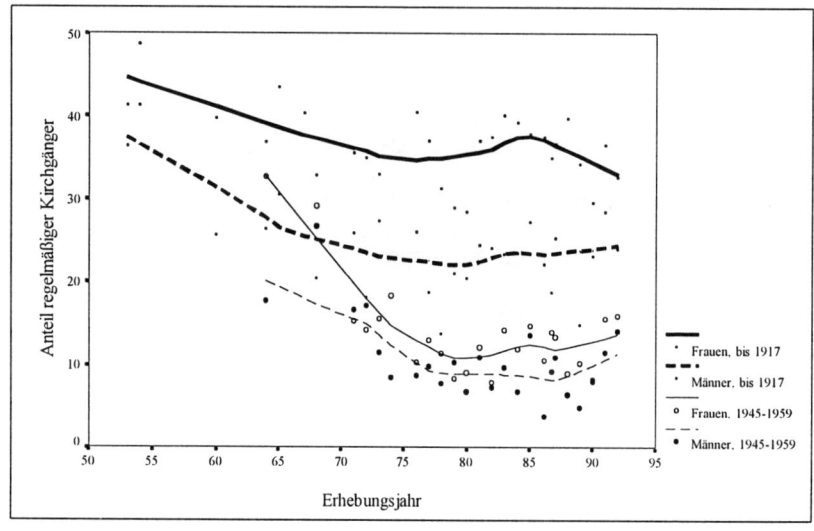

Abbildung 3: Kirchgang zweier Generationen nach Geschlecht, 1953-1992

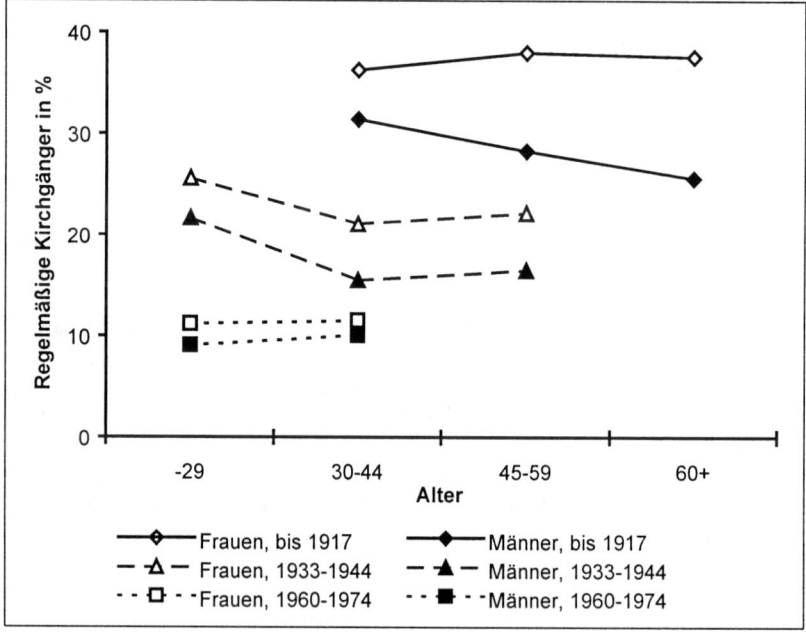

Abbildung 4: Kirchgang nach Generation, Alter und Geschlecht

In einem letzten Schritt soll die Ortsgröße als zusätzliche Variable in die Analyse eingeführt werden. Wie oben aufgeführt, wird in der empirischen Literatur sowohl eine Zunahme als auch eine Abnahme der Geschlechterunterschiede entlang des Land-Stadt-Kontinuums berichtet. Solche widersprüchlichen Resultate sind oftmals auf unterschiedliche Zusammensetzungen der untersuchten Stichproben und/oder auf eine mangelnde Kontrolle von Drittvariablen zurückzuführen. Um diesem Problem zu begegnen, betrachtete ich den Einfluß der Ortsgröße auf die Differenz der Kirchgangshäufigkeit von Männern und Frauen jeweils unter Kontrolle der Generation und der Altersgruppe. Exemplarisch ist ein solcher Gruppenvergleich in Abbildung 5 dargestellt. Hier findet sich der Anteil regelmäßiger Kirchgänger für Frauen und Männer der ältesten und jüngsten Generation zu einem Zeitpunkt als diese zwischen 30 und 44 Jahre alt waren.

Abbildung 5: Kirchgang nach Ortsgröße, Generation und Geschlecht [a]

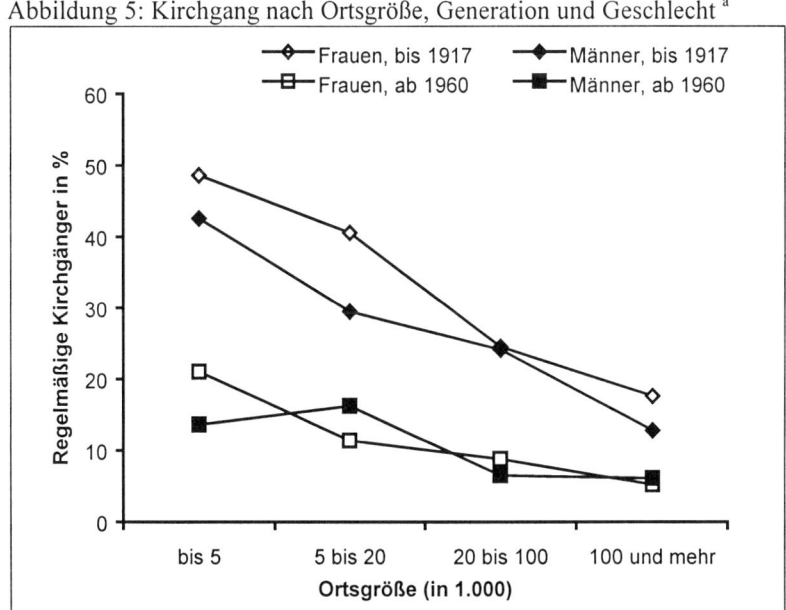

a   Für die Altersgruppe zwischen 30 und 44 Jahren.

Abbildung 5 zeigt zunächst für die vier dargestellten Gruppen einen mit zunehmender Ortsgröße abnehmenden Anteil regelmäßiger Kirchenbesucher. Dabei liegen die Teilnahmequoten der ältesten Generation in allen Ortsgrößen weit über den Raten der jüngsten Generation. Gleichzeitig zeigt ein Vergleich der generationenspezifischen Teilnahmequoten deutlich eine mit der

Ortsgröße abnehmende Differenz von Männern und Frauen. Wird diese Analyse auf andere Altersgruppen und auf alle fünf unterschiedenen Generationen ausgedehnt, so bestätigt sich dieser Befund ganz überwiegend. In den 15 unterschiedenen Gruppen einer Generation und einer Altersgruppe sinkt die Differenz des Anteils der Kirchgänger und Kirchgängerinnen in 11 Fällen eindeutig mit der Ortsgröße. Nur in zwei der 15 Fälle dreht sich dieser Zusammenhang um, d.h. der Unterschied der Kirchgangshäufigkeit von Frauen und Männern steigt mit der Ortsgröße an. (In zwei weiteren Fällen besteht kein eindeutiger Zusammenhang zwischen Ortsgröße und Geschlechterdifferenz.) Wird die Prozentsatzdifferenz über alle Generationen und Altersgruppen hinweg aggregiert, so ergibt sich für Orte unter 5.000 Einwohnern eine durchschnittliche Differenz der Teilnahmequoten von 7,0 Prozentpunkten zugunsten der Frauen. Diese Differenz sinkt mit der Ortsgröße und beträgt in den Großstädten nur noch 3,6 Punkte. Damit ergibt sich insgesamt sehr deutlich, daß die Größe der Wohnorte die beobachtbaren Unterschiede zwischen den Geschlechtern moderiert und zwar, indem sie mit steigender Größe der Wohnorte kleiner werden.

4. Ein vorläufiges Fazit

Die präsentierten Analysen machen deutlich, daß die vermeintlich so einfache Frage nach dem Unterschied in der Religiosität, hier genauer: der Kirchlichkeit, von Männern und Frauen und seiner Entwicklung einer differenzierten Antwort bedarf. Im Aggregat betrachtet, scheint sich in den letzten 40 Jahren kaum etwas an der Geschlechterdifferenz geändert zu haben. Eine Aufgliederung der Daten nach der Geburtskohorte zeigt jedoch, daß die Unterschiede zwischen Frauen und Männern um so kleiner werden, je später sie geboren sind. Dies führt in der Gruppe der nach 1945 Geborenen zu nahezu identischen Anteilen von männlichen und weiblichen Kirchgängern. Eine weitere Untergliederung zeigt für die älteren, insbesondere die älteste, Kohorten aber auch eine mit dem Alter *zunehmende* Differenz zwischen Männern und Frauen. Dennoch kann auf keinen Fall von einer generellen Zunahme geschlechtsspezifischer Differenzen im religiös-kirchlichen Bereich – zumindest mit Bezug auf die Kirchgangshäufigkeit – gesprochen werden. Im Gegenteil: Unter der Annahme, daß sich die Differenz von Männern und Frauen in den nachwachsenden Generationen nicht wieder vergrößert, ist auch auf der Aggregatebene mit einer (weiteren) Angleichung der Geschlechter zu rechnen. In dem Maße, wie die Angehörigen der älteren Generationen versterben, wird auch der Geschlechtsunterschied in der Kirchlichkeit verschwinden, so wie er heute schon in der Nachkriegsgeneration und in den Groß- und Mittelstädten weitgehend verschwunden ist. Damit endet der im letzten Jahrhundert begonnene Prozeß der Feminisierung der Kirchen, ohne jedoch an seinen Ausgangspunkt zurückzukehren. Denn die Kirchenbänke, die die Frauen vakant in den Kirchen zurücklassen, werden nicht von Männern aufgefüllt. Die Entfeminisierung der Kirchen ist nicht mit einer ‚Re-Maskulinisierung' gepaart; sie ist vielmehr eine generelle Entkirchlichung.

Literatur

Daiber, Karl-Fritz, 1995: Religion unter den Bedingungen der Moderne. Die Situation in der Bundesrepublik Deutschland. Marburg: Diagonal Verlag.
Feige, Andreas, 1990: Kirchenmitgliedschaft in der Bundesrepublik Deutschland. Gütersloh: Gütersloher Verlagshaus Gerd Mohn.
Felling, Albert, Jan Peters und Osmund Schreuder, 1987: Religion im Vergleich: Bundesrepublik Deutschland und Niederlande. Frankfurt/M.: Lang.
Götz von Olenhusen, Irmtraud, 1995: Die Feminisierung von Religion und Kirche im 19. und 20. Jahrhundert: Forschungsstand und Forschungsperspektiven. S. 9-21 in: Dies. et al.: Frauen unter dem Patriarchat der Kirchen. Katholikinnen und Protestantinnen im 19. und 20. Jahrhundert. Stuttgart: Kohlhammer.
Golomb, Egon, 1969: Wie kirchlich ist der Glaube?. S. 172-207 in: Werner Harenberg (Hg.): Was glauben die Deutschen? München-Mainz: Kaiser, Matthias-Grünewald-Verlag.
Heiler, Friedrich, 1976: Die Frau in den Religionen. Berlin-New York: de Gruyter.
IKSE - Institut für kirchliche Sozialforschung des Bistums Essen, 1995: Gottesdienstteilnahme in Oberhausen. Ergebnisse einer „differenzierten" Zählung im November 1994. Bericht Nr. 107. Essen: IKSE.
Jagodzinski, Wolfgang und Karel Dobbelaere, 1993: Der Wandel kirchlicher Religiosität in Westeuropa. S. 68-91 in: Jörg Bergmann, Alois Hahn und Thomas Luckmann (Hg.): Religion und Kultur. Opladen: Westdeutscher Verlag.
Kecskes, Robert und Christof Wolf, 1994: Christliche Religiosität in der Großstadt und anderswo. Ergebnisse einer Kölner Studie im Westdeutschen Vergleich. Beitrag zur Tagung: Weltanschauungen im Wandel. Religiöser Pluralismus oder Ende der Religion? Köln, 17.-18. Juni 1994.
Kecskes, Robert und Christof Wolf, 1996: Konfession, Religion und soziale Netzwerke. Zur Bedeutung christlicher Religiosität in personalen Beziehungen. Opladen: Leske+Budrich.
Klein, Stephanie, 1995: Glauben Frauen anders? Die Entfaltung des Glaubens in der Lebensgeschichte von Frauen. S. 166-183 in: Sybille Becker und Ilona Nord (Hg.): Religiöse Sozialisation von Mädchen und Frauen. Stuttgart: Kohlhammer.
Klöcker, Michael und Monika Tworuschka (Hg.), 1995: Frau in den Religionen. Weimar-Jena: Wartburg Verlag.
Köcher, Renate, 1988: Wandel des religiösen Bewußtseins in der Bundesrepublik Deutschland. S. 145-158 in: Franz-Xaver Kaufmann und Bernhard Schäfers (Hg.): Religion, Kirchen und Gesellschaft in Deutschland (Gegenwartskunde, Sonderheft 5). Opladen: Leske+Budrich.

Kohler, Ulrich, 1995: Individualisierung in der BRD 1953-1992. Ein empirischer Test der Individualisierungstheorie im Bereich des Wahlverhaltens. Mannheim: Magisterarbeit.

Lukatis, Ingrid, 1990: Frauen und Männer als Kirchenmitglieder. S. 119-147 in: Joachim Matthes (Hg.): Kirchenmitgliedschaft im Wandel: Untersuchungen zur Realität der Volkskirche. Gütersloh: Mohn.

Noelle-Neumann, Elisabeth, 1983: Die Verwandlung der Frauen. S. 16-19 in: Elisabeth Noelle-Neumann und Edgar Piel (Hg.): Eine Generation später. Bundesrepublik Deutschland 1953-1979. München: Saur.

Noelle-Neumann, Elisabeth und Edgar Piel (Hg.), 1983: Eine Generation später. Bundesrepublik 1953-1979. München: Saur.

Reigrotzki, Erich, 1956: Soziale Verflechtungen in der Bundesrepublik. Elemente der sozialen Teilnahme in Kirche, Politik, Organisation und Freizeit. Tübingen: Mohr.

Rendtorff, Trutz, 1958: Die soziale Struktur der Gemeinde. Die kirchlichen Lebensformen im gesellschaftlichen Wandel der Gegenwart. Hamburg: Furche.

Schmidtchen, Gerhard, 1979 [1973]: Protestanten und Katholiken. Soziologische Analyse konfessioneller Kultur. Bern-München: Francke.

Anhang

Abbildung A1: Kirchgang nach Geschlecht und Generation

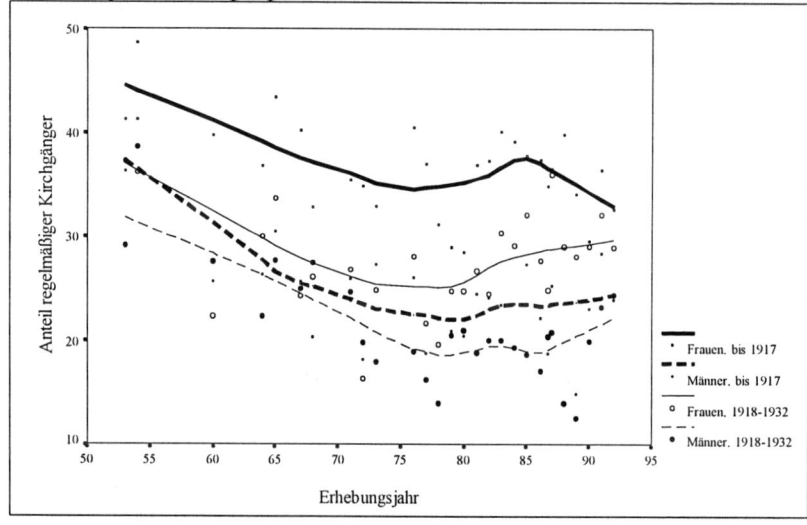

Abbildung A2: Kirchgang nach Geschlecht und Generation

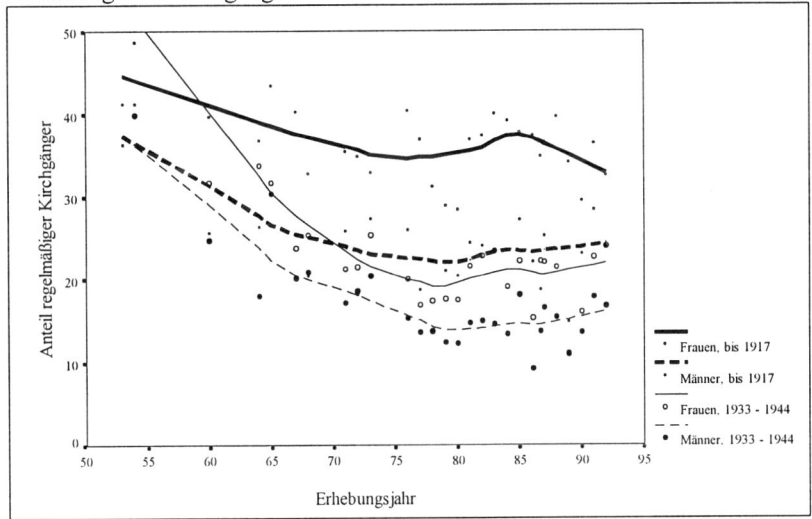

Abbildung A3: Kirchgang nach Geschlecht und Generation

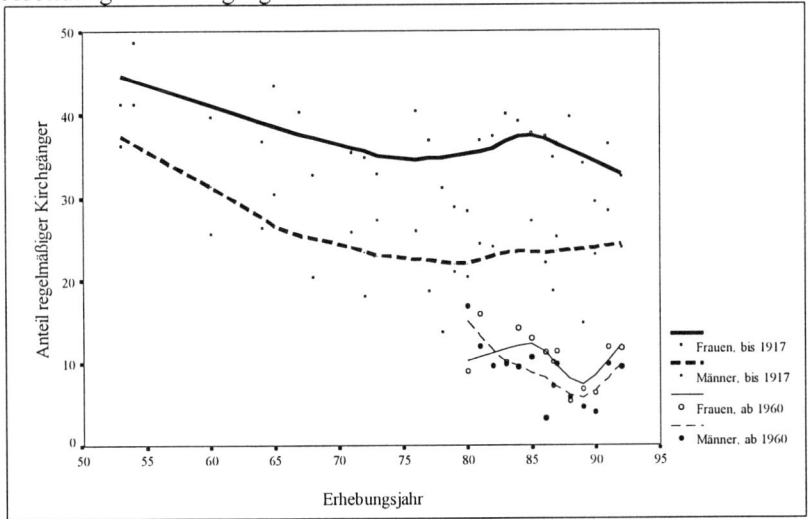

Robert Kecskes

Religiosität von Frauen und Männern im internationalen Vergleich

1. Einleitung

Folgt man den Ergebnissen der empirischen Forschung in Deutschland, scheinen Frauen deutlich religiöser zu sein als Männer (siehe z.b. Fuchs, 1985; Köcher, 1988). Köcher geht in ihrer Interpretation der Ergebnisse sogar so weit zu behaupten, daß im Gegensatz zu anderen Bereichen die Unterschiede hinsichtlich der Religiosität seit Jahrzehnten konstant geblieben seien und keine Annäherung zwischen den Geschlechtern stattgefunden hätte.[1] Vergessen wird dabei allerdings, daß in vielen Bereichen, trotz einer Annäherung zwischen den Geschlechtern, auch heute noch teilweise erhebliche Unterschiede existieren. So weisen Frauen nach wie vor im Mittel eine geringere (Berufsaus-) Bildung als Männer auf und sind seltener berufstätig. Da beides ebenfalls Merkmale sind, die auf die Religiosität wirken, müssen diese bei der Analyse der Religiosität von Männern und Frauen berücksichtigt werden. Wird dies getan, sind die Unterschiede schon nicht mehr so eindeutig. So verschwindet sowohl in einer Studie mit Daten aus der Schweiz (Voll, 1993: 237f.) als auch in einer Arbeit, die australische Daten verwendet (de Vaus und McAllister, 1987), der Geschlechterunterschied in bezug auf die Religiosität weitgehend, sobald nach der Berufstätigkeit kontrolliert wird. Auch die Ergebnisse einer Kölner Studie von Kecskes und Wolf (1994; 1996) zeigen, daß die Geschlechterunterschiede differenzierter analysiert werden müssen. Sie fassen ihre Ergebnisse wie folgt zusammen (Kecskes und Wolf, 1994: 10, 12):

„Die Angleichung von Frauen und Männern bezüglich der Kirchgangshäufigkeit ist in Großstädten weiter fortgeschritten als in kleineren Orten. Ebenso können wir feststellen, daß die Geschlechterunterschiede mit zunehmender Schulbildung tendenziell geringer werden und unter Abiturienten unabhängig von der Wohnortgröße verschwinden. Ebenso bestehen keine Unterschiede zwischen konfessionslosen Frauen und Männern. ...
Der christliche Glaube nimmt zwar insgesamt sowohl bei Frauen als auch bei Männern mit zunehmender Wohnortgröße ab, in der Gruppe der Frauen jedoch im stärkeren Maße

---

1 „Während sich Männer und Frauen in den letzten Jahrzehnten in vielen Anschauungsbereichen angenähert haben, gilt das nicht für die Offenheit in religiösen Fragen." (Köcher, 1988: 149)

als in der Gruppe der Männer. Damit sind in Kleinstädten lebende Frauen (zur Zeit noch!?) religiöser als die dort lebenden Männer, in Großstädten jedoch nicht."
Im folgenden sollen Gemeinsamkeiten und Differenzen der Religiosität von Männern und Frauen in unterschiedlichen Ländern analysiert werden. Im Vergleich zu länderspezifischen Auswertungen weisen komparative Analysen einen gewissen Verlust an Tiefe auf, da aufgrund der Komplexität der Beziehungen zwischen den Merkmalen die Ergebnisse sonst nicht mehr im Ländervergleich darstellbar wären. Es muß daher ein Weg gefunden werden, erkenntnisreiche Ergebnisse zu erhalten, ohne die Analysen durch zu tiefe Gliederungen zu überfrachten. Ich werde dazu schrittweise vorgehen: zunächst werden einfache bivariate Zusammenhänge dargestellt, um anschließend multivariate Modelle zu prüfen. Im letzten Abschnitt sollen schließlich Kirchenaustritte analysiert werden.

2. Ursachen der Geschlechterdifferenz

Die unterschiedliche Religiosität von Männern und Frauen wird in der Literatur mit säkularisierenden gesellschaftlichen Entwicklungen begründet, von denen Männer schneller und intensiver erfaßt wurden als Frauen. Impliziter Ausgangspunkt der Argumentation ist eine Gesellschaft, in der sich Frauen und Männer hinsichtlich ihrer Religiosität nicht unterscheiden. Das Ausmaß der (christlichen) Religiosität wird in dieser Gesellschaft als sehr hoch angenommen. Durch den Siegeszug der rationalen Wissenschaft, des Rationalitätskriteriums im allgemeinen, werde diese Welt jedoch entzaubert, d.h. die Welt wird von den Menschen im wachsenden Umfang als plan- und kontrollierbar erfahren. Neue wissenschaftlich oder pseudo-wissenschaftlich begründete Weltbilder treten in Konkurrenz zu dem christlichen Weltbild. Auf der individuellen Ebene wird damit das Wissen um diese konkurrierenden Weltbilder eine notwendige Bedingung für ein Hinterfragen des christlichen Weltbildes. Da den Frauen lange der Zugang zur Aneignung dieses Wissens verwehrt wurde, seien sie religiöser als Männer.

Parallel dazu trage die funktionale Differenzierung und damit die Arbeitsteilung zu einer Aufspaltung von beruflicher und außerberuflicher Sphäre bei. „In der beruflichen Sphäre wurden Sekundärbeziehungen und ... Leistungskriterien dominant, in der außerberuflichen Lebenswelt hielten sich dagegen noch längere Zeit zugeschriebene Primärbeziehungen." (Jagodzinski und Dobbelaere, 1993: 71) Da Primärbeziehungen in der Regel hinsichtlich Einstellungen, Wertvorstellungen und Weltbildern homogener sind als Sekundärbeziehungen, ist mit der Berufstätigkeit eine „kognitive Kontamination" (Berger, 1994: 44) verbunden, die das Wissen um unterschiedliche

Sinnangebote vergrößert. Da Frauen seltener berufstätig sind, erkläre sich ihre größere Religiosität auch aus diesem Sachverhalt. Aufgrund dieser Argumentation müßten sich festgestellte Unterschiede zwischen Männern und Frauen nach Kontrolle der Indikatoren des Wissens und der Berufstätigkeit also deutlich verringern.

Verringern müßten sich die Geschlechterdifferenzen auch nach Kontrolle der Wohnortgröße. Da die großen Städte die Orte der größten Heterogenität und Dichte sind, treffen hier die unterschiedlichsten Subkulturen und Sinnanbieter aufeinander. Unabhängig von Geschlecht, Bildung und Beruf sind Städter mit vielfältigeren Weltbildern konfrontiert als Bewohner ländlicher Gemeinden (Fischer, 1975a; 1975b; 1982). Diese städtische Heterogenität begründet, warum Städter weniger religiös sind als Landbewohner. Zudem sollten die Effekte der Bildung und der Erwerbstätigkeit auf das unterschiedliche Ausmaß der Religiosität von Frauen und Männern in Städten weniger ausgeprägt sein als auf dem Land.

Es soll an dieser Stelle bei der sehr allgemeinen und vereinfachenden Ableitung der Effekte von Bildung, Berufstätigkeit und Wohnortgröße bleiben und auf eine elaborierte theoretische Fundierung verzichtet werden. Allerdings muß noch kurz auf einige Differenzierungen des abhängigen Merkmals hingewiesen werden. Wie viele Studien zeigen, handelt es sich bei dem Begriff Religiosität um ein mehrdimensionales theoretisches Konstrukt. Es läßt sich mindestens nach den Dimensionen ‚Glauben', ‚Verhalten' und ‚Wissen' differenzieren, wobei diese Dimensionen teilweise wiederum mehrdimensional sind (vgl. Glock, 1962; Boos-Nünning, 1972; Kecskes und Wolf, 1993, 1995). Es ist daher immer danach zu fragen, inwieweit die explizierten Annahmen über Effekte auf die Religiosität für alle Dimensionen oder nur für einige plausibel sind. Ich werde im folgenden einen Indikator des Glaubens und zwei Indikatoren des religiösen Verhaltens betrachten und gehe davon aus, daß die beschriebenen Effekte auf alle drei Indikatoren in gleicher Weise zu beobachten sind.

3. Die Datenbasis und die zentralen Variablen

Als Datenquelle wurde das ‚International Social Survey Programme' 1991, kurz: ISSP 1991, mit dem Schwerpunkt Religion herangezogen. In dieser Studie wurden unterschiedliche Aspekte der Religiosität parallel in verschiedenen Ländern erhoben. Zur Analyse wurden folgende Länder ausgewählt: Ost-Deutschland (O-D), Niederlande (NL), Großbritannien (GB), West-Deutschland (W-D), Österreich (Ö), Nordirland (NIRL), die USA (USA), Italien (I), Ungarn (U), Polen (PL), Irland (IRL). Als Merkmale der Religiosität wurden der Gottesglaube, die Kirchgangshäufigkeit und die Häufigkeit des Betens herangezogen. Formal haben wir damit einen Indikator einer Glaubensdimension und zwei Indikatoren einer Verhaltensdimension.

Zur Ermittlung des Gottesglaubens wurde folgende Frage gestellt:

Please tick one box below to show which statement comes closest to expressing what you believe about God.

1. I don't believe in God
2. I don't know whether there is a God and I don't believe there is any way to find out
3. I don't believe in a personal God, but I do believe in a Higher Power of some kind
4. I find myself believing in God some of the time, but not at others
5. While I have doubts, I feel that I do believe in God
6. I know God really exists and I have no doubts about it

8. Can't choose, don't know
9. No answer

Die Kirchgangshäufigkeit wurde mit folgender Frage ermittelt:

Now thinking about the present. How often to you attend religious services?

Die vorgegebene Kategorienzahl variierte zwischen den Ländern von 11 Kategorien in Irland bis 5 Kategorien in den Niederlanden. Mit diesen unterschiedlichen Kategorien wird in den nachfolgenden Modellen gearbeitet. Bei dem deskriptiven Ländervergleich werden jedoch Mittelwerte dargestellt, die einer rekodierten Variablen entstammen. Mit dieser wurde die Kirchgangshäufigkeit für alle Länder auf 6 Kategorien normiert (von ‚nie' bis ‚1x die Woche u.m.'), so daß die Mittelwerte in ihrer Höhe zwischen den Ländern vergleichbar sind.[2]

Die Häufigkeit des Betens wurde in allen Ländern auf einer 11-stufigen Skala von ‚nie' bis ‚mehrmals täglich' ermittelt.

Die Abbildungen 1a-1c zeigen die Ergebnisse in den einzelnen Ländern. Wie wir sehen, sind die Frauen mit einer Ausnahme in allen Ländern hinsichtlich aller drei Indikatoren der Religiosität religiöser als die Männer. Die einzige Ausnahme sind die Niederlande. Hier gibt es keine signifikanten Geschlechterdifferenzen.

---

2 Allerdings sind durch die Rekodierung in Ost- und Westdeutschland die dritte und in den Niederlanden die vierte Kategorie nicht besetzt.

Abbildung 1a: Gottesglaube nach Geschlecht und Ländern

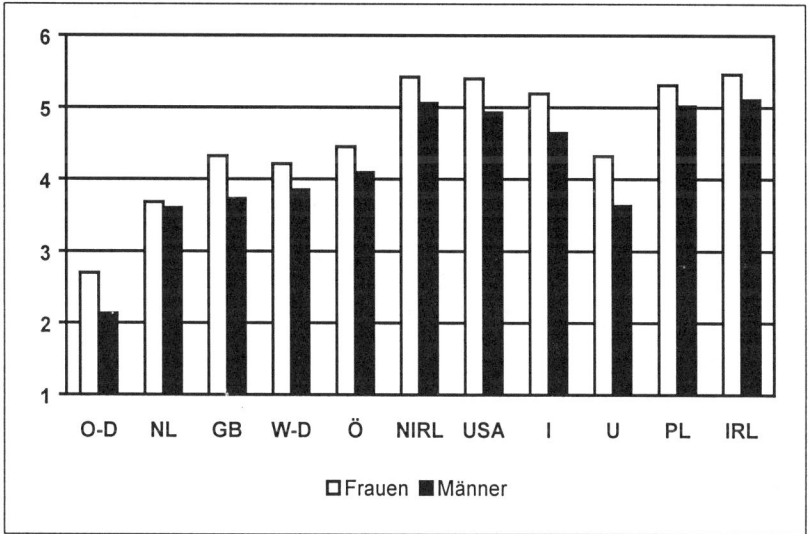

Abbildung 1b: Kirchgangshäufigkeit nach Geschlecht und Ländern

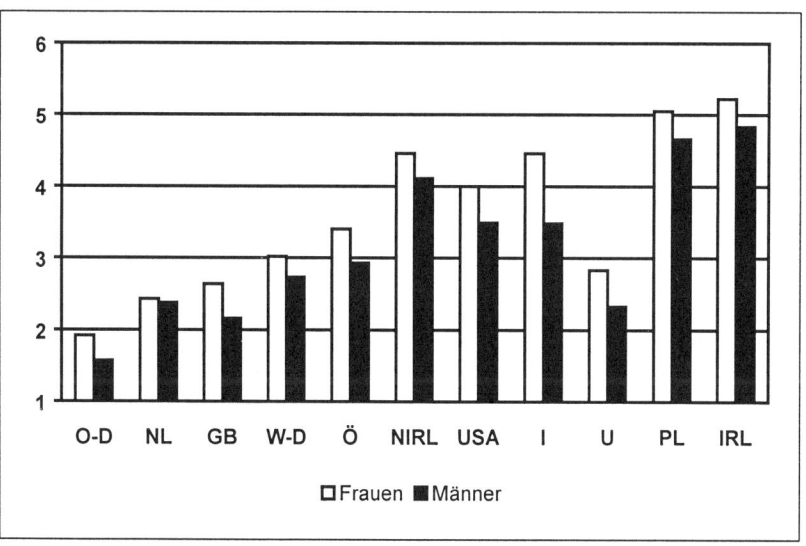

Abbildung 1c: Häufigkeit des Betens nach Geschlecht und Länder

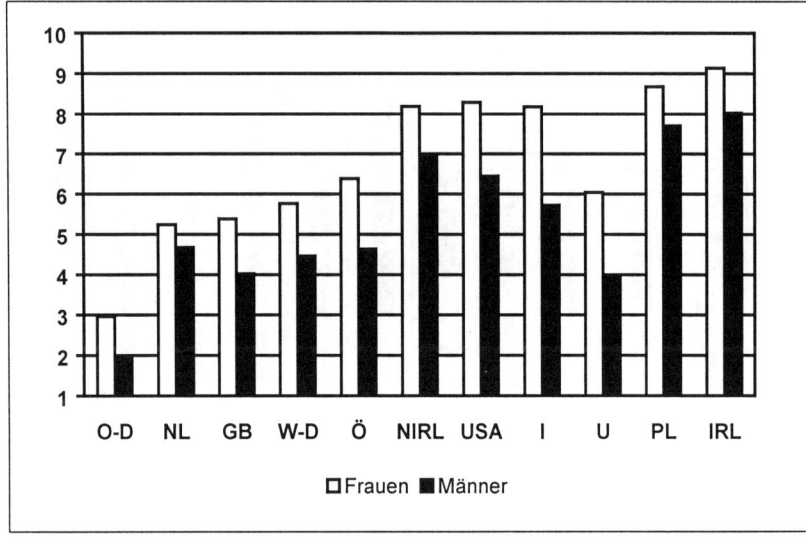

Die Länder sind in den Abbildungen nach dem Anteil Konfessionsloser geordnet. Von links (Ost-Deutschland) nach rechts (Irland) nimmt der Anteil der Konfessionslosen ab. Die Abbildung 2 zeigt den Anteil der Konfessionslosen für jedes Land nach Geschlechtern getrennt. Auch hier erhalten wir das bekannte Bild. Die Wahrscheinlichkeit, auf einen konfessionslosen Mann zu treffen, ist in allen Ländern höher als die Wahrscheinlichkeit, auf eine konfessionslose Frau zu treffen. Wiederum ist die Differenz nur in den Niederlanden nicht signifikant. Wie wir außerdem sehen, korrespondiert der Anteil der Konfessionslosen sehr stark negativ mit dem Gottesglaube, der Kirchgangshäufigkeit und der Häufigkeit zu beten. Allerdings gibt es wiederum eine auffallende Ausnahme. In Ungarn sind die meisten Menschen konfessionell gebunden, die anderen Indikatoren der Religiosität jedoch vergleichsweise schwach ausgeprägt. Die Ungarn bleiben anscheinend der Kirche nominell erhalten, auch wenn sie ansonsten als nur wenig religiös zu bezeichnen sind.

Die Abbildungen zeigen zudem, daß die Geschlechterdifferenzen unabhängig vom Säkularisierungsgrad und dem wirtschaftlichen Entwicklungsstand sind. Schließlich sind die Geschlechterdifferenzen in jedem Land (mit Ausnahme der Niederlande) zu beobachten. Man kann die Länder anordnen wie man möchte, die Unterschiede werden in keiner Anordnung in eine Richtung kleiner oder größer.

Abbildung 2: Anteil Konfessionsloser nach Geschlecht und Ländern

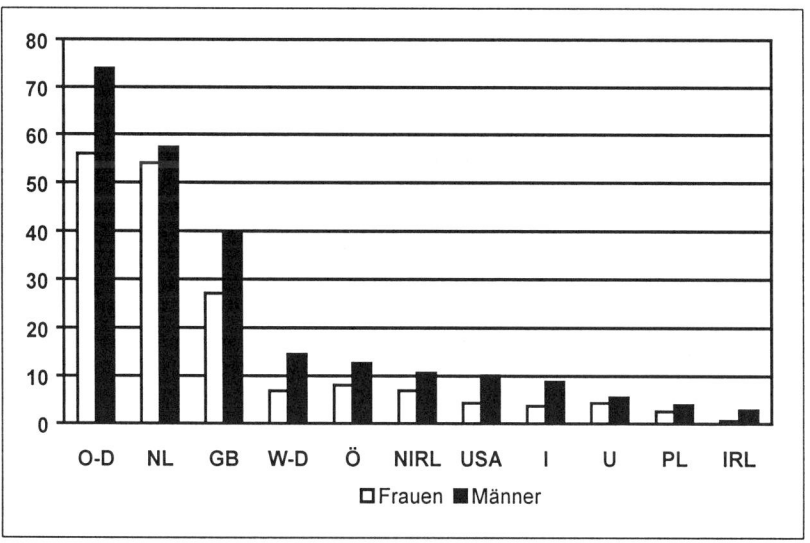

4. Multivariate Zusammenhänge

Betrachten wir nun, ob die Geschlechterdifferenzen verschwinden, wenn nach der Bildung, dem Erwerbsstatus, der Wohnortgröße und dem Alter kontrolliert wird.[3] Hierzu wurden mehrere Regressionsanalysen durchgeführt. Die Unterschiede zwischen Männern und Frauen sind dann auf die Kontrollvariablen zurückzuführen, wenn der Regressionskoeffizient des Merkmals ‚Geschlecht' bei einer simultanen Betrachtung aller Einflußgrößen nicht mehr signifikant ist. In diesem Fall hieße dies, Männer und Frauen im gleichen Alter, mit gleicher Bildung und gleichem Erwerbsstatus, die in Orten mit gleicher Größe leben, sind nicht unterschiedlich religiös. Die zuvor festgestellten Unterschiede zwischen der Religiosität von Männern und Frauen wären in diesem Fall darauf zurückzuführen, daß sich die Geschlechter hinsichtlich der anderen Einflußfaktoren unterscheiden.

Bevor die Ergebnisse diskutiert werden, muß noch etwas zur Operationalisierung der Kontrollvariablen gesagt werden. Das Merkmal ‚Alter' ist als

---

[3] Nach dem Alter wird kontrolliert, da Effekte des Alters auf die Religiosität zu erwarten sind. Da aber in den Populationen der Anteil älterer Frauen größer ist als der Anteil älterer Männer, könnten Geschlechtereffekte auch durch die ungleiche Verteilung auf die Altersgruppen erklärbar sein.

Lebensalter der Befragungspersonen in die Analyse eingegangen. Die Bildung und Wohnortgröße (Urbanität) sind in der jeweiligen Klassifizierung der Länder berücksichtigt worden. Die Merkmalsausprägungen variieren damit von Land zu Land. Der Erwerbsstatus wurde dagegen in allen Ländern in gleicher Weise in die Ausprägungen 1 ‚voll erwerbstätig' und 0 ‚nicht voll erwerbstätig' dichotomisiert.

Betrachten wir nun die Ergebnisse der Analysen, müssen wir feststellen, daß das Geschlecht auch weiter einen Effekt auf die unterschiedlichen Indikatoren der Religiosität hat (vgl. Tabellen 1a-1c). Auch nach Kontrolle der Merkmale ‚Alter', ‚Bildung', ‚Erwerbsstatus' und ‚Wohnortgröße' sind Frauen in allen betrachteten Ländern mit Ausnahme der Niederlande religiöser als Männer. Von den Kontrollvariablen haben das ‚Alter' und die ‚Wohnortgröße' mit wenigen Ausnahmen einen eigenständigen Effekt auf die Religiosität: Ältere Menschen sind religiöser als jüngere Menschen (Ausnahme: Polen) und in großen Städten lebende Menschen sind weniger religiös als Menschen in kleineren Städten (Ausnahmen: USA, Italien). Zudem zeigt sich, daß die Bildung tendenziell einen negativen Effekt auf den Gottesglauben hat, jedoch einen positiven Effekt auf die Kirchgangshäufigkeit. Während also mit zunehmender Bildung der Gottesglaube eher abnimmt, nimmt mit zunehmender Bildung die Kirchgangshäufigkeit eher zu. Dies deutet darauf hin, daß bei dem öffentlichen Verhalten ‚Kirchgang' nicht ausschließlich religiöse Aspekte eine Rolle spielen. Wie bei vielen Formen der Darstellung und sozialen Interaktion werden hier wahrscheinlich mit dem Verhalten mehrere Ziele verfolgt. Ein Ziel könnte die Darstellung der eigenen Person in der Gemeinde und damit die Vermittlung des Eindruckes einer Bejahung religiöser Glaubensinhalte sein. Ein weiteres Ziel könnte die Knüpfung sozialer Beziehungen sein, die auf der Gemeindeebene für statushohe Personen von zentraler Bedeutung sein können.

Die Geschlechterdifferenzen sind nach diesen Ergebnissen in keinem Land auf etwaige Alters-, Bildungs-, Erwerbs- und Wohnortunterschiede zwischen Männern und Frauen zurückzuführen. Um die Unterschiede erklären zu können, muß also weiter gesucht werden. Es liegt nahe, hierbei an die Sozialisationserfahrungen zu denken. Sollten die Frauen religiöser erzogen worden sein als die Männer, könnte dies die Unterschiede im Erwachsenenalter aufklären. Der einzige Indikator, der in der herangezogenen Studie hierüber Auskunft gibt, ist die Kirchgangshäufigkeit der Befragungsperson im Alter von 11-12 Jahren. Es ist deswegen ein sehr guter Sozialisationsindikator, da man davon ausgehen kann, daß die Befragungsperson in dem Alter noch nicht allein in die Kirche ging, sondern von den Eltern mitgenommen wurde. Dementsprechend korreliert dieses Merkmal mit der Kirchgangshäufigkeit der Eltern sehr stark.

Tabelle 1a: Effekte individueller Merkmale und Urbanität auf den Gottesglauben

	O-D	NL	GB	W-D	Ö	NIRL	USA	I	U	PL	IRL
Geschlecht[a]	-,16	-,02	-,17	-,08	-,12	-,15	-,17	-,19	-,18	-,11	-,16
Alter	+,21	+,18	+,17	+,12	+,11	+,21	+,09	+,10	+,33	+,00	+,19
Bildung	+,02	-,12	-,02	-,01	+,02	-,04	-,13	-,09	-,10	-,13	-,09
Erwerbstätig	-,05	-,00	-,04	-,06	-,01	+,01	+,05	+,03	+,01	-,02	-,00
Urbanität	-,12	-,14	■	-,15	-,17	■	-,09	-,01	-,17	-,16	-,12
R²	0,10	0,08	0,07	0,06	0,05	0,07	0,07	0,06	0,21	0,07	0,11

a 0 = weiblich, 1 = männlich
Anmerkungen: Die weißen Felder weisen auf einen signifikanten Zusammenhang mit p < 0,05 hin; die Effekte in den grauen Feldern sind nicht signifikant; die schwarzen geben an, welche Merkmale nicht mit in die Analyse einflossen.

Tabelle 1b: Effekte individueller Merkmale und Urbanität auf die Kirchgangshäufigkeit

	O-D	NL	GB	W-D	Ö	NIRL	USA	I	U	PL	IRL
Geschlecht[a]	-,16	-,01	-,16	-,08	-,12	-,11	-,12	-,24	-,14	-,13	-,13
Alter	+,17	+,23	+,22	+,19	+,19	+,17	+,19	+,19	+,32	+,04	+,26
Bildung	+,11	-,01	+,23	+,01	+,06	+,09	+,07	+,01	+,03	-,11	+,09
Erwerbstätig	-,01	-,05	-,04	-,02	-,05	+,03	+,04	-,03	-,01	-,02	+,03
Urbanität	-,12	-,20	■	-,21	-,36	■	-,01	-,10	-,19	-,21	-,27
R²	0,07	0,10	0,09	0,09	0,18	0,04	0,05	0,11	0,15	0,09	0,15

a 0 = weiblich, 1 = männlich, Anmerkungen: siehe Tabelle 1a

Tabelle 1c: Effekte individueller Merkmale und Urbanität auf die Häufigkeit des Betens

	O-D	NL	GB	W-D	Ö	NIRL	USA	I	U	PL	IRL
Geschlecht[a]	-,18	-,05	-,18	-,14	-,24	-,20	-,25	-,34	-,25	-,17	-,17
Alter	+,23	+,21	+,30	+,20	+,20	+,35	+,21	+,13	+,41	+,07	+,30
Bildung	+,07	-,07	+,09	+,04	+,03	+,04	-,04	-,04	-,02	-,10	-,01
Erwerbstätig	-,06	-,07	-,09	-,07	-,04	+,01	-,00	-,02	-,04	-,04	-,07
Urbanität	-,09	-,18	■	-,20	-,22	■	-,02	-,03	-,16	-,22	-,20
R²	0,10	0,11	0,14	0,13	0,15	0,15	0,12	0,15	0,30	0,11	0,20

a 0 = weiblich, 1 = männlich, Anmerkungen: siehe Tabelle 1a

Führt man diesen Indikator in die Analyse ein, dann sinkt zwar in allen Ländern der Geschlechtereffekt, bleibt jedoch mit zwei Ausnahmen durchgehend signifikant (vgl. Tabellen 2a-2c). Die Ausnahmen sind die Kirchgangshäufigkeiten in West-Deutschland und Nordirland. In beiden Ländern ist die Geschlechterdifferenz nach Berücksichtigung des Indikators ‚Sozialisation' nicht mehr signifikant. Stärker als auf den Geschlechtereffekt hat die Sozialisation einen Einfluß auf den Alterseffekt. Am deutlichsten wird dies beim Gottesglaube. Hier verliert das Alter nach Berücksichtigung der Sozialisation in Ost-Deutschland, Großbritannien, West-Deutschland, Österreich und den USA die Signifikanz (vgl. Tabelle 2a). In diesen Ländern scheint der Gottesglaube nicht tatsächlich altersabhängig zu sein. Alter schlägt nur deswegen so stark durch, weil alte Menschen stärker religiös sozialisiert wurden als jüngere Menschen. Mit zunehmendem Alter nimmt der Gottesglaube dann nicht mehr zu. Am Beispiel von West-Deutschland wird dies durch die Abbildung 3 illustriert. Auf der X-Achse ist als unabhängige Variable die Kirchgangshäufigkeit im Alter von 11-12 Jahren abgetragen, auf der Y-Achse als abhängige Variable der Gottesglaube. Die beiden Linien innerhalb des Koordinatensystems geben die Regressionsgerade für die Vorkriegs- und Nachkriegsgeneration wieder. Mit zunehmender Kirchgangshäufigkeit im Alter zwischen 11 und 12 Jahren nimmt der heutige Gottesglaube stark zu. Dies gilt für die Vor- und Nachkriegsgeneration. Der Unterschied zwischen den Generationen ist dagegen sehr gering.

Tabelle 2a: Effekte individueller Merkmale, Urbanität und Sozialisation auf den Gottesglauben

	O-D	NL	GB	W-D	Ö	NIRL	USA	I	U	PL	IRL
Geschlecht[a]	-,10	+,01	-,12	-,06	-,09	-,12	-,13	-,15	-,15	-,06	-,15
Alter	+,02	+,06	+,04	+,04	+,06	+,16	+,05	+,07	+,12	+,00	+,17
Bildung	+,01	-,13	-,06	-,01	+,02	-,04	-,14	-,10	-,11	-,11	-,09
Erwerbstätig	-,05	-,04	-,06	-,06	-,02	+,02	+,03	+,03	+,01	-,01	-,01
Urbanität	-,04	-,04		-,11	-,11		-,08	+,00	-,09	-,12	-,11
Kirchg. Kind	+,46	+,44	+,28	+,33	+,25	+,25	+,24	+,25	+,39	+,34	+,17
R²	0,27	0,26	0,14	0,16	0,11	0,13	0,12	0,12	0,32	0,18	0,13

a 0 = weiblich, 1 = männlich; Anmerkungen: siehe Tabelle 1a

Tabelle 2b: Effekte individueller Merkmale, Urbanität und Sozialisation auf die Kirchgangshäufigkeit

	O-D	NL	GB	W-D	Ö	NIRL	USA	I	U	PL	IRL
Geschlecht[a]	-,10	+,02	-,10	-,05	-,09	-,07	-,08	-,20	-,12	-,09	-,12
Alter	-,03	+,12	+,08	+,10	+,13	+,11	+,14	+,16	+,12	+,04	+,22
Bildung	+,10	-,02	+,19	+,02	+,06	+,08	+,05	+,01	+,02	-,10	+,08
Erwerbstätig	-,01	-,09	-,06	-,03	-,06	+,04	+,02	-,03	-,02	+,00	+,02
Urbanität	-,04	-,11		-,16	-,28		-,00	-,08	-,11	-,16	-,25
Kirchg. Kind	+,49	+,44	+,30	+,40	+,29	+,34	+,31	+,25	+,37	+,42	+,26
R²	0,25	0,28	0,16	0,24	0,25	0,16	0,14	0,17	0,25	0,26	0,21

a 0 = weiblich, 1 = männlich; Anmerkungen: siehe Tabelle 1a

Tabelle 2c: Effekte individueller Merkmale, Urbanität und Sozialisation auf die Häufigkeit des Betens

	O-D	NL	GB	W-D	Ö	NIRL	USA	I	U	PL	IRL
Geschlecht[a]	-,13	-,02	-,13	-,12	-,20	-,16	-,21	-,30	-,23	-,13	-,15
Alter	+,05	+,10	+,16	+,11	+,14	+,28	+,17	+,10	+,23	+,07	+,26
Bildung	+,06	-,09	+,05	+,04	+,04	+,03	-,06	-,05	-,03	-,08	-,01
Erwerbstätig	-,06	-,10	-,11	-,08	-,05	+,01	-,02	-,02	-,04	-,03	-,08
Urbanität	-,01	-,08		-,15	-,13		-,02	-,02	-,09	-,18	-,19
Kirchg. Kind	+,43	+,48	+,31	+,42	+,31	+,30	+,32	+,25	+,35	+,37	+,19
R²	0,25	0,32	0,22	0,29	0,24	0,23	0,22	0,21	0,38	0,24	0,23

a 0 = weiblich, 1 = männlich; Anmerkungen: siehe Tabelle 1a

Abbildung 3: Gottesglaube nach Kirchgang im Alter von 11-12 Jahren und Generation

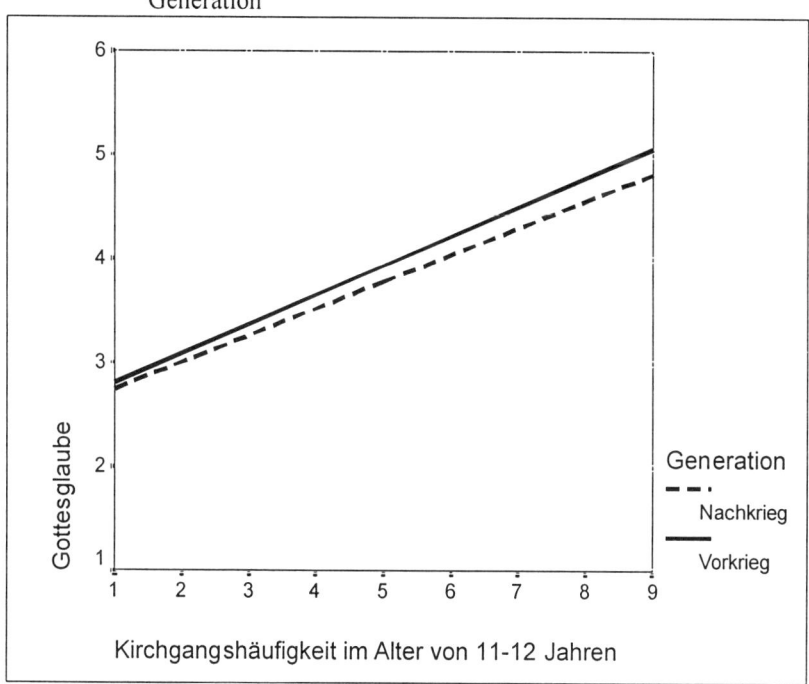

Die Sozialisation scheint damit den entscheidenden Einfluß auf die spätere Religiosität zu haben und klärt zu großen Teilen den in allen Ländern bivariat beobachteten Lebensaltereffekt auf den Gottesglauben auf. Der Gottesglaube nimmt in vielen Ländern nicht mit dem Lebensalter zu, sondern ältere Menschen weisen einen stärkeren Gottesglauben als jüngere Menschen auf, weil sie religiöser sozialisiert wurden. Die Sozialisation senkt auch den Geschlechtereffekt, jedoch in einem geringeren Maße, so daß er in fast allen Ländern signifikant bleibt. Allerdings ist die Kirchgangshäufigkeit im Alter von 11/12 Jahren ein Indikator für eine religiöse Sozialisation, die weiter analysiert werden muß. Wird dies getan, dann wird sich, so meine Hypothese, zeigen, daß Mädchen im stärkeren Maße religiös erzogen werden als Jungen, d.h. die Eltern (und andere Sozialisationsinstanzen) in stärkerem Maße von Mädchen als von Jungen verlangen, sich religiös zu verhalten. Ein erstes Indiz für die Plausibilität dieser Annahme ist der Sachverhalt, daß die Kirchgangshäufigkeit der Befragten im Alter von 11-12 Jahren nicht nur durch die Kirchgangshäufigkeit der Eltern zu diesem Zeitpunkt erklärt wird, sondern auch hier das Geschlecht einen signifikanten Effekt hat (Ausnahmen: Niederlande und Irland). Bei gleicher Kirchgangshäufigkeit der Eltern gingen also in fast allen Ländern die Frauen im Alter von 11-12 Jahren häufiger (mit) in die Kirche als die Männer im gleichen Alter (vgl. Tabelle 3).

Tabelle 3: Effekte des Geschlechts und der Kirchgangshäufigkeit der Eltern auf die Kirchgangshäufigkeit im Alter von 11-12 Jahren

	O-D	NL	GB	W-D	Ö	NIRL	USA	I	U	PL	IRL
Geschlecht[a]	-,09	-,01	-,11	-,06.	-,11	-,12	-,10	-,15	-,07	-,12	-,04
Kirchg. Elt.	+,73	+,87	+,53	+,69	+,63	+,55	+,64	+,39	+,71	+,66	+,60
R^2	0,55	0,76	0,30	0,48	0,40	0,33	0,42	0,17	0,51	0,45	0,36

a 0 = weiblich, 1 = männlich; Anmerkungen: siehe Tabelle 1a

Es ist anzunehmen, daß Frauen in ihrer Kindheit stärkeren ‚Religionserwartungen' von Seiten der Sozialisationsinstanzen ausgesetzt sind als Männer während ihrer Kindheit. Unter diesen Bedingungen ist es wahrscheinlich, daß sie es auch im Erwachsenenalter sind, d.h. daß primär sie für die religiöse Erziehung der Kinder zuständig sein werden und daß die Kirche im stärkeren Maße auf die Frauen als auf ihre männlichen Partner zugeht. Aus dieser Kombination einer intensiveren religiösen Sozialisation von Mädchen und einer größeren Verantwortlichkeit der Frau für die religiöse Erziehung der Kinder, die ihre Ursachen auf der einen Seite in einer sozialisationsbedingten ‚Selbstzuschreibung' und auf der anderen Seite in einer externen ‚Fremdzuschreibung' (z.b. durch die Kirchen) hat, erklärt sich meines Erachtens der Geschlechtereffekt. Hier sollte die empirische religionssoziologische Forschung zur Erklärung der Geschlechterdifferenzen intensiviert werden. Wie gezeigt werden konnte, reichen die immer noch existierenden Bildungs- und Erwerbsunterschiede zwischen Männern und Frauen nicht aus. Am stärksten wurde der Geschlechtereffekt durch Sozialisationsvariablen gesenkt. Der hier verwendete Indikator läßt den Effekt jedoch noch nicht verschwinden, doch deutet alles darauf hin, daß bei einer besseren Operationalisierung weitere Fortschritte gemacht werden.

5. Kirchenaustritte

Wenden wir uns abschließend einer etwas anders gelagerten Frage zu. Da im ISSP 1991 nach der heutigen Denomination und nach derjenigen im Kindesalter gefragt wurde, können auch Kirchenaustritte analysiert werden. Kirchenaustritte können als ein Indikator der ersten Stufe des religiösen Indifferentismus nach Kaufmann (1989: 158) bzw. als Indikator der Entkirchlichung angesehen werden. Nach den bisherigen Annahmen und empirischen

Ergebnissen sollte die Austrittswahrscheinlichkeit für Männer größer sein als die Austrittswahrscheinlichkeit für Frauen. Die Kirchenaustritte wurden ermittelt, indem geprüft wurde, welche Befragten in der Kindheit einer Denomination angehörten und zum Befragungszeitpunkt keiner Denomination angehörten. Zur Deskription wurden vier Typen gebildet:
1. Als Kind keiner Religionsgemeinschaft angehörend und als Erwachsener noch immer keiner Religionsgemeinschaft angehörend.
2. Als Kind einer Religionsgemeinschaft angehörend und heute als Erwachsener keiner Religionsgemeinschaft angehörend.
3. Als Kind keiner Religionsgemeinschaft angehörend und als Erwachsener einer Religionsgemeinschaft angehörend.
4. Als Kind einer Religionsgemeinschaft angehörend und als Erwachsener noch immer einer Religionsgemeinschaft angehörend.

Tabelle 4: Kirchenaustritte nach Ländern und Geschlecht in Prozent

	Ost-Deutschland			Niederlande			Großbritannien		
	W	M	Ges.	W	M	Ges.	W	M	Ges.
Typ 1	35,9	44,0	39,7	20,2	21,0	20,5	5,5	4,5	5,0
Typ 2	19,9	29,9	24,6	34,3	36,1	35,1	21,9	35,4	28,1
Typ 3	2,8	1,7	2,3	1,3	1,6	1,4	0,4	0,7	0,6
Typ 4	41,4	24,3	33,4	44,2	41,3	42,9	72,1	59,4	66,3
N	789	688	1477	898	695	1593	670	567	1237

Es wurde darauf verzichtet, die Wechsel zwischen den Denominationen auszuweisen. Die interessanteste Gruppe ist mit Sicherheit die der ausgetretenen Personen (Typ 2). In Ost-Deutschland, Großbritannien und den Niederlande ist diese Gruppe groß genug, um sie weiter zu analysieren. Betrachten wir zunächst die Verteilung der vier Typen in den Ländern nach Geschlecht getrennt (Tabelle 4).

Sehr deutlich werden in Tabelle 4 die Länderunterschiede. In Ost-Deutschland ist der Anteil an Personen, die nie in der Kirche waren (Typ 1) mit 40% sehr hoch, in Großbritannien dagegen mit 5% sehr gering. Die Niederlande hält hier die mittlere Position. Während in Ost-Deutschland der Anteil der Männer, die nie in der Kirche waren, bedeutend höher ist als der Anteil der Frauen, gibt es in den Niederlanden und in Großbritannien keine Unterschiede zwischen Männern und Frauen. Der Anteil der aus der Kirche ausgetretenen Personen ist dagegen in den Niederlanden mit 35% am höchsten, Großbritannien nimmt mit 28% die mittlere Position ein und in Ost-Deutschland ist der Anteil mit 25% in diesem Dreiländervergleich am geringsten.[4] Bei den Austritten gibt es in Großbritannien und Ost-Deutschland die erwarteten Geschlechterunterschiede; ein höherer Anteil an Männern als an Frauen ist aus der Kirche ausgetreten. In den Niederlanden ist dies zwar auch der Fall, doch ist die Differenz nicht signifikant. Es soll nun geprüft werden, wie stark der Geschlechtereffekt nach Kontrolle von Drittvariablen ist. Dazu werden logistische Regressionsmodelle gerechnet, die als abhängige Variable die Austrittswahrscheinlichkeit haben. Betrachtet werden dabei nur Personen, die in ihrer Kindheit einer Denomination angehörten. Diese werden danach unterschieden, ob sie zum Befragungszeitpunkt noch einer Denomination angehörten. Es werden also nur die Befragten der Typen 2 und 4 in die Analyse einbezogen.

Tabelle 5: Effekte auf die Austrittswahrscheinlichkeit (exp (B))

	Ost-Deutschland	Niederlande	Großbritannien
Geschlecht	2,34	1,07	1,60
Alter	0,99	0,98	0,98
Bildung	1,01	1,08	0,99
Erwerbstätig	0,99	1,23	1,39
Urbanität	1,12	1,27	
Kirchg. Kind	0,77	0,79	0,85

Anmerkungen: siehe Tabelle 1a

Der in der Tabelle 5 angegebene Koeffizient exp(B) gibt an, um welchen Faktor die Austrittswahrscheinlichkeit zu- bzw. abnimmt, wenn sich die Ausprägung der jeweiligen unabhängigen Variablen um eine Einheit erhöht. Die Austrittswahrscheinlichkeit steigt mit zunehmenden Werten auf der unabhängigen Variablen, wenn exp(B) größer eins ist, sie bleibt unverändert, wenn exp(B) genau gleich eins ist und sie nimmt ab, wenn exp(B) kleiner eins ist. Unterscheiden sich zwei Personen hinsichtlich der aufgeführten Merkmale nur nach dem Geschlecht, dann ist in Ost-Deutschland die Austrittswahrscheinlichkeit bei den Männern um das 2,34-Fache höher. Hinsichtlich der Geschlechter erhalten wir im Ländervergleich das bekannte Bild. Während die Austrittswahrscheinlichkeit in Ost-Deutschland und Großbritannien bei Männern größer ist als bei Frauen, sind in den Niederlanden keine Unterschiede nachzuweisen. Zwischen den drei Ländern zeigen sich aber noch weitere Unterschiede, die darauf hindeuten, daß die Effekte auf die Austrittswahrscheinlichkeiten nur länderspezifisch zu erklären sind. So hat das Lebensalter nur in Ost-Deutschland keinen signifikanten Effekt, die Bildung hat nur in den Niederlande einen Effekt, die Erwerbstätigkeit nur in Großbritannien. Eindeutig sind allerdings die Effekte der Urbanität und der Kirchgangshäufigkeit während der Kindheit. So ist in größeren Wohnorten die Austrittswahrscheinlichkeit eindeutig höher als in kleineren Wohnorten

---

4   Es sollte hier nicht vergessen werden, daß es sich um die Länder mit den meisten Austritten handelt.

(in Großbritannien nicht erhoben), und Personen, die in ihrer Kindheit nicht in die Kirche gingen, treten später mit einer höheren Wahrscheinlichkeit aus der Kirche aus als Personen, die häufig in die Kirche gingen.

6. Fazit

Die Analysen ergaben hinsichtlich der Frage nach der unterschiedlichen Religiosität von Frauen und Männern eine erstaunliche Konsistenz zwischen den Ländern. Es zeigte sich, daß nur in den Niederlanden keine Unterschiede existieren. In allen anderen Ländern sind Frauen religiöser als Männer. Diese Differenzen in der Religiosität scheinen nur unzureichend mit Makromerkmalen wie dem Säkularisierungsgrad der Länder oder der Wirtschaftskraft erklärbar zu sein, denn sie existieren an jedem Ort des jeweiligen Kontinuums. Aber auch die klassischen Individualmerkmale wie ‚Alter', ‚Bildung' und ‚Erwerbstätigkeit' senken den Geschlechtereffekt kaum. In keinem der analysierten Länder sind die Unterschiede der Religiosität von Frauen und Männern in stärkerem Maße auf die unterschiedliche Verteilung dieser Kontrollvariablen zurückzuführen. Selbst wenn also Frauen und Männer das gleiche Alter und die gleiche Bildung aufweisen, beide erwerbstätig sind und im gleichen Wohnort leben, sind Frauen religiöser als Männer.

Sehr viel stärker verringert sich der Geschlechtereffekt, wenn Indikatoren der religiösen Sozialisation herangezogen werden. Es liegt daher nahe, von einer geschlechtsspezifischen religiösen Sozialisation auszugehen, die die späteren Unterschiede zwischen Männern und Frauen erklärt. Die Analysen zeigen, daß die Frauen in fast allen Ländern (Ausnahmen: Niederlande und Irland) religiöser als die Männer erzogen wurden. Anscheinend wird bei Mädchen von den Sozialisationsinstanzen in stärkerem Maße gefordert, sich religiös zu verhalten. Daneben ist anzunehmen, daß sich diese unterschiedlichen Erwartungen auch im Erwachsenenalter beobachten lassen. Sollten tatsächlich Mädchen religiöser sozialisiert werden als Jungen, dann ist es plausibel anzunehmen, daß später die Verantwortung für eine religiöse Erziehung der Kinder sowohl von dem Partner als auch von der Kirche in die Hände der Frau gelegt wird. Damit findet eine Fremdzuschreibung der Frau als religiösere Person statt, die sie sich aufgrund ihrer Sozialisation später selbst zuschreibt. Auf dieser Argumentationslinie scheint mir die unterschiedliche Religiosität von Frauen und Männer erklärbar zu sein. Da wir allerdings über den Zusammenhang von religiöser Sozialisation, Selbst- und Fremdzuschreibung noch zu wenig wissen, öffnet sich hier ein zentrales Forschungsfeld der Religionssoziologie. Es wird sich lohnen, die ‚black-box' sowohl theoretisch als auch empirisch weiter zu öffnen, denn nur dadurch kommen wir einer Erklärung der stärkeren Religiosität von Frauen näher.

Literatur

Berger, Peter L., 1994: Sehnsucht nach Sinn. Glauben in einer Zeit der Leichtgläubigkeit. Frankfurt a.M./New York: Campus.

Boos-Nünning, Ursula, 1972: Dimensionen der Religiosität. Zur Orientierung und Messung religiöser Einstellungen. München: Kaiser.

de Vaus, David und Ian McAllister, 1987: Gender Differences in Religion: A Test of the Structural Location Theory. American Sociological Review 52, 472-481.

Fischer, Claude S., 1975a: The Effect of Urban Life on Traditional Values. Social Forces 53, 420-432.

Fischer, Claude S., 1975b: Toward a Subcultural Theory of Urbanism. American Journal of Sociology 80, 1319-1341.

Fischer, Claude S., 1982: To Dwell Among Friends. Personal Networks in Town and City. Chicago: The University of Chicago Press.

Fuchs, Werner, 1985: Konfessionelle Milieus und Religiosität. S. 265-305 in: Arthur Fischer, Werner Fuchs und Jürgen Zinnecker: Jugendliche und Erwachsene '85. Band 1: Generationen im Vergleich. Opladen: Leske+Budrich.

Glock, Charles Y., 1962: On the Study of Religious Commitment. Religious Education (Special Issue), 98-110.

Jagodzinski, Wolfgang und Karel Dobbelaere, 1993: Der Wandel kirchlicher Religiosität in Westeuropa. S. 68-91 in: Jörg Bergmann, Alois Hahn und Thomas Luckmann (Hg.): Religion und Kultur. Kölner Zeitschrift für Soziologie und Sozialpsychologie, Sonderheft 33, Opladen: Westdeutscher Verlag.

Kaufmann, Franz-Xaver, 1989: Religion und Modernität. Tübingen: J.C.B. Mohr (Paul Siebeck).

Kecskes, Robert und Christof Wolf, 1993: Christliche Religiosität: Konzepte, Indikatoren, Meßinstrumente. Kölner Zeitschrift für Soziologie und Sozialpsychologie 45, 270-287.

Kecskes, Robert und Christof Wolf, 1994: Christliche Religiosität in der Großstadt und anderswo. Ergebnisse einer Kölner Studie im Westdeutschen Vergleich. Vortrag für die Tagung „Weltanschauungen im Wandel. Religiöser Pluralismus oder Ende der Religion?", 7.-18. Juni in Köln.

Kecskes, Robert und Christof Wolf, 1995: Christliche Religiosität. Dimensionen, Meßinstrumente, Ergebnisse. Kölner Zeitschrift für Soziologie und Sozialpsychologie 47, 494-515.

Kecskes, Robert und Christof Wolf, 1996: Konfession, Religion und soziale Netzwerke. Zur Bedeutung christlicher Religiosität in personalen Beziehungen. Opladen: Leske+Budrich.

Köcher, Renate, 1988: Wandel des religiösen Bewußtseins in der Bundesrepublik Deutschland. S. 145-158 in: Franz Xaver Kaufmann und Bernhard Schäfers (Hg.): Religion, Kirche und Gesellschaft in Deutschland. Gegenwartskunde, Sonderheft 5, Opladen: Leske + Budrich.

Voll, Peter, 1993: Vom Beten in der Mördergrube: Religion in einer Dienstleistungsgesellschaft. S. 213-252 in: Alfred Dubach und Roland J. Campiche (Hg.): Jede(r) ein Sonderfall? Religion in der Schweiz. 2. Aufl., Zürich/Basel: NZN Buchverlag und F. Reinhardt.

Petra-Angela Ahrens

Frauen in der Kirche: Spielt das Geschlecht (noch) eine Rolle?

1. Einleitung

Schon seit langer Zeit machen empirische kirchensoziologische Untersuchungen auf geschlechtsspezifische Orientierungsunterschiede aufmerksam, indem sie auf eine größere Bedeutung von kirchlich-religiösen Bindungen für Frauen verweisen: Diese fühlen sich ihrer Kirche enger verbunden als Männer, sie bejahen stärker explizit christlich-kirchliche Glaubensüberzeugungen, sie beteiligen sich intensiver am kirchlichen Leben ihrer Gemeinde (vgl. hierzu Hieber und Lukatis, 1994: 9 f.; Wolf in diesem Band). Nicht geklärt werden konnte bisher die Frage, ob sich darin eine grundlegende geschlechtsspezifische Differenz ausdrückt, oder vielmehr ein Effekt unterschiedlicher Lebensschwerpunkte von Frauen und Männern im Sinne der traditionellen Rollenteilung niederschlägt: So gibt es empirische Befunde, die eine Annäherung oder gar Auflösung geschlechtsspezifischer Differenzen in der Haltung zu Kirche und christlich definierter Religiosität erkennen lassen, wenn die Frage der Integration in das Erwerbsleben Berücksichtigung findet, die ja als entscheidender Faktor für die Gleichstellung der Frauen zu veranschlagen ist (vgl. z.B. Lukatis, 1990: 127 ff.; Voll, 1993, 237 ff.; Engelhardt u.a., 1997: 209 f.).

Das in allen Untersuchungen, die sich in diesem Forschungsfeld mit geschlechtsspezifischen Vergleichen beschäftigen, übereinstimmende Ergebnis beschränkt sich derzeit noch weitgehend auf die im Durchschnitt größere Nähe von Frauen zu Kirche und Glauben. Voneinander abweichende oder gar divergierende Ergebnisse lassen sich vermerken, sobald weitere Aspekte – dabei vor allem soziodemographische Merkmale – Eingang in die meist bivariaten Analysen finden.

Im folgenden wird der Frage nach geschlechtsspezifischen Unterschieden im kirchlich-religiösen Beziehungsfeld unter Berücksichtigung verschiedener sozio-demographischer Variablen und darüber hinaus von Einstellungsfragen, die sich mit normativen Aussagen zur Lebensgestaltung (Ehe, Rollenteilung) befassen, nachgegangen. Der dafür verwendete Datensatz aus der dritten Repräsentativerhebung der Evangelischen Kirche in Deutschland von 1992 (Engelhardt u.a., 1997) umfaßt die Stichprobe der Evangelischen in Westdeutschland mit 1584 Befragten.

2. Differenz der Geschlechter und christlich-kirchliche Nähe

Im Gesamtbild bestätigt die jüngste EKD-Erhebung die engere Bindung von evangelischen Frauen an Kirche und Glauben, und zwar für nahezu alle Fragen, die das eigene Verhältnis zur Institution Kirche auch im konkreteren Sinne beschreiben, wie z.B. Gründe für die Mitgliedschaft, Kritik an der Kirche oder Erwartungen an sie, die sich auf den Kontakt zu Pfarrer bzw. Pfarrerin, auf die Aktivität im Gemeindeleben beziehen oder – auch im weiteren Sinne – religiöse Haltungen thematisieren.

Um dieses Ergebnis differenzierter hinterfragen zu können, wurden zunächst die Fragen zum Gefühl der Verbundenheit mit der Kirche, zum Glauben an Gott und zum Gottesdienstbesuch in eine Variable zusammengefaßt[1]; sie bezieht die drei geradezu klassischen Kategorien: Verhältnis zur Institution, Glaubenshaltung und Verhaltensausrichtung ein, die gemeinhin als Beurteilungskriterien für die ‚christlich-kirchliche Nähe' herangezogen werden und soll – gewissermaßen als (jeweiliger) Testfall – Auskunft über geschlechtsspezifische Unterschiede geben.

Tabelle1: Christlich-kirchliche Nähe (arithmetische Mittelwerte [a])

	Frauen (n=870)	Männer (n=714)
Verbundenheit mit der Kirche [b]	3,3	3,0
Glaube an Gott	4,1	3,9
Gottesdienstbesuch	3,5	3,1
Christlich-kirchliche Nähe [c]	3,5	3,2

a   Alle Mittelwertunterschiede signifikant mit p < 0,001.
b   Die Skalen zur Verbundenheit mit der Kirche und den Glauben an Gott wurden umgepolt.
c   Für die Konstruktion der Variable „Christlich-kirchliche Nähe" wurde aus den Summenscores der verwendeten Variablen (die Skala zum Gottesdienstbesuch nur zu 5/6 berücksichtigt) eine 5-stufige Skala gebildet; die interne Konsistenz wurde mit Cronbachs alpha = 0,79 errechnet.

Dabei gründet sich diese Variablenkonstruktion auch auf einen Befund, der gerade im protestantischen Verständnisrahmen, in dem die Möglichkeit des ‚Christsein ohne Kirche' mit angelegt ist, Beachtung verdient: Zwischen der

---

1   Verbundenheit: 5-stufige Skala, 1 = sehr verbunden, 5 = überhaupt nicht verbunden; Glaube an Gott: 5-stufige Skala, 1 ≈ Glaube an Gott in Jesus Christus, 5 ≈ es gibt keinen Gott; Gottesdienstbesuch: 6-stufige Skala, 1 = nie, 6 = jeden oder fast jeden Sonntag.

Verbundenheit mit der Kirche, dem Glauben an Gott und der Häufigkeit des Gottesdienstbesuchs besteht nämlich bei Frauen wie bei Männern eine klare positive Beziehung, d.h. eine enge Bindung an die Institution geht einher mit einer überzeugten Glaubenshaltung sowie mit einem häufigen Gottesdienstbesuch – Entsprechendes gilt in umgekehrter Richtung (die Korrelationen liegen zwischen r = 0,54 und r = 0,61; p < 0,001).

In einem nächsten Schritt wurde in bivariaten Auswertungen das Ausmaß der christlich-kirchlichen Nähe nach Geschlechtszugehörigkeit verglichen, und zwar unter der Kontrolle verschiedener *sozio-demographischer Variablen*, die in der Diskussion um die Gleichstellung wie in empirischen (religions- bzw. kirchensoziologischen) Untersuchungen immer wieder eine Rolle spielen, wenn es um die Frage von Differenzen zwischen Frauen und Männern bzw. deren Auflösung geht. Auf eine ausführliche Darstellung der Einzelergebnisse muß hier zwar verzichtet werden (vgl. hierzu Ahrens, 1997, S110 ff), doch sollen zumindest folgende Hinweise nicht fehlen: Eine größere christlich-kirchliche Nähe der Frauen läßt sich nur in einigen *Altersgruppen* (18-29-, 30-39- und mindestens 70jährige), bei Berücksichtigung der *Schulbildung* nur für den Volks- bzw. Hauptschulabschluß nachweisen. Unter Kontrolle der Variable *Erwerbstätigkeit* zeigt sich mit einer Aufhebung geschlechtsspezifischer Unterschiede bei Vollerwerbstätigkeit ein erwartetes Ergebnis, während Frauen – entgegen plausibler Argumente (vgl. Voll, 1993: 237 f.; Kecskes und Wolf, 1994: bes. 8 ff.; Wolf in diesem Band) – in der Differenzierung nach *Ortsgröße* durchgehend, vom Dorf bis zur Metropole, eine signifikant engere Bindung an Kirche und Glauben als Männer zu erkennen geben. Dabei verdient besondere Beachtung, daß die lang bewährte Unterscheidung zwischen dem eher ländlichen Milieu mit einer traditionsgebundenen, engeren kirchlichen Orientierung und dem großstädtischen Umfeld mit einer eher kritischen bzw. indifferenten Position in den hier untersuchten Daten keine Bestätigung (mehr) findet, weder bei Frauen noch bei Männern (vgl. Ahrens, 1997: 116).

Im weiteren wurden die Merkmale *Familienstand* und *Elternschaft*, die in bisherigen Untersuchungen weniger Aufmerksamkeit gefunden haben (vgl. aber z.B. Lukatis, 1990: 133/135), in die Auswertungen einbezogen: Für Frauen, die nicht verheiratet, d.h. ledig, geschieden oder verwitwet sind, ergibt sich eine größere christlich-kirchliche Nähe als in den entsprechenden Vergleichsgruppen der Männer. Dieses Ergebnis deutet auf die Relevanz der jeweiligen Lebenssituation für das Verhältnis zu Kirche und Glauben, da Frauen augenscheinlich nur bei Fehlen einer aktuellen (ehelichen) Partnerschaft eine engere Bindung an Kirche und Glauben aufweisen als Männer. Die Berücksichtigung der Elternschaft ändert demgegenüber nichts an der größeren christlich-kirchlichen Nähe der Frauen – dabei fallen die Unterschiede zwischen Frauen und Männern, die keine Kinder haben, besonders ins Auge (Ahrens, 1997: 113). Letzteres scheint – wiederum – die Bedeutung personaler Bindungen für die Ausprägung solcher Differenzen anzuzeigen. Zwei Fragen in der dritten EKD-Erhebung beziehen sich auf *Einstellungsbereiche*, die in (direktem) Zusammenhang mit der geschlechtsspezifischen Zuordnung von Lebensschwerpunkten stehen: die *Einstellung zur Ehe* und die *Einstellung zur traditionellen Rollenteilung*. Vorwegzuschicken ist, daß mit 14 % nur eine Minderheit der evangelischen Kirchenmitglieder die Ehe grundsätzlich nicht für nötig hält. Die meisten (45 %) folgen der Ansicht, daß Kinder den Anlaß für eine institutionelle Absicherung einer Lebensgemeinschaft geben sollten. Immerhin 41 % sprechen sich grundsätzlich für die eheliche Bindung aus. Für die Einstellung zur traditionellen Rollenteilung ergibt sich folgende Verteilung: 27 % befürworten die gleichberechtigte Erwerbstätigkeit von Frauen und eine dementsprechende Partizipation der Männer an der Familienarbeit; 55 % schließen sich demgegenüber der Meinung an, daß kleine Kinder die Familienarbeit der Frauen erforderlich machen; 18 % stimmen für die grundsätzliche Rollenteilung. In beiden Fragen sind keine geschlechtsspezifischen Differenzen im Antwortverhalten nachweisbar.

Tabelle 2: Christlich-kirchliche Nähe (arithmetische Mittelwerte)

	Einstellung zur Ehe			Einstellung zur traditionellen Rollenteilung		
	Ehe ist nicht nötig	Ehe, wenn Kinder da sind	grunsätzlich für die Ehe	grundsätzlich dafür	bei kleinen Kindern	grundsätzlich für Gleichstellung
	n=216	n=694	n=632	n=274	n=857	n=423
Frauen	2,65	3,26	4,06	3,92	3,59	3,10
Männer	2,35	3,02	3,58	3,29	3,31	2,79
T-Wert	1,95+	2,97*	5,91**	4,97**	3,73**	2,57*

+ → p ≤ 0,05; * → p ≤ 0,01; ** → p ≤ 0,001.

Aus Tabelle 2 geht hervor, daß offensichtlich eine klare Beziehung dieser Einstellungsbereiche zur christlich-kirchlichen Nähe besteht; denn diese ist bei Männern wie auch bei Frauen mit (eher) ‚konservativer' Position weitaus stärker ausgeprägt als bei denen, die sich gegen die Notwendigkeit der Ehe und/oder für die Gleichstellung von Frauen und Männern aussprechen; zudem erreichen die geschlechtsspezifischen Differenzen in der christlich-kirchlichen Nähe bei den konservativen Positionen die höchsten Werte. Aus diesen Ergebnissen vermittelt sich der Eindruck, daß die Bindung an Kirche und Glauben ihrerseits als normative Orientierungsausrichtung verstanden werden kann; sie scheint hier geradezu einen Aspekt der Rollen-Annahme bei den Frauen bzw. der Rollen-Zuschreibung durch die Männer darzustellen. Gleichwohl kann von einer Auflösung geschlechtsspezifischer Unterschiede kaum gesprochen werden: Die Differenz bleibt – jedenfalls bei den Vertreterinnen und Vertretern der Gleichstellung – bemerkenswert.

Die vorgestellten Resultate der bivariaten Auswertungen bieten kaum weiterreichende Klärungen für die Fragestellung an; vielmehr scheinen sie in gewisser Weise die bisher über verschiedene Untersuchungen mehr oder weniger ausgeprägte Divergenz der Befunde zu reproduzieren: Verweist z.B. die Berücksichtung des Bildungsstandes wie der Erwerbstätigkeit als sozialstrukturelle Faktoren auf die Bedeutung der Gleichstellung von Frauen für das Auftreten geschlechtsspezifischer Differenzen in der christlich-kirchlichen Nähe, so spricht die Ergebnislage bei Einbeziehung der Elternschaft oder der Ortsgröße klar dagegen. Über eine Kontrolle durch die Variablen Alterszugehörigkeit oder Familienstand rückt eine Klärungmöglichkeit anhand von Lebensphasen bzw. aktueller Lebenssituationen in den Vordergrund; mit den verwendeten Einstellungsfragen läßt sich ein erhebliches Gewicht normativer Orientierungen vermuten.

Möglicherweise liegt der Grund für dieses durchaus widersprüchliche Bild in wechselseitigen Wirkungen der jeweils getrennt eingesetzten Variablen, die bivariaten Analysen nicht zugänglich sind. Um zu prüfen, welche der in den Einzelanalysen berücksichtigten Variablen auch im Zusammenwirken mit anderen (noch) Einfluß auf das Ausmaß der christlich-kirchlichen Nähe nehmen, wurden Regressionsanalysen durchgeführt.

Tabelle 3: Regressionsanalyse zur christlich-kirchlichen Nähe (beta-Koeffizienten)

	Gesamtstichprobe n ≥ 1.300	Frauen n ≥ 687	Männer n ≥ 613
Alter	0,25 **	0,28 **	0,22 **
Bildung	0,08 *	0,04	0,12 *
Erwerbstätigkeit	0,03	0,02	0,08
Verheiratet	0,06	0,03	0,09
Kind(er)	0,04	0,10 +	-0,02
Ortsgröße	-0,06 +	-0,05	-0,07 +
Einstellung zur Ehe	0,30 **	0,33 **	0,28 **
Einstellung zur Rollenteilung	0,04	0,06	0,02
Geschlecht	0,14 **	-	-
R^2	0,24 **	0,25 **	0,21 **

+ → $p \leq 0,05$; * → $p \leq 0,01$; ** → $p \leq 0,001$.
Als Dummy Variable wurden codiert: Verheiratet (1) vs. anderer Familienstand (0), Kind(er): ja (1), nein (0), Geschlecht: weiblich (1), männlich (0). Bei der Einstellung zur Ehe und zur Rollenteilung wurde jeweils den ‚konservativen' Positionen der höhere Wert zugewiesen.

Die Ergebnisse für die Gesamtstichprobe der westdeutschen Evangelischen (Tabelle 3) zeigen, daß unter den sozio-demographischen Variablen die Alterszugehörigkeit den größten Erklärungsbeitrag für die christlich-kirchliche Nähe leistet. Die für die traditionelle Rollenteilung bzw. deren Wandel relevanten Aspekte wie Einbindung in das Erwerbsleben, Ehe und Elternschaft aber haben keinen Einfluß. Der formalen Bildung ist eine geringfügige positive Wirkung beizumessen, d.h. ein höherer Bildungsabschluß trägt zu einer stärkeren christlich-kirchlichen Nähe bei. Damit zeigt sich unter Berücksichtigung mehrerer unabhängiger Variablen ein im Vergleich zu den Ergebnissen der früheren Kirchenmitgliedschaftsbefragungen der EKD (vgl. Hild, 1974; Hanselmann, 1984) umgekehrter Bildungseffekt. Auch die Ortsgröße leistet einen, obschon nur geringen Beitrag. Gegenüber den sozio-demographischen Variablen ist die Einstellungsfrage zur Ehe in ihrer Bedeutung weit höher zu veranschlagen, während die Einstellung zur traditionellen Rollenteilung ihre Aussagekraft verliert. Die geschlechtsspezifische Differenz aber leistet einen signifikanten Erklärungsbeitrag für die Bindung an Kirche und Glauben. Führt man die Regressionsanalyse für Frauen und Männer getrennt durch, so ergeben sich für zwei Aspekte auffällige Abweichungen, die besonderes Interesse verdienen: Der bereits erwähnte ‚umgekehrte' Bildungseffekt nämlich ist dann nur bei den Männern nachzuweisen, für die christlich-kirchliche Nähe der Frauen hingegen spielt der Bildungsabschluß keine Rolle. Demgegenüber bewirkt die Frage der Elternschaft unter Kontrolle der anderen Einflußfaktoren bei den Frauen durchaus einen Effekt und dies im Unterschied zu den Männern, bei denen sich sogar ein negatives Vorzeichen ergibt. Schließlich bleibt ein Einfluß der Ortsgröße nur bei den Männern signifikant, d.h. bei ihnen wirkt sich das Leben in der Großstadt leicht negativ auf die christlich-kirchliche Nähe aus, während dieser Effekt bei den Frauen nicht mehr nachweisbar ist.

Natürlich darf man bei der Bewertung dieser Ergebnisse nicht übersehen, daß der Erklärungswert der Analyse insgesamt eher bescheiden veranschlagt werden muß; die Determinationskoeffizienten (R^2) liegen nicht gerade hoch. Dennoch kann den in die Analysen eingegangenen Aspekten insgesamt eine Wirkung auf das Ausmaß der christlich-kirchlichen Nähe nicht abgesprochen werden. Insbesondere die Einstellung zur Ehe, aber auch die Alters- und die Geschlechtszugehörigkeit verdienen dabei besondere Beachtung. Die traditionelle Rollenteilung bzw. deren Wandel schrumpft allerdings – sowohl anhand der über sozio-demographische Variablen ermittelten Werte als auch auf der Einstellungsebene – zu einer für die Bindung an Kirche und Glaube marginalen Größe.

Eine inhaltliche Einschätzung der Ergebnisse bleibt freilich schwierig, da nur Aussagen über das Ausmaß der christlich-kirchlichen Nähe getroffen werden können; unklar bleibt dabei, was sich für die Befragten in der christlich-kirchlichen Nähe überhaupt ausdrückt. Die ihr zugrundeliegenden Variablen Verbundenheit mit der Kirche, Glauben an Gott und Häufigkeit des Gottesdienstbesuchs beziehen sich ja alle auf kirchliche Erwartungsnormen an das, was sich mit dem Christ-Sein verbinden sollte – und ein mögliches Gewicht normativer Orientierungen deutete sich bereits bei den Einstellungsfragen in den bivariaten Analysen an. So könnte sich in der stärkeren Hinwendung der Frauen zu Kirche und christlichem Glauben auch eine engere Orientierung an Normvorgaben ausdrücken. Eine zweite Anfrage an das Ergebnis der geschlechtsspezifischen Differenz ergibt sich daraus, daß diese sich lediglich auf die Intensität der christlich-kirchlichen Nähe bezieht, jedoch keine qualitativen Unterschiede sichtbar macht. So könnte man vermuten, daß sich die Bindung an Kirche und Glaube bei Frauen in anderen Dimensionen ausdrückt als bei Männern. Solche Fragen werden jedoch wohl nur mit qualitativ gewonnenen Daten beantwortet werden können.

3. Differenz der Geschlechter und weltanschauliche Orientierung

In der jüngsten Kirchenmitgliedschaftsuntersuchung wurde eine Listenfrage zur „Einstellung zu Glauben, Christentum und Religion" aufgenommen, die zumindest eine Annäherung an die genannten inhaltlichen Fragen ermöglicht. Die darin vorgegebenen elf verschiedenen Items beziehen sich auf die Orientierung an christlichen Glaubensnormen, eine eher positivistische bzw. religiös indifferente Weltsicht wie auch auf ein privatisiertes Religionsverständnis. Eine für diese Frage durchgeführte Faktorenanalyse bildet die genannten Dimensionen recht gut ab.

Die geschlechtsspezifischen Faktorenlösungen weisen aber nur wenige Abweichungen zwischen Frauen und Männern auf, d.h. geschlechtsspezifisch unterschiedliche Zuordnungen sind kaum auszumachen. Allerdings lädt bei den Frauen die Aussage „Jede Religion hat Stärken und Schwächen, man sollte sich jeweils das Beste daraus holen." vorrangig auf dem ersten Faktor, wird von ihnen also offenbar eher im Sinne einer Beliebigkeit verstanden, die ihr jede religiöse Relevanz nimmt, während Männer sie einem subjektiv gestalteten Verständnisrahmen zuordnen.

Durchgehend signifikante Mittelwertdifferenzen (vgl. Tabelle 4) in der Beantwortung der Items ergeben sich für den ersten und den dritten Faktor – mit jeweils umgekehrten Vorzeichen: Frauen lehnen eine positivistisch-indifferente Orientierung deutlich stärker ab, und sie stimmen einer christlich definierten Orientierung stärker zu als Männer. Bei dem 2. Faktor, der kulturchristlich-privatisierten Position, lassen sich ausschließlich für die ‚synkretistische' Aussage geschlechtsspezifische Unterschiede nachweisen. Sie trifft bei Männern auf deutlich größere Akzeptanz. Vermutlich ist dies im Zusammenhang des bereits angesprochenen differenten Verständnishintergrundes bei Frauen und Männern zu verstehen. Jedenfalls würde sich die Ausrichtung dieses Unterschieds durchaus in den Kontext der positivistisch-indifferenten Haltung fügen, dem Frauen bei dieser Aussage den Vorzug geben.

Tabelle 4: Einstellung zu Glauben, Christentum, Religion
(arithmetische Mittelwerte)

	Frauen	Männer	T-Wert
Faktor 1: positivistisch-indifferent			
L Für mich ist in unserem wissenschaftlich-technischen Zeitalter Religion überholt.	2,91	3,27	-4,00**
H Nach meiner Meinung sollte man sich an das halten, was man verstandesmäßig wissen kann und alles andere auf sich beruhen lassen.	3,74	4,17	-4,90**
G Ich möchte gern glauben können, finde aber keinen Zugang dazu.	2,83	3,03	-2,31+
F Ich beschäftige mich nicht mit Glaubensfragen. Sie spielen in meinem Leben keine Rolle.	3,23	3,55	-3,43**
D Ich meine, feste Glaubensüberzeugungen machen intolerant.	3,68	3,90	-2,46+
Faktor 2: kulturchristlich-privatisiert			
A Ich habe meine eigene Weltanschauung, in der auch Elemente des christlichen Glaubens enthalten sind.	5,03	5,05	-0,26
C Ich glaube schon etwas. Der Glaube ist etwas in mir drin, was ich gefühlsmäßig erlebe und erfahre.	5,10	4,95	1,82
B Mit manchen Glaubenssätzen und manchem, was in der Bibel steht, habe ich Schwierigkeiten. Trotzdem halte ich mich für einen Christen/ eine Christin.	4,78	4,84	-0,75
J Jede Religion hat Stärken und Schwächen, man sollte sich das jeweils Beste daraus holen.	4,32	4,59	-3,04*
Faktor 3: christlich definiert			
K Das Christentum ist für mich die einzig akzeptable Religion.	4,69	4,44	2,55+
E Ich glaube, daß die Aussagen der Bibel und des Glaubensbekenntnisses wahr und gültig sind.	4,80	4,54	2,99*

Items wurden auf einer 7-stufigen Skala erhoben: 1 = trifft überhaupt nicht zu; 7 = trifft genau zu.
Die Items sind nach den Ergebnissen einer Faktorenanalyse für die Gesamtstichprobe geordnet, Varianzaufklärung insgesamt: 59,3 %; Faktor 1: 29,5 %, Faktor 2: 20,3 %, Faktor 3: 9,5 %.
+ → p ≤ 0,05; * → p ≤ 0,01; ** → p ≤ 0,001.

Zum einen sprechen die Resultate zu den weltanschaulichen Haltungen für die Richtigkeit der Annahme, daß die engere christlich-kirchliche Nähe von Frauen auch im Horizont einer engeren Ausrichtung an entsprechenden Normvorgaben verstanden werden kann. Gleichzeitig aber zeigen die Differenzen zu den Aussagen der positivistisch-indifferenten Orientierung, daß ein Verzicht auf religiöse Selbst- und Weltdeutung für Frauen weitaus weniger zur Disposition steht bzw. – so ließe sich etwas verkürzt positiv formulieren – religiöse Lebensdeutung für sie eine größere Relevanz innehat. Dies kann im engeren Sinne auch für die religiöse Komponente ihrer stärkeren Ankopplung an Kirche und Glauben angenommen werden; denn die christlich-kirchliche Nähe steht in signifikantem negativen Zusammenhang mit der positivistisch-indifferenten Orientierung (r = -0,32**).

Tabelle 5: Regressionsanalyse auf die weltanschaulichen Orientierungen (beta-Koeffizienten)

	Gesamt n≥1.300	Frauen n≥687	Männer n≥613
	positivistisch-indifferent		
Alter	-0,02 **	-0,30 **	-0,15 +
Bildung	-0,18 **	-0,22 **	-0,14 *
Erwerbstätigkeit	-0,05	-0,09	-0,02
Verheiratet	0,02	0,02	-0,01
Kind(er)	-0,10 *	-0,16 *	-0,06
Ortsgröße	-0,12 **	-0,10	-0,15 *
Einstellung zur Ehe	-0,12 **	-0,14 *	-0,10 +
Einstellung zur Rollenteilung	-0,00	-0,19	0,02
Geschlecht	-0,12 **	—	—
R²	0,09 **	0,10 **	0,06
	kulturchristlich-privatisiert		
Alter	0,07	0,10	0,07
Bildung	0,05	0,08	0,03
Erwerbstätigkeit	0,04	0,07	0,03
Verheiratet	0,09 +	0,09	0,06
Kind(er)	-0,01	0,05	-0,06
Ortsgröße	-0,05	-0,07	-0,02
Einstellung zur Ehe	-0,03	-0,08	0,05
Einstellung zur Rollenteilung	0,02	-0,02	0,07
Geschlecht	0,00	—	—
R²	0,02	0,02	0,02
	christlich definiert		
Alter	0,15 *	0,21 **	0,06
Bildung	-0,11 **	-0,13 *	-0,08 +
Erwerbstätigkeit	0,01	0,00	0,02
Verheiratet	0,04	-0,00	0,11 +
Kind(er)	0,03	0,09 +	-0,04
Ortsgröße	-0,08 *	-0,07 +	-0,09
Einstellung zur Ehe	0,29 **	0,28 **	0,30 **
Einstellung zur Rollenteilung	0,09 **	0,08 +	0,11 *
Geschlecht	0,03	—	-
R²	0,24 **	0,24 **	0,25 **

+ → p ≤ 0,05; * → p ≤ 0,01; ** → p ≤ 0,001.

Natürlich können hierfür die oben bereits behandelten Aspekte der Lebenssituation bzw. Einstellungen (mit-)verantwortlich sein. Deshalb wurde ihr Erklärungsbeitrag für die jeweiligen Faktorenwerte (über Regression ermittelte Factor-scores) überprüft. Ein relativ beachtliches Ergebnis (R^2) ergibt sich ausschließlich für die christlich definierte Orientierung (Tabelle 5). Ansonsten lassen die Gesamtergebnisse kaum nennenswerte Effekte erkennen.

Trotz einiger interessanter Einzelwerte – im Vergleich mit der positivistisch-indifferenten Orientierung – kann deshalb deren genauere Darstellung unterbleiben. Einer eigenen Erwähnung bedarf jedoch, daß sich die Geschlechtszugehörigkeit ausschließlich bei der positivistisch-indifferenten Orientierung als erkennbare – und zwar negative – Einflußgröße erweist, was die bereits in der Faktorenanlyse zu den weltanschaulichen Haltungen ermittelten Unterschiede zwischen Frauen und Männer bestätigt.

Für die christlich definierte Orientierung kommt der Ausrichtung an Normen eine offensichtlich hervorragende Rolle zu. Besonders auffallend sind hier nämlich die hohen Werte für die Einstellung zur Ehe, d.h. wenn sie als unverzichtbare Absicherung einer Partnerschaft betrachtet wird, so ist daran eine größere Bedeutung klar definierter Glaubensnormen geknüpft. Selbst die Befürwortung der Rollenteilung schlägt sich in dieser Orientierung, und dies im Unterschied zur christlich kirchlichen Nähe (vgl. Tabelle 3), erkennbar positiv nieder. Die Gründe für diesen Effekt liegen auf der Hand; denn gerade von der Kirche wird die Ehe als Leitbild für die Lebensgestaltung vertreten.

Der Geschlechtszugehörigkeit kommt für diese Orientierung keinerlei Wirkungskraft zu, sie erreicht nur den zweitniedrigsten Wert. Ein Vergleich zwischen Frauen und Männern zeigt allerdings, daß die Alterszugehörigkeit und die Elternschaft bei den Frauen Einfluß auf die Bedeutung der christlich definierten Orientierung nehmen, was bei den Männern nicht der Fall ist. Dies könnte als Hinweis auf eine geschlechtsspezifische Differenz zu verstehen sein, die weniger in der Relevanz christlich definierter Normen an sich ihren Ausdruck findet, sondern eher in der Frage zu liegen scheint, ob diese Orientierungsausrichtung in Relation zum eigenen Lebenskontext steht, d.h. in subjektive Erfahrungszusammenhänge eingebunden werden kann oder nicht.

Für die kulturchristlich-privatisierte Orientierung ergeben sich keinerlei Effekte. Das Gesamtergebnis wie die einzelnen Werte für die berücksichtigten Variablen zeigen die weitgehende Unabhängigkeit eines subjektiv gestalteten Religionsverständnisses von Aspekten, die, ja nicht zuletzt auch für die sozialstrukturellen Veränderungen in unserer Gesellschaft verantwortlich sind: Weder soziodemographische Unterschiede, noch die Einstellungen zu Ehe und traditioneller Rollenteilung oder die Geschlechtszugehörigkeit liefern auch nur ansatzweise einen Erklärungsbeitrag. Für diese Haltung scheint der individuell gestaltete Interpetationsraum im Vordergrund zu stehen, der sich klaren Zuordnungen, wie etwa im Hinblick auf soziale Zugehörigkeiten, verschließt. Darüber hinaus ist in diesem Zusammenhang noch einmal zu betonen, daß die kulturchristlich-privatisierte Orientierung in keiner Verbindung zur christlich definierten oder positivistisch-indifferenten Haltung steht – es ergeben sich Korrelationskoeffizienten von $r=0{,}08$ bzw. $r=0{,}10$ – sowie keinerlei Beziehung zur christlich-kirchlichen Nähe erkennen läßt (r = -0,03), entgegen der mancherorts vertretenen dichotomen Orientierungsalternativen.

Abschließend soll nun der Frage nachgangen werden, in welcher Beziehung die weltanschaulichen Orientierungen zu konkreten Verhaltensausrichtungen stehen und – natürlich – ob sich dabei geschlechtsspezifische Unterschiede ausmachen lassen. Um hierbei der möglichen Gefahr einer zu starken Eingrenzung durch eine eher kerngemeindliche Perspektive zu entgehen, wurde dafür die Frage nach Kontakten mit der Kirche innerhalb der letzten vier Wochen gewählt, die mit verschiedensten Kontaktformen – von persönlichen Begegnungen über den Gottesdienst bis hin zu Berichten in Presse, Funk und Fernsehen – ein breiteres Spektrum von Berührungsmöglichkeiten anbietet.

Abbildung 1: Mittelwerte der weltanschaulichen Orientierungen nach Kontakt mit der Kirche (Evangelische Frauen West 1992)

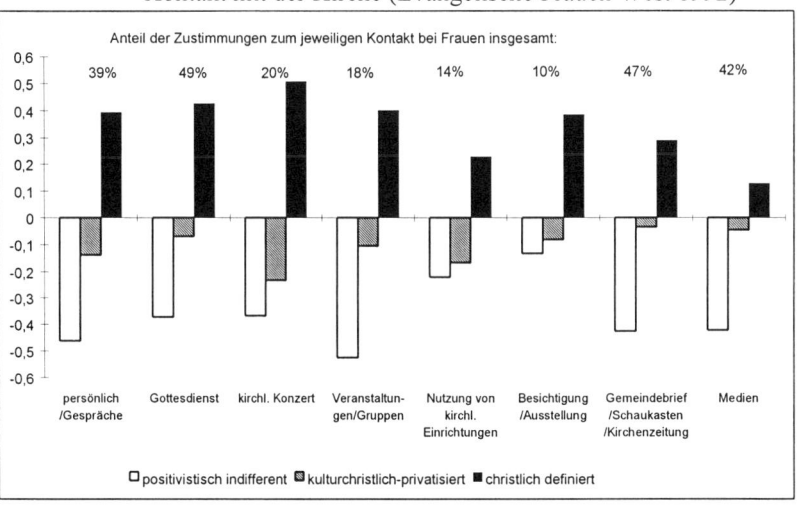

Dargestellt sind die erreichten Mittelwerte der Factor-scores, also der Ladungen, die in der Faktorenanalyse erreicht werden, welche die Ausprägungen von -1 bis +1 annehmen können, für die jeweiligen Zustimmungen (einmal, mehrmals) bei der Frage nach dem Kontakt.

Wie unschwer zu erkennen ist (Abbildung 1 und 2), hat die christlich-kirchliche Orientierung für diejenigen, die in der Rückschau von vier Wochen der Kirche in der einen oder anderen Form begegnet sind, meist eine recht große Bedeutung. Lediglich für die Erinnerung an Berichte in Funk und Fernsehen scheint diese Orientierung kaum eine Rolle zu spielen. Und dies gilt für Frauen wie für Männer ohne nennenswerte Unterschiede. Jedenfalls konnte für keine der genannten Kontaktmöglichkeiten eine signifikante geschlechtsspezifische Differenz gefunden werden.

Sofern man die Werte für die Frauen betrachtet, ist auch die Bedeutung der positivistisch-indifferenten Orientierung bei den meisten Kontaktformen hoch zu veranschlagen und zwar in negativer Richtung. Bei den Männern hingegen läßt sich eine solch klare und durchgehende Ausrichtung der Werte nicht entdecken: Für die erinnerte Teilnahme an Konzerten, Besichtigungen und anderen kirchlichen Veranstaltungen, und besonders die Nutzung von Einrichtungen, liegen ihre Werte sogar im positiven Bereich. Im übrigen sind die geschlechtsspezifischen Unterschiede in der Bedeutung dieser Orientierung bei allen Kontaktformen signifikant.

Abbildung 2: Mittelwerte der weltanschaulichen Orientierungen nach Kontakt mit der Kirche (Evangelische Männer West 1992)

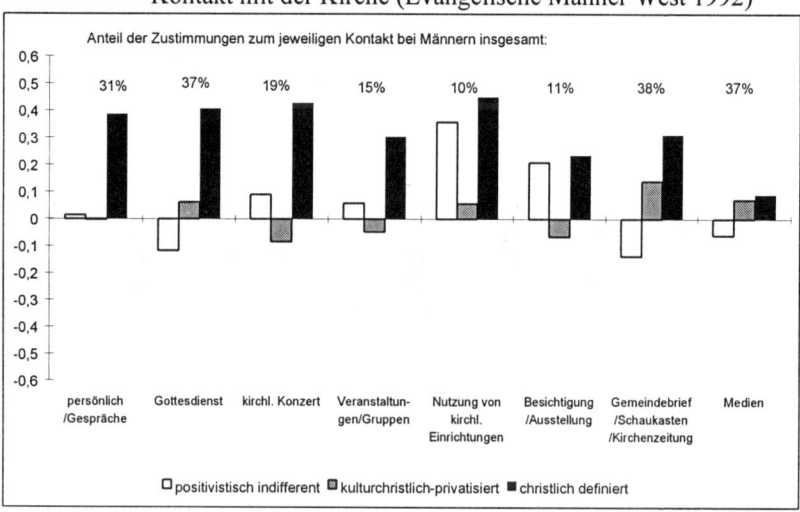

Dargstellt sind die erreichten Mittelwerte der Factor-scores, also der Ladungen, die in der Faktorenanalyse erreicht werden, welche die Ausprägungen von -1 bis +1 annehmen können, für die jeweiligen Zustimmungen (einmal, mehrmals) bei der Frage nach dem Kontakt.

Es drängt sich mit diesen Ergebnissen der Eindruck auf, daß für Frauen, die Kontakt zur Kirche haben, eine zu dieser Verhaltensausrichtung konsonante weltanschauliche Orientierung, d.h. eine klare christliche Ausrichtung wichtig ist, und daß offenbar auch darin eine geschlechtsspezifische Differenz zu erkennen ist. Unterstrichen wird diese Vermutung, wenn man die Ausschläge der kulturchristlich-privatisierten Orientierung hinzunimmt: Selbst diese Orientierung, die ja zu keiner der beiden anderen in einer Beziehung steht, nimmt – wenn auch in nur geringer Ausprägung – bei den Frauen durchgehend negative Werte an.

4. Schlußbemerkung

Mit den Befunden der hier vorgestellten Auswertungen bleibt die Frage geschlechtsspezifischer Differenzen im Raum. Die – vornehmlich vor dem Hintergrund einer zunehmenden Gleichstellung von Frauen in sog. westlichen Gesellschaften – diskutierte Angleichung der engeren Beziehung von Frauen zu Kirche und Glauben an die der Männer findet in den untersuchten Daten keine Unterstützung – jedenfalls, solange man sich bei der Analyse religiöser Haltungen innerhalb des Rahmens christlich-kirchlicher Orientierungen bzw. Verhaltensausrichtungen bewegt. Eine Interpretation dieses Ergebnisses als lediglicher Ausdruck einer engeren Ausrichtung von Frauen an (kirchlichen) Normvorgaben wäre aber zu kurz gegriffen; denn im weiter gesteckten Rahmen der faktorenanalytisch ermittelten weltanschaulichen Orientierungen läßt sich kein Einfluß der Geschlechtszugehörigkeit bei der auf normativen Aussagen basierenden christlich definierten Orientierung erkennen, während sie bei der positivistisch-indifferenten Orientierung einen negativen Effekt bewirkt, d.h. für Frauen scheint sich – hier auf einer Negativfolie – eine größere Relevanz religiöser Fragen abzuzeichnen. Darüber hinaus weist der geschlechtsspezifische Vergleich der weltanschaulichen Orientierungsmuster nach den gegebenen Kontakten zur Kirche auf eine engere Einstellungs-Verhaltens-Korrelation bei Frauen hin.

Zur Frage der Bedeutung normativer Orientierungen liefert allerdings ein anderes Ergebnis interessante Aufschlüsse: Sowohl bei der christlich-kirchlichen Nähe als auch bei der christlich definierten Orientierung spielt nämlich die Einstellung zur Ehe als Norm für die Lebensgestaltung eine ausgesprochen wichtige Rolle. Ihre Befürwortung wirkt sich positiv auf die genannten Orientierungen aus und zwar bei Frauen wie bei Männern.

Allerdings darf nicht übersehen werden, daß bei religiösen Haltungen mit einem weiten individuellen Interpretationsspielraum, wie er sich in der kulturchristlich-privatisierten Orientierung findet, keinerlei Effekte nachgewiesen werden können. Gleichzeitig erreicht diese Orientierung den größten Zuspruch und dies bei Frauen und Männern gleichermaßen. Dabei kann diese offensichtliche Unabhängigkeit von allen in der Analyse berücksichtigten Variablen durchaus als Bestätigung dafür betrachtet werden, dieses Religionsverständnis als privatisiert zu charakterisieren – mit der Folge, daß auch geschlechtsspezifische Zuordnungen nicht (mehr) greifen. Gleichwohl muß an dieser Stelle die Frage offen bleiben, ob dieses Ergebnis den Begrenzungen der quantitativen Erfassung solch ‚offener' Haltungen zuzuschreiben ist.

Literatur

Ahrens, Petra-Angela, 1997: Über Gleichheit, Differenz und Kirchenmitgliedschaft - Sind Frauen christlicher? Sozialwissenschaften und Berufspraxis 20, 107-127.

Engelhardt, Klaus, Hermann von Loewenich und Peter Steinacker, 1997: Fremde Heimat Kirche. Die dritte EKD-Erhebung über Kirchenmitgliedschaft. Gütersloh: Gütersloher Verlags-Haus.

Hanselmann, Johannes (Hg.), 1984: Was wird aus der Kirche? Ergebnisse der zweiten EKD-Umfrage über Kirchenmitgliedschaft. Gütersloh: Mohn.

Hieber, Astrid und Ingrid Lukatis, 1994: Zwischen Engagement und Enttäuschung. Frauenerfahrungen in der Kirche. Hannover: Lutherisches Verlagshaus.

Hild, Helmut (Hg.), 1974: Wie stabil ist die Kirche? Bestand und Erneuerung. Ergebnisse einer Umfrage. Gelnhausen/Berlin: Burckhardthaus-Verlag.

Kecskes, Robert, und Christof Wolf, 1994: Christliche Religiosität in der Großstadt und anderswo. Ergebnisse einer Kölner Studie im Westdeutschen Vergleich. Manuskript eines Vortrages für die Tagung „Weltanschauungen im Wandel. Religiöser Pluralismus oder Ende der Religion?" vom 17. - 18. Juni 1994 in Köln.

Kecskes, Robert und Christof Wolf, 1996: Konfession, Religion und soziale Netzwerke. Zur Bedeutung christlicher Religiosität in personalen Beziehungen. Opladen.

Lukatis, Ingrid, 1990: Frauen und Männer als Kirchenmitglieder. S. 119-147 in: Joachim Matthes (Hg.): Kirchenmitgliedschaft im Wandel. Untersuchungen zur Realität der Volkskirche, Beiträge zur zweiten EKD-Umfrage „Was wird aus der Kirche?". Gütersloh: Mohn.

Statistisches Bundesamt, 1996: Statistisches Jahrbuch 1996 für die Bundesrepublik Deutschland. Stuttgart: Metzler-Poeschel.

Voll, Peter, 1993: Vom Beten in der Mördergrube: Religion in einer Dienstleistungsgesellschaft. S. 213-252 in: Alfred Dubach und Roland J. Campiche (Hg.): Jede(r) eine Sonderfall? Religion in der Schweiz. 2. Aufl., Zürich/Basel: NZN Buchverlag und F. Reinhardt.

Rainer Volz

Über die Hartnäckigkeit des ‚kleinen' Unterschieds – Religiosität und Kirchlichkeit im Vergleich der Geschlechter und ihrer Rollenbilder

Daß Frauen religiöser und kirchlicher sind als Männer, ist Allgemeingut in der Religionssoziologie, in Deutschland wie in Europa.[1] Bekannt ist auch, daß seit mindestens fünfzehn Jahren Frauen zunehmend auf Distanz zu Religion und Kirche gehen (vgl. Lukatis, 1990; Engelhardt et al., 1997). Männer sind in dieser Hinsicht ebenfalls nicht homogen.[2] Für beide Geschlechter sind Zusammenhänge der religiös-kirchlichen Bindung zum Beispiel mit Berufstätigkeit und Familiensituation herausgearbeitet worden (vgl. Engelhardt et al., 1997: Kapitel 3, S. 209ff.), die allerdings an anderer Stelle wieder bestritten werden (vgl. Bréchon, 1997).

Die kürzlich erschienene Untersuchung über Männer in Deutschland: ihr Selbstbild und ihre Wahrnehmung durch Frauen (Zulehner und Volz, 1998), liefert eine Fülle von Informationen über das kirchlich-religiöse Profil von Männern und Frauen in Deutschland am Ende der neunziger Jahre des zwanzigsten Jahrhunderts.

Die Untersuchung wurde von den evangelischen und katholischen Männerorganisationen Deutschlands in Auftrag gegeben und durch das Bundesministerium für Familie, Senioren, Frauen und Jugend finanziert. Die Befragung wurde Anfang 1998 von der Gesellschaft für Konsumforschung GfK Nürnberg durchgeführt. Die Stichprobe umfaßte 1200 Männer im Blick auf ihr Selbstbild und 814 Frauen als ‚Kontrollgruppe' für die weibliche Fremdsicht: sie sollten zu denselben Themen, wo dies möglich war, ihre Sicht der Männer darstellen. Dafür wurde ein entsprechend modifizierter Fragebogen eingesetzt.

Die Studie verknüpft religiöse und kirchliche Dimensionen mit der Analyse ‚männlicher Lebensinszenierung' in den Bereichen: ‚Berufswelt',

---

1 Vgl. als pointierte geschlechtsspezifische Auswertung auf der Basis der European Value Study Bréchon (1997). Vgl. aus demselben Datenfundus Zulehner und Denz (1993).
2 Vgl. die geschlechtsspezifische Auswertung des Datenmaterials der dritten EKD-Studie in Volz (1996).

‚Familienwelt' und ‚Innenwelt'[3] vor dem Hintergrund einer Typologie männlicher und weiblicher Geschlechteridentität. Da diese Typologie grundlegend ist für Auswertung und Interpretation der Untersuchungsergebnisse, wird sie zunächst vorgestellt.

1. Geschlechtsrollentypologie: Konstruktion und Verteilungen

In der ‚Männerstudie' sind wir von ‚traditionellen' und ‚neuen' Definitionen der Männer- respektive Frauenrolle und entsprechend der geschlechtsspezifischen Arbeitsteilung ausgegangen. Eine Reihe von Items erwies sich faktorenanalytisch als konsistent. Sie bilden die Grundlage für vier Indizes, zwei für das traditionelle, zwei für das erneuerte Rollenbild, jeweils eines für Männer und eines für Frauen:

Abbildung 1: Vier Indizes der Geschlechtsrollentypen

Traditioneller Mann	Neuer Mann
♦ Die Frau soll für den Haushalt und die Kinder da sein, der Mann ist für den Beruf und für die finanzielle Versorgung zuständig. ♦ Wenn ein Mann und eine Frau sich begegnen, soll der Mann den ersten Schritt tun. ♦ Männer können einer Frau ruhig das Gefühl geben, sie würden bestimmen, zuletzt passiert doch das, was er will. ♦ Der Mann erfährt in seiner Arbeit seinen persönlichen Sinn.	♦ Für einen Mann ist es eine Bereicherung, zur Betreuung seines kleinen Kindes in Erziehungsurlaub zu gehen. ♦ Am besten ist es, wenn der Mann und die Frau beide halbtags erwerbstätig sind und sich beide gleich um Haushalt und Kinder kümmern. ♦ Frauenemanzipation ist eine sehr notwendige und gute Entwicklung. ♦ Beide, Mann und Frau, sollten zum Haushaltseinkommen beitragen.
Traditionelle Frau	Neue (berufstätige) Frau:
♦ Der Beruf ist gut, aber was die meisten Frauen wirklich wollen, ist ein Heim und Kinder. ♦ Eine Frau muß ein Kind haben, um ein erfülltes Leben zu haben. ♦ Hausfrau zu sein ist für eine Frau genauso befriedigend wie eine Berufstätigkeit. ♦ Frauen sind von Natur aus besser dazu geeignet, Kinder aufzuziehen.	♦ Eine berufstätige Frau kann ihrem Kind genauso viel Wärme und Sicherheit geben wie eine Mutter, die nicht arbeitet. ♦ Ablehnung: Ein Kleinkind wird darunter leiden, wenn die Mutter berufstätig ist. ♦ Berufstätigkeit ist der beste Weg für eine Frau, um unabhängig zu sein.

---

3 Untersuchungen der männlichen Alltagspraxis, allerdings ohne die ausführliche Berücksichtigung des Bereichs der Innenwelt, besonders der religiösen und kirchlichen Dimensionen, sind zu finden bei Pross (1978) sowie Metz-Göckel und Müller (1986).

Die traditionellen Indizes korrelieren hoch miteinander (r=.61), etwas schwächer die erneuerten (r=.45). Mit Hilfe dieser datenverdichtenden Indizes haben wir vier Cluster bzw. Geschlechtsrollentypen gebildet. Geleitet wurde diese Analyse durch die theoretische Vermutung, daß die Positionierung einer Person auf der theoretisch angenommenen Skala zwischen ‚traditionell' und ‚neu' keineswegs linear fortschreitend geschieht. Mehrere Kombinationen sind im Zuge der Rollentransformation denkbar und, wie die Clusterbildung belegt, auch gegeben. Cluster spiegeln somit die Inkonsistenz und damit auch die Ungleichzeitigkeit in der Rollenentwicklung wider.

Das sind die vier errechneten Cluster/Grundtypen:[4]
- die *Traditionellen*: diese Personen haben hohe Werte bei den beiden ‚traditionellen Indizes' und niedrige bei den ‚neuen';
- die *Neuen*: hier ist es gerade umgekehrt, hohe Werte bei den ‚neuen' Indizes, niedrige bei den ‚traditionellen';
- die *Pragmatischen*: diese Gruppe hat hohe traditionelle, aber zugleich hohe neue Anteile.

Traditionell: Mann soll bei Begegnung ersten Schritt tun, persönlicher Arbeitssinn für den Mann, Frau ist besser für Kindererziehung geeignet, Männer machen ohnehin, was sie wollen, Frau braucht Kinder für erfülltes Leben, *neu*: die Berufstätigkeit der Frau wird positiv gesehen; beide Partner sollen für Haushalt und Kinder zuständig sein und zum gemeinsamen Haushaltseinkommen beitragen. Weibliche Berufstätigkeit hat keine negativen Folgen für das Kind. Ein männlicher Erziehungsurlaub wird als Bereicherung empfunden. Die Emanzipation der Frau wird eher begrüßt.

Die *Unsicheren*: die Personen in diesem vierten Cluster haben niedrige Werte bei allen Indizes; daher vermuten wir, daß es sich um die Verunsicherten handelt. Sie stimmen weder den traditionellen noch den neuen Rollenbildern sicher zu. Diese Unsicheren könnte man auch als ‚Rolleneskapisten' bezeichnen.

Traditionell: eher negativ gegenüber berufstätiger Frau und Kindererziehung, berufstätiger und unabhängiger Frau, Arbeitsteilung bei Beruf und Haushalt, sowie generell bezüglich Frauenemanzipation; *neu*: männliche Initiative bei Kontaktaufnahme wird eher abgelehnt, ebenso daß Mann bestimmt, was er will. Der persönliche Sinn der Arbeit für den Mann wird auch mehr in Frage gestellt. Abgelehnt wird auch eher die Meinung, daß eine Hausfrauentätigkeit befriedigend ist und Frauen besser für die Kindererziehung geeignet sind.

---

4   Die Mittelwerte der vier Indizes für die einzelnen Cluster lauten:

	trad. Mann	trad. Frau	neuer Mann	neue Frau
neu	731	710	276	214
unsicher	581	539	496	510
pragmatisch	395	332	348	365
traditionell	298	261	645	682

Die Mittelwerte liegen zwischen 1 und 1000;
1=sehr starke Ausstattung mit dem jeweiligen Index, 1000=sehr niedrige Ausstattung.

Frauen und Männer verteilen sich unterschiedlich auf die vier Cluster oder Grundtypen. Bei den Frauen sind die mit ‚neuer' Geschlechterrolle die größte Gruppe (30%), bei den Männern sind es die Unsicheren (37%). 44% der Männer befinden sich in jenen beiden Clustern, welche starke traditionelle Anteile besitzen (die Traditionellen und die Pragmatischen). Bei den Frauen sind es zwar mit 43% ähnlich viele, der Anteil der durchgängig traditionellen Frauen ist jedoch mit 15% niedriger ist als bei den Männern (19%).

Abbildung 2: Verteilung der befragten Männer und Frauen auf die vier Cluster/Grundtypen

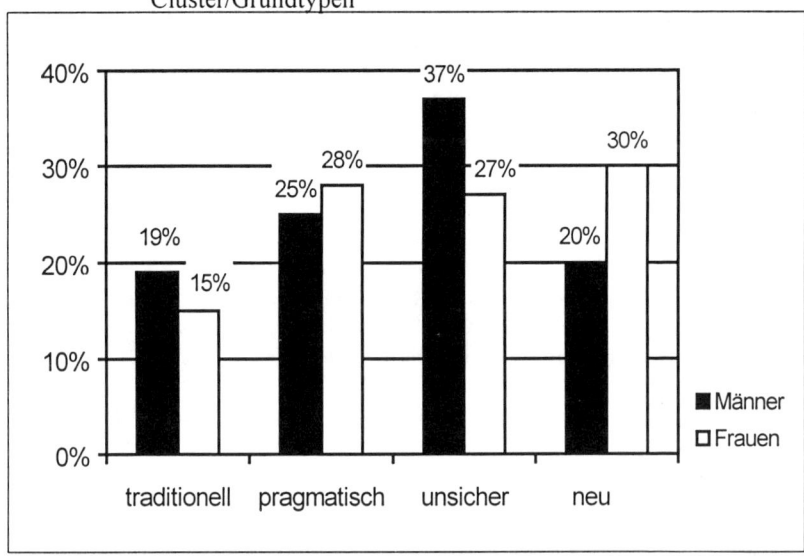

Deutliche Unterschiede bestehen zwischen den Frauen in der Differenzierung nach Ost- und Westdeutschland. Die Verteilungsunterschiede bei den Männern sind geringer, haben aber die gleiche Tendenz: weniger traditionelle Rollenbilder in Ostdeutschland und dafür mehr erneuerte.

Der hohe Anteil ‚neuer' Frauen in Ostdeutschland dürfte, zugespitzt formuliert, zusammenhängen mit:
(a) der fast durchgängigen weiblichen Erwerbstätigkeit in der DDR,
(b) dem um die Erwerbstätigkeit beider (Ehe)Partner organisierten System der Kindererziehung und
(c) dem ostdeutschen Lebensformideal einer Familie mit zwei Kindern bei voller Erwerbstätigkeit *beider* Elternteile (vgl. Schulze Buschoff, 1997: bes. 358; Schröter, 1995).

Abbildung 3: Verteilung von Frauen und Männern in Ost und West auf die vier Cluster/Grundtypen

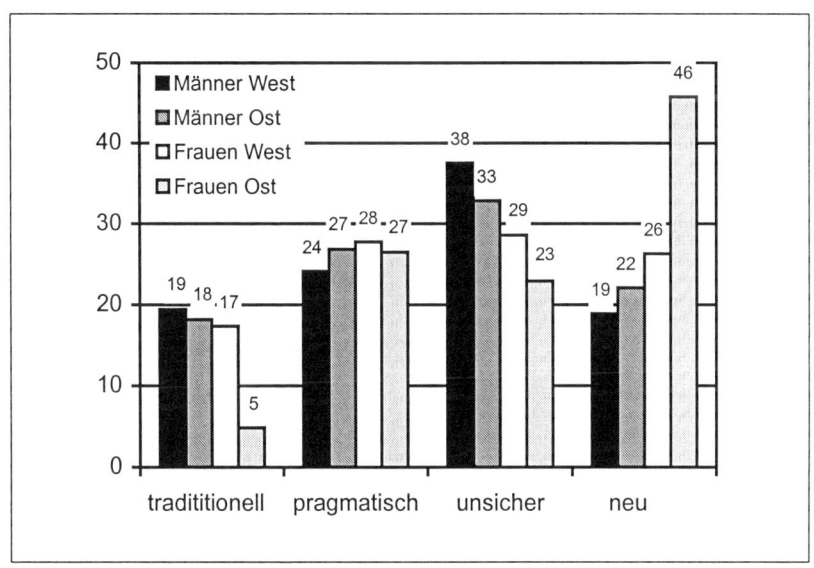

Bei der konfessionellen Verteilung der Rollentypen zeigt sich: Die beiden großen Kirchen unterscheiden sich – entgegen landläufigen Vorstellungen – nur geringfügig. Damit bestätigen sich auch für den Bereich der Geschlechteridentität konfessionssoziologische Befunde aus den ALLBUS-Untersuchungen (vgl. Lukatis und Lukatis, 1989 sowie Eichelberger, 1989). Die ‚anderen Religionsgemeinschaften', das sind die Freikirchen, haben dagegen erwartungsgemäß einen deutlich höheren Anteil traditioneller Männer auf Kosten der neuen (vgl. Niethammer, 1995 und monographisch: Heinrichs, 1990).

Tabelle 1: In den kleinen Religionsgemeinschaften leben die meisten traditionellen Männer, die neuen Männer finden sich zumeist unter den Ausgetretenen und (schon immer) Konfessionslosen

Konfession	Traditionell	Pragmatisch	Unsicher	Neu	Alle
Sonstige Relig.gem.	31%	33%	29%	6%	3%
Katholisch	21%	23%	37%	19%	37%
Evangelisch	18%	28%	33%	21%	35%
Konfessionslos nah	6%	29%	25%	39%	11%
Ausgetreten nah	9%	23%	31%	37%	5%
Konfessionslos fern	12%	27%	30%	31%	5%
Ausgetreten fern	16%	19%	29%	36%	6%

Die Tabelle zeigt ein weiteres: Bei der dritten großen ‚Konfession' in Deutschland, den Konfessionslosen, sind die ‚neuen' Männer überrepräsentiert, beziehungsweise: in den Kirchen sind die neuen Männer eher nicht zuhause (vgl. hierzu ausführlich Zulehner und Volz, 1998: 206-227). Die Tabelle weist darüber hinaus auf eine wichtige Differenzierung innerhalb der Konfessionslosen hin; nämlich (a) nach Konfessionslosigkeit von Geburt an („immer schon konfessionslos") und Konfessionslosigkeit nach einem Kirchenaustritt („ausgetreten") und (b) nach der für die Kirchen empfundenen Kirchensympathie. Diese Variable ist analog zur Kirchenverbundenheit als fünfstufige Skala konstruiert (vgl. Engelhardt et al., 1997: bes. 323f.); ich habe sie der Übersichtlichkeit wegen nach ‚nah' und ‚fern' dichotomisiert.

2. Religiosität, Christlichkeit und Kirchlichkeit im Geschlechtervergleich

Die Männer-Studie bestätigt in eindrucksvoller Weise den engen Zusammenhang von (a) allgemeiner selbstzugeschriebener Religiosität, (b) Christlichkeit und (c) der auf emotionaler Beheimatung beruhenden und sich im Gottesdienstbesuch konkretisierenden Kirchlichkeit. Was heißt das im einzelnen?

Wir haben einen hochkomplexen Index (‚Kirchlich-religiöser Index') gebildet, der diese Aspekte bündelt. Die Faktorenanalyse erbringt folgende Dimensionen:
- Aspekte des Gottesbildes, gemessen mit der auf Schreuder zurückgehenden fünfstufigen Itemskala sowie folgende Aspekte des Verhältnisses zur Kirche: Begründung/Motivation der eigenen Kirchenmitgliedschaft, emotionale Verbundenheit mit der Kirche. Das Verbindende der durchaus heterogenen Elemente dieses Index ist die geistliche, seelische und soziale Beheimatung in der Kirche. Kirche wird als sinnstiftender Lebensraum und Teil der eigenen Existenz vielfältig akzeptiert. Die Hauptelemente liegen im sozial-religiösen Bereich, beziehen sich auf Sinnerfüllung („Das Leben hat nur einen Sinn, weil es Gott gibt") und Bedürfnis nach Gemeinschaft, ‚Halt' in der Kirche, positive Wertschätzung kirchlichen Engagements für Gerechtigkeit und soziale Belange, aber auch eigene sinnvolle Mitarbeit und die fraglose Selbstdefinition als Christ, als Christin sind wichtige motivierende Momente.
- die positive Wertschätzung von Religion, Transzendenzbezug und Glaube als Begründung für die Nähe zur Kirche (Ablehnung der Auffassung, daß „man sich an das halten sollte, was man mit dem Verstand erfassen

kann", „Religion ist in unserem wissenschaftlich-technischen Zeitalter nicht überholt", „Glaubensfragen spielen in meinem Leben eine Rolle");
- die Reduktion des Kirchenverhältnisses auf eine vorwiegend konventionelle Begründung der Kirchen*mitgliedschaft* („Ich bin in der Kirche, weil meine Eltern auch in ihr sind/waren"; „Ich bin in der Kirche, weil ich an meine Kinder denke");
- die religiöse ‚Patchwork-Identität' („Eigene Weltanschauung mit Elementen des christlichen Glaubens", „Glaube ist etwas Gefühlsmäßiges in mir"; „Aus jeder Religion das Beste herausholen").

Die Elemente des Index, die faktorenanalytisch für alle Befragten zusammen gewonnen sind, verändern sich, wenn sie nach Geschlecht getrennt gerechnet werden:

(1) Das Gottesbild lädt bei den Männern auf dem Faktor der positiven Wertschätzung von Transzendenzbezug, Religion und Kirche, bei den Items also, die stärker auf das Verhältnis von Religion und Wissenschaft, Glaube und Kognition zielen. Bei den Frauen lädt das Gottesbild hingegen ganz klar auf dem ersten, breiten Faktor der sozial-spirituellen Beheimatung. Augenscheinlich sind für Frauen die Gottesbilder stärker mit sozioreligiöser Lebensverortung und kirchlicher Praxis verbunden. (2) Bei den Frauen existiert ein eigener, bei den Männern nicht vorkommender, ethisch-sozialdiakonischer Faktor. Er besteht aus den folgenden Begründungselementen für Kirchenmitgliedschaft: „weil sie (sc.: die Kirche) viel Gutes tut", „weil sie etwas für die Armen, Alten und Kranken tut" und „weil sie sich für Gerechtigkeit in der Welt und die Zukunft der Menschheit einsetzt". Die ethisch-sozialdiakonischen Begründungen motivieren Frauen auch, obzwar etwas schwächer als die Beheimatungselemente, zur Mitarbeit in der Kirche. Bei den Männern gehen diese Items in den Hauptfaktor der kirchlich-religiösen Beheimatung ein. (3) Der Faktor „Religiöse Patchwork-Identität" wird bei den Männern um Konnotationen ergänzt, die trotz Interesses an Transzendenz Vorbehalte gegenüber Glauben und Christentum ausdrücken („Ich meine, feste Glaubensüberzeugungen machen intolerant"; „Ich möchte gern glauben können, finde aber keinen Zugang dazu").

Zur Verteilung: Der Kirchlich-religiöse Index wurde gedrittelt: in eine starke, mittlere und schwache ‚Ausstattung' der Befragten mit kirchlich-religiösem Bezug. Die Verteilung bestätigt in eindrucksvoller Weise die geschlechtsspezifischen Differenzen:

Tabelle 2: Kirchlich-religiöse Orientierung nach Geschlecht

	Stark	Mittel	Schwach
Frauen	24%	40%	36%
Männer	17%	38%	45%

Während die mittlere kirchlich-religiöse Ausstattung bei Männern und Frauen etwa gleich ausgeprägt ist, unterscheiden sie sich in den extremen Positionen: ein Viertel der Frauen gegen ein Sechstel der Männer ist stark kirchlich-religiös ausgerichtet. Knapp die Hälfte der Männer hat eine schwache kirchlich-religiöse Orientierung, jedoch nur ein Drittel der Frauen. Liegt dieses Ergebnis im Rahmen des Erwartbaren, so ist die weitere Differenzierung nach Geschlechtsrollentypen aufschlußreich. Die Abnahme des kirchlich-religiösen Bezugs mit dem Fortschreiten von der traditionellen zur erneuerten Geschlechterrolle ist noch nicht erstaunlich: So haben traditionelle Männer und Frauen jeweils die stärkste, die erneuerten Männer und Frauen jeweils die schwächste kirchlich-religiöse Ausstattung. Bemerkenswert sind aber die (a) geschlechtsrollenspezifische Spreizung innerhalb der beiden Geschlechter und (b) die jeweilige geschlechtsspezifische Spreizung innerhalb homogener Rollentypen:

Tabelle 3: Starke kirchlich-religiöse Orientierung nach traditioneller/neuer Rolle und Geschlecht

Kirchlich-religiöse Orientierung: stark	Traditionelle Rolle (jeweils=100%)	Neue Rolle (jeweils=100%)	Differenz "Traditionell-Neu" innerhalb eines Sex
bei den Frauen:	57%	9%	48%
bei den Männern:	27%	8%	19%
Differenz ‚Frauen-Männer' innerhalb eines Rollentyps	30%	1%	

Zu (a): Bei dem hoch verdichtenden kirchlich-religiösen Index zeigt sich ein häufiger wiederkehrendes Muster sehr prägnant (vgl. Zulehner und Volz, 1998: 219-224): Die Frauen sind im Blick auf Religion, Christentum und Kirche polarisierter als die Männer. Sind sie in ihren traditionellen Rollenfraktionen Hüterinnen konkurrenzlos intensiver christlicher Religiosität und kirchlicher Frömmigkeit, so haben sich die Adeptinnen erneuerter Geschlechtsrollenvorstellungen vom kirchlich-religiösen Komplex (fast) genauso weit distanziert wie die rollenverwandten neuen Männer. Die weibliche Spannweite in der Intensität kirchlich-religiöser Orientierungen ist rund zweieinhalb mal so groß wie die männliche.

Zu (b): Ist bei Männern und Frauen mit erneuertem Geschlechtsrollenbild die geschlechtsspezifische Differenz praktisch zu vernachlässigen, so ist sie bei den Personen mit traditioneller Rollenorientierung beträchtlich (D=30%): hier hält sich die allgemeine weibliche Vorrangstellung durch. Ekklesiologisch ist dieser Befund belangvoll: Traditionelle Männer sind zwar im Vergleich mit neuen *Männern* kirchlicher und transzendenzbezogener (vgl. Zulehner und Volz, 1998: 205); zugleich ist aber, wie Tabelle 4 zeigt, im Vergleich zu den ihnen ‚rollenverwandten' traditionellen Frauen prozentual weniger als die Hälfte der Männer kirchlich-religiös orientiert und beheimatet! Beziehungsweise: Stellen in der Gruppe der traditionellen Frauen die kirchlich-religiös stark beheimateten die deutliche Mehrheit (57%), so sind dies bei den traditionellen Männern nur ein gutes Viertel (27%). Die Mehrheit stellen bei diesen Männern die mittel intensiven ‚Kirchlich-religiösen'. Ein Drittel dieser Männer hat sogar eine schwache kirchlich-religiöse ‚Ausstattung'. Bei den traditionellen Frauen dagegen ist es nur ein Sechstel.

Tabelle 4: Kirchlich-religiöse Orientierung nach traditionellem Rollenbild und Geschlecht

	Stark	Mittel	Schwach	Gesamt
Traditionelle Frauen	57%	25%	18%	100%
Traditionelle Männer	27%	40%	33%	100%

Die Stärke der kirchlich-religiösen Ausstattung korreliert hoch mit dem Ausmaß der (subjektiv erlebten) religiösen Sozialisation. Erstaunlich ist die Prägnanz des Zusammenhangs, bereits wenn man nur die intensivste Stufe religiöser Sozialisation auf einer fünfteiligen Skala in Betracht zieht.

Tabelle 5: Kirchlich-religiöser Index nach Geschlecht und nach sehr intensiver bzw. nach sonstiger religiöser Sozialisation (fünfstufige Skala)

Kirchlich-religiöser Index: Religiöse Sozialisation (1-5)	Stark	Mittel	Schwach	Gesamt
Männer, sehr intensiv (1)	53%	29%	18%	100%
Männer, weniger intensiv (2-5)	12%	40%	49%	100%
Frauen, sehr intensiv (1)	65%	27%	8%	100%
Frauen, weniger intensiv (2-5)	14%	43%	43%	100%

Auch hier schlägt der Geschlechterunterschied deutlich durch: Sind rund die Hälfte der intensiv religiös sozialisierten Männer stark kirchlich-religiös orientiert, so sind es zwei Drittel der entsprechenden Frauen (Differenz: 12%). Während sich im Mittelbereich des kirchlich-religiösen Index Männer und Frauen nicht unterscheiden, zeigt sich die Differenz am entgegengesetzten Pol des Index: Weniger als zehn Prozent der Frauen mit hochreligiöser Erziehung haben sich von der hohen kirchlich-religiösen Orientierung verabschiedet, aber immerhin rund ein Fünftel der Männer!

Hypothesen, denen zufolge sich die Geschlechterdifferenz in kirchlich-religiösen Belangen bei gleichem Ausmaß religiöser Sozialisation auflöst (vgl. den Beitrag von Kecskes in diesem Band), können also mit den Ergebnissen der Männer-Studie nicht bestätigt werden. Zu ähnlichen Resultaten kommt auf der Datenbasis der Europäischen Wertestudie Pierre Bréchon, der feststellt, daß auch bei gleich starker religiöser Sozialisation die Geschlechtsunterschiede auf einem neunteiligen Index für ‚religiöse Identität' bestehen bleiben: „Man entdeckt, daß sich in allen Ländern, die in Betracht gezogen wurden (sc.: auch für West-Deutschland), die Frauen als religiöser erweisen als die Männer."[5] In der folgenden Tabelle werden die bisher betrachteten Zusammenhänge anschaulich zusammengefaßt. Nach Geschlechtern und Geschlechtsrollentypen werden die Merkmale: (a) intensive religiöse Sozialisation, (b) starke kirchlich-religiöse Orientierung und (c) die Selbstzuschreibung, ein religiöser Mensch zu sein, nebeneinandergestellt.

Tabelle 6: Religiöse Sozialisation ‚intensiv', kirchlich-religiöse Orientierung ‚stark' und selbstzugeschriebene Religiosität nach Geschlecht und Geschlechtsrollentyp

Geschlecht	Geschlechtsrollentyp	Religiöse Sozialisation intensiv (1)	Kirchlich-religiöse Orientierung: stark	Selbstzuschreibung: religiös
Männer	neu	11%	8% (d=-03)	26%
	unsicher	9%	13% (d=+04)	37%
	pragmatisch	13%	20% (d=+07)	37%
	traditionell	16%	27% (d=+11)	51%
Frauen	neu	8%	9% (d=+01)	39%
	unsicher	18%	18% (d=+00)	54%
	pragmatisch	17%	25% (d=+08)	55%
	traditionell	43%	57% (d=+14)	74%

Prozentwerte sind jeweils bezogen auf Geschlechtsrollentyp (Zeilenprozente).

Der Differenzwert ‚d' zwischen der gegenwärtigen, starken kirchlich-religiösen Orientierung und der als intensiv erlebten religiösen Erziehung kann – cum grano salis – als Indikator religiös-sozialisatorischer Reichweite angesehen werden. Demnach ist die Erweiterung des Kreises von Personen mit ausgeprägter kirchlich-religiöser Orientierung über die bereits so erzogenen hinaus bei den Befragten (ob Mann oder Frau) mit traditionellem Rollenbild am stärksten, bei den erneuerten dagegen am schwächsten. (Bei den neuen Männern geht sie sogar, wenn auch leicht, zurück!) Traditionelle Männer und Frauen unterscheiden sich kaum in der Zunahme der religiösen Reichweite, wohl aber in der sozialisatorischen Ausgangsbasis: ist gerade ein Achtel der traditionellen Männer intensiv religiös erzogen worden, so hat fast die Hälfte der entsprechenden Frauen eine solche Erziehung. Damit kann der oben anhand der Tabellen 2 und 3 diskutierte kirchlich-religiöse ‚Vorsprung'

---

5 Vgl. Bréchon (1997) Tabelle 3: Socialisation, sacralisation et identité religieuse selon le genre et le pays (Sozialisation, Bewertung kirchlicher Riten und religiöse Identität nach Geschlecht und Land). Dieser Index ist differenziert nach „strikter/strenger" religiöser Identität (hier müssen von den neun Elementen bei den Befragten sechs erfüllt sein) und einer „breit gefaßten" religiösen Identität (hier brauchen nur drei Elemente vorzuliegen). Bei der strengeren Fassung des Identitätsindexes beträgt die europaweite Geschlechterdifferenz 15 Prozentpunkte (F: 34%, M: 19%), bei der weiteren 20 Prozentpunkte (F: 60%, M: 40%). West-Deutschlands Differenzen liegen genau im Durchschnitt (F: 32%, M: 16%; bzw. F: 54%, M: 34%)!

der traditionellen Frauen mit der geschlechtsspezifischen Intensität der religiösen Sozialisation in Zusammenhang gebracht werden.

3. Kirche als Negativfolie oder als Hoffnungsträgerin? Kirchenkritik und Erwartungen an die Kirche(n)

Ein gebündelter Index zur Kirchenkritik bestätigt zunächst das in der letzten EKD-Studie gewonnene Bild:[6] Die Männer sind im Durchschnitt kirchenkritischer als die Frauen; allerdings ist der Abstand, gemessen auf einer fünfstufigen Skala von hoher Zustimmung (Wert 1) zur Kirchenkritik bis zu starker Ablehnung (Wert 5), vergleichsweise gering (Mittelwert$_{\text{Männer}}$ = 2,34; Mittelwert$_{\text{Frauen}}$ = 2,55; Differenz = 0,21).

Tabelle 7: Index ‚Kirchenkritik' nach Kritikintensität (Rangfolge) in Hinsicht auf Geschlecht und Geschlechtsrollentyp

	Mittelwerte	Differenz zur Vorstufe	Spannweite innerhalb des Geschlechts
1. Männer neu	2,19		
2. Frauen neu	2,21	0,02	
3. Männer pragmatisch	2,25	0,04	
4. Männer traditionell	2,38	0,13	
5. Männer unsicher	2,45	0,07	Männer: 0,26
6. Frauen pragmatisch	2,53	0,08	
7. Frauen unsicher	2,64	0,11	
8. Frauen traditionell	3,04	0,40	Frauen: 0,83

(Mittelwerte auf einer fünfstufigen Skala; 1 = stärkste, 5 = schwächste Kirchenkritik)

Spannungsreicher ist die Analyse innerhalb der Geschlechter und differenziert nach Geschlechtsrollentypen:

(1) Bei den Männern beträgt die Differenz zwischen stärkster und schwächster Kirchenkritik 0,26. Die Männer liegen demnach relativ dicht beieinander. Zwar sind erwartungsgemäß die neuen Männer am kritischsten, am wenigsten kirchenkritisch jedoch die unsicheren, nicht die traditionellen.

(2) Bei den Frauen ist, ähnlich wie bei der kirchlich-religiösen Ausstattung, mit einer innergeschlechtlichen Differenz von 0,83 die Spannweite viermal so groß wie bei den Männern. Neue Männer und neue Frauen haben ein ähnlich hohes Kritikniveau. Die drei weiteren Rollentypen bei den Frauen liegen dann allerdings deutlich unter dem Kritikniveau *aller anderen männlichen* Rollentypen. Bezeichnend ist der Vergleich der traditionellen Rollentypen: Liegt der weibliche Mittelwert im zustimmenden Bereich (Mw = 3,04),

---

6 Vgl. Engelhardt et al. (1997: 229); dort wurde allerdings mit einer siebenstufigen Skala gemessen.

so liegt der männliche mit Mw = 2,38 noch im kritischen Bereich und überdies nur knapp unter dem gesamtmännlichen Mittelwert.

Die geschlechtsspezifische Faktorenanalyse der Items, die den Index konstituieren, erbringt eine interessante Differenzierung. Zusammengefaßt läßt sich sagen: Die Frauen sind zwar, wie gerade gezeigt, gegenüber der Kirche nachsichtiger als die Männer, sie sind jedoch inhaltlich in ihrer Kritik prägnanter: Beide Geschlechter weisen drei Faktoren zur Kirchenkritik auf. Die Männer haben zwei fast gleich mächtige Faktoren:[7] Der erste enthält Elemente der Rationalismuskritik an der Kirche („nur für den Verstand", „zu wenig für's Gefühl"), des politischen Opportunismus („zu staatsangepaßt", „keine politische Verantwortung", „zu wenig eindeutig") und der Frauenfeindlichkeit. Der zweite Faktor verbindet Kritik an der Obsoletheit von Kirche („nicht zeitgemäß", „unnötig", „lebensfern") mit der Moralschelte („Predigt nur Moral"), aber auch mit der Kritik an mangelnder Wahrnehmung sozialer Verantwortung; letztere Kritik lädt, obzwar schwächer, auch auf dem ersten Faktor, ebenso die Kritik an der Lustfeindlichkeit der Kirche. Diese beiden Faktoren erweisen sich also als nur bedingt semantisch trennscharf. Der dritte ‚Faktor' wird nur durch ein einziges Item bestritten, dem Monitum, daß Kirche zu wenig Raum für Zweifel lasse.

Bei den Frauen fädeln sich die Faktoren der Kirchenkritik wesentlich deutlicher auf: Der erste Faktor[8] bündelt umfassende Kritik an der *Rigidität* der Kirche(n): ihrer Lustfeindlichkeit, Frauenfeindlichkeit, ihrer Beschränkung auf das Rationale und ihren Defiziten in Gefühlsdingen; in engem Zusammenhang damit auch die Moralschelte, Kritik an ihrer „Lebensferne" und „Starre". Der zweite Faktor signalisiert Kritik am *sozialethischen Opportunismus* der Kirche („zu staatsangepaßt", „keine politische Verantwortung", „keine soziale Verantwortung", „zu wenig eindeutig"), der dritte bündelt die *Obsoletheitskritik* („unnötig", „nicht zeitgemäß").

Was läßt sich an positiven Erwartungen an Kirche festmachen? „Ich erwarte mir von der Kirche einen Beitrag zur Neugestaltung der Männerrolle." 12% der Männer und 17% der Frauen stimmen diesem Satz zu. Die Zugehörigkeit zu einem Geschlechtsrollentyp steuert die Akzeptanz dieser kirchlichen Funktionserwartung nicht linear. So signalisieren pragmatische Frauen die höchste Zustimmung, dicht gefolgt von den neuen. Bei den Männern votieren ebenfalls die Pragmatiker am stärksten dafür, traditionelle und neue Männer bewegen sich (mit jeweils identischen 13%) im Durchschnitt (s. Tabelle 8).

Möglicherweise hat dieses Item zwei gegensätzlich empfundene semantische Assoziationsfelder ausgelöst: ein kirchenfreundliches, in dem Sinne, daß von der Kirche positiv etwas erwartet wird, und ein emanzipationsbezogenes, die Weiterentwicklung der Männerrolle. So könnten die traditionellen

---

7 Erklärungskraft: Faktor 1 = 25,47%, Faktor 2 = 25,01%. Rotierte Faktoren (Varimax)
8 Erklärungskraft: Faktor 1 = 29,16%, Faktor 2 = 18,68%. Rotierte Faktoren (Varimax)

Personen der Kirche die Erfüllung dieser Funktion durchaus zutrauen, weil sie generell ein positives Verhältnis zu ihr haben, aber vielleicht wollen sie vor dem Hintergrund ihres Geschlechtsrollenbildes gerade diese Funktion nicht unbedingt von der Kirche verwirklicht sehen. Umgekehrt dürfte die Funktionserwartung den erneuerten Personen durchaus ‚passen', doch trauen sie es der in ihren Augen eher zurückgebliebenen Institution Kirche nicht bzw. weniger zu. Treffen diese Vermutungen zu, dann haben die Frauen diese Ambivalenzen eher zugunsten der Kirche aufgelöst als die Männer – mit einer Ausnahme: die traditionellen Männer hegen sogar ein bißchen mehr die Emanzipationserwartung als die traditionellen Frauen.

Tabelle 8: „Ich erwarte mir von der Kirche einen Beitrag zur Neugestaltung der Männerrolle." Zustimmung nach Geschlecht und Geschlechtsrollentyp (Zeilenprozente)

Rollentyp	Männer	Frauen
Traditionell	13%	11%
Pragmatisch	18%	23%
Unsicher	7%	11%
Neu	13%	20%
ALLE	12%	17%

Zustimmung: Kategorien 1 und 2 von 5 (1=stärkste Zustimmung).

Die biographische Nähe beziehungsweise Distanz der Geschlechtsrollentypen zu Religion und Kirche schlägt bei der Frage nach der *persönlichexistenziellen* Bedeutung des Glaubens für die Krisenbewältigung von Männern wieder voll durch. Dies ist um so bemerkenswerter, als sich die *Durchschnittswerte* für Männer und Frauen in der Nähe der Ergebnisse zur Funktionsfrage bezüglich der Männerrolle bewegen.

Tabelle 9: „Der religiöse Glaube hat bei Männern Bedeutung für die Bewältigung persönlicher Krisen." Zustimmung nach Geschlecht und Geschlechtsrollentyp (Zeilenprozente)

Rollentyp	Männer	Frauen
traditionell	22%	26%
pragmatisch	25%	19%
unsicher	9%	7%
neu	3%	4%
Alle	14%	12%

4. Resümee und Ausblick

Die empirischen Daten der Männer-Studie haben die Facetten von religiösem Selbstverständnis, christlicher Orientierung und kirchlichem Lebensbezug weiter erhellt. Mit Hilfe der für diese Untersuchung entwickelten Geschlechtsrollentypologie konnte ein relevantes Differenzierungsmerkmal für die Verteilung kirchlich-religiöser Lebensorientierungen aufgewiesen werden. Traditionelle (Geschlechts)Rollenbilder sind mit religiöser und emotionaler Beheimatung in der Kirche verknüpft, der Übergang zu erneuerten Rollenverständnissen mit der Distanzierung von kirchlich-religiöser Orientierung. Anzunehmen ist, daß die Ablösung vom kirchlich-religiösen Kontext und die Ausbildung erneuerter Rollenbilder Hand in Hand gehen. Wie das eine und das andere ‚ineinander greift', wäre durch biographische Untersuchungen weiter zu klären.

Die Analyse nach Geschlechtsrollentypen ergab die Annäherung von Männern und Frauen bei den erneuerten Rollentypen; neue Männer und Frauen unterscheiden sich in kirchlich-religiöser Hinsicht nicht gravierend voneinander. Gleichwohl bleibt auch hier ein, wenn auch geringer, kirchlich-religiöser Vorsprung der Frauen erhalten. Brisant wird der weibliche Vorsprung bei den traditionellen Frauen im Vergleich zu den traditionellen Männern. Deren kirchlich-religiöse Verankerung bleibt weiter hinter der der Frauen zurück. Das bedeutet, daß das ‚Leben der Kirche' nach wie vor mehrheitlich von den Frauen bestritten wird!

Ob sich der Geschlechtsunterschied in der kirchlich-religiösen Ausstattung durch weitere Analysen wird auflösen können oder ob weibliche und männliche religiöse Identität trotz aller soziologischer Analyse ihr Geheimnis behaupten werden, wie Pierre Bréchon (1997) am Ende seines gleichnamigen Aufsatzes[9] behauptet, muß dieser Beitrag unbeantwortet lassen. Jedenfalls hält sich auf der Basis der Männerstudien-Daten der Unterschied zwischen männlicher und weiblicher Religiosität und Kirchlichkeit recht hartnäckig.

Die immer wieder gestellte Frage nach der spezifisch männlichen Religiosität oder sogar Spiritualität muß auch die Männer-Studie offenlassen. In den eher traditionellen religiösen Ausdrucksformen, wie sie sich in den entsprechenden Items niederschlagen, finden sich Männer nur mit der oben analysierten Zurückhaltung wieder. Doch auch Interpretationsangebote, die den überkommenen christlich-kirchlichen Deutungskontext verlassen, haben relativ wenig Gegenliebe bei Männern gefunden, wie Daten der dritten EKD-Studie deutlich zeigen (vgl. Engelhardt et al., 1997: 138-144, bes. 143f. und Volz, 1996: 67f.). Dabei läßt eines der Hauptergebnisse der Männer-Untersuchung durchaus hoffnungsvoll stimmen: die Tatsache, daß Männer

---

9 Der Titel seines Aufsatzes lautet in deutscher Übersetzung: Das Geheimnis/Mysterium der männlichen und weiblichen religiösen Identität.

mit einem erneuerten Rollenbild einen intensiveren und freieren Zugang zu ihrer ‚Innenwelt', ihrer Emotionalität, haben. Inwieweit die emotionale ‚Linie' bis hin zur religiösen ausgezogen werden kann, ist allerdings eine praktische Frage an die Männer, jedoch auch an kirchliche Verkündigung und Praxis.

Literatur

Bréchon, Pierre, 1997: Le mystère des identités religieuses masculines et féminines. S. 307-328 in: Françoise Lautman (Hg.): Ni Eve ni Marie. Luttes et incertitudes des héritières de la Bible. Genève (Genf): Labor et Fides.
Eichelberger, Hanns-Werner, 1989: Konfession und Ethik am Beispiel der Einstellung zum Schwangerschaftsabbruch. S. 72-92 in Karl-Fritz Daiber (Hg.): Religion und Konfession. Hannover: Lutherisches Verlagshaus.
Engelhardt, Klaus, Hermann von Loewenich und Peter Steinacker, 1997: Fremde Heimat Kirche. Die dritte EKD-Erhebung über Kirchenmitgliedschaft. Gütersloh: Gütersloher Verlagshaus.
Heinrichs, Wolfgang E., 1990: Freikirchen – eine moderne Kirchenform. 2. Aufl., Gießen: Brunnen.
Lukatis, Ingrid, 1990: Frauen und Männer als Kirchenmitglieder. S. 119-147 in: Joachim Matthes (Hg.): Kirchenmitgliedschaft im Wandel. Untersuchungen zur Realität der Volkskirche, Beiträge zur zweiten EKD-Umfrage „Was wird aus der Kirche?". Gütersloh: Mohn.
Lukatis, Ingrid und Wolfgang Lukatis, 1989: Protestanten, Katholiken und Nicht-Kirchenmitglieder. Ein Vergleich ihrer Wert- und Orientierungsmuster. S. 17-71 in Karl-Fritz Daiber (Hg.): Religion und Konfession. Hannover: Lutherisches Verlagshaus.
Metz-Göckel, Sigrid und Ursula Müller, 1986: Der Mann: die Brigitte-Studie. Weinheim: Beltz.
Niethammer, Hans M., 1995: Kirchenmitgliedschaft in der Freikirche. Göttingen: Vandenhoeck & Ruprecht.
Pross, Helge, 1978: Die Männer. Eine repräsentative Untersuchung über die Selbstbilder von Männern und ihre Bilder von der Frau. Reinbek: Rowohlt.
Schröter, Ursula, 1995: Ostdeutsche Frauen im Transformationsprozeß. Aus Politik und Zeitgeschichte B 20/95, 31-42.
Schulze Buschoff, Karin, 1997: Lebensentwürfe, Lebensformen und Lebensqualität. Zeitschrift für Soziologie 26, 352-367.
Volz, Rainer, 1996: Männer, Religion, Kirche. Empirische Aspekte ihres Verhältnisses. S. 59-72 in: Friedhelm Meiners und Martin Rosowski, (Hg.): Männerwelten. Bielefeld: Luther-Verlag.
Zulehner, Paul M. und Rainer Volz, 1998: Männer im Aufbruch. Wie Deutschlands Männer sich selbst und wie Frauen sie sehen. Ein Forschungsbericht. Ostfildern: Schwabenverlag.
Zulehner, Paul M. und Hermann Denz, 1993: Wie Europa lebt und glaubt. Düsseldorf: Patmos.

Edith Franke

Die Göttin als zentraler Bezugspunkt feministischer Religiosität

1. Einleitung

„Das Bild der Göttin inspiriert uns Frauen, uns selbst als göttlich, unsere Körper als geweiht, die wechselnden Phasen unseres Lebens als heilig, unsere Aggression als gesund, unseren Zorn als reinigend und unsere Macht, zu stillen und zu gebären, aber notfalls auch zu begrenzen und zu zerstören, als die eigentliche Kraft zu betrachten, die alles Leben enthält. Durch die Göttin können wir unsere Stärke entdecken [...] wir können aus unseren engen, einengenden Rollen ausbrechen und wir selbst werden" (Starhawk, 1985: 23)

Dieses Zitat der amerikanischen Psychologin und sog. „neuen Hexe" Starhawk, die auch in Deutschland in Kreisen feministischer Religiosität hohe Popularität besitzt, wirft ein prägnantes Schlaglicht auf die weitreichende Bedeutung, die Göttinnen zugemessen werden kann. Es läßt zugleich spüren, wie krass der Unterschied ist zu traditionellen christlichen Vorstellungen von der Beziehung zwischen Frauen und dem Göttlichen - wie es etwa im Magnificat ausgedrückt wird: „Er [Gott, E.F.] hat niedergeschaut auf die Niedrigkeit seiner Magd." (Jerusalemer Bibel, Lukas 1, V. 48) Die neue Attraktivität von Göttinnen bzw. weiblichen Bildern des Göttlichen als ein zentraler Bezugspunkt religiöser Neuorientierungen von Frauen, insbesondere feministischer Religiosität[1], ist das Thema dieses Beitrags.

Die religiöse Landschaft und Kultur in der Bundesrepublik bot über einen langen Zeitraum ein recht einheitliches Bild, das vom christlichen Monotheismus mit entsprechend androzentrischer Sprache und Bildsymbolik geprägt war. Das in den letzten zwanzig Jahren zu beobachtende Auftauchen weiblicher Gottheiten in verschiedenen Bereichen der Esoterik, aber auch in

---

1 Für den hier beschriebenen Zusammenhang ist es wichtig festzuhalten, daß ich mit feministischer Religiosität einen bestimmten Ausschnitt der Religiosität von Frauen im Blick habe, nämlich die Religiosität von Frauen, die sich bewußt von traditionellen Rollenvorgaben und Frauenbildern abgrenzen und dieses auch in die Gestaltung ihrer Religiosität einfließen lassen. Trotz aller Heterogenität möglicher feministischer Ansätze läßt sich als kleinster gemeinsamer Nenner die Kritik traditioneller Gesellschaft als patriarchal und der Wunsch nach Beseitigung androzentrischer Strukturen (in Kultur und Religion) nennen. Zu einer ausführlicheren Diskussion des Begriffs feministische Spiritualität vgl. Pahnke und Sommer (1995: bes. 22ff.).

der feministischen Theologie und Spiritualität löst häufig Verwunderung und Faszination aus und trifft dabei zunehmend auch auf journalistische Neugier und religionswissenschaftliches Forschungsinteresse. In einer weitgehend säkularisierten Kultur, in der jedoch nach wie vor anläßlich zentraler Lebensereignisse (wie Hochzeit, Taufe, Konfirmation, Beerdigung etc.) ein Kirchgang üblich ist, gehört das Vaterunser zu einem festen Bestandteil der Liturgie. Da fällt es auf, wenn plötzlich von einer „Heiligen Geistin" die Rede ist, Segnungen im Namen der Sophia erteilt werden oder im Gebet auf Göttinnen Bezug genommen wird. Auch wenn das in der Regel nicht in traditionellen Sonntagsgottesdiensten passiert, können solche Erfahrungen doch im Rahmen von Kirchentagen, aber auch in den Gemeinden vor Ort, beispielsweise anläßlich der Frauenweltgebetstage oder bei ähnlichen frauenspezifischen Veranstaltungen, gemacht werden.

Doch auch ohne den Besuch solcher Veranstaltungen findet der aufmerksame Leser/die aufmerksame Leserin in jeder größeren Buchhandlung unter der Themensparte Esoterik/Spiritualität Bücher über Hexen oder neue religiöse Bewegungen und stößt auf Titel wie: *Göttinnen in jeder Frau* (Bolen, 1996), *Die Weiblichkeit Gottes* (Mulack, 1983), *Ich brauche die Göttin* (Weiler, 1990) oder findet auf dem Titelblatt einer Frauenzeitschrift die Frage: *Welche Göttin sind Sie?* (Petra 10/1991)

Es sei hier zunächst einmal dahingestellt, welche statistische Bedeutung dieses Interesse an Göttinnen und eine entsprechend orientierte Spiritualität hat. Geht man von allen Kirchenmitgliedern bzw. der Gesamtbevölkerung aus, dann muß es rein rechnerisch als ein Minderheitenphänomen angesehen werden (vgl. dazu Pollack, 1996). Die Außenwirkungen jedoch gehen über den engeren Kreis der exponierten Vertreterinnen einer göttinorientierten Spiritualität hinaus. Allein die Resonanz in den Medien, die hohen Auflagen entsprechender Buchtitel und die gut besuchten Bildungs- und Seminarveranstaltungen zu diesen Themen lassen auf einen relativ großen Kreis Interessierter auch im kirchlich-christlichen Kontext schließen.

Hier stellen sich folgende Fragen: Wie entsteht eine Wahl oder Bevorzugung weiblicher Bilder vom Göttlichen bei kirchlich-christlich geprägten Frauen? Welche Auswirkungen hat dies auf die Gestaltung der religiösen Praxis? Und: Welche Bedeutung und Funktion haben Göttinvorstellungen für diese Frauen?

Im Rahmen einer empirischen Studie bin ich diesen Fragen nachgegangen und werde hier einige Ergebnisse daraus vorstellen. Doch zunächst möchte ich aufzeigen, welche Göttinkonzepte in der feministisch-theologischen und spirituellen Literatur zu finden sind. Denn gerade diese Literatur bildet einen wichtigen Auslöser, sich mit alternativen Formen von Religiosität überhaupt bekannt zu machen oder sich darüber mit anderen auszutauschen.[2] Die Literatur dient als Vorbild für die Entwicklung eigener religiöser Rituale oder ist Anlaß für die Kontaktaufnahme zu entsprechenden religiösen Gruppierungen. So kann von einer relativ starken Resonanz und Rezeption dieser Literatur und der entsprechenden Göttinkonzepte bei religiös (und auch christlich) interessierten Frauen ausgegangen werden.

2. Göttinkonzepte in der feministisch-theologischen und spirituellen Literatur

Eine Analyse feministisch-theologischer und spiritueller Literatur zeigt, daß Göttinnen hier einen zentralen Bezugspunkt bilden - wobei dieser Bezug sehr unterschiedlich gestaltet und auch motiviert sein kann. Es lassen sich vor allem drei Konzeptionen finden, die mit jeweils unterschiedlichen religösen Szenen/Gruppierungen in Verbindung gebracht werden können.[3]

1) Die dreifaltige Göttin wird in den Gestalten ‚junges Mädchen' = ‚Weiße Göttin', ‚reife Frau' = ‚Rote Göttin' und ‚weise Alte' = ‚Schwarze Göttin' symbolisiert und in engem Bezug auf die Rhythmen und Elemente in der Natur konzeptualisiert. Sie ist ein zentrales Göttinkonzept in oft dezidiert nicht-christlichen, meist halbprivaten autonomen Ritualgruppen und bei den sog. neuen Hexen.

Hier findet sich eine rege und inzwischen elaborierte religiöse Praxis, die sich an den Vorgängen im Jahreskreislauf der Natur orientiert und einen entsprechenden Festkalender entwickelt hat: Frauenrituale im Kreis an den Festen der Tag-und-Nachtgleiche, Sommer/Wintersonnenwende, Beltane, Halloween etc., bezogen auf die Mondphasen oder anläßlich persönlicher Lebensereignisse (vgl. z.B. die Beiträge in Pahnke und Sommer, 1995 sowie Starhawk, 1985).

2) Die Göttin als psychologisches Konzept findet sich vor allem bei Vertreterinnen, die sich an der Psychologie C. G. Jungs und seinem Religionsverständnis orientieren. Hier werden Göttinnen und ihre Mythen als Spiegelbilder intrapsychischer Prozesse und Persönlichkeitsaspekte verstanden. Sie symbolisieren bestimmte, häufig unbewußte und verdrängte Anteile der Persönlichkeit, die es in einem introspektiven, meist therapeutischen Prozeß wiederzuentdecken und in die Gesamtpersönlichkeit zu integrieren gilt.

---

2   Der hohe Stellenwert der Literatur für die Zuwendung zu neuen, fremden religiösen Traditionen und auch zu feministischer Spiritualität bestätigte sich auch in den von mir geführten Interviews (vgl. dazu die Angaben in Fußnote 4).

3   Natürlich kann diese Unterscheidung lediglich eine idealtypische sein. De facto überschneiden sich diese Konzeptionen und werden teilweise auch nebeneinander vertreten.

Eine religiöse Praxis oder kultische Verehrung gibt es hier nicht. Die Kontaktaufnahme mit Göttinnen und Mythen erfolgt im Rahmen der genannten therapeutischen oder selbstreflexiven Prozesse: z.b. Selbsterfahrungsgruppen, Therapien o.ä., die als religiöse oder spirituelle Prozesse bezeichnet werden (vgl. z.B. Brinton Perera, 1988; Woodman, 1988).

3) Ein weiterer Bezug auf Göttinbilder oder – präziser ausgedrückt – auf weibliche Aspekte des Göttlichen findet sich in der feministisch-christlichen Theologie. Hier geht es vor allem um die *Integration weiblicher Aspekte in die christliche Trinität* unter Berufung auf die Bibel und in Anknüpfung an die jüdisch-christliche Tradition. Dabei gewinnt große Bedeutung vor allem der Bezug auf die (auch etymologisch nachweisbare) Weiblichkeit des Heiligen Geistes, die in der Jesus-Gestalt fortgesetzte Weisheits/Sophia-Tradition des Alten Testamentes, die Präsenz weiblicher Anteile des Göttlichen in Maria, die als ehemalige Göttin/Himmelskönigin gesehen wird, sowie die Beachtung biblischer Bilder vom Göttlichen, die sich auf weibliche Erfahrungen beziehen (vgl. aus der Fülle der Literatur Moltmann-Wendel, 1995; Mulack, 1986; Mollenkott, 1990).

Diese Versuche der Integration weiblicher Elemente in das christliche Gottesbild finden vielfältige Umsetzungen in der religiösen Praxis, am deutlichsten sichtbar in den reichhaltigen und gut etablierten Angeboten zur feministischen Theologie, in Frauengottesdiensten und feministischen Liturgien.

Zusammenfassend läßt sich sagen, daß feministische Theologinnen weibliche Bilder vom Göttlichen nahezu ausschließlich in Anknüpfung an biblische Traditionen entwickeln und sich dabei um historische Genauigkeit und hermeneutische Ableitung bemühen. Dagegen sind Autorinnen aus der nichtchristlichen Szene feministischer Spiritualität weniger an einer historischen Herleitung interessiert. Bei ihnen variiert die Wahl und Interpretation von Göttinnen in Abhängigkeit von den jeweils individuellen Bedürfnissen. Davon ausgehend kommt es dann zu spirituellen Neuschöpfungen.

Mich interessierte nun, inwieweit Frauen, die aus einer relativ engen Verbindung zum kirchlich-christlichen Kontext kommen, sich auf Göttinvorstellungen beziehen, welche Bedeutung diese für sie haben und wie sie mit christlicher Tradition zusammengebracht werden.

3. Zur Akzeptanz und Verwendung weiblicher Gottesbilder bei kirchlich-christlich geprägten Frauen

Hintergrund für die im folgenden dargestellten Überlegungen und Ausführungen ist eine empirische, qualitativ angelegte Studie, die ich im Rahmen meiner Dissertation durchführte. In Form von strukturierten, halboffenen Leitfaden-Interviews befragte ich zehn kirchlich-christlich und feministisch geprägte Frauen zu Veränderungen ihrer Lebenssituation und ihrer religiösen Vorstellungen, insbesondere im Hinblick auf die Bedeutung weiblicher Gottesbilder bzw. Göttinvorstellungen.[4]

Grundlage meiner Untersuchung war die Hypothese, daß mit einem kritisch gewandelten Selbstbild als Frau eine Veränderung der Gottesvorstellungen hin zu einer Bevorzugung weiblicher Bilder vom Göttlichen verbunden ist. Göttinbilder können dabei eine wichtige Reflexionsfläche für feministisch orientierte Religiosität auch im kirchlich-christlichen Kontext sein.

Deutlich wurde vor allem, daß sich die befragten Frauen in traditionellen kirchlichen Zusammenhängen kaum noch zu Hause fühlen. Sie sind häufig Grenzgängerinnen zwischen dem kirchlich-institutionalisierten Christentum, feministischer Theologie und neuen religiösen Orientierungen (z.B. Frauenritualgruppen). Sie haben sich von einem traditionellen, männlich-väterlichen Gottesbild verabschiedet, und es gibt ein starkes Interesse an der *Beschäftigung* mit weiblichen Gottesbildern oder Göttinnen, die allerdings nicht zwangsläufig männlich konnotierte Gottesbilder ersetzen.

Hinsichtlich ihrer Haltung zu weiblichen Gottesvorstellungen lassen sich die Befragten in drei Gruppen einteilen:

1) Göttinorientierte Frauen
Hierunter fasse ich diejenigen Frauen, die selbstverständlich oder auch vorrangig in weiblichen Bildern vom Göttlichen/Heiligen sprechen. Sie verwenden Göttinbilder aus unterschiedlichen religionsgeschichtlichen Kontexten, setzen diese aber nicht als absolut oder allein gültig. Sie beziehen sich teilweise parallel auch auf andere, traditionelle Gottesvorstellungen.

2) Göttininteressierte Frauen
Zu dieser Gruppe gehören die Frauen, die ihre Vorstellungen vom Göttlichen oft nicht präzise formulieren können, die aber weibliche Gottesbilder nicht

---

4 Die Erhebung fand ausschließlich mit Frauen aus dem Umfeld der Bremischen Evangelischen Kirche statt, um eine gewisse Homogenität der Untersuchungsgruppe (die für eine explorative Studie dieser Art sinnvoll ist) zu gewährleisten und andere – zwar interessante, aber hier nicht im Zentrum des Interesses stehende Vergleichsmöglichkeiten – wie etwa Unterschiede zwischen Stadt-Land, Nord-Süd und evangelisch-katholisch zu minimieren (siehe Franke, 1999).

ausschließen. Göttinbilder sind ihnen zwar eher fremd, sie äußern aber Interesse und den Wunsch, sich näher mit ihnen zu befassen.

3) Göttinablehnende Frauen
Hier sind Frauen gemeint, die es für sich ablehnen, das Göttliche/Heilige in weiblicher Symbolisierung bzw. überhaupt in anthropomorphen Bildern auszudrücken. Sie lehnen auch männlich konnotierte Gottesbilder ab und bevorzugen neutrale Begriffe (wie z.B. Kraft, Energie etc.).

In jeder der etwa gleich großen Gruppen finden sich sowohl ältere als auch jüngere Frauen. Auch hinsichtlich der Verbindung zur Kirche gibt es keine gruppenspezifischen Auffälligkeiten; so sind mit der Kirche enger verbundene Frauen[5] in allen drei Gruppen vertreten. Die Gruppe der göttinorientierten Frauen beispielsweise besteht zu gleichen Teilen aus sehr eng mit der Kirche verbundenen Frauen und solchen, die sich weitgehend von kirchlich-christlicher Bindung und Tradition entfernt haben.

Die befragten Frauen verbinden in ihrer Religiosität häufig vertraute, christliche Glaubenselemente mit individuell gewählten nicht-christlichen Gottesbildern und Formen religiöser Praxis. Für eine der Befragten ist es beispielsweise unproblematisch, eine Göttinfigur neben das Kreuz zu stellen. Sie erlebt Jesus als tröstenden Begleiter in einer persönlichen Krisensituation[6] und versteht ihren Bauchtanz als Tanz für die Göttin. Sie bezeichnet sich gleichzeitig als „alte Anhängerin der Kali". Eine andere Frau will ebenfalls die liturgischen Formen traditioneller Gottesdienste nicht aufgeben, obwohl ihr diese persönlich nicht mehr viel bedeuten. Transzendenz drückt sich für sie in dem Paar Gott/Göttin aus. In Frauengottesdiensten und Ritualen mit Frauen probiert sie neue Formen religiöser Praxis aus, weil diese ihren persönlichen Bedürfnissen entsprechen - hier könne sie ihre Religiosität am ehesten erleben. So existieren bei einigen Befragten verschiedene religiöse Identifizierungen nebeneinander bzw. sind ineinander verwoben.

Die wichtigste und am häufigsten genannte Begründung für die Wahl und Zuwendung zu weiblichen Gottesvorstellungen besteht darin, daß damit Möglichkeiten einer positiven Identifikation mit weiblicher Transzendenz und weiblicher Stärke eröffnet werden. Deutlich wird der Wunsch, sich auf diese Weise von der Dominanz übermächtig erlebter, männlicher Gottesbil-

---

[5] Damit sind solche Frauen gemeint, die ehrenamtlich oder/und hauptamtlich bei der Kirche arbeiten.
[6] Auch in der feministisch-theologischen Literatur bleibt die Jesusfigur weitgehend von Kritik verschont. Offensichtlich kann Jesus gut in eine feministisch orientierte Religiosität integriert werden. Jesus gilt dabei jedoch eher als Vorbild christlicher Ethik denn als Repräsentant und Ausdruck des Göttlichen. So drücken auch einige der befragten Frauen deutlich aus, daß sie Jesus *nicht* als Repräsentanz des Göttlichen erleben. Zu einem ähnlichen Ergebnis kommt eine Untersuchung zur Bedeutung von Christologie im Leben protestantischer Frauen, die ebenfalls einen Schwerpunkt der Bedeutung Jesus als „ethischer Jesus" feststellt (Taube, Tietze-Buck und Klinge, 1995).

der zu befreien. Eine positive Repräsentanz weiblicher Körperlichkeit im religiösen Kontext spielt darüber hinaus eine ebenso wichtige Rolle wie das Anliegen, in den Gottesvorstellungen Anknüpfungspunkte an eigene Lebenserfahrungen zu finden.

Bemerkenswert ist entgegen den in der Literatur gesichteten Göttinkonzepten, daß die befragten Frauen den gewählten Göttinnen selten *eine* spezifische Funktion und Gestalt, beispielsweise als Muttergöttin oder Weise Alte/Schwarze Göttin, zuordnen. Auch das verbreitete Modell einer dreifachen Göttin wird kaum aufgegriffen.

Wenig Bedeutung haben auch die in der feministisch-theologischen Literatur gemachten Versuche einer Integration weiblicher Symbolisierungen des Göttlichen durch bereits in der biblisch-christlichen Tradition enthaltene Elemente. Eine Neuinterpretation und neue Bewertung biblischer Frauengestalten findet ebenso wie das Konzept der Weiblichkeit des Heiligen Geistes bei den befragten Frauen wenig Resonanz. Das Interesse an den in der Bibel erwähnten altorientalischen Göttinnen oder an Göttinnen aus anderen religionsgeschichtlichen Epochen und Regionen, beispielsweise der sumerischen Inanna, der indischen Göttin Kali oder der ägyptischen Isis, ist dagegen weitaus stärker.

Biblische Frauengestalten und weibliche Aspekte des biblischen Gottesbildes werden von den Befragten insgesamt als „zu blaß" eingeschätzt. Daraus erwächst dann bei einigen Frauen die Motivation, sich mit nichtchristlichen Religionen und mit Matriarchatsforschung zu beschäftigen. Dabei ist der Wunsch, Kulturen und Gesellschaften zu finden, in denen Frauen eine bessere Position hatten/haben und auch die Religiosität von weiblichen Gottesvorstellungen geprägt ist, von zentraler Bedeutung. Bei allem Interesse an fremden religiösen Kulturen bleibt für viele der befragten Frauen jedoch die *Verbindung* neuer religiöser Symbolisierungen mit der vertrauten christlichen Religion ein wichtiges Anliegen.

Weiblichen Gottesbildern kommt im Prozeß der religiösen Neuorientierung kirchlich-christlich geprägter Frauen eine zentrale, wenn auch ambivalente Bedeutung zu. Göttinnen sind meiner Untersuchung zufolge in erster Linie Modelle oder Konstruktionen, die als Kontrast zu androzentrischen Gottesbildern und Möglichkeiten der Symbolisierung weiblicher Stärke und Transzendenz *bewußt gewählt* werden. (Nur eine der Befragten berichtete von einem Offenbarungserlebnis „ihrer" Göttin Isis.) Der Bezug auf weibliche Gottesbilder wird als Möglichkeit gesehen, traditionell männliche Konzeptualisierungen aufzubrechen und der Realität von Frauen auch im Hinblick auf eine Teilhabe an der Transzendenz mehr Raum zu geben.

Die Auseinandersetzung mit Göttinbildern und nicht-christlichen religiösen Elementen führt häufig zu „alltagssynkretistischen" (Daiber, 1990: 102-113) Vermischungen bei der Gestaltung individueller Religiosität. Dabei läßt sich nicht von einer Konversion zu einer bestimmten religiösen Neuorientierung oder der gezielten Verehrung einer spezifischen Göttin sprechen. Vielmehr ist die Bildung einer neuen, spirituellen Subkultur von Frauen innerhalb der Kirche zu beobachten, die zu einer Pluralisierung und innovativen Veränderung christlicher Theologie und Glaubenspraxis beiträgt und deren weiterer Verlauf noch offen ist.

Literatur

Bolen, Jean Shinoda, 1996: Göttinnen in jeder Frau. Psychologie einer neuen Weiblichkeit. München: Hugendubel.
Brinton Perera, Silviam, 1988: Der Weg zur Göttin der Tiefe. Die Erlösung der dunklen Schwester: eine Initiation für Frauen. Interlaken: Ansata-Verlag.
Daiber, Karl-Fritz, 1990: Alltagssynkretismus und dogmatische Tradition. In: Wolfgang Greive und Raul Niemann (Hg.): Neu glauben? Religionsvielfalt und neue religiöse Strömungen als Herausforderungen an das Christentum. Gütersloh: Gütersloher Verlagshaus Mohn.
Franke, Edith, 1999: Die Göttin neben dem Kreuz. Zur Entwicklung und Bedeutung weiblicher Gottesvorstellungen bei kirchlich-christlich und feministisch geprägten Frauen. Hannover: Diss.
Mollenkott, Virginia, 1990: Gott eine Frau? Vergessene Gottesbilder der Bibel. München: Beck.
Moltmann-Wendel, Elisabeth (Hg.), 1995: Die Weiblichkeit des Heiligen Geistes. Studien zur feministischen Theologie. Gütersloh: Kaiser.
Mulack, Christa, 1983: Die Weiblichkeit Gottes. Matriarchale Voraussetzungen des Gottesbildes. Stuttgart: Kreuz Verlag.
Mulack, Christa, 1986: Maria. Die geheime Göttin im Christentum. Stuttgart: Kreuz Verlag.
Pahnke, Donate und Regina Sommer, 1995: Göttinnen und Priesterinnen. Facetten feministischer Spiritualität. Gütersloh: Gütersloher Verlagshaus Mohn.
Pollack, Detlef, 1996: Individualisierung statt Säkularisierung? Zur Diskussion eines neueren Paradigmas in der Religionssoziologie. In: Karl Gabriel (Hg.): Individualisierung oder Säkularisierung. Biographie und Gruppe als Bezugspunkte moderner Religiosität. Gütersloh: Kaiser.
Starhawk, 1985: Der Hexenkult als Urreligion der Großen Göttin. Magische Übungen, Rituale und Anrufungen. Freiburg i. Br.: Bauer.
Taube, Roselies, Claudia Tietze-Buck, und Claudia Klinge, 1995: Frauen und Jesus Christus. Zur Bedeutung von Christologie im Leben protestantischer Frauen. Stuttgart: Kohlhammer.
Weiler, Gerda, 1990: Ich brauche die Göttin. Zur Kulturgeschichte eines Symbols. Basel: Mond-Buch.
Woodman, Marion, 1988: Leben aus der Kraft der Göttin. Eine psychologische Studie über die Neugeburt des Weiblichen. Interlaken: Ansata-Verlag.

Regina Sommer

Geschlechtsspezifische Alltagserfahrungen und Religion. Zur Funktion von Religion und Religiosität im Lebenskontext berufstätiger Mütter

1. Einleitung: Zum empirischen Hintergrund der folgenden Ausführungen

Einleitend möchte ich den empirischen Hintergrund benennen, auf den sich meine folgenden Ausführungen zur der Frage, welche Funktion Religion und Religiosität im Lebenskontext und -alltag von Frauen haben, beziehen: Im Rahmen meiner Dissertation (Sommer, 1998) habe ich narrative Interviews mit berufstätigen Müttern im Alter zwischen 30 und 50 Jahren geführt. Das Interesse der Untersuchung richtete sich dabei zum einen auf die *Frage nach dem Niederschlag und den Auswirkungen gesellschaftlicher Veränderungsprozesse (und Konstanten) in den Lebensgeschichten der befragten Frauen.* In welcher Weise wirken sich Wandlungen im Frauenleitbild und in der Erziehung von Mädchen und Frauen – wie sie sich besonders innerhalb der letzten etwa 40 Jahre vollzogen haben – lebensgeschichtlich aus? Inwiefern beeinflussen Wandlungsprozesse wie der seit den fünfziger und sechziger Jahren zu beobachtende Prozeß der kontinuierlichen Erweiterung der Lebens- und Handlungsmöglichkeiten für Frauen in den Bereichen Bildung, Beruf, Familie, Partnerschaft – die individuelle Lebenskonstruktion und das Lebensarrangement der einzelnen Frauen?[1]

Ging es somit in dieser ersten Fragerichtung jeweils auch um eine Rekonstruktion der die einzelne Lebensgeschichte prägenden Lebenskonstruktion, so galt das Untersuchungsinteresse in einer zweiten Fragehinsicht der *Frage nach der Funktion und Bedeutung von Religion innerhalb der Lebensgeschichte* – alle Frauen waren im evangelisch-kirchlichen (bzw. freikirchlichen) Bereich aufgewachsen – *sowie der Funktion und Bedeutung der persönlichen Religiosität für Selbstkonzept und Lebensalltag der Frauen.*

Die durch narrative Interviewführung nach Fritz Schütze (1978, 1983) gewonnenen lebensgeschichtlichen Erzählungen wurden verschriftlicht und

---

1 Die angesprochenen Veränderungsprozesse und Konstanten in den gesellschaftlichen und privaten Lebenszusammenhängen von Frauen sind ausführlicher dargestellt und benannt in Sommer (1998: 67-85).

mithilfe des Verfahrens der objektiven oder strukturalen Hermeneutik nach Ulrich Oevermann sequenzanalytisch interpretiert und ausgewertet.[2] Es entstanden auf diese Weise ausführliche Einzelfallanalysen, die in biographischer Perspektive besonders die strukturellen Zusammenhänge zwischen individueller Lebenskonstruktion und gelebter Religion beleuchten. Aus dreizehn geführten narrativen Interviews, von denen nach einer ersten Auswahl sechs sequenzanalytisch interpretiert wurden, wählte ich schließlich vier für die Präsentation im Rahmen der Dissertation aus. Leitender Gesichtspunkt für diese letzte Auswahl war neben anderen das Kriterium Kirchenbezug. Entsprechend meiner Absicht, die lebensgeschichtliche und religiöse Entwicklung von Frauen, die keine Kirchenmitglieder (mehr) sind, mit der von Frauen, die zur Kirche gehören, zu kontrastieren, wählte ich zwei Interviews mit Frauen, die dem innerkirchlichen Kontext und zwei mit Frauen, die sich dem Bereich außerkirchlicher Spiritualität (New-Age-Spiritualität und feministische Spiritualität) zuordnen, aus.

Soweit zum empirischen Material und Hintergrund meiner Ausführungen. In meinem Beitrag soll es nun weniger um die Beleuchtung der Zusammenhänge von lebensgeschichtlicher und religiöser Entwicklung, also gleichsam um eine lineare biographische Perspektive, gehen. Ich konzentriere den Blickwinkel vielmehr auf einen lebensgeschichtlichen Ausschnitt, nämlich auf das, was die Frauen in den Interviews über ihren heutigen Lebensalltag als berufstätige Mütter berichten. Ich zeige im folgenden zunächst exemplarisch auf, welche spezifischen Konflikte, Ambivalenzen und Widersprüche den Lebensalltag der Frauen kennzeichnen (2.). Daran anschließend frage ich danach, mit welchen Formen der Identitätskonstruktion die Frauen auf diese alltäglichen Widersprüchlichkeiten reagieren und welche spezifischen Kompetenzen sie im Umgang mit den alltäglichen Unvereinbarkeiten entwickeln (3.). In einem weiteren Abschnitt geht es schließlich um die im Titel des Beitrags enthaltende Frage, welche Bedeutung und Funktion Religion und Religiosität im Lebensalltag der Frauen haben und auch darum, ob und inwiefern es sich hierbei um Formen spezifischer ‚Frauenreligiosität' handelt (4.).

---

2 In diesem hermeneutischen Auswertungsverfahren wird in einer Erzählung die Ebene der gesellschaftlich geteilten Deutungs-, Handlungs- und Sprachmuster analytisch von der Ebene der subjektiven Deutungsmuster der erzählenden Person getrennt und gesondert rekonstruiert. Auf diese Weise gelingt es, der individuellen biographischen Struktur oder Lebenskonstruktion einer erzählenden Person in Verbindung mit der Struktur der persönlichen Religiosität auf die Spur zu kommen und deren Genese und Wandlung verstehend nachzuvollziehen (vgl. Oevermann, Allert, Konau und Krambeck, 1979 und die zusammenfassende Darstellung des Verfahrens bei Bohnsack, 1991).

2. Alltägliche Widersprüchlichkeiten – Zur doppelten Sozialisation und Orientierung und zum Lebensalltag berufstätiger Mütter

In den biographischen Erzählungen der von mir befragten Frauen wird die von Regina Becker-Schmidt (1987) u.a. aufgestellte These von der doppelten Sozialisation, Orientierung und Qualifizierung von Mädchen und Frauen bestätigt. In allen Interviews zeigen sich Widersprüche hinsichtlich der zentralen Orientierungen, auf die hin die Frauen sozialisiert werden. Dominierend ist zwar nach wie vor die »weibliche« Sozialisation zum Dasein für andere, d.h. zur Familien- und Beziehungsorientierung; parallel zu dieser Familienorientierung läßt sich bei allen Frauen jedoch auch eine Orientierung auf eigene Berufstätigkeit und damit verbundene (finanzielle) Eigenständigkeit feststellen. Beide Orientierungen – auf Familie und auf Beruf hin – bestehen gleichzeitig. Sie stehen in keinem kompensatorischen Verhältnis zueinander, sondern werden von den Frauen parallel verfolgt und auch gegen Widerstände realisiert.

Die biographische Realisierung beider Orientierungen, die Verbindung der traditionell unvereinbaren Lebensbereiche »Beruf« und »Familie«, erzeugt jedoch vielfältige Ambivalenzen und Unverträglichkeiten, die die Frauen individuell, d.h. überwiegend ohne Unterstützung von gesellschaftlicher Seite, lösen müssen. Zu nennen ist hier an erster Stelle das Problem der Kinderbetreuung während der Arbeitszeiten. Durch die Beschäftigung in beiden Lebensbereichen »Beruf« und »Familie« entsteht ein hochkomplexes und hochsensibles Arbeits- und Lebensgebilde, das durch wechselseitige Abhängigkeiten gekennzeichnet ist. Störungen und Krisen in einem Bereich rufen unweigerlich Probleme – zumindest Organisationsprobleme – im anderen Bereich hervor: so zieht die Erkrankung eines Kindes das Fernbleiben von der Arbeitsstelle nach sich; unvorhergesehene Überstunden am Arbeitsplatz gefährden die Betreuung und Versorgung der Kinder. Dies gilt in dieser Schärfe zwar in erster Linie für alleinerziehende Frauen, jedoch berichten auch die Frauen, deren Partner sich an der Familienarbeit beteiligen, davon, daß sie eher organisatorische Verantwortung für »Störungen« in einem der beiden Bereiche übernehmen als ihre Partner, was meistens damit zusammenhängt, daß die Partner in (angeblich) »unabkömmlicheren« Arbeitsverhältnissen stehen (vgl. auch den Beitrag von Bender u.a. in diesem Band).

3. Fragmentarische Identitäten und spezifische Kompetenzen – Zum alltäglichen Umgang mit Ambivalenzen

Bisher war von den strukturellen Problemen und Widersprüchen im Lebensalltag berufstätiger Mütter die Rede. Mit welchen Formen der Identitätskonstruktion reagieren die Frauen nun auf die Widersprüchlichkeiten und Konflikte, die ihr Alltag mit sich bringt? Welche spezifischen Kompetenzen entwickeln sie durch die ambivalente Orientierung an zwei strukturell schwer zu vereinbarenden Lebensbereichen? Vor dem Hintergrund des empirischen Materials läßt sich sagen, daß alle (vier) Frauen in diesen Prozessen fragmentarische Identitäten ausbilden, die durch die labile Balance von Eigenständigkeit und Bindung in unterschiedlichen Konstellationen gekennzeichnet sind. Durch die doppelte Orientierung an verschiedenen, traditionell unvereinbaren Lebensbereichen entwickeln sie aber auch spezifische Kompetenzen wie etwa Ambiguitätstoleranz und Flexibilität. Die Komplexität und Widersprüchlichkeit, mit der sie täglich umgehen müssen, bewahrt sie vor vorschnellen Vereindeutigungen und einfachen Lösungen. Kennzeichnend ist vielmehr die Fähigkeit, Spannungen auszuhalten und die verschiedenen Facetten ihres Lebens zusammenzuhalten, ohne sie partout zu einem Gesamtkunstwerk zusammenfügen zu müssen. Deutlich wird diese alltägliche Widersprüchlichkeit und der tägliche Umgang mit verschiedenen Anforderungen und Rollen sowie die diesem Umgang entsprechende fragmentarische Identitätskonstruktion z.B. in folgendem Zitat aus dem Interview mit *Renate L.*[3], einer Pfarrerin:

„Ich komme hier sehr gut zurecht mit den Leuten und mit dieser Rollenkonfusion, daß ich jetzt Pfarrerin bin und daß ich Mutter bin und Ehefrau und eben ich selber auch. Ich kriege das ganz gut hin in all diesem Facettenreichtum. Das liegt wohl auch daran, daß diese Gemeinde sehr unkonventionell ist und mich nicht auf so ein Rollenklischee festlegt, so daß ich wirklich so sein kann, wie ich mich wohlfühle."

Henning Luther, ein Praktischer Theologe, zitiert in seinem Beitrag »Identität und Fragment« Adornos These: „Voraussetzung seiner Identität ist das Ende des Identitätszwangs" (Luther, 1992a: 171). Auch in Renate L.'s Äußerung wird deutlich, daß das Erleben, nicht auf ein *„Rollenklischee"*, d.h. nicht auf ein bestimmtes, eindeutiges Bild von Weiblichkeit festgelegt zu werden, sie frei macht, so zu sein, ,wie sie sich wohlfühlt'. Luthers Auffassung von »Identität als Fragment« ist hilfreich für das Verständnis der ambivalenten Identitätsbildungsprozesse, die die Lebenswege der von mir befragten Frauen kennzeichnen (vgl. hierzu auch Enzner-Probst, 1995: 200). Dem in vielen Identitätstheorien vertretenen „Ideal einer vollständigen und gelingenden Ich-

---

3 Der Name wurde von mir geändert.

Identität" (Luther, 1992a: 169) hält er das Konzept einer fragmentarischen Identität entgegen. In diesem Konzept ist einerseits der Blick auf die eigene lebensgeschichtliche Vergangenheit, auf nicht erfüllte Wünsche und Träume, andererseits die Hoffnung auf Zukunft, auf Gelingen und Vollendung mitgegeben. Die Vorstellung der Ganzheitlichkeit ist nicht aufgegeben, sie wird jedoch nicht als verfügbar oder herstellbar vorgestellt. Sie ist vielmehr in Form der Sehnsucht und Selbstranszendenz präsent (vgl. Luther, 1992a: 165-171). In solcher Weise fragmentarisch existieren heißt, lebensgeschichtliche Ambivalenzen und Widersprüche zuzulassen und nicht zur Vereindeutigung gezwungen zu sein. Die doppelten Orientierungen und fragmentarischen Identitätskonstruktionen von Frauen müssen dann nicht als defizitäre und unausgegorene Existenzweisen verstanden werden, sondern als angemessene und flexible Weise, mit verschiedenen Anforderungen umzugehen und sich darin und dadurch Freiräume zur Entdeckung und Entfaltung neuer Beziehungs-, Arbeits- und Lebensformen jenseits der Geschlechterkonstruktionen zu schaffen.

Denn die doppelte Orientierung und Qualifikation von berufstätigen Müttern in den beiden Bereichen Beruf und Familie wird von diesen selbst und auch von außen nicht immer als Bereicherung individueller Handlungskompetenz und als zu honorierende Doppelqualifikation angesehen und bewertet. Die Realisierung der Befähigung, Mutter und Arbeitnehmerin zu sein, geht vielmehr bei den Frauen auch mit Versagens- und Schuldgefühlen einher. So bezeichnet etwa *Karola B.*, heute selbständige Inhaberin eines Esoterikbuchladens, ihr wegen der Geburt ihrer Kinder aufgegebenes Musikstudium als in beruflicher Hinsicht „*total abgebrochene Karriere*". Das einzige, was sie vor der Eröffnung des Buchladens geleistet habe, so bemerkt sie ironisch, sei die „*Aufzucht*" ihrer Kinder gewesen. Daß sie danach jahrelang parallel als Mutter und als Buchladenbesitzerin tätig war, scheint sie nicht mit Stolz zu erfüllen.

Offensichtlich bedarf es noch eines längeren Umdenk- und Umstrukturierungsprozesses, um Leitbilder und Selbstdeutungen dahingehend zu verändern, daß Frauen (wie Männer), die Beruf und Familie miteinander vereinbaren möchten, sich in diesen widersprüchlichen Situationen und mit ihren diskontinuierlich verlaufenden Karrieren trotzdem positiv verstehen können. Die Rede von der fragmentarischen Existenz und den ihr entsprechenden fragmentarischen Identitätskonstruktionen deutet die Richtung an, in der ein solches Umdenken stattfinden und die doppelte Orientierung und der diskontinuierliche und widersprüchliche Lebensalltag berufstätiger Mütter positiv gestaltet und gewürdigt werden können.

4. Zur Funktion und Bedeutung von Religion und Religiosität im Lebensalltag berufstätiger Mütter

Bei allen Frauen, die ich interviewt habe, spielt Religion auch im gegenwärtigen Lebensalltag ein wichtige Rolle. Die Frage ist nun, in welchen funktionalen Aspekten Religion in den widersprüchlichen Alltagsanforderungen bei den einzelnen Frauen relevant ist.

Als ein Beispiel sei hier zunächst *Karola B.* genannt, also die Frau, die den Esoterik-Buchladen besitzt und sich auch religiös im New-Age-Milieu verortet, ohne sich allerdings einer bestimmten Richtung dort zuzuorden. Für sie hat Religion die Funktion für die verschiedenen Facetten und Bereiche ihres Lebens einen übergreifenden Sinnzusammenhang herzustellen. Sie selbst versteht sich als Teil des Göttlichen, das wiederum auch in jedem Ding und Lebewesen präsent ist. Entsprechend durchzieht die spirituelle oder religiöse Dimension für Karola B. alle Lebensbereiche. Als eine Art Habitus wirkt sie sich auf ihr Handeln im familiären, beruflichen und politischen Bereich gleichermaßen aus und verbindet alle Bereiche miteinander.

„Der Begriff (Spiritualität; R.S.) ist für mich so weit: Also die Art und Weise wie du mit deinen Kindern umgehst oder mit deiner Umwelt, wie oft du das Auto benutzt oder sowas. Also ich kann das wirklich sehr weit fassen."

Die Bezugnahme auf einen übergreifenden Sinnzusammenhang hilft Karola B., in ihrem Lebensalltag nicht zwischen den verschiedenen und widersprüchlichen Anforderungen und Interessen zerrieben zu werden.

Ein weiterer funktionaler Aspekt von Religion wird im Lebensalltag einer anderen berufstätigen Mutter, *Ursel W.*, relevant: In ihrem beruflichen und familiären Alltag, der durch Überforderung und Überbelastung gekennzeichnet ist, kommt sie nicht zum Beten oder zu der Ruhe, die für sie konstitutiv zu ihrem Glauben – sie ist kirchlich-christlich orientiert – hinzugehören. In ihrer Erzählung wird deutlich, daß Religion für sie die lebenspraktische Funktion hat, den durch Verpflichtung und Verantwortung gekennzeichneten Lebensalltag zu unterbrechen. Sie sagt:

„Wenn ich in die Kirche gehe, habe ich für eine Stunde Ruhe von meinen Kindern und von meinem Mann, im wahrsten Sinne des Wortes: niemand schreit »Mutter«, niemand schreit »Ursel«. Ich finde wirklich eine Stunde Ruhe dort. Das gemeinsame Singen und Beten tut mir gut und auch etwas zu hören, was meinen Geist so ein bißchen anstrengt, so etwas auch geboten zu bekommen. Denn im täglichen Leben ist man als Mutter ja immer nur diejenige, die etwas bieten muß."

Ursel W. erlebt den sonntäglichen Kirchgang jedoch nur als kurze Unterbrechung, als zu kurzes Auftanken, deshalb sehnt sie sich nach einer längeren Zeit der Alltagsunterbrechung etwa in Form eines Aufenthalts in einem Kloster. Brigitte Enzner-Probst, eine Theologin, die eine Studie zu Pfarrerinnen durchgeführt hat, weist auf die Bedeutung von „Muße-Zeiten" gerade für berufstätige Familienfrauen hin, die auch bei Ursel W. sichtbar wird: „Muße, Kontemplation als bewußt gesetzte Zeit der Nicht-Arbeit schärft den Blick für die Abgrenzung und Strukturierung von Arbeit in beiden Bereichen (dem der Familie und dem des Berufes; R.S.), setzt Zeitmarken, Frei-Räume des Ich- und Andersseins gegenüber den Verpflichtungen und Regeln der Arbeit." (Enzner-Probst, 1995: 196) Alltagsunterbrechung, Ruhe- und Muße-Zeiten bzw. der Wechsel von Zeiten religiöser Besinnung und Zeiten der Arbeit sind kennzeichnend für die jüdisch-christliche Tradition des Sabbats bzw. des Sonntags oder auch des mönchischen Prinzips des »ora et labora«. Indem Ursel W. ihre Sehnsucht nach Muße und Kontemplation als religiöses Bedürfnis identifiziert, befindet sie sich in inhaltlicher Nähe zu diesen Traditionen.

Auch der Lebensalltag der schon erwähnten Pfarrerin, *Renate L.,* zeichnet sich durch hohe Verantwortlichkeit und vielfältige Anforderungen in Familie und Beruf aus. Ihre Äußerungen über ihren Pfarrerinnenberuf und auch über ihre familiäre Situation zeigen deutlich die Widersprüchlichkeiten und Vielschichtigkeiten, die bei dem Versuch, sich in einem traditionell männlich besetzten Berufsfeld zu bewegen und gleichzeitig auch ihre Aufgaben als Mutter und Partnerin wahrzunehmen, entstehen. Bezogen auf ihr jetziges Lebensarrangement gibt Renate L. im Interview zu verstehen, daß sie sich gut vorstellen könne, nicht immer Pfarrerin zu bleiben, sondern in ein paar Jahren noch einmal etwas ganz anderes zu machen: *„Innerlich habe ich den Vorbehalt, daß ich nicht dazu verdonnert bin, Pfarrerin zu sein."* In dieser Vorläufigkeit, mit der sie ihr gegenwärtiges Lebensarrangement beschreibt, zeigt sich eine Sehnsucht nach Veränderung oder – um noch einmal mit Henning Luther zu sprechen – die „Bewegung der Selbsttranszendenz" (Luther, 1992a: 170), also eine Bewegung, die weiß, daß die oder der Einzelne nicht im Vorhandenen aufgeht. Die von Renate L. im Interview auch geäußerte religiöse Sehnsucht nach einem „Gott, der die ganze Welt trägt" entspricht dieser Bewegung der Selbsttranszendenz und bewirkt, daß Renate L. in ihrem Lebensalltag weiterhin auf der Suche nach Veränderung und in Bewegung bleibt. Weder richtet sie sich in den Widersprüchlichkeiten ihrer Berufs- und Familienrolle ein, noch entwickelt sie einen zynischen Realismus angesichts der „kaputten Welt", die sie – wie sie sagt – immer wieder schmerzlich wahrnimmt und an der ihr ethisch-religiöses Engagement häufig an seine Grenzen stößt.

Es dürfte an diesen wenigen Beispielen deutlich geworden sein, daß Religion im Lebensalltag berufstätiger Mütter verschiedene Bedeutung und Funktion haben kann: Sie kann die Funktion der Alltagsunterbrechung und -transzendierung haben, also dazu beitragen, immer wieder einen Abstand zum Alltag zu bekommen und Zeit für sich selber zu haben (Ursel W., Renate L.). Sie kann der Herstellung eines übergreifenden Sinnzusammenhangs dienen, der Widersprüchlichkeiten im Alltag miteinander verbindet (Karola B.). Sie kann schließlich auch die Funktion der Handlungsorientierung im Alltag übernehmen (Karola B., Renate L.). Welche der verschiedenen funktionalen Aspekte von Religion besonders ausgeprägt werden, hängt von den individuellen und biographischen Vorgaben jeder einzelnen Frau ab.

Als allen gemeinsame Beobachtung und als Ergebnis erscheint mir wichtig, daß die Widersprüchlichkeiten und Ambivalenzen, die den Lebensalltag der von mir befragten Frauen kennzeichnen, einschließlich der diesen Widersprüchlichkeiten korrespondierenden fragmentarischen Identitätskonstruktionen, offenbar die „Schnittstellen" (Luther, 1992b: 221) sind, an denen religiöse Sehnsucht aufbricht und persönliche Religiosität relevant wird. Gelebte Religion in diesem widersprüchlichen Lebensalltag bedeutet für die Frauen Hilfe bei der Bearbeitung dieser Widerspruchserfahrungen. Dies geschieht jedoch nicht, indem die erlebten Widersprüche und Diskontinuitäten eingeebnet und überdeckt werden, sondern indem die persönliche Religiosität gerade dazu befähigt, sich den Mehrdeutigkeiten und Ambivalenzen des Alltags und der eigenen Existenz auszusetzen und gleichzeitig immer wieder in kritische Distanz dazu zu treten.

Stellt sich abschließend die Frage, ob es sich bei den beschriebenen Beispielen um Formen spezifischer Frauenreligiosität handelt. Frauenspezifisch sind diese Formen und die Funktionen von Religiosität, insofern sie in einem bestimmten – eben frauenspezifischen Kontext und Alltag – relevant werden. Eine innerlich begründete Form ‚weiblicher' Religiosität läßt sich aus den genannten Beispielen jedoch nicht ableiten.

Literatur

Becker-Schmidt, Regina, 1987: Die doppelte Vergesellschaftung – die doppelte Unterdrückung: Besonderheiten der Frauenforschung in den Sozialwissenschaften. S. 10-25 in: Lilo Unterkircher und Ina Wagner (Hg.): Die andere Hälfte der Gesellschaft. Österreichischer Soziologentag 1985. Wien: Verlag des österreichischen Gewerkschaftsbundes.

Bohnsack, Ralf, 1991: Rekonstruktive Sozialforschung. Einführung in Methodologie und Praxis qualitativer Forschung. Opladen: Leske+Budrich.

Enzner-Probst, Brigitte, 1995: Pfarrerin. Als Frau in einem Männerberuf. Stuttgart: Kohlhammer.

Luther, Henning, 1992a: Identität und Fragment. Praktisch-theologische Überlegungen zur Unabschließbarkeit von Bildungsprozessen. S. 160-182 in: Ders.: Religion und Alltag. Stuttgart: Radius-Verlag.

Luther, Henning 1992b: Schwellen und Passage. Alltägliche Transzendenzen. S. 212-223 in: Ders.: Religion und Alltag. Stuttgart: Radius-Verlag.

Oevermann, Ulrich, Tillmann Allert, Elisabeth Konau und Jürgen Krambeck, 1979: Die Methodologie einer „objektiven Hermeneutik" und ihre allgemeine forschungslogische Bedeutung in den Sozialwissenschaften. S. 352-434 in: Hans-Georg Soeffner (Hg.): Interpretative Verfahren in den Sozialwissenschaften. Stuttgart: Metzler.

Schütze, Fritz, 1978: Die Technik des narrativen Interviews in Interaktionsfeldstudien – dargestellt an einem Projekt zur Erforschung von kommunalen Machtstrukturen. Bielefeld: Universität Bielefeld. Fakultät für Soziologie, Arbeitsberichte und Forschungsmaterialien, Nr.1 (2.Aufl.).

Schütze, Fritz, 1983: Biographieforschung und narratives Interview. Neue Praxis. Kritische Zeitschrift für Sozialarbeit und Sozialpädagogik 13, 283-293.

Sommer, Regina, 1998: Lebensgeschichte und gelebte Religion von Frauen. Eine qualitativ-empirische Studie über den Zusammenhang von biographischer Struktur und religiöser Orientierung. Stuttgart: Kohlhammer.

Sabine Federmann

Was Kirche ist entscheide ich – Frauen in christlichen Gruppen

1. Frauen in den Kirchen und an deren Rändern

Frauen machen Kirche. Zwar werden nach wie vor die leitenden Ämter und Gremien von Männern dominiert, aber die nicht-erwerbsmäßige, freiwillige, zumeist als ehrenamtlich bezeichnete Arbeit an der Basis wird weitgehend von Frauen geleistet.[1] Gerade in diesen Bereichen aber lassen sich deutliche Veränderungen erkennen; Frauen, die bisher für alle möglichen anfallenden Aufgaben zur Verfügung standen, sind mit dieser Rolle als ‚Mädchen für alles' erkennbar unzufrieden (Hieber und Lukatis, 1994: 134f.). In den traditionellen Frauengruppen beider großen Kirchen gibt es Nachwuchssorgen. Bestehende Strukturen müssen sich mit dem Problem zunehmender Überalterung auseinandersetzen, jüngere Frauen lassen sich nicht mehr problemlos in die Systeme integrieren.[2]

Vor diesem Hintergrund ist es höchst interessant zu beobachten, daß einige Bereiche kirchlicher Frauenarbeit in den letzten Jahren und Jahrzehnten große Aufschwünge genommen haben. Seien es die in mittlerweile fast allen Gemeinden zahlreich vertretenen Mutter-Kind-Gruppen, regelmäßig stattfindende Yogaabende oder Selbstverteidigungskurse, hier kommen Frauen zusammen, und manche dieser Gruppen integrieren sich auch in das Gemeindeleben. Gemeinsam ist diesen Angeboten, daß ihr thematischer Schwerpunkt nicht im Bereich von Glaubensfragen oder christlicher Lebensgestaltung liegt.

Daneben gibt es aber auch eine Reihe von Projekten mit dezidiert christlich-religiösen Interessen und Ansätzen, die in den letzten zehn bis fünfzehn Jahren eine große Bedeutung gewonnen haben. In einer Untersuchung mittels teilnehmender Beobachtung und qualitativer Interviews habe ich jeweils eine

---

1 Diese häufig geäußerte Vermutung wird durch die Studie von Reihs über ehrenamtliche Arbeit in der bayerischen evangelischen Landeskirche gestützt (vgl. Reihs, 1995: 76f.; sowie Reihs in diesem Band).
2 Zwar hat die dritte EKD-Erhebung über Kirchenmitgliedschaft gerade auch für jüngere Frauen eine offensichtliche „Verknüpfung von familiärer und kirchlicher Gebundenheit" herausgearbeitet (Engelhard et al., 1997: 241f.), aber dies bedeutet natürlich keineswegs, daß sich die Frauen auch im innerkirchlichen Raum engagieren.

exemplarische Gruppe aus drei (west-) deutschlandweit expandierenden Strömungen christlich orientierter Frauenarbeit untersucht.

Im Blick auf die inhaltliche Ausrichtung dieser drei Projekte spannt sich dabei ein weiter Bogen von einem missionarisch-evangelikalen, über ein traditionell-kirchliches, ökumenisch konzipiertes Projekt bis hin zu feministisch engagierten Frauen und verdeutlicht so die Vielfalt und Unterschiedlichkeit der Engagementformen christlicher Frauenarbeit mit wachsendem Zulauf.

2. Drei Strömungen christlich orientierter Frauenarbeit

Bevor einige zentrale Ergebnisse der Studie in bezug auf die Frage nach ‚Frauen und Kirche' skizziert werden, sollen zunächst kurz die drei ausgewählten Strömungen vorgestellt werden. Mitte der 80er Jahre in der Schweiz entstanden ist das ‚Frühstücks-Treffen für Frauen' eine in vielen west- und ostdeutschen Städten anzutreffende Veranstaltung. Frauen aus verschiedenen christlichen Kirchen und Gemeinschaften bereiten mehrmals jährlich gemeinsam ein Frühstücks-Treffen vor, zu dem sie bis zu 800 Frauen in einer örtlichen Stadthalle oder einem renommierten Hotel versammeln können. Neben dem gemeinsamen Frühstück gehört ein Referat zu einem zumeist allgemein lebensgeschichtlich gehaltenen Thema zum festen Programmbestand. Gewöhnlich berichtet außerdem eine Frau von ihrem Leben mit dem christlichen Glauben. Ziel dieser Veranstaltung ist es, Frauen „die dem christlichen Glauben fernstehen" anzusprechen und letztlich in christliche Gemeinden zu führen (Zielsetzung und Richtlinie der Frühstücks-Treffen für Frauen in Deutschland e.V.).

Ganz andere Akzente setzt der Weltgebetstag der Frauen (WGT). Ende des letzten Jahrhunderts in den USA entstanden, wird er mittlerweile auf der ganzen Welt gefeiert. Jedes Jahr erhält ein Land die Aufgabe, eine liturgische Ordnung zu erstellen, die dann in den anderen Ländern übersetzt wird und deren theologische Implikationen und kulturelle wie soziale Hintergründe auf überregionalen und regionalen Tagungen in Deutschland erschlossen werden. In den letzten Jahren hat sich in vielen Gemeinden die Vorbereitung des WGT sowohl qualitativ als auch quantitativ intensiviert, so daß schließlich ökumenisch zusammengesetzte Gruppen von Frauen nach eingehender Vorarbeit jeweils am ersten Freitag im März einen gemeinsamen Gottesdienst feiern.

Neben diesen in sich jeweils institutionalisierten und hochgradig organisierten Formen christlich orientierter Frauenarbeit steht die z.T. nur durch lose Netzwerkstrukturen miteinander verbundene feministisch-liturgische Bewegung. Durchaus unterschiedlich zusammengesetzte Gruppen veranstalten

Frauengottesdienste, liturgische Feiern o.ä., mit dem Ziel, eine frauengerechte Theologie mit experimentellen Mitteln umzusetzen. Frauen sollen erkennen und erleben können, daß christlicher Glaube sie mit ihren Erfahrungen ernst nimmt und für ihr Leben eine Bedeutung haben kann.

In allen drei Strömungen finden sich engagierte Frauen zu Gruppen zusammen, die miteinander die jeweilige Veranstaltung vorbereiten, durchführen und andere Frauen dazu einladen. Das Interesse meiner Studie galt vornehmlich diesen engagierten, ehrenamtlich tätigen[3] und zumeist in ihrer jeweiligen Kirche oder Kirchengemeinde beheimateten Frauen. Bei allen Differenzen zwischen den Projekten lassen sich v.a. auf der strukturellen Ebene Gemeinsamkeiten aufzeigen, die trotz großer Unterschiede in den Inhalten auf grundsätzliche Tendenzen innerhalb christlich orientierter Frauenarbeit hinweisen. Um dies zu veranschaulichen, werden im folgenden vier Beobachtungen darzustellen sein, von denen sich die ersten beiden schwerpunktmäßig mit der selbstreflexiven Wahrnehmung der aktiven Frauen beschäftigen, während die letzten beiden einen konzeptionell-bewertenden Blick auf die untersuchten Gruppen und ihre Mitglieder werfen.

2.1 Projekt- und interessenbezogenes Engagement

Die Frauen engagieren sich in bestimmten, genau definierten Aufgabenbereichen und keineswegs wahllos oder bestimmt durch kirchlich-gemeindliche Notwendigkeiten. Der jeweilige inhaltliche Schwerpunkt ihres Projekts steht für sie im Vordergrund. Für dieses Projekt und seine Ziele sind sie dann bereit, organisatorische oder zuarbeitende Tätigkeiten auch in größerem Umfang zu übernehmen. Eine konstitutive Voraussetzung des Engagements ist für die meisten Frauen die Möglichkeit zur individuellen Auswahl der Mitwirkungsform nach ihren Fähigkeiten und Wünschen. Dabei sollen einerseits vorhandene Möglichkeiten optimal eingesetzt und ausgebaut, andererseits individuelle Entwicklungen, seien sie persönlichkeits- oder qualifikationsbezogen, ermöglicht werden.

„Die Bereitwilligkeit, was zu übernehmen und zu machen, die ist viel größer geworden ..., und die Ansprüche an mich, die ich selbst an mich habe, die werden auch größer. So vor'n paar Jahren hätt ich nie gesagt ich würde was frei lesen ... oder spielen." (Sigrid, feministische Gottesdienstgruppe)

Die meisten Interviews lassen erkennen, daß die Frauen sich vor dem Entschluß zur Mitarbeit genau über das Arbeitsfeld informiert haben, die Vor-

---

3 Der Begriff der ehrenamtlichen Arbeit ist höchst problematisch und umstritten. Viel angemessener wäre es, ein deutsches Äquivalent für das angelsächsische ‚volunteering' zu finden. In diesem Beitrag bleibe ich dennoch bei dem Ausdruck ehrenamtlicher Arbeit oder ehrenamtlicher Tätigkeit, da dies auch eine Selbstbezeichnung für die Tätigkeit der interviewten Frauen ist.

und Nachteile des jeweiligen Projekts mit denen anderer in Frage kommender Projekte verglichen und sich erst dann zum Engagement entschlossen haben. Dabei ist meist von vornherein Interesse an einer Schwerpunktsetzung möglichst in einem selbst zu verantwortenden Arbeitsbereich oder zumindest in Form einer selbstbestimmten Tätigkeit gegeben.

2.2 Grenzen ehrenamtlicher Einsatzbereitschaft

Das dezidierte und bewußt eingegangene Engagement der aktiven Frauen schlägt sich in einer zwar kritisch reflektierten, aber deutlich positiven Wertung der spezifischen ehrenamtlichen Arbeit nieder. Wo in anderen Bereichen kirchlich engagierte Frauen eine zunehmende Distanz zu nichterwerbsmäßiger, freiwilliger Arbeit entwickeln, sind die an den drei untersuchten Projekten beteiligten Frauen mit ihrer jeweiligen Tätigkeit weitgehend zufrieden und beurteilen den ehrenamtlichen Einsatz erstaunlich positiv. Dabei läßt sich durchaus ein Bewußtsein der Problematik ehrenamtlicher Arbeit nachweisen. So wird teilweise die mangelnde gesellschaftliche Anerkennung sehr deutlich gesehen oder die fehlende soziale Absicherung kritisiert, aber der Großteil der befragten Frauen empfindet die selbstgestellte Aufgabe als sinnvoll und persönlich bereichernd, so daß das Gesamturteil positiv ausfällt. Die individuelle Beurteilung des Engagements fällt dabei umso positiver aus, je besser es den Frauen gelingt, selbstgesetzte Grenzen einzuhalten und darin von anderen respektiert zu werden. Als Beispiel gelingender Grenzziehung sei eine Frau vom Frühstücks-Treffen für Frauen zitiert:

„Also beim Frühstücks-Treffen hat mir noch nie einer Druck gemacht ‚du müßtest mehr mitmachen', noch nie. Als ich gesagt habe ‚ich krieg jetzt ein Kind', da wollte ich meinen Posten ... räumen, da haben sie gesagt ‚ach Unsinn, dann kommst halt ein paar Mal nicht, aber bleib man schön dabei', und wenn ich sage ‚ich schaff das im Moment nicht, nen Gesprächskreis zu leiten', ja dann schaff ich's eben nicht." (Lore)

Wie negativ sich dagegen eine problematische Grenzziehung auswirkt, zeigt folgendes Beispiel:

„Schwierigkeiten gab's auch in der Zeit, wo gerade nicht viele Frauen für so'n Gottesdienst da waren und wo ich mich dann sehr unter Druck gesetzt fühlte, daß ich jetzt unbedingt so hätte was machen sollen und eigentlich gar nicht wollte." (Petra, feministische Gottesdienstgruppe)

Die meisten Frauen legen großen Wert darauf, sich nur so weit engagieren zu müsssen, wie sie selbst es möchten und für richtig erachten. Das Motto ‚Ehrenamt ja, aber nur soweit *ich* will' könnte über einer Reihe von Interviews stehen.

2.3 Überschreitung konfessioneller Grenzen

„Aber letztlich glauben wir ja an einen Gott, und das zählt mehr als alles, was uns bisher trennt." (Doris, Weltgebetstag)

Die meisten der interviewten Frauen haben ein deutliches Interesse an ökumenischer, die Konfessionen verbindender gemeinsamer Arbeit. Zwar haben alle Frauen eindeutige konfessionelle Bindungen und v.a. ein Bewußtsein ihrer konfessionellen Zugehörigkeit, aber dies führt meist nicht zur Abgrenzung gegen, sondern zur bewußten Zusammenarbeit mit Frauen anderer Konfessionen. Gerade das Bewußtsein der eigenen konfessionellen Identität motiviert Frauen zur Annäherung an andere Konfessionen. Manche Frauen fühlen sich geradezu als Avantgarde ökumenischen Miteinanders. So wird der entstehenden Gemeinschaft die Betonung des je individuellen Traditionshintergrundes untergeordnet.

Dabei fällt gerade an diesem Punkt die teilweise geradezu gegensätzliche inhaltliche Füllung des prinzipiell vertretenen Interesses auf. Während die Frauen des Weltgebetstags in ihrem Engagement ein Lernfeld ökumenischer Annäherung sehen und gerade durch das gemeinsame Projekt der Gottesdienstgestaltung, das stets die Auseinandersetzung mit theologischen Standpunkten einschließt, Differenzen überwinden wollen, betonen die Frauen des Frühstücks-Treffens ihr missionarisches Ziel auf der Grundlage des gemeinsamen Bekenntnisses zu Jesus Christus und halten alle Probleme theologischer Differenzen aus dem Projekt heraus. Im Sinne von Adiaphora sind unterschiedliche Interpretationen nicht wesentlich im Blick auf das gemeinsame Ziel. So kann das ergebnisorientierte, überkonfessionelle[4] Engagement sogar theologisch gedeutet werden:

„Manchmal denk ich, vielleicht nimmt man schon mal punktuell ein Stück Ewigkeit vorweg. In der Ewigkeit müssen wir auch mal mit den Baptisten und freien Gemeinden und mit denen, die die Frauen auf der Kanzel nicht wollen, auskommen." (Lore, Frühstücks-Treffen)

Gerade der ökumenische oder konfessionsübergreifende Charakter eines Projekts macht es für Frauen interessant, konfessionelle Engführung scheint eher abzuschrecken.

---

4 ‚Überkonfessionell' ist kein terminus technicus, sondern die Selbstbezeichnung für die konfessionsübergreifende Zusammenarbeit beim Frühstücks-Treffen für Frauen.

2.4 Kirche als negative Kontrastierung zum eigenen partikularen Projekt

Die befragten Frauen sind durchgehend als ‚kirchennahe', häufig auch in ihrer Ortsgemeinde aktive Frauen einzustufen. Vor diesem Hintergrund ist das deutlich negativ gezeichnete Kirchenbild in einer Vielzahl von Interviews bemerkenswert. Teilweise manifestiert sich dieses lediglich in abwertenden Randbemerkungen und Assoziationen, wie ‚unattraktiv', ‚kalte Bänke', ‚schiefe Orgel', ‚dünner Gesang', ‚traditionell'. Teilweise läßt sich aber auch dezidierte Kirchenkritik finden. Da kritisieren Frauen des Frühstücks-Treffens nach dem Motto ‚in der Volkskirche ist ja alles erlaubt' eine fehlende moralisch-ethische Richtungsweisung, und von feministischen Frauen wird die geringe Beteiligung von Frauen in kirchenleitenden Ämtern kritisiert oder mangelnde Toleranz gegenüber Lesben und Schwulen beklagt.

Ein zentraler Punkt der Kritik sind die Amtsträger und Amtsträgerinnen. Geringes Interesse an Frauenarbeit im allgemeinen, wenig religiöse Vermittlung sowie der fehlende Bezug zur Lebenswelt von Frauen sind immer wieder angeschnittene Themen. Besonders deutlich wird diese Form der Kritik dann, wenn Frauen in direktem Zusammenhang mit ihrem Engagement bei dem jeweiligen Projekt mit Priestern, Pfarrern oder Pfarrerinnen zusammenarbeiten müssen.[5] Erfahrungen von Bevormundung und unbefähigter Einmischung werden dann sichtbar:

„Wenn dann der evangelische Pastor zunächst sagt, ‚was die da für komische Lieder aussuchen, die kann ja kein Mensch singen, ich hab in meiner Pfarrherrlichkeit beschlossen, andere auszusuchen, wenn se die nicht können, ist nicht so schlimm, da spielt die Orgel mit'. Dann sagt der katholische Priester, ‚ja zu dem Thema kann ich nicht viel sagen, hab ich mich nicht mit beschäftigt', dann ist man doch erst sehr frustriert." (Anna, Weltgebetstag)

Bei dem gezeichneten Kirchenbild kommt es zu einer regelrechten Gegenüberstellung: der Kirche allgemein werden negative Attribute zugeordnet, einzelne Kreise und Gruppen, v.a. aber das jeweils zentrale Projekt werden positiv dazu kontrastiert. So wird die negative Kirchensicht in Abgrenzung zum eigenen partikularen Projekt entwickelt. Inhalt und Form der eigenen Gruppe auf eine breitere Basis gestellt ergäbe eine Kirche, in der sich die Frauen wohl fühlten. Die eigene Gruppe wird so zum Idealbild der Kirche.

---

5 In allen drei untersuchten Gruppen arbeiten ehrenamtlich aktive Frauen autonom zusammen, d.h. ohne direkte Beteiligung hauptamtlicher Kräfte. Gerade aber beim Weltgebetstag schalten sich in manchen Gemeinden die örtlichen Amtsträger in den Gottesdienstverlauf ein, so daß einige der interviewten Frauen aus anderen Gruppen oder vergangenen Jahren von solchen Erfahrungen zu erzählen haben.

3. Resümee

Die vorliegende qualitative Untersuchung zu exemplarischen Projekten christlich orientierter Frauenarbeit zeigt deutlich, daß sich in den letzten Jahren und Jahrzehnten neue, sehr unterschiedliche, innovative Formen kirchlicher Arbeit von, mit und für Frauen entwickelt haben. Es gibt durchaus ein lebhaftes Interesse an Formen religiöser Auseinandersetzung bzw. religiös orientierter Lebens- oder Freizeitgestaltung.

Für die christliche Praxis gilt es jedoch, die sich wandelnden Rahmenstrukturen sowie spezielle inhaltliche Schwerpunktsetzungen zu beachten. Frauen engagieren sich in bestimmten, meist eindeutig definierbaren Aufgabenbereichen, die zudem häufig in enger Verbindung zur jeweiligen Lebenssituation oder grundlegenden Glaubens- und Lebenseinstellungen stehen. Zur Aktivierung der Engagementsbereitschaft ist dabei ein institutionalisierter kirchlich-konfessioneller Rahmen von absolut untergeordneter Bedeutung. Entscheidend ist die individuelle Interessenlage, deren Paßgenauigkeit sich in der Intensität der Mitarbeit wie auch dem Identifikationsgrad der einzelnen Frau gegenüber ‚ihrem' Projekt ausdrückt. So unterschiedlich die dargestellten Projekte christlich orientierter Frauenarbeit auch sind, eines haben sie gemeinsam: hier versammeln sich Frauen, die zu einem zumeist intensiven Engagement bereit sind.

Mit Blick auf die Großkirchen zeigt sich aber auch, daß gerade hoch engagierte Frauen aus ihrer eigenen Geschichte heraus einen kritischen Blick auf die Institutionen und deren traditionelle Praxis werfen. Die Zentrierung des Engagements auf bestimmte Projekte ist dabei allerdings nicht als Rückzug aus den Kirchen zu werten, sondern vielmehr als Zeichen individuell motivierter Reformbestrebungen zu verstehen. Frauen schaffen sich ihre Räume und erwarten von den Kirchen, daß sie wahrgenommen und ihre Ideen und Anfragen aufgenommen werden.

Literatur

Engelhardt, Klaus, Hermann von Loewenich und Peter Steinacker, 1997: Fremde Heimat Kirche. Die dritte EKD-Erhebung über Kirchenmitgliedschaft.. Gütersloh: Gütersloher Verlags-Haus.

Hieber, Astrid und Ingrid Lukatis, 1994: Zwischen Engagement und Enttäuschung: Frauenerfahrungen in der Kirche. Hannover: Lutherisches Verlagshaus.

Reihs, Sigrid, 1995: Im Schatten von Freiheit und Erfüllung: Ehrenamtliche Arbeit in Bayern. Bochum: SWI-Verlag.

Sigrid Reihs

Zur Motivation ehrenamtlicher Mitarbeiterinnen und Mitarbeiter in der Kirche

In diesem Beitrag soll gezeigt werden, welche lebensgeschichtlichen Voraussetzungen ein ehrenamtliches Engagement in der Kirche ermöglichen. Insbesondere soll die Frage berücksichtigt werden, ob sich in dieser Hinsicht bei Männern und Frauen Unterschiede ergeben. Als empirische Grundlage dienen die Ergebnisse einer von mir durchgeführten Befragung von ehrenamtlichen Mitarbeiterinnen und Mitarbeitern in der Evangelischen Kirche von Hessen und Nassau.

1. Die Interviewmethode

1.1. Die Auswahl des Samples

Mit vierzehn ehrenamtlichen Mitarbeiterinnen und sechs ehrenamtlichen Mitarbeitern aus dem Bereich der Evangelischen Kirche in Hessen und Nassau wurden 1995 narrative biographische Interviews geführt. Die Auswahl der Befragten zielte darauf ab, Ehrenamtliche zu gewinnen, die sich in der Entwicklung und in den Sinnorientierungen ihres Engagements unterscheiden. Der Auswahlprozeß erfolgte in Anlehnung an das von Glaser und Strauss formulierte „theoretical sampling": „Theoretical sampling is the process of data collection for generating theory whereby the analyst jointly collects, codes and analyzes his data and decides what data to collect next and where to find them, in order to develop his theory as it emerges."(Glaser und Strauss, 1967: 45)

Um GesprächspartnerInnen für die Untersuchung zu finden, gab es von der „Arbeitsstelle Frauen in der Kirche der EKHN" eine umfangreiche Namensliste von Gemeindepfarrerinnen und Gemeindepfarrern im gesamten Gebiet der EKHN. In Telefongesprächen mit ihnen erbat ich eine Reihe von

Namen ehrenamtlicher Mitarbeiterinnen und Mitarbeitern aus den jeweiligen Gemeinden. Aus der Liste dieser ehrenamtlichen Mitarbeiter und Mitarbeiterinnen suchte ich dann per Zufallsverfahren die Personen aus, mit denen ich ein Interview führen wollte.

1.2. Die Gewinnung der Daten

In ersten telefonischen Kontakten wurden die Interessenten über Inhalt und Zielsetzung der Untersuchung „Zur Motivation ehrenamtlicher Mitarbeiter und Mitarbeiterinnen in der Kirche" informiert. Waren sie dann zu einem Interview bereit, wurden sie um ihre Einwilligung zur Aufzeichnung des Gesprächs auf Tonband gebeten. Die Interviews dauerten zwischen eineinhalb und drei Stunden.

1.3. Die Interviewanalyse

Nachdem die Tonbandprotokolle insgesamt transkribiert waren, erfolgte die Auswertung Interviews in fünf Analyseschritten.[1]

I. Zunächst werden die einzelnen biographischen Daten (z.b. Geburt, Anzahl der Geschwister etc.) unter Berücksichtigung möglichst präziser Kenntnisse über die jeweilige Gesellschaft, die historischen Abläufe und entwicklungspsychologische Dynamiken in der zeitlichen Abfolge der Ereignisse im Lebenslauf analysiert.

II. Im zweiten Auswertungsschritt, der Text- und thematischen Feldanalyse, wird die erzählte Lebensgeschichte in der vom Biographen präsentierten zeitlichen und thematischen Abfolge mit dem Ziel analysiert, die biographische Gesamtsicht der BiographInnen zu rekonstruieren. Die Auswahl der erzählten Geschichten geschieht nach einem bestimmten Mechanismus. Es geht also um die Art und Funktion der Darstellung und nicht um die biographische Erfahrung als solche.

III. Im dritten Auswertungsschritt, der Rekonstruktion der Fallgeschichte, werden die biographischen Daten mit den Selbstdeutungen des/der Biografen kontrastiert. Anhand der Unterschiede zwischen der Chronologie der biographischen Daten und den von den BiographInnen vorgenommenen thematischen Verknüpfungen, wird die Struktur des Falles rekonstruiert.

IV. Mit der Feinanalyse einzelner Textstellen werden die bisherigen Hypothesen überprüft, was auch die ‚Entdeckung' bisher unerklärter Mechanismen und Regeln der Fallstruktur einschließt.

---

[1] Ich beziehe mich hier auf die von Rosenthal (1995) sowie Fischer-Rosenthal und Rosenthal (1997) entwickelte Analysemethoden zum Umgang mit biographischen Selbstbeschreibungen.

V. Die rekonstruktive Analyse mehrerer Fälle wird abschließend zu Typen verdichtet. Die Typen sind einerseits als Realtypen aus den Fallrekonstruktionen gewonnen. Ihre Benennung und Akzentuierung richtet sich weiter nach dem jeweils konkreten Forschungsinteresse und den angezielten gesellschaftlichen Bereichen und soziologischen Grundfragen.

1.4. Zur Reichweite der Ergebnisse

Da es sich hier um ein hermeneutisches Verfahren handelt, geht es auch nicht um Repräsentativität. Es wird mit diesem Verfahren vielmehr rekonstruiert, welche Möglichkeiten innerhalb der Gruppe der Ehrenamtlichen in der Kirche existieren, sich Religion und Kirche anzueignen. Die Einbettung der religiös-kirchlichen Karriere als Ehrenamtliche in einen kirchenpolitischen Kontext, zu dem die grundlegende Frage nach der Neustrukturierung der Kirche insgesamt gehört, ist vielleicht ‚einmalig situationsspezifisch'. Spätere Untersuchungen müßten zeigen, ob mit einer Veränderung dieser Situation diese Ergebnisse sich verändern.

2. Fallinterpretationen und Typologie

2.1. Frau A: Ehrenamtliche Mitarbeit in der Kirche als Ersatz für eine eigene Berufskarriere

Für diese Frau[2] hängt der Beginn der ehrenamtlichen Arbeit in der Kirche stark mit der eigenen Qualifikation durch eine gute Schul- und Berufsausbildung zusammen.[3] Sie nennt die einzelnen Stufen ihres schulischen und beruflichen Werdegangs als Voraussetzung ihres ehrenamtlichen Engagements. Die deutlichen Signale, die sie als intellektuelle und soziale Aufsteigerin charakterisieren, betonen, wie sehr sie ihr ehrenamtliches Engagement in diesem Zusammenhang sieht.

---

2 Frau A ist 1931 geboren und in einer Kleinstadt in der Nähe von Hannover als Tochter von Bauern aufgewachsen.
3 Sie hat das Gymnasium besucht. Neben dem damit verbundenen sozialen Aufstieg deutet dies daraufhin, daß sie für ein Mädchen ihrer Generation eine überdurchschnittlich gute Schulausbildung bekommen hat, die sie fortführt, indem sie ein geisteswissenschaftliches Studium aufgreift, um Lehrerin zu werden. Sie wählt in diesem Aufstiegsmilieu einen typischen akademischen Frauenberuf. Bis in die Gegenwart hinein gilt, daß Frauen sich u.a. in den Lehramtsstudienfächern konzentrieren.

„Und es war für mich gar nich so einfach, den Beruf aufzugeben, weil ich ja, 's- die ganze Zeit mir überlegt hatte das=is=ja- könnte ja ganz spannend sein und ich hatte auch, immer ganz guten Kontakt z=zu, Schülerinnen und',......ich hab dann auch gedacht äm, warum soll ich jetzt nich mal, v=versuchen: als Pfarrfrau, zu leben=n, s- ich kenn das gar nich, und das hat mich in Frankfurt gelockt."

Die eigene Berufsaufgabe wird als entscheidender Grund für ihr ehrenamtliches Engagement in der Kirche – als Pfarrfrau – benannt.[4] Für sie ist es wichtig, ihre ursprünglich andere Lebensplanung zum Ausdruck zu bringen. Die allgemein geltende Regelung zu diesem Zeitpunkt, daß die Ehefrau eines Pfarrers keinen eigenen Beruf ausüben soll, rechtfertigt die Veränderung.

Die Entscheidung für ein ehrenamtliches Engagement in der Kirche ist sehr stark in diesen Zusammenhang eingewoben. Sie zieht eine ehrenamtliche Tätigkeit in dem Augenblick in Erwägung, als ihr eine eigene Berufskarriere nicht mehr möglich scheint. Dabei ist es für diese Frau wichtig, daß es sich bei ihrem ehrenamtlichen Tätigkeitsbereich um eine sehr qualifizierte Arbeit wie z.b. die Telefonseelsorge (vgl. Unterste, 1982: 19ff.) handelt, mit der sie an ihren ursprünglichen Lebenszielen – nämlich eigenständig und selbstbewußt zu sein – anknüpfen kann.

Die Kirche als die Rahmeninstitution, in der dieses Engagement stattfindet, wird nur am Rande erwähnt. Es gibt nur wenige Hinweise auf andere Personen, die für sie in diesem Zusammenhang wichtig waren. Besondere Bedeutung kommt vor allem der eigenen Leistungsfähigkeit zu.

Für eine Frau, die einerseits an einem emanzipierten Leben interessiert ist, in dem sie ihren sozialen und intellektuellen Aufstieg aus ihrem Herkunftsmilieu verwirklichen kann, und die andererseits unter dem Druck traditioneller Rollenvorstellungen an eine Frau steht, ist die ehrenamtliche Arbeit in der Kirche ein öffentlich akzeptierter Weg, beides miteinander zu verbinden. Sie ist eine Chance, ihre eigentliche Orientierung an einer Berufskarriere nicht aufgeben zu müssen.

Interessant ist, daß sie keine Art von religiöser Praxis erwähnt. Der christliche Glaube oder bestimmte kirchliche Traditionen werden nicht ausdrücklich erwähnt. Für sie bedeutet das ehrenamtliche Engagement in der Kirche offensichtlich eine Distanzierung von den entsprechenden traditionellen Inhalten und Praktiken. Auf der anderen Seite vermittelt der Rahmen der konkreten ehrenamtlichen Arbeit offensichtlich die direkte Erfahrung christlicher Inhalte, so daß diese Bindung über einen langen Zeitraum Bestand hat.

Die konkrete ehrenamtliche Arbeit in der Kirche bedeutet für diese Frau einen eigenständigen Karriereweg. Ihren Wunsch nach einem emanzipierten

---

4 Diese biographische Entwicklung ereignet sich Ende der fünfziger Jahre, als es der allgemeinen Familienideologie entsprach, daß verheiratete Frauen nicht berufstätig sind. Dies galt insbesondere für Frauen von Pfarrern, die einen Antrag bei der Kirchenleitung stellen mußten, wenn sie berufstätig sein wollten.

Leben kann sie befriedigen, ohne sich in einen Konflikt mit der Institution Kirche begeben zu müssen.

Indem die Kirche ehrenamtliche Arbeitsfelder zur Verfügung stellt, mit denen das Bedürfnis von Frauen nach eigenständiger, qualifizierter und anerkannter Arbeit verwirklicht werden kann, trägt sie zum ‚Heilwerden' dieser Frauen bei. Mit ihrem ehrenamtlichen Engagement übernehmen sie wieder Verantwortung für ihr eigenes Leben. Sie tun dies, indem sie ihre eigenen Wünsche und Bedürfnisse nach Qualifikation und öffentlicher Anerkennung deutlich aussprechen und ernst nehmen.

Außerdem wird bei diesem Typ deutlich, daß die ehrenamtliche Arbeit in der Kirche ihnen ermöglicht, die Lebenssituation von Frauen in der Kirche und allgemein in der Gesellschaft kritisch zu reflektieren. Ihr Leben erscheint ihnen nicht länger als Schicksal, sondern eingebettet in einen bestimmten sozio-historischen Kontext. Persönliche Defiziterfahrungen werden nicht länger ausschließlich als individuelle Probleme angesehen, sondern auch als strukturelle.

2.2. Frau B: Ehrenamtliche Mitarbeit in der Kirche als Akt der Emanzipation von der Mutterrolle

Für diese Frau[5] steht der Beginn ihrer ehrenamtlichen Arbeit in der Kirche in direktem Zusammenhang mit ihrer Rolle als Mutter[6]. Sie erzählt ausführlich, wie sie ihren Partner kennengelernt hat, den Verlauf der Schwangerschaften, die Geburt und Entwicklung der Kinder.[7] Diese weit über das erwartbare Maß hinausgehenden Hinweise auf ihre Existenz als Familienfrau betonen, wie sehr ihr ehrenamtliches Engagement in diesen Kontext gehört.

„Also ich hatte - ich=hab=ja=erzählt, daß ich drei Fehlgeburten hatte, und ich hab, äm - nach der (2) dritten Fehlgeburt (langsam, nachdenklich)-, den Frauenarzt gewechselt. und. äm hab dann jemanden kennengelernt, der: -also mm der wurde meinem Mann empfohlen –. Der Weg ist egal, auf jeden Fall hat der, sich ganz viel Zeit für mich genommen, und hat mir viele Beispiele erzählt, in welch schwierigen Situationen äh er Frauen schon erlebt hat und wie: Frauen damit umgegangen sind. Und äm, welche Erfahrungen er da so in diesem Ganzen hatte und auch welche Anstöße er gegeben hat, und dann hat der, als ich mit Rebekka schwanger war, hat er nur immer wieder gesagt äm, Sie müssen das selber wissen. Wenn Sie das Gefühl haben, Sie wollen sich da jetzt lieber drauf konzentrieren, dann gebe ich Ihnen ein Attest, ein Arbeitsunfähigkeitsattest."

---

5   Frau B ist 1950 geboren. Sie wächst als älteste Schwester von zwei Brüdern in einem kleinen Ort im Rhein-Main-Gebiet auf, wo ihre Eltern einen Bauernhof betreiben.
6   Da sie Anfang der achtziger Jahre heiratet, ist davon auszugehen, daß es von vornherein in der Partnerschaft einen starken Kinderwunsch gab, denn in der modernen Gesellschaft bleiben diejenigen, die keine Kinder möchten, weitgehend ledig (Schneider, 1996: 130).
7   Hier spiegelt sich wider, was den allgemein geltenden gynäkologischen Umgangsformen mit Frauen entspricht, die eine oder mehrere Fehlgeburten hatten. Schwangerschaften werden dann als hohes Risiko betrachtet (Schücking, 1994).

Ausführlich werden die Probleme mit den Schwangerschaften geschildert, um die „Arbeitsunfähigkeit" zu rechtfertigen. Es scheint für sie notwendig, den schwierigen Weg zur Mutterschaft nachzuzeichnen. Dies hängt mit der Vorstellung von Familiengründung als Zweck der Ehe und dem für die Biographin offensichtlich unbewußt geltenden Maßstab, daß Schwangerschaft und Erwerbsarbeit nicht zusammengehen, zusammen (vgl. Reichle, 1996: 74f.).

Die Entscheidung für ein ehrenamtliches Engagement in der Kirche ist für diese Frau konstitutiv mit ihrem Muttersein verbunden. Sie beginnt damit, als sie in einen subjektiv empfundenen Konflikt zwischen Muttersein und den Anforderungen der Erwerbsarbeit gerät. Sie wendet sich damit einer Arbeitsform zu, in der die Erstrangigkeit ihrer Verantwortung als Mutter nicht zur Debatte steht. Dabei ist es für sie wichtig, daß es sich um eine ehrenamtliche Tätigkeit handelt, mit der sie an ihre beruflichen Qualifikationen anknüpfen kann ebenso wie an ihre Verantwortung für Kinder (vgl. Wessels, 1995: 87). Insofern verstärkt sie durch diese Entscheidung ihr Muttersein.

Die Kirche als der Rahmen, in dem sich dieses ehrenamtliche Engagement ereignet, wird deutlich thematisiert. Hier tauchen andere Personen auf, die sowohl ihre Entwicklung hin zur Mutterschaft als auch den Beginn des ehrenamtlichen Engagements prägen.

Für eine Frau, die ihr gegenwärtiges Leben als Mutter nicht im Streit mit den Anforderungen der Erwerbsarbeit führen möchte, ist die ehrenamtliche Arbeit in der Kirche eine gute Möglichkeit des Ausgleichs. Sie ermöglicht ihr, ihre individuelle Verantwortung als Mutter in den größeren sozialen Zusammenhang der Gemeinde zu stellen.

Es ist interessant, daß sie im Zusammenhang ihrer konkreten ehrenamtlichen Arbeit im Kindergottesdienst über Erfahrungen mit Sinnfragen erzählt. Mit ihrem ehrenamtlichen Engagement kann sie anscheinend eine eigene Sensibilität für entsprechende Themen in ihr Leben integrieren. Auf der anderen Seite vermittelt ihr die konkrete ehrenamtliche Arbeit ein Gefühl von professioneller Kompetenz und entsprechender öffentlicher Anerkennung.

Die ehrenamtliche Arbeit in der Kirche ist auch für diesen Typ ist in erster Linie ein Weg, um öffentlich anerkannt und sichtbar Mutter zu sein. Im Rahmen ihres ehrenamtlichen Engagements in der Kirche wird diese typische ‚Frauenarbeit' deutlich aufgewertet, ohne deshalb die damit einhergehende klassische Rollenzuweisung zu kritisieren.

Indem die Kirche für Frauen ehrenamtliche Arbeitsfelder zur Verfügung stellt, die gerade in der Phase der Familienorientierung dies als Kompetenz dieser Frauen abruft, trägt sie zur ‚Ausgeglichenheit' dieser Frauen bei. In ihrem ehrenamtlichen Engagement erleben sie sich als kompetent und erfolgreich. Sie lösen damit den Konflikt, in den sie aufgrund der gesellschaftlichen Rahmenbedingungen bei dem Versuch, Beruf und Familie zu vereinbaren, geraten sind.

Die Erfahrungen mit der ehrenamtliche Arbeit in der Kirche sind für sie die Grundlage, auch in anderen Lebensbereichen aktive Gestaltungswege zu beschreiten. Die gesellschaftlichen Rahmenbedingungen werden zwar nicht unterschätzt, aber auch nicht übermächtig erlebt. Dem durch sie ausgeübten Druck setzen sie sich nicht auf Dauer aus, sondern sie versuchen ihn zu umgehen.

2.3. Herr C: Ehrenamtliche Mitarbeit in der Kirche als Ersatz für familiäre Geborgenheit

Für diesen Typ[8] steht sein kontinuierliches ehrenamtliches Engagement in der Kirche von Jugend an im Mittelpunkt. Er erzählt detailliert, wie sein ehrenamtliches Engagement als Jugendlicher begonnen hat[9] und in welchen Phasen es sich bis in die Gegenwart entwickelt hat. Die ausführliche Darstellung des jeweiligen kirchlichen Rahmens macht deutlich, daß Kirche und Religion für ihn ein zentrales Thema seines Lebens sind.

Die Selbstdarstellung beginnt mit einer ausführlichen Erzählung seiner ersten Begegnung mit dem CVJM.

„Ja mich hat schlicht und einfach n Klassenkamerad angesprochen hör mal ich bin da drin im CVJM äh wir haben da- machen da dufte Arbeit wir machen mal das und jenes Geländespiel Zeltlager äh Sport, äh=äh Vorträge und so wir sind viel unterwegs hast nit Lust mitzukommen, und das hat er nich locker gelassen einfach mehrfach angefragt und, hat dann irgendwann g=sagt das is Freitags, und da gehst du mal mit ich hol dich mal ab, oder du kommst ne: du kommst mal dahin vielleicht war das schwerer deshalb. Und äh so hat sich das einfach über ständiges Wiederholen und über begeistertes Erzählen, äh eines Teilnehmers, ergeben."

Es wird ausführlich erzählt, wie intensiv ein anderer Mensch um ihn geworben hat, damit er sich entschließt. Dabei haben Religion und Kirche keine explizite Rolle gespielt. Anscheinend ist es für ihn wichtig, seine damals deutliche Distanz gegenüber der Kirche zu betonen. Dies hängt anscheinend mit der geltenden Regel von einer schon in der Familie geprägten kontinuierlichen Kirchennähe zusammen. Der Biograph macht deutlich, daß am Beginn seines Lebens in der Kirche diese Regel für ihn nicht zutraf, womit er gleichzeitig zeigen kann, wie besonders sein Weg ist. Unbewußt scheint für ihn zu gelten, daß eine fehlende kirchliche Prägung durch das Elternhaus eine Beteiligung am kirchlichen Leben erschwert bzw. unmöglich macht.

---

8 Herr C ist 1951 geboren. Er wächst als mittleres Kind zwischen zwei Schwestern in Darmstadt auf, wo seine Eltern in einfachen Verhältnissen leben.
9 Er wird Mitglied im CVJM, der u.a. zu diesem Zeitpunkt dadurch gekennzeichnet ist, daß es sich um eine reine Jungengruppe handelt, in der er seine typisch männliche Geschlechtsrolle ausprägen kann.

Die Entscheidung für ein ehrenamtliches Engagement in der Kirche ist für diesen Mann konstitutiv mit diesem Kontext verbunden. Er beginnt mit seinem ehrenamtlichen Engagement in der Kirche bald nach seiner ersten intensiven Begegnung mit der kirchlichen Arbeit. Damit wendet er sich einem Milieu zu, das ihm von seinem familiären Hintergrund eher fremd ist.[10] Er entscheidet sich damit für einen im Blick auf seine Herkunftsfamilie eigenen Bereich. Dabei ist es für ihn wichtig, daß es sich um eine ehrenamtliche Tätigkeit handelt, mit der er sich deutlich von seinem familiären Leben distanziert und an eine besondere Begabung anknüpfen kann.

Der religiös-kirchliche Rahmen wird ausdrücklich angesprochen. Es ist immer wieder durch andere Personen charakterisiert, die sowohl seine biographische Entwicklung als auch die Entwicklung seines ehrenamtlichen Engagements prägen. Diesen persönlichen Beziehungen kommt große Bedeutung zu.[11]

Es wird deutlich, daß für einen Mann, der in der Jugend außerhalb der eigenen Familie nach emotionaler Geborgenheit sucht, die ehrenamtliche Arbeit in der Kirche Sicherheit bietet.[12] Sie ist eine kontinuierliche lebensbegleitende Größe, die alle übrigen Lebenskrisen und Veränderungen ausgleicht.

Interessant ist, daß gerade im Zusammenhang mit der christlichen Lebenspraxis außerhalb seines Ehrenamtsbereiches immer wieder von Konflikten die Rede ist.[13] Für ihn bedeutet das ehrenamtliche Engagement in der Kirche anscheinend einen Weg, sich von einer bestimmten christlichen Lebenspraxis mit ihren strengen moralischen Grundsätzen zu distanzieren. Auf der anderen Seite vermittelt die konkrete ehrenamtliche Arbeit ihm ein Zugehörigkeits- und Gemeinschaftsgefühl, was eine direkte Erfahrung christlicher Inhalte bedeutet.

Die konkrete ehrenamtliche Arbeit in der Kirche bedeutet für diesen Typ eine eigenständige Form christlicher Lebenspraxis. Sein Bedürfnis, unabhängig und erfolgreich als Mann zu arbeiten, kann er verwirklichen, ohne auf das Gemeinschaftserlebnis verzichten zu müssen.

---

10 Er erlebt im CVJM etwas anderes als in der Familie, wo er seine Identität als Junge zwei Schwestern gegenüber ausprägen muß.
11 In der Phase seiner Pubertät trennen sich seine Eltern. Unter den gesellschaftlichen Bedingungen der sechziger Jahre handelt es sich dabei um ein ungewöhnliches Ereignis, das im sozialen Umfeld Aufsehen erregt. Im übrigen dürfte sowohl die wirtschaftliche Lage der Familie als auch die emotionale Geborgenheit für die Kinder beeinträchtigt sein (vgl. Oerter, 1987: 100; dort werden eine Reihe von Forschungsergebnissen zur Auswirkung von Ehescheidungen auf Kinder referiert).
12 Sighard Neckel (1991) hat nachgewiesen, daß Scham bei persönlichem Wertverlust, wie es die Trennung der Eltern für einen Jugendlichen unter den gesellschaftlichen Bedingungen der sechziger Jahre sein dürfte, auftritt. Diese mangelnde Selbstachtung setzt besonders leicht an der Klassen- und Geschlechtsidentität an.
13 Es werden an ihn in dem jeweiligen Gruppenkontext noch weitere Erwartungen gestellt, die er nicht erfüllt.

Indem die Kirche ehrenamtliche Arbeitsfelder zur Verfügung stellt, die Männern die Möglichkeit zu eigenständigem und anerkanntem Engagement geben, trägt sie zur ‚Heilung' dieser Männer bei. In ihrem ehrenamtlichen Engagement erleben sie Erfolg und Autonomie. Das Ehrenamt in der Kirche kann diese Funktion bei diesem Typ gerade deshalb wahrnehmen, weil es damit nicht im Widerspruch zu einem konventionellen Männerbild steht und gleichzeitig die persönlichen Bedürfnisse nach Geborgenheit bzw. Gemeinschaft befriedigt.

Die Erfahrungen von persönlicher Stärke in der ehrenamtlichen Arbeit sind die Voraussetzung dafür, auch in anderen Lebensbereichen eigene Gestaltungswege zu gehen. Das Leben erscheint immer weniger durch die Herkunftsprägungen bestimmt und immer mehr durch eigene Praxis veränderbar.

2.4. Herr D: Ehrenamtliche Mitarbeit in der Kirche als Möglichkeit verantwortungsbewußter Wertevermittlung

Für diesen Typ[14] steht der Beginn der ehrenamtlichen Arbeit in der Kirche in direktem Zusammenhang mit der Entwicklung der eigenen Familie. Er schildert recht präzise, wie das Wachsen der eigenen Familie zu seinem ehrenamtlichen Engagement geführt hat. Die deutliche Betonung seiner Rolle als Elternteil zeigt, wie stark Kirche und Religion für ihn in diesem Kontext existieren.

„Na ja gut, man hat eben, da vorher schon. ja wenn= wenn hier irgendwas hier in der Gemeinde gemacht wurde, halt geholfen oder sich auch gesagt Ja okay, wir machen mit. Wir helfen da, aufräumen aufbauen, Also das-, oder wenn im Kindergarten mal irgendwas war. und=äh-, Ja gut, und dadurch daß, eben von, wie gesagt von zwei Elternteilen die, eben auch zum Teil, im Kirchenvorstand tätig sind, und die mit unsern eben da, sehr engen Kontakt hatten, Und dann, ka:m das eben auch auf, Ja:; es fehlte eh noch jemand Es sind auch zwei ausgestiegen, Jetzt mußte irgendwo wieder dringend, Ersatz geschaffen werden, und=äh, Da wurd man dann eben doch noch, direkter drauf angesprochen und, Da fing eigentlich der ganze Überlegungsprozeß dann doch'an daß man gesagt hat Ne: also eigentlich, Du willst ja auch ja? Und immer nur nehmen?, Das kannst du irgendwo auch schlecht Also irgendwo muß man dann auch mal sagen, Man muß sich da auch selber. ja: auch n bißchen, engagieren, um das Ganze vielleicht, ja aufrecht zu erhalten und vielleicht auch n bißchen weiter zu bringen. Man ist zwar nur n Teil davon aber ich denk, daß man da trotz alledem so seinen. also, seinen Akzent letztendlich da irgendwo auch, mitreinbringen kann, wenn man das möchte ja."

Es wird ausführlich geschildert, daß sein ehrenamtliches Engagement in der Kirche auf rationale Überlegungen zurückzuführen ist. Kirche und Religion werden dabei nicht ausdrücklich erwähnt. Für ihn ist es eher wichtig, sein Ringen mit den unterschiedlichen Argumenten, die für ein solches Engage-

---

14 Herr D ist 1955 geboren. Er wächst als mittleres Kind zwischen zwei Brüdern in einer Flüchtlingsfamilie, die aus Schlesien stammt, in Darmstadt auf.

ment sprechen, zum Ausdruck zu bringen. Anscheinend gibt es für ihn bestimmten ethische Werte, die er durch seine ehrenamtliche Mitarbeit verwirklichen kann.

Die Entscheidung für ein ehrenamtliches Engagement in der Kirche ist für diesen Mann konstitutiv mit diesen Wertvorstellungen verbunden. Er beginnt sein Engagement nach einer direkten persönlichen Anfrage. Er wendet sich einem Bereich zu, zu dem er durch seine Kinder schon eine Beziehung hat. Insofern verstärkt er mit dieser Entscheidung seine Familienverantwortung.

Der religiös-kirchliche Rahmen wird implizit angesprochen. Andere Personen tauchen ebenso wie die Reflexion ethischer Grundsätze auf. Dieser gemeinsamen ethischen Reflexion kommt eine entscheidende Bedeutung zu.[15]

Für einen Mann, der sein Handeln sowohl an seiner Verantwortung für die Familie wie auch nach rationalen und ethischen Kriterien ausrichten möchte, bietet die ehrenamtliche Arbeit in der Kirche einen guten Anknüpfungspunkt, beides miteinander zu verbinden. Sie ist eine Möglichkeit, die individuelle Familienorientierung in einen größeren geneaologischen Zusammenhang zu stellen.

Interessant ist, daß er den Sinn seiner Teilhabe an der kirchlichen Praxis als Mitgestaltung eines größeren Ganzen versteht. Mit dem ehrenamtlichen Engagement in der Kirche kann er sich offensichtlich von einem egoistischen Lebenskonzept zugunsten eines sozialen distanzieren.

Die ehrenamtliche Arbeit in der Kirche ist für diesen Typ ein Weg seine ethisch-moralischen Überzeugungen zu verwirklichen, ohne in Konflikt mit den Kriterien seiner übrigen Lebensbereiche zu geraten.

Indem die Kirche ehrenamtliche Arbeitsfelder zur Verfügung stellt, die die Möglichkeit bieten, etwas Sinnvolles zu tun, das nicht den Kriterien von Effektivität unterworfen ist, werden die unterschiedlichen Anforderungen harmonisiert. Mit ihrem ehrenamtlichen Engagement können sie den Teil ihrer Überzeugungen verwirklichen, der sonst kaum berücksichtigt wird.

Die Teilhabe an der ehrenamtlichen Arbeit in der Kirche ist für sie die Voraussetzung, die Frage nach dem Sinn des Lebens überhaupt zu stellen. Die sonst oftmals geltenden Kriterien verlieren an Bedeutung und werden in ihrer Gültigkeit immer mehr eingegrenzt.

---

15 Hier dürfte von Bedeutung sein, daß der Biograph seinen jüngeren Bruder durch einen Unfall 1981 verloren hat. Durch die Unvorhersehbarkeit und Unkontrollierbarkeit eines solchen Todes wächst die pathogene Wirkung (Montada, 1987: 70).

3. Fazit

Haben Männer und Frauen, die ehrenamtlich in der Kirche arbeiten, eine vergleichbare Motivation für ihr Engagement? Sowohl bei Männern wie auch bei Frauen findet sich die Betonung der erfolgreichen beruflichen Ausbildung, der starken Familienorientierung, von Autonomieprozessen und das Ausagieren von Schuldgefühlen. Nicht nur bei Frauen hat das ehrenamtliche Engagement in der Kirche mit der Bearbeitung einer existentiellen Spannung zu tun; dieses Phänomen findet sich auch bei Männern.

Hinter diesen vordergründigen Gleichheiten verbergen sich jedoch jeweils andere tieferliegende Begründungszusammenhänge, deren grundlegende Verschiedenheit sich aus den jeweiligen Rollenzuweisungen ergeben. So sehr sich die Phänomene auch gleichen, so unterscheidet sich ihre Funktion für Frauen und Männer.

Wenn Frauen ihre ehrenamtliche Arbeit in der Kirche als eigenständigen Karriereweg verstehen, so bringen sie damit ein völlig anderes Interesse an öffentlicher Anerkennung zum Ausdruck als Männer, die durch ihre Karriere im kirchlichen Ehrenamt noch einmal ihre persönliche Leistungsfähigkeit unterstreichen. Frau A beispielsweise, die aufgrund des vorherrschenden Familienmodells der fünfziger Jahre als verheiratete Frau auf die Ausübung ihres Berufes verzichtete, kann durch ihre Ehrenamtskarriere ihre Berufsorientierung beibehalten. Wenn sie ihre gute Qualifikation und ihre Erfolge so betont, dann u.a. deshalb, weil sie damit an ihrem ursprünglichen Lebensziel von Eigenständigkeit und Unabhängigkeit anknüpfen kann. Frauen wollen mit der Darstellung ihrer Karriere im Ehrenamt ihren Wunsch nach Emanzipation deutlich werden lassen und signalisieren, daß sie Verantwortung für ihr eigenes Leben übernehmen. Männer hingegen, die auch im kirchlichen Ehrenamt ihr Bedürfnis nach Erfolg verwirklichen, befriedigen damit ihren Wunsch nach Geborgenheit und Gemeinschaft, ohne sich in Gegensatz zu einem traditionellen Männerbild zu setzen.

Auch unterscheidet sich die Bedeutung eines ehrenamtlichen Engagements in der Kirche von Männern und Frauen deutlich, wenn man ihre Orientierung an der Familie vergleicht. Während bei Frauen, die ihre Verantwortung als Mutter als entscheidende Voraussetzung für ihr ehrenamtliches Engagement in der Kirche nennen, deutlich wird, daß sie damit den Konflikt zwischen ihrem Wunsch nach Anerkennung ihrer beruflichen Qualifikationen und der tief empfundenen Verbundenheit mit traditionellen Mütterlichkeitsvorstellungen bearbeiten, verwirklichen Männer, die mit ihrem ehrenamtlichen Engagement in der Kirche an ihrer Verantwortung als Vater anknüpfen, eine kritische Infragestellung traditioneller Männerbilder, ohne jedoch diese grundsätzlich zu verändern. Bei den Frauen reaktiviert die ehrenamtliche Arbeit in erster Linie ihre berufliche Existenz, die in der Gegenwart wegen der Familie ruht. Bei den Männern dagegen führt die ehrenamtliche Arbeit zu einer bewußten Wahrnehmung der Lebenswelt außerhalb des Berufes, womit zumindest individuell das herrschende Ideal von männlich orientiertem Leben ergänzt wird.

Ein zweites gemeinsames Phänomen bei Männern und Frauen, die ehrenamtlich in der Kirche arbeiten, ist die weitgehend lebensbegleitende Rolle der Kirche, die in Kindheit oder Jugend begonnen hat. Das Engagement als Erwachsene erscheint somit häufig als Element einer lebengeschichtlichen Kontinuität. Für Frauen hat die Kirche dabei häufig die Rolle der Unterstützerin zur Emanzipation von ihrem Herkunftsmilieu eingenommen, in dem traditionelle Geschlechtsstereotype vorherrschten. Auch die Abgrenzung von der Kirchlichkeit der Eltern, die häufig mit der Suche nach anderen weltanschaulichen Bindungen einhergeht, läßt sich als lebensbegleitende Kirchlichkeit interpretieren. Mit dem bewußten Versuch, sich an ein anderes weltanschauliches System als die Eltern zu binden, wird auch hier durch die Kirche der eigene Emanzipationswunsch gefördert.

Bei Männern dagegen unterstützt diese aus der Kindheit stammende Bindung an die Kirche ihre persönliche Bindung an ein klassisches Familienmodell, mit dem sie andere Lebensphasen kompensieren können bzw. ihre individuelle Existenz tendenziell ablehnen.

Die Bedeutung und Funktion des ehrenamtlichen Engagements in der Kirche bei Männern und Frauen ist unterschiedlich. Ein Vergleich beider Geschlechter erhellt die strukturellen Unterschiede. Frauen konzentrieren sich mit ihrem Engagement auf die Themen ‚Emanzipation' und ‚persönliche Stärke', während Männer in erster Linie ihre Defizite bei Gemeinschaftserfahrungen im Rahmen traditioneller Wertorientierungen realisieren. Auffallend ist, daß Frauen einen besonderen Bedarf haben, ihre eigenständige und gutqualifizierte berufliche Laufbahn zu betonen. Bei Männern hingegen findet sich das Idealbild von der Kirche als Ort der Geborgenheit, mit der ein Kontrast zum übrigen Alltag vorhanden ist. Diese Vorstellung korrespondiert mit einem verbreiteten Bild von der Kirche als ‚Heimat'.

Literatur

Fischer-Rosenthal, Wolfram und Gabriele Rosenthal, 1997: Narrationsanalyse biographischer Selbstpräsentationen. S. 133-164 in: Ronald Hitzler und Anne Honer (Hg.): Sozialwissenschaftliche Hermeneutik. Opladen: Leske+Budrich.
Glaser, Barney G. und Anselm L. Strauss, 1967: The Discovery of Grounded Theory. Chicago: Aldine.
Montada, Leo, 1987: Themen, Traditionen, Trends. S. 1-86 in: Rolf Oerter und Leo Monatda: Entwicklungspsychologie. Ein Lehrbuch. 2. Aufl., München: Psychologie-Verlags-Union.

Neckel, Sighard, 1991: Status und Scham. Zur symbolischen Reproduktion sozialer Ungleichheit. Frankfurt/M.: Campus.
Oerter, Rolf, 1987: Der ökologische Ansatz. S. 87-128 in: Rolf Oerter und Leo Montada: Entwicklungspsychologie. Ein Lehrbuch. 2. Aufl., München: Psychologie-Verlags-Union.
Reichle, Barbara, 1996: Der Traditionalisierungseffekt beim Übergang zur Elternschaft. Zeitschrift für Frauenforschung 14: 4, 70-89.
Rosenthal, Gabriele, 1995: Erlebte und erzählte Lebensgeschichte. Gestalt und Struktur biographischer Selbstbeschreibungen, Frankfurt/M.: Campus.
Schneider, Norbert F., 1996: Bewußt kinderlose Ehepaare. Zeitschrift für Frauenforschung 14, 128-137.
Schücking, Beate A., 1994: Schwangerschaft – (k)eine Krankheit? Zeitschrift für Frauenforschung 12: 4, 56-64.
Unterste, Herbert, 1982: Telefonseelsorge. Die Motivation ihrer Mitarbeiter. Frankfurt/M.: Lang.
Wessels, Christiane, 1995: Das soziale Ehrenamt im Modernisierungsprozeß. Chancen und Risiken des Einsatzes beruflich qualifizierter Frauen. Pfaffenweiler: Centaurus.

Christiane Bender, Hans Graßl, Heidrun Motzkau

Geschlechtsspezifische Arbeitsteilung in kirchlichen Organisationen

1. Frauen, Erwerbsarbeit und Kirche

Die Forderung nach gleichen Berufschancen für Frauen und Männer findet in der Öffentlichkeit wachsende Zustimmung. Frauen bringen in Bezug auf Motivation, Qualifikation und Bildung die nötigen Voraussetzungen mit, in der Berufswelt gleichberechtigt tätig zu sein. Es entsteht der Eindruck, die Durchsetzung der beruflichen Gleichberechtigung der Frauen sei nur noch eine Frage der Zeit. Aber ist es Behörden, Betrieben, Parteien, Verbänden und Kirchen tatsächlich gelungen, historisch überkommene Geschlechterhierarchien aufzubrechen und sich den Frauen zu öffnen? Auch in den Kirchen und den Einrichtungen der Wohlfahrtsverbände fordern berufstätige Frauen, Benachteiligungen abzubauen. Die katholische Kirche und die von ihr getragene Caritas haben sich in den letzten Jahrzehnten als wichtige Leistungsanbieter des Sozialstaats zu einem der größten Arbeitsmärkte für Frauen in Deutschland entwickelt. Wir haben uns deshalb im Rahmen einer professionssoziologischen Untersuchung auf die Frage konzentriert, inwieweit in zentralen Organisationen der katholischen Kirche eine berufliche Integration der Frauen stattgefunden hat (Bender u.a., 1996). Angeregt und unterstützt wurde unsere Studie von engagierten Frauen der Diözese Rottenburg-Stuttgart, die an einer wissenschaftlichen Grundlegung für eine Gleichstellungspolitik interessiert sind. Basis der Analyse waren die Personaldaten der 4072 bei der Diözese beschäftigten Frauen und Männer und 70 Interviewprotokolle zu organisations- und berufssoziologisch relevanten Fragen. Resultat der Analyse ist, daß der Zugang zur diözesanen Berufswelt für Frauen noch immer durch geschlechtsspezifische Schranken verstellt wird, obwohl das Konzept des Berufs in der modernen Gesellschaft darauf angelegt ist, Chancengleichheit nach Qualifikation und nicht nach Geschlecht zu realisieren. Verschärft wird die Lage der berufstätigen Frauen in den Organisationen der katholischen Kirche dadurch, daß Macht und Verantwortung in den Händen der Kleriker liegen und Frauen nach wie vor die Ordination verweigert wird. Im Folgenden werden wir eine zentrale Ursache für die Benachteiligung von Frauen in der Arbeitswelt der katholischen Kirche herausarbeiten: die soziale Konstruktion von hierarchisierten Frauen- und Männerberufen. Wir wollen damit einen Beitrag zur Analyse des komplexen Verhältnisses von Religion und Geschlecht leisten.

2. Theoretischer Rahmen der professionssoziologischen Analyse: Kirche als Arbeitgeber

Die sozialwissenschaftliche Frauenforschung sieht in der Konstruktion von Frauen- und Männerberufen eine zentrale Barriere für die Gleichstellung von Frauen in der Berufswelt. Sie unternimmt mit dem Konzept der *Arbeitsmarktsegregation* (lat. Ausscheidung, Trennung) den Versuch, soziale Schließungsprozesse (Parkin, 1983), denen sich vor allem Frauen auf den Arbeitsmärkten gegenübersehen, zu problematisieren. Mit dem Begriff Segregation wird sowohl das Moment der geschlechtsspezifischen Differenzierung des Arbeitsmarktes als auch die Hierarchisierung von Berufen thematisiert (Gottschall, 1995: 149).

Aber nicht nur die Arbeitsteilung zwischen den Betrieben und den Berufen strukturieren die Arbeitsmarktchancen unterschiedlich für Männer und Frauen. Die sozialstaatliche Ordnung in der Bundesrepublik Deutschland ist an einem Familienmodell orientiert, das auf einer Teilung zwischen der Rolle des männlichen vollzeiterwerbstätigen Familienernährers und der Rolle der Hausfrau und Mutter beruht (Lessenich und Ostner, 1995). Die katholische Kirche hat die Ausgestaltung der sozialstaatlichen Institutionenordnung als mächtiger gesellschaftlicher Akteur maßgeblich beeinflußt und nimmt auch heute noch mit ihren sozialpolitischen Vorstellungen Einfluß auf die Entwicklung der Familienpolitik, der Bildungs- und Ausbildungseinrichtungen und der berufsförmig organisierten Arbeits- und Berufswelt. Tyrell identifiziert einen symbiotischen Prozeß der Institutionalisierung von Kirche und Familie in den sich modernisierenden Gesellschaften. Die Kirche ‚entdeckte' die Kleinfamilie im 19. Jahrhundert und stellte sie unter ihren Schutz (Tyrell, 1993). Die katholische Soziallehre geht von der Familie als Grundeinheit der Gesellschaft aus und erklärte sie zu einer ‚heiligen', unantastbaren Institution. Die Ehe als ‚heilige' Institution hat sich neben dem männlich bestimmten Normalarbeitsverhältnis (Mückenberger, 1985), das durch die ganzheitliche und lebenslange Verfügbarkeit der Arbeitskraft durch den Erwerbsarbeitgeber bestimmt ist, zu einem impliziten Fundament der deutschen Sozialordnung entwickelt.

Für die Ordnung des deutschen Sozialstaates spielt vor allem das Subsidiaritätsprinzip der katholischen Soziallehre eine wesentliche Rolle. Das Subsidiaritätsprinzip besagt in diesem Zusammenhang, daß weder der Staat noch der Markt die Sicherung der Lebenslagerisiken der Menschen in der modernen Gesellschaft tragen soll. Dafür sei in erster Linie die Familie zuständig, in zweiter Linie die Kirche und weitere freiwillige Organisationen (Borchorst, 1996). Implizit waren immer die Frauen angesprochen, wenn es um die praktische Umsetzung der sozialen Verpflichtung der Familie gegenüber hilfsbedürftigen Angehörigen ging. Frauen hatten die Kinder, den Ehemann und die Alten im Privathaushalt zu versorgen und zu betreuen. In den Sozialenzykliken wird zu einem Modell von Gesellschaft aufgerufen, welches die Frauen auf das Rollenkonzept der sozialen Mutterschaft verpflichtet und die Mütter nicht „um eines außerhäuslichen Verdienstes willen" (Johannes Paul II., 1981: 73ff.) zur Berufsarbeit zwingt. Mit der Durchsetzung der Sozialreformen der 1880er Jahre wird die Sozialversicherung an Erwerbstätigkeit geknüpft. Auf dieser Grundlage wird die Abhängigkeit der Frauen von Ehemännern im institutionellen Kontext Ehe als verwaltungstechnisch abgesichertes Herrschaftsverhältnis zwischen den Geschlechtern festgeschrieben.

Eine grundlegende Erwartung der katholischen Kirche an die Frauen, der sie gesellschaftsweit Geltung zu verschaffen sucht, besteht auch heute noch darin, dem Rollenmuster der Mutter und Hausfrau zu entsprechen und für die Erziehung der Nachkommen verantwortlich zu sein. Immer mehr Frauen entziehen sich jedoch diesen in ihren Augen einseitigen religiös-moralischen Zumutungen. „Die forciert institutionelle Gestalt sowohl der Religion wie der Familie, wie sie der Konservativismus des 19. Jahrhunderts ‚konzipiert' hat und wie sie in erheblichem Maße Struktur geworden ist, löst sich seit den 60er Jahren beschleunigt auf, und dies offensichtlich korrelativ; die Deinstitutionalisierung hier [Familie, d. A.] begünstigt und forciert die Deinstitutionalisierung dort [Kirche, d. A.]." (Tyrell, 1993: 128).

Diese einseitige Festlegung der Frauen auf eine der zentralen gesellschaftlichen Aufgaben, die in der Regel in der Familie und nicht in der Erwerbsarbeitssphäre geleistet wird, hat zu einem für Frauen – nicht nur in den kirchlichen Organisationen selbst – schwer zu bewältigenden normativen Orientierungskonflikt geführt: Sozialstaatliche und steuerrechtliche Strukturvorgaben begünstigen geschlechtsspezifische Normalbiographien. Zunehmend jedoch werden diese Strukturvorgaben von intentional handelnden Individuen, die die überkommenen Geschlechterrollen für sich nicht mehr akzeptieren können, unterlaufen und unter Veränderungsdruck gestellt. Wenn Frauen sich heute in der Bundesrepublik für das ‚traditionelle' Mutter- und Hausfrauenkonzept entscheiden, sind sie in der Regel auf die Versorgung durch einen erwerbstätigen Mann und auf dessen Sozialleistungsansprüche angewiesen. Die Ehe wird vom Steuerrecht begünstigt. Nur das von männlichen Attributen dominierte Lebenskonzept der lebenslänglichen Vollzeiterwerbstätigkeit ermöglicht die chancengleiche Partizipation an den Leistungen des Arbeitsmarktes und des Sozialstaates. Frauen, die sich diesem Rollenkonzept zuwenden, verzichten in der Regel auf Kinder.

Um die für die weiblichen Individuen widersprüchlichen normativen Ansprüche – einerseits die Alleinverantwortung für das Wohl der Kinder zu tragen und andererseits den Regeln der modernen Erwerbsgesellschaft gerecht zu werden – miteinander zu versöhnen, hat sich bei vielen Frauen eine Doppelorientierung auf Familie und Erwerbsarbeit entwickelt. Im Berufsleben können Frauen, die einer doppelten Belastung ausgesetzt sind, zumeist nicht den in der Arbeitswelt geforderten Idealen der Vollzeiterwerbstätigkeit entsprechen. Das führt zu dem nur auf den ersten Blick paradoxen Ergebnis, daß die Erwerbsbeteiligung der Frauen in den letzten Jahrzehnten zwar kontinuierlich zugenommen hat, sich an ihrer sozialen Stellung weit hinter den Männern jedoch kaum etwas geändert hat.

Die katholische Kirche ist dabei selbst eine berufsförmig aufgebaute Organisation, in der sich die beschriebenen gesellschaftlichen Strukturen spiegeln. Wir haben bereits betont, daß sich die katholische Kirche mit ihren Arbeitsorganisationen zu einem für Frauen wichtigen gesellschaftlichen Teilarbeitsmarkt entwickelt hat. In der untersuchten Diözesanorganisation stehen die erwerbstätigen Frauen, die entweder weitgehend auf Familienleben und Kinder verzichten oder der beschriebenen Doppelorientierung und Doppelbelastung gerecht werden wollen, Männern gegenüber, die in der Regel dem für sie unproblematischen Normalarbeitsmodell folgen. Die Lage der Männer stellt sich auch deshalb anders dar, weil deren Rollenkonzept im Gegensatz zu dem der Frauen bislang keinem tiefgreifenden Wandel unterworfen ist. Infolgedessen halten die Männer an überkommenen ‚typisch männlichen Rollenbildern' fest, die eine lebenslange Erwerbsarbeit ohne darüber hinausgehende Familienpflichten selbstverständlich beinhalten.

3. Die Konstruktion von Frauen- und Männerberufen

Wir haben die soziohistorische Genese von typischen ‚Männer- und Frauenberufen' in der diözesanen Arbeitswelt vor dem Hintergrund der gesellschaftlichen Strukturen geschlechtsspezifischer Arbeitsteilung untersucht. Von den 58 bestimmbaren Berufsfeldern konnten wir 41 Berufsfelder als genuine Männer- bzw. Frauenberufe identifizieren. 20 sind vorwiegend von Männern besetzt, wie z. B. die Berufe der Pastoralreferenten und Verwaltungsfachleute. In 21 Berufen arbeiten überwiegend Frauen: als Gemeindereferentinnen, Katechetinnen, Sekretärinnen und Reinigungskräfte. Eine in der sozialwissenschaftlichen Frauenforschung prominente These erfaßt die soziale Konstruktion von typischen Männer- und Frauenberufen (Cyba, 1995; Rabe-Kleberg, 1987) als Reproduktion der beschriebenen geschlechtsspezifischen Hausfrau-Ernährer-Grundstruktur innerhalb der Berufswelt. Die gesellschaftliche Zuordnung von Frauen und Männern auf verschiedene Berufe ist, folgt man dieser These, einem machtvollen Prozeß der Durchsetzung geschlechtsspezifischer Ungleichheit zu Lasten der berufstätigen Frauen zuzuschreiben (Schlüter, 1989). In den von Frauen geprägten Berufsfeldern werden vorzugsweise Teilzeitkonzepte eingeführt. Damit scheiden diese Berufe für die an Vollzeiterwerbstätigkeit orientierten Männer aus, die sich auf solche ‚Männerberufe' konzentrieren, die Qualifizierungs- und Aufstiegschancen versprechen.

Wir haben uns in unserer Analyse der geschlechtsspezifischen Differenzierung von Berufen auf den Seelsorgebereich, den operativen Kern der Diözese, konzentriert. Am Beispiel der Seelsorge kann idealtypisch gezeigt werden, wie sich eine geschlechtsspezifische Berufshierarchie vor dem Hintergrund allgemeiner gesellschaftlicher und kirchlicher Orientierungen über die Rolle von Frauen und Männern herausgebildet hat. Frauen in den seelsorgerischen Berufen, allen voran die Gemeinde- und PastoralreferentInnen, wurden im historischen Prozeß von konfligierenden Interessengruppen an einer vollständigen Verberuflichung und Professionalisierung gehindert. Besonders der Beruf GemeindereferentIn mit einem Frauenanteil von 90% kann als Beispiel für die negative Wirkung beruflicher Segregation herangezogen werden. Frauen in diesem Beruf sind hinsichtlich der Gestaltung und Ausführung der Arbeitsinhalte trotz formal hoher Qualifikation (Fachhochschulstudium) immer einem Pfarrer untergeordnet, da ihnen die Ordination verweigert wird.

Der Seelsorgebereich ist geschlechtsspezifisch segregiert, d.h. nach ‚Männer-' und ‚Frauenberufen' unterteilt. In ihm spiegelt sich auch die Trennung in männliche Klerikerberufe und Laienberufe, die zwischen Männern und Frauen ‚umkämpft' sind. Die Berufe Priester und Ständiger Diakon sind ausschließlich ‚Männerberufe'. Daneben sind auch die Laienberufe, besonders die der PastoralreferentIn und der GemeindereferentIn, geschlechtsspezifisch strukturiert. Die Position der Frauen im Seelsorgebereich ist nicht nur durch den Ausschluß aus Klerikerberufen bestimmt, die mit hohem Einkommen und Sozialstatus verbunden sind und Vollzeiterwerbstätigkeit voraussetzen. Frauen sind fast ausschließlich in Seelsorgeberufen tätig, in denen geringe Qualifikationen gefordert werden, in denen die Positionsinhaberinnen wenig verdienen und auch kaum Sozialprestige erwerben. Diese Regel wird ebenfalls nicht in der Hierarchie der den Frauen formal zugänglichen Berufe im Seelsorgebereich durchbrochen. Wir haben in unserer Studie den Professionalisierungsprozeß zweier Berufe untersucht, die durch die Geschlechtervorstellungen und -ordnung der Kirche tief gepägt wurden.

4. Der Beruf der PastoralreferentIn

Unter den wenigen für Frauen zugänglichen Berufen kann der Laienberuf der PastoralreferentIn als ein ‚Männerberuf' gelten. Nur etwa ein Drittel der Berufsangehörigen sind Frauen. Das überrascht um so mehr, da dieser Beruf durch ein theologisches Hochschulstudium die einzige formal gleichqualifizierte Alternative für Laien zur Profession des Pfarrers bildet und daher Frauen die Partizipation an einem hochqualifizierten Seelsorgeberuf ermöglichen würde. Nur in diesem Beruf ist den Frauen eine mit einer Hochschulqualifikation, hoher Kompetenz, beruflicher Anerkennung und überdurchschnittlichem Einkommen verbundene Berufsausübung möglich. Dennoch läßt sich eine starke Unterrepräsentanz von Frauen feststellen. Zwar wurde ein hochqualifizierter Beruf für Laien geschaffen, aber das Berufsprofil, das ihm in der Praxis zugestanden wird, kann nicht den Ausschluß von Frauen aus Weihepositionen kompensieren: „... ich habe die gleichen Kompetenzen, aber nicht die gleichen Rechte" (Bender u.a., 1996: 210f.) lautet die resignative Feststellung einer Pastoralreferentin, die wie viele ihrer Kolleginnen von den enggezogenen Grenzen innerhalb der bestehenden Leitungsstrukturen berichtet, die die Übernahme von eigenverantwortlichen Aufgabenfeldern verhindern.

5. Der Beruf der GemeindereferentIn

Der Beruf der GemeindereferentIn dagegen gilt in der Seelsorge als typischer ‚Frauenberuf'. Dieser Beruf weist einen Frauenanteil von ca. 90 % auf und kann als Beispiel für die negative Wirkung machtvoller beruflicher Segregationsprozesse herangezogen werden. Die Eigenverantwortlichkeit der GemeindereferentIn hinsichtlich der Gestaltung der Arbeitsinhalte und der Ausführung ihrer Tätigkeiten bleibt durch den ‚Dienst'-Charakter (im Vergleich zum Amt), die untergeordnete berufliche Stellung (Unterstützung des Amts) und die rechtlich ungesicherte Beauftragungspraxis (nur zu Teilen des Amts, wie z.B. dem Leitungsdienst) stark eingeschränkt. Insbesondere die Aufgabeninhalte des Berufs bleiben trotz mehrfacher Neubestimmung unklar, so daß weder klare inhaltliche Strukturen geschaffen wurden noch eine eindeutige Abgrenzung der Tätigkeitsinhalte und Kompetenzen zwischen den verschiedenen Berufen in der Seelsorge möglich ist.

„Ich kann in der Gemeinde sehr viel tun, auch selber verantworten, aber ich ... kriege immer wieder meine Grenzen zu spüren, wo ich denke, ich bin auf dem richtigen Weg. Ich mach das. Und dann krieg ich halt doch gesagt: Sie sind eine Frau, und Sie haben nicht die Ausbildung, sowieso nicht, ja so sind diese kleinen Spitzen dann wieder." (Bender u.a., 1996: 188)

Die Erhöhung des Qualifikationsniveaus bis zum Fachhochschulstudium bildet die Grundlage der professionellen Kompetenz der BerufsinhaberInnen. Selbst dieses Qualifikationsniveau konnte von ihnen jedoch nicht in annähernd große berufliche Autonomiespielräume umgesetzt werden, wie dies den anderen Berufen in der Seelsorge, die ausgesprochene ‚Männerberufe' sind, gelungen ist.

„Daß das immer wieder der totale Konfliktstoff ist, wenn es darum geht, was zu machen, was entweder der vorgesetzte Pfarrer nicht einsieht oder was der aber will, was wir jetzt doch plötzlich noch machen sollen. [...] ‚Mach Du das und wenn Du es nicht freiwillig machst, dann ist das eine Dienstanweisung.' [...] Wo das immer wieder auch [...] für manche Dienstvorgesetzte so der Notnagel war. ‚Und ich befehl Ihnen das, und dann tun Sie das.' [...] Also ich hab das als ein sehr häufiges Muster erlebt, nach dem Konflikte ausgetragen werden, sondern daß gesagt wird, ‚jo und ich bin der Pfarrer' oder ‚ich bin hier der Administrator', [...] also ‚ich bin zuständig, und das ist meine Gemeinde, und Sie schaffen da mit.' [...] Ich will nicht ständig ja nur Ausführende sein." (Bender u.a., 1996: 186)

Der Beruf der GemeindereferentIn ist ein besonders eindrucksvolles Beispiel dafür, Frauenarbeit in arbeitsteilige Prozesse zu integrieren, ohne den Frauen jedoch professionelle Eigenständigkeit in ihrem Funktionsbereich einzuräumen und das extreme Abhängigkeitsverhältnis zum männlichen Vorgesetzten – in unserem Beispiel von den vorgesetzten Pfarrern – zu mindern. Am Beispiel der Gemeindereferentin wird der in der Frauenforschung viel diskutierte Prozeß der Zuschreibung spezifisch „weiblichen Arbeitsvermögens" (Beck-Gernsheim und Ostner, 1978; Ostner, 1993) auf ein Tätigkeitsfeld innerhalb eines Arbeitsbereichs als wirksamer Mechanismus, Frauen via Verberuflichung von Leitungsfunktion auszuschließen und sie in niedrig positionierten Berufsfeldern innerhalb der Hierarchie ‚einzufangen', anschaulich. Diese Positionierung ist nicht nur eine Frage des sozialen Prestiges der BerufsinhaberInnen innerhalb der Hierarchie, sondern drückt sich auch in einem vergleichsweise niedrigen Einkommen aus.

6. Zusammenfassung und Ausblick

Auch kirchennahe, katholisch orientierte Frauen geben sich nicht mehr mit der ihnen zugewiesenen Familienrolle als nur Mutter und nur Hausfrau zufrieden und beteiligen sich zunehmend an außerhäuslicher Erwerbsarbeit. Daraus ergeben sich für die bisher geschlechtsspezifisch segregierte und strukturierte Gesellschaft spannungsgeladene Wandlungsprozesse. Diese lassen sich erstens auf der individuellen Ebene der betroffenen Frauen, zweitens auf der Ebene verschiedener Arbeitsorganisationen und drittens auf der Ebene sozialstaatlicher Rahmenbedingungen beobachten und analysieren. In der von uns untersuchten diözesanen Arbeitwelt, die über die Beschäftigten immer auch mit den familiären Arbeitsorganisationen verknüpft sind, spiegeln sich die durch die allmähliche Auflösung tradierter Geschlechterrollenvorstellungen entstandenen gesellschaftlichen Wandlungsprozesse. Die Ergebnisse unserer Untersuchung, die wir in dem vorliegenden Beitrag nur stichpunktartig benannt haben, weisen auf die zentralen Problembereiche hin: die Konstruktion und Vergeschlechtlichung von hierarchisierten Berufen, die Marginalität von Frauen in führungsrelevanten Berufen und damit auch in Führungs- und Leitungspositionen und die durch die Hierarchie der Berufe bedingten niedrigen Einkommen von Frauen. Frauen sind in den privilegierten, d.h. sicheren und materiell ertragreichen Beschäftigungsverhältnissen, wie beispielsweise im Beamtenverhältnis, stark unterrepräsentiert. Strukturell zementiert werden diese Verhältnisse dadurch, daß die Mehrzahl der beschäftigten Frauen aufgrund ihrer Doppelorientierung an Familien- und Erwerbsarbeit teilzeitbeschäftigt sind. Führungspositionen werden, das belegt unsere Untersuchung, an vollzeitbeschäftigte, sich voll und ganz auf die Berufstätigkeit konzentrierende (Ehe-)Männer und Kleriker delegiert. Der Rollenkonflikt, dem sich vor allem Frauen gegenübersehen, beruht auf dem ungelösten institutionellen Spannungsverhältnis zwischen den gesellschaftlichen Arbeitssphären der Familie und den Erwerbsorganisationen, zu denen auch die Kirche gehört.

Literatur

Beck-Gernsheim, Elisabeth und Ilona Ostner, 1978: Frauen verändern – Berufe nicht? Ein theoretischer Ansatz zur Problematik von ‚Frau und Beruf'. Soziale Welt 29, 257-287.
Bender, Christiane, Hans Graßl, Heidrun Motzkau und Jan Schuhmacher, 1996: Machen Frauen Kirche? Erwerbsarbeit in der organisierten Religion. Mainz: Matthias-Grünewald-Verlag.
Borchorst, Anette, 1996: Welfare State Regimes. Womens' Interests and the EC. S. 26-44 in: Diane Sainsbury, (Hg.): Gendering Welfare States. London: Sage.
Cyba, Eva, 1995: Grenzen der Theorie sozialer Schließung? Die Erklärung von Ungleichheiten zwischen den Geschlechtern. S. 51-70 in: Angelika Wetterer (Hg.): Die soziale Konstruktion von Geschlecht in Professionalisierungsprozessen. Frankfurt/M.: Campus.
Gottschall, Karin, 1995: Geschlechterverhältnis und Arbeitsmarktsegregation. S. 125-162 in: Regina Becker-Schmidt und Gudrun-Axeli Knapp (Hg.): Das Geschlechterverhältnis als Gegenstand der Sozialwissenschaften. Frankfurt/M: Campus.

Johannes Paul II., 1981: Laborem exercens. Über die menschliche Arbeit. In: Ders.: Der Wert der Arbeit und der Weg zur Gerechtigkeit. Freiburg i. Br.: Herder.

Lessenich, Stephan und Ilona Ostner, 1995: Die institutionelle Dynamik ‚dritter Wege' – Zur Entwicklung der Familienpolitik in ‚katholischen' Wohlfahrtsstaaten am Beispiel Deutschlands und Frankreichs. Zeitschrift für Sozialreform 41, 780-803.

Mückenberger, Ulrich, 1985: Die Krise des Normalarbeitsverhältnisses – hat das Arbeitsrecht noch Zukunft? Zeitschrift für Sozialreform 31, 457-475.

Ostner, Ilona, 1993: Zum letzten Male: Anmerkungen zum ‚weiblichen Arbeitsvermögen'. S. 107-121 in: Gertraude Krell und Margit Osterloh, (Hg.): Personalpolitik aus der Sicht von Frauen – Frauen aus der Sicht der Personalpolitik. Was kann die Personalforschung von der Frauenforschung lernen?, München: Hampp.

Parkin, Frank, 1983: Strategien sozialer Schließung und Klassenbildung. S. 121-135 in: Reinhard Kreckel (Hg.): Soziale Ungleichheiten. (Soziale Welt, Sonderband 2). Göttingen: Schwartz.

Rabe-Kleberg, Ursula, 1987: Frauenberufe. Zur Segmentierung der Berufswelt. Bielefeld: Kleine.

Schlüter, Anne, 1994: Vergeschlechtlichung der Berufe – ein Vehikel zur Stabilisierung der herrschenden Geschlechterverhältnisse (historische Beispiele)? S. 63-79 in: Gerd Hurrle, Franz-Josef Jelich und Jürgen Seitz (Hg.): Wie bedingen sich Arbeit, Technik und Beruf im industriellen Prozeß? Geschichte und Zukunft der industriellen Arbeit, Band 3. Marburg: Schüren.

Sekretariat der Deutschen Bischofskonferenz (Hg.), 1993: Frauen und Kirche. Eine Repräsentativbefragung von Katholikinnen im Auftrag des Sekretariats der Deutschen Bischofskonferenz, durchgeführt vom Institut für Demoskopie Allensbach. Bonn: Sekretariat der Deutschen Bischofskonferenz.

Tyrell, Hartmann, 1993: Katholizismus und Familie – Institutionalisierung und Deinstitutionalisierung. S. 126-149 in: Jörg Bergmann, Alois Hahn und Thomas Luckmann (Hg.): Religion und Kultur. (Sonderheft 33, Kölner Zeitschrift für Soziologie und Sozialpsychologie). Opladen: Westdeutscher Verlag.

Walburga Hoff

„Kirche ... ist irgendwo so ein geschützter Raum"
Weiblichkeitskonstruktionen in den Berufsstrukturen der katholischen Kirche

1. Einleitung

Auf den ersten Blick scheint es müßig, sich mit dem Geschlechterverhältnis im Berufsfeld katholischer Seelsorgsarbeit zu beschäftigen, da Frauen bislang der Zugang zum zentralen Seelsorgeberuf, dem Priesteramt verwehrt bleibt. Eine *geschlechtsspezifische Segregierung* offenbart sich jedoch auch in den wichtigsten pastoralen Laienberufen, Gemeindereferent/in und Pastoralreferent/in[1], die Frauen zugänglich sind. Dabei liegt der Schwerpunkt im Beruf der Gemeindereferentin in der Unterstützung des kirchlichen Amtes und umfaßt die Mitarbeit in den drei Grunddiensten Liturgie, Verkündigung und Diakonie. Voraussetzung dazu ist ein abgeschlossenes sechssemestriges Studium an einer Fachhochschule (vgl. Die Deutschen Bischöfe, 1987: 7ff.). Im Unterschied dazu bezieht sich der Dienst der Pastoralreferentin auf die Kategorialseelsorge, d. h. auf ein spezifisches Sachgebiet wie beispielsweise die Jugendseelsorge. Pastoralreferentinnen haben ein Hochschulstudium absolviert und arbeiten in ihrem Arbeitsbereich eigenverantwortlich (vgl. ebd., 33ff). Im zuarbeitenden Beruf der Gemeindereferentin sind Frauen mit einem Anteil von ca. 80 % vertreten, während im formal eigenständigen Beruf der Pastoralreferentin nur ca. 32 % Frauen arbeiten.[2] Damit bilden sich, auch ohne geschlechtsspezifische Zugangsbeschränkungen, weibliche und männliche Domänen im Berufsfeld katholischer Laienseelsorge aus, wobei sich Frauen auf Tätigkeitsfelder konzentrieren, die sie auf eine untergeordnete Position festlegen. Die geschlechtsspezifische Segregierung in kirchlichen Handlungsfeldern verweist auf das allgemein hierarchisch strukturierte Geschlechterverhältnis.

Von den sozialwissenschaftlichen Theorieansätzen, die die Konzentration von Frauen in typisch weiblichen Arbeitsfeldern zu erklären versuchen,

---

1   Der Einfachheit halber benutze ich im weiteren Text die weibliche Form der Berufsbezeichnungen, „Gemeindereferent/in" und „Pastoralreferent/in", für beide Geschlechter.
2   Die Prozentzahlen beziehen sich auf die Tabelle „Priester, Ständige Diakone, Gemeinde- und Pastoralreferenten in der BRD" der Deutschen Bischofskonferenz von 1994.

wurde innerhalb der deutschsprachigen Frauenforschung bis zu Beginn der 90er Jahre insbesondere das von Ilona Ostner und Elisabeth Beck-Gernsheim entwickelte *Konzept des weiblichen Arbeitsvermögens* herangezogen. Dieses Erklärungsmodell, das von einem Zusammenhang zwischen charakteristischen Arbeitsanforderungen typischer Frauenberufe und einem weiblichen, auf dem Wege der geschlechtsspezifischen Sozialisation erworbenen, Arbeitsvermögen ausgeht, liefert eine Begründung dafür, warum Frauen fürsorgerische, pflegerische und erziehende Tätigkeiten favorisieren und Arbeitsfelder meiden, die Durchsetzungsvermögen und Konkurrenzorientierung voraussetzen (vgl. Beck-Gernsheim, 1981: 75 ff.). Differenztheoretische Argumentationsmuster, wie das Konzept des weiblichen Arbeitsvermögens, sind jedoch in jüngster Zeit in das Kreuzfeuer der Kritik geraten (vgl. Knapp, 1988). Insbesondere wird der Vorwurf erhoben, Unterschiede zwischen den Geschlechtern auf der Phänomenebene mit Wesenseigenschaften gleichzusetzen, ohne den *Herstellungsmodus von Geschlechtlichkeit* genügend zu berücksichtigen (vgl. Gottschall, 1994: 137ff.). Statt dessen wird im Zuge des gegenwärtigen Paradigmenwechsels in der deutschsprachigen Frauenforschung, bei der die differenztheoretische Betrachtungsweise von Geschlecht durch eine konstruktivistische[3] abgelöst wird, ein geschlechtsspezifisches Berufswahlverhalten als Möglichkeit interpretiert, Frau- bzw. Mannsein unmißverständlich zum Ausdruck zu bringen (Hagemann-White, 1992: 73). Diesem Erklärungsansatz zufolge bietet der Beruf der Gemeindereferentin einen Raum, den weiblichen Geschlechtsrollencharakter in eindeutiger Weise zu inszenieren. Nun läßt sich gegenwärtig bei der Berufsgruppe katholischer Gemeindereferentinnen allerdings eine augenfällige Entwicklung beobachten, die weiteren Erklärungsbedarf hervorruft: Einerseits sind die BewerberInnenzahlen an den Ausbildungsinstituten drastisch zurückgegangen, während andererseits ein Teil der Frauen den Beruf schon nach wenigen Jahren wieder verläßt. Diese Veränderungstendenzen scheinen darauf hinzudeuten, daß die bisherigen Mechanismen *geschlechtsspezifischer Positionszuweisungen im Berufssystem* in Bewegung gekommen sind. In meinem Beitrag greife ich den letztgenannten Aspekt des aktuellen Wandlungsprozesses im Berufsfeld katholischer Gemeindereferentinnen auf und gehe den Ursachen nach, die zum Verlassen dieses typischen Frauenberufs beitragen. Dabei vermute ich, daß der momentan beobachtbare Ausstieg aus dem Beruf möglicherweise auf eine allgemeine Veränderung des Geschlechterverhältnisses hindeutet.

Die Auseinandersetzung mit der Frage nach den Motiven, die Frauen dazu veranlassen, den Beruf der Gemeindereferentin wieder aufzugeben, findet auf der Grundlage von neun themenzentrierten, narrativen Interviews mit derzeitigen und ehemaligen Gemeindereferentinnen statt.[4] Damit richtet sich

---

3 Diese theoretische Zugangsweise wird unter Punkt 2 erläutert.
4 Das Datenmaterial wurde 1995 im Rahmen meiner Diplomarbeit erhoben. Mein damaliges Interesse an der Erhebung wurde geleitet von der Frage, inwiefern es in einem sozialen

mein Forschungsinteresse auf die Mikroebene, d. h. auf die *biographischen Orientierungs- und Handlungsmuster* von Frauen im Kontext ihrer beruflichen Entwicklung (vgl. Lemmermöhle, 1997: 25). In den nachfolgenden Ausführungen werde ich zunächst den Prozeß der sozialen Konstruktion von Geschlecht im Hinblick auf die *Vergeschlechtlichung von Berufsarbeit* skizzieren. Vor diesem Hintergrund stelle ich dann im zweiten Teil die beruflichen Orientierungs- und Handlungsmuster von Gemeindereferentinnen und Berufsaussteigerinnen aus der Perspektive der o. g. Fragestellung vergleichend gegenüber. Abschließend zeige ich erste Schlußfolgerungen auf, die sich aus diesen Erkenntnissen sowohl im Hinblick auf das Geschlechterverhältnis als auch auf die zukünftige Entwicklung im Beruf der Gemeindereferentin ableiten lassen.

2. Der Prozeß des ‚doing-gender' innerhalb der Berufsarbeit

Theoretischer Hintergrund meiner Auswertung bildet ein konstruktivistisches Verständnis von Geschlecht. Danach wird die Zweigeschlechtlichkeit nicht mehr als etwas grundsätzlich Selbstverständliches, quasi von Natur aus Vorgegebenes, betrachtet. Vielmehr gilt sie als *kulturelles Klassifikationsmuster*, das Individuen bipolare Kategorien zur Verfügung stellt und dazu veranlaßt, diese Unterschiede in konkreten Interaktionen immer wieder neu herzustellen. Auf diese Weise ist Geschlecht nicht mehr länger als das zu verstehen, was wir sind, sondern als etwas, was wir tun (vgl. West und Zimmermann zit. n. Gildemeister und Wetterer, 1994: 213). Indem sich also die Individuen in ihrem Handeln qualitativ unterscheiden, reproduzieren sie die Zweigeschlechtlichkeit, wobei Männlichkeit mit Dominanz, Weiblichkeit mit Unterordnung konnotiert ist. Bei dieser Konstruktionsleistung von Geschlechtlichkeit, dem ‚*doing gender*', kommt dem Bereich der Berufsarbeit eine zentrale Bedeutung zu. Hierbei sind jedoch zwei Ebenen des Verfahrens zu unterscheiden:

- So findet zum einen auf der *makrosoziologischen Ebene* eine kontinuierliche Fortschreibung und Neuformierung der Geschlechterhierarchie durch die Ausdifferenzierung von Tätigkeitsfeldern und Berufen statt, die mit unterschiedlichen Macht- und Einflußressourcen, sozialem Prestige und Status ausgestattet sind, wobei sich die statusgeringeren Tätigkeiten in der Regel als Frauenberufe bzw. Frauenarbeitsplätze erweisen.

Frauenberuf gelingt, Interessen weiblicher Lebensgestaltung mit beruflichen Ambitionen zu verbinden.

- Zum anderen werden auf der *mikrosoziologischen Ebene* Legitimationen konstruiert, die die jeweiligen Tätigkeiten als genuin weibliche bzw. männliche Arbeit codieren. Dies setzt voraus, einzelne Aspekte einer Tätigkeit mit der kulturellen Definition von Weiblichkeit bzw. Männlichkeit in Beziehung zu setzen. Über eine solche Analogiebildung gelingt es dann, Arbeitsbereiche im Nachhinein plausibel als typische Frauen bzw. Männerberufe auszuweisen, selbst wenn Teile dieser Tätigkeit der betreffenden geschlechtsspezifischen Codierung widersprechen. Daß diese Paradoxien übersehen werden, ist darauf zurückzuführen, daß alle Mitglieder zweigeschlechtlich konstruierter Gesellschaften unausweichlich in den Prozeß des doing-gender involviert sind. Logischerweise wird auf diese Weise die Plausibilität der Vergeschlechtlichung von Berufsarbeit verstärkt, da die Wahrnehmung faktischer Unvereinbarkeiten und Widersprüche offensichtlich überlagert wird. Ferner unterliegen die Individuen dem Anspruch, geschlechtlich richtig identifizierbar zu sein. Männer und Frauen sind deshalb bestrebt, Geschlechtszugehörigkeit und berufliches Alltagshandeln unmißverständlich in Einklang zu bringen, um etwaige negative Sanktionen zu vermeiden. Zwar können diese in ihrem beruflichen Handlungsfeld grundsätzlich alles tun; Bedingung ist aber, daß sie ihre Tätigkeiten kompatibel mit der jeweiligen Geschlechterrolle in Verbindung bringen (vgl. Wetterer, 1995: 237).

Um auf der Folie dieses theoretischen Modells das ‚doing-gender' im Berufsfeld der katholischen Gemeindereferentin zu rekonstruieren, erfordert es, die unterschiedlichen Ebenen des o. g. Verfahrens näher zu beleuchten.

- Auf der makrosoziologischen Ebene werden dabei von seiten der kirchlichen Organisation unterschiedlichliche, hierarchisch abgestufte Berufe innerhalb des Aufgabenfeldes professioneller Seelsorgsarbeit konzipiert. Gleichsam sind damit Möglichkeiten bereit gestellt, Geschlechtlichkeit mit Hilfe von spezifischen, unterschiedlich ausgestatteten Gestaltungsräumen und Aufstiegschancen zu inszenieren.
- Hinsichtlich der mikrosoziologischen Ebene des ‚doing-gender' gilt es zu fragen, in welcher Weise Gemeindereferentinnen als aktive Konstrukteure ihres Geschlechtes dabei mitwirken, das kulturelle Muster von Weiblichkeit herzustellen. Dabei gehe ich davon aus, daß sich die Konstruktionen der Berufsaussteigerinnen signifikant von denen der Gemeindereferentinnen unterscheiden.

Im Anschluß werden deshalb zunächst die spezifischen Orientierungen der beiden Untersuchungsgruppen als Dokumente ihrer Selbstkategorisierung skizziert. Diese Beschreibungen werden jeweils mit entsprechenden Passagen aus den Interviews illustriert, die die unterschiedlichen *Herstellungsmodi von Weiblichkeit* belegen.

3. Die bessere Hälfte!? – Weiblichkeit im Arrangement mit der Hierarchie

Die Konstruktionen der Gemeindereferentinnen orientieren sich an den traditionellen Geschlechtergrenzen. Handlungsorientierungen, die diese Grenzen überschreiten, werden jedoch unter das *kulturell-normative Modell von Weiblichkeit* subsumiert. Die folgenden Kategorien legen diese Konstruktionen offen:

Berufsentscheidung im Kontext eines traditionellen Geschlechterrollenverständnisses

Die überwiegend in ländlichen Gebieten aufgewachsenen Frauen entstammen Arbeiter- sowie selbstständigen Handwerkerfamilien, deren Deutungsmuster von Geschlechtlichkeit stereotypen Vorstellungen verhaftet bleibt (vgl. Gottschalch u. a., zit. nach Beck-Gernsheim, 1981: 73). Kennzeichnend dafür ist vor allem ein komplementäres Verständnis männlicher und weiblicher Wesensmerkmale und in dessen Konsequenz eine *geschlechtsspezifische Arbeitsteilung*. Ferner stellt das Symbolsystem der katholischen Kirche ein zentrales Sinn- und Orientierungsreservoir dar. Auf diese Weise wird eine prinzipielle Ausrichtung an traditionellen Entwürfen von Geschlechtlichkeit mit Hilfe *religiöser Symbolisierungen und kirchlicher Rollenzuweisungen* legitimiert und verstärkt (vgl. Kraul und Lüth, 1995). Die Gemeindereferentinnen übernehmen diese Orientierungen für den eigenen Lebensentwurf und entwickeln bereits in der Phase der Adoleszenz Berufsvorstellungen, die mit dem normativen Modell von Weiblichkeit korrelieren. Dazu gehört beispielsweise die Ambition, ein soziales Engagement zum Beruf zu machen:

„... ich möchte schon irgendwo mit Menschen zu tun haben. Da habe ich schon irgendwo gemerkt, geahnt, das könnte irgendwas sein, so, sich einzusetzen für andere Menschen, vielleicht auch so Heiligenbiographien oder so große Menschen, die haben immer was für andere Menschen getan. Und das ist was Sinnvolles. So, das war das Erste." (B)[5]

Entsprechend nutzen sie den sozialen Raum der Kirche, ihre weibliche Selbstkategorisierung durch ein persönliches Engagement innerhalb der Pfarrgemeinde umzusetzen und dabei Bestätigung ihrer Orientierungen zu erfahren. Eine ebenso unterstützende Funktion im Hinblick auf ein komplementäres Geschlechterrollenverständnis übernehmen weibliche und männliche Vorbilder im Kontext professioneller Seelsorge, was eine der Befragten wie folgt erlebt:

---

5   Die Abkürzungen A, B, C und D stehen für die Namen der anonymisierten Interviewteilnehmerinnen. Die Interviewpassagen sind abgedruckt in Hoff (1997).

„Und ich muß sagen, während dem Studium hatt' ich dieses Bild eigentlich auch so im Hinterkopf gehabt, so von ihr. ... Ja, weil das hat mir auch so gefallen, auch, auch das Verhältnis, wie sie mit den Menschen in der Gemeinde umgeht, und wie die da zusammen waren, auch mit dem Pastor, das hat auch gut geklappt, also ich hab eigentlich in meiner ganzen Ausbildungszeit und eigentlich bis heut, bis jetzt eigentlich noch nie Negativbeispiele erlebt." (A)

Die Entscheidung für den Beruf der Gemeindereferentin eröffnet den Frauen somit einen öffentlichen Raum, in dem das *komplementäre Geschlechterrollenverständnis* in die Form entsprechender beruflicher Rollen eingegossen ist. Somit kann das bisher angeeignete Interpretationsmodell von Weiblichkeit im Hinblick auf professionelle Interessen nutzbar gemacht werden.

Weibliche Empathie als Kernelement des beruflichen Selbstverständnisses

Dem kulturellen Modell von Weiblichkeit zufolge liegt die zentrale Aufgabenstellung ihrer Tätigkeit für die Gemeindereferentinnen in der Begleitung und Unterstützung von Menschen. Parallel dazu nehmen sie Fähigkeiten wie kommunikative Kompetenz, Empathie und Fürsorglichkeit als spezifische Potentiale wahr und entwickeln in dieser Hinsicht ein ausgeprägtes Selbstbewußtsein. Da der gesamte Bereich des beruflichen Handelns somit im Deutungsmuster von ‚Weiblichkeit' codiert wird, verstehen sie diese Fertigkeiten nicht als beruflich erworbene Qualifikationen, sondern betrachten sie in einem unmittelbaren Bezug zur *geschlechtlichen Selbstkategorisierung*, was eine der Befragten folgendermaßen umschreibt:

„Und ich merke ja den Unterschied, wenn ich Frauenkreise habe, daß mir dann die Frauen ja sagen, also man kann von Frau zu Frau einfach offener miteinander reden oder über manche Probleme miteinander reden, ... Ich kann einfach mit einer Frau ganz anders darüber reden. Dann denk ich auch, was machen denn die armen Frauen in dieser Gemeinde, die nur ihren Pfarrer haben ... ." (B)

Das berufliche Handeln im Bereich professioneller Seelsorgsarbeit erweist sich für die Gemeindereferentinnen daher als eine Möglichkeit, Weiblichkeit in Übereinstimmung mit den kulturell-normativen Vorgaben von Geschlechtlichkeit zu konstruieren und auf diesem Wege die Geschlechterdifferenz zu stabilisieren. Da zudem ein solcher Weiblichkeitsentwurf mit dem tradierten Frauenbild der Kirche übereinstimmt, erfahren die Gemeindereferentinnen auf diese Weise Bestätigung ihrer geschlechtlichen Inszenierungen. Demgegenüber bleibt der Zugang zu Anteilen der Persönlichkeit, die diesem Modell von Weiblichkeit widersprechen, eher erschwert.

Umschriftung der Hierarchie in Gleichheit

Ebenso wie die Ausrichtung an der Geschlechterdifferenz zeigt sich bei den Gemeindereferentinnen eine Orientierung an der Geschlechterhierarchie. Allerdings transformieren sie das institutionelle Machtgefälle zwischen Pfarrer und Gemeindereferentin durch subtile Handlungsmuster, die auf Egalität ausgerichtet sind. Dabei betrachten sie die Einschränkung ihrer beruflichen Kompetenzen als persönliche Entlastung von der unliebsamen Aufgabe, die gesamte Verantwortung für ihre Arbeit zu übernehmen. Außerdem sehen sie die geschlechtsspezifische Aufgabenverteilung in ihrem Arbeitsfeld als Chance, sich auf den, ihren Interessen entsprechenden, Bereich seelsorglicher Begleitung zu konzentrieren. Die als weiblich codierte Beziehungsarbeit interpretieren sie schließlich als gleichrangige Ergänzung zur ‚männlichen' Leitungsaufgabe des Priesters und betonen damit explizit die *Gleichwertigkeit geschlechtsspezifischer Differenzen*.

Neben dem ‚Arrangement mit der Hierarchie' entwickeln die Gemeindereferentinnen ein Bewußtsein ‚heimlicher Macht', da sie es verstehen, in der unmittelbaren Interaktion Entscheidungen des Vorgesetzten in indirekter Weise zu steuern, ohne dabei die Selbstdarstellung im Modell kultureller Weiblichkeit zu gefährden (vgl. 2). In diesem Sinne nutzt eine der Befragten ihre diplomatische Begabung als ein wirksames Instrument, auf den Pfarrer maßgeblich Einfluß zu nehmen:

„Bei diesem Pfarrer war ich mir auch nicht so ganz sicher, wie so sein Selbstwertgefühl ist. .. da dachte ich: ‚Na, da mußt du sicher auch mit Fingerspitzengefühl vorgehen, daß du ihn nicht verletzt, sondern ihn eher aufbaust'. Und da entdecke ich mich auch, daß ich, sobald ich irgendwo eine gute Predigt höre so daß ich, sage ich ihm das auch. Und ich muß sagen, also es hat sich bewährt, so daß ich, daß wir jetzt ein sehr gutes Verhältnis haben." (B)

Die stringente Interpretation der eigenen Handlungsmuster auf der Folie des gesellschaftlichen Weiblichkeitsklischees trägt auf diese Weise dazu bei, Interessen und Erfahrungen jenseits des weiblichen Geschlechterrollenstereotyps zu verschleiern. Schließlich kann auf dieser Basis auch eine dauerhafte konfliktfreie Einbindung in den Beruf der Gemeindereferentin sichergestellt werden.

4. Zwischen Omnipotenz und Insuffizienz

Den Aussteigerinnen gelingt es nicht, die Anforderungen im Beruf mit ihrer Konstruktion von Geschlechtlichkeit zu vereinbaren. Die folgenden Ausführungen zeigen, welche Selbstkategorisierungen ihr Berufsverhalten prägen und welche Schwierigkeiten sie zum Ausstieg veranlassen.

Berufswahl als Stabilisierung der Identität

Ähnlich wie bei der Gruppe der Gemeindereferentinnen sind die Herkunftsfamilien der Berufsaussteigerinnen durch kollektive, im katholischen Milieu verhaftete Orientierungsmuster charakterisiert, die den Frauen eine traditionell stereotypisierende Ausdeutung von Geschlechtlichkeit nahelegen (vgl. Knapp, 1994: 165). Möglicherweise ist jedoch diese *Option weiblicher Selbstkategorisierung* für die Berufsaussteigerinnen mit erheblichen Problemen verbunden, da bereits im frühen Jugendalter die Infragestellung der eigenen Person, verbunden mit der Suche nach emotionaler Beheimatung und Sinnorientierung, zum zentralen Thema wird. Auffallend ist, daß die Frauen während der gesamten Pubertät und Adoleszenz intensive Kontakte zu Geistlichen suchen und sich damit in erster Linie männlichen Identifikationsinstanzen zuwenden. Diese Kontakte, bei denen sie Akzeptanz und persönliche Unterstützung erfahren, vermitteln ihnen darüber hinaus alternative Identifikationangebote jenseits weiblicher Lebensmodelle. Beispielsweise entwickelt eine der Befragten durch die intensive Beziehung zu ihrem Heimatpfarrer die Motivation für eine kirchliche Tätigkeit:

„... sehr viel Kontakt mit unserem Pastor gehabt, mit dem auch unheimlich viele intensive Gespräche geführt. Und das war eigentlich irgendwo immer wieder so der Punkt, wo ich gedacht habe, irgendwo, ich würde da gern mehr erleben, mehr erfahren, auch im Studium. ... Ich weiß, ich konnte immer zu dem gehen. Und das war für mich so der Punkt, wo ich gedacht habe, das könnt' ich mir vorstellen, so etwas zum Beruf zu machen." (C)

Zusammen mit dem sozialen Engagement in pastoralen Gruppen bietet Kirche den Berufsaussteigerinnen schließlich den Raum, die bislang fehlende Bestätigung ihrer Person zu erfahren:

„Ja, das war dann auch, zu der Zeit habe ich mich daheim sehr unwohl gefühlt, und wegen aller möglichen Sachen mit meiner Mutter vor allen Dingen angeeckt, und es war irgendwie ätzend. Und so das Zusammensein in dieser Jugendgruppe und so weiter, das war dann halt was ganz anderes. Da habe ich mich verstanden gefühlt und so. Das war dann schon auch so'n Stück zu Hause." (D)

Jene Erlebnisbereiche, die Orientierung an *männlichen Identifikationsinstanzen* sowie die Erfahrung, als Person akzeptiert zu sein, werden schließlich für die Berufsaussteigerinnen zu bedeutsamen Orientierungen in der Auseinandersetzung um eine ihnen entsprechende geschlechtliche Selbstverortung. Allerdings bleiben auch diese Frauen mit ihrer Berufsentscheidung, nicht zuletzt aufgrund ihres ausgeprägten Bedürfnisses nach persönlicher Akzeptanz, in ihren Handlungsmustern weiterhin dem weiblichen Geschlechterrollenmodell verhaftet. Ferner wird das Dilemma deutlich, in dem die Frauen sich angesichts dieser Situation befinden. So richten sie sich einerseits, aufgrund der fehlenden Wertschätzung ihres Frau-Seins, an männlich definierten Lebensentwürfen aus. Andererseits unterliegen sie, wiederum auf dem Hintergrund ihres Bedürfnisses nach Anerkennung, in weitaus stärkerem Maße dem „*Imperativ der geschlechtlichen Identifizierbarkeit*" (Wetterer, 1995: 237), der ihnen Abweichungen vom normativen Weiblichkeitsmodell relativ erschwert.

Dilemmata bipolarer Deutungsmuster beruflichen Handels

Das spezifische Dilemma der Berufsaussteigerinnen verdichtet sich nach der Einmündung in einen typischen Frauenberuf. Offenkundiger als bisher tritt nun die Ausrichtung an stereotypen Entwürfen von Weiblichkeit bei gleichzeitiger Orientierung an männlichen Deutungshorizonten zutage, wobei sich in beiden Hinsichten Brechungen ergeben. Anhaltende Selbstzweifel und das Bewußtsein beruflicher Insuffizienz deuten auf Schwierigkeiten mit der weiblichen Selbstkategorisierung hin. Möglicherweise führt die Abweichung von übernommenen Weiblichkeitsvorstellungen zu einer negativen Bewertung des eigenen Frau-Seins. Demgegenüber projizieren sie die gelungene Umsetzung des normativen Ideals auf Kolleginnen, die auf diese Weise zu bedrohlichen Konkurrentinnen werden.

„Das war dann auch so eher en Typ: ‚Hoppla, jetzt komm ich'. Und weil ich eh nicht so selbstbewußt bin, habe ich gedacht, die überrennt dich jetzt. Die konnte sich natürlich auch wesentlich besser bei den Leuten verkaufen und nach ihrer Vorstellung in der Kirche gab es da schon Applaus und so. Habe ich mich also mit der total schwer getan, ich wollte auch nichts mit der zu tun haben ... ." (C)

Die Erfahrung der Abweichung vom normativen weiblichen Klassifikationsmuster führt also nicht zur Modifikation der Selbstkategorisierung, sondern die Konstruktion der Geschlechtlichkeit bleibt im bestehenden Deutungshorizont von Weiblichkeit gefangen. Parallel dazu orientieren sich die Berufsaussteigerinnen an männlichen Praktiken, was sich im Interesse an Leitungsaufgaben sowie einer hohen beruflichen Leistungsbereitschaft zeigt.

„Ja, das war dann halt so. Also dieser Pastor da, in Frankfurt, der hat die Entziehungskur gemacht, und während dessen, also während dieser Zeit, wo der fort war, hab ich so gemerkt: ‚Oh, also ich komm immer besser klar, ohne den. Und am liebsten wäre mir, der käme gar nicht mehr, und ich könnt so die Chefin sein'." (D)

Allerdings gelingt es ihnen nicht, diese Motivation in ihre Handlungsmuster aufzunehmen. Vielmehr entwickeln sie aufgrund der Verhaftung im klassischen Weiblichkeitsmodell das ausgeprägte Bedürfnis nach der statushöheren männlichen Anerkennung ihrer Leistungen. Die Konstruktionen der Berufsaussteigerinnen bewegen sich damit innerhalb der traditionellen Codierungen von Weiblichkeit, die sie einerseits als *„Minderwertigkeit"*, andererseits als *„Abhängigkeit"* symbolisch umsetzen.

Veränderungen im beruflichen Handeln

Die Problematik dieser Frauen kulminiert schließlich in der Auseinandersetzung mit der installierten Geschlechterhierarchie innerhalb der beruflichen Strukturen. Diese bieten zum einen die Gelegenheit, Weiblichkeit durch die *Inszenierung von Unterordnung* herzustellen. Zum anderen ruft das Interesse an Leitungsfunktionen starke Widersprüche gegen Strukturen hervor, die sie in eine abhängige Berufsposition bringen. Aus dieser Konstellation resultiert dann im Laufe der Berufsjahre ein Leiden an der Hierarchie, an deren Konstruktion sie jedoch aktiv beteiligt sind. Das Pendeln zwischen der Ausrichtung am normativen weiblichen Modell und Vorstellungen von männlichen Praktiken, die allerdings nicht handlungsrelevant werden, führt schließlich zur Überforderung und zum Ausstieg aus dem Beruf. Im Anschluß daran absolvieren alle befragten ehemaligen Gemeindereferentinnen ein weiteres Studium und entscheiden sich erneut für sozialpädagogische bzw. pädagogische Tätigkeitsfelder, so daß die weibliche Selbstkategorisierung beibehalten werden kann. Darüber hinaus sichern sie sich aber Räume, die, anders als der ehemalige Beruf, potentielle Möglichkeiten bieten, Leitung und damit männlich konnotierte Orientierungen in Handeln umzusetzen. Das Balancieren zwischen den bipolaren Orientierungen zeigt sich auch angesichts des beruflichen Neuanfangs, indem eine Probandin rückblickend ihre frühere Tätigkeit als *„nichts Eigenes, gell, sondern halt irgendwie so Zuarbeiterin"* (D) zynisch charakterisiert, gleichzeitig aber ihre Befürchtung ausdrückt, außerhalb kirchlicher Berufsstrukturen nicht bestehen zu können:

„Ich hatte dann schon auch zuerst Angst, wo ich gedacht hab: ‚Na ja Kirche, das ist ja irgendwo so ein geschützter Raum, auch so ein bißchen: Da können sich ja allerhand exotische Typen rumtummeln und die werden auch gelassen. Und sonst wo, geht es da vielleicht nicht härter zu oder so? Und kannst Du bestehen, außerhalb von Kirche?' Das war so die Frage." (D)

5. Resümee

Wird nun abschließend ein Resümmee gezogen, zeigt sich ein Erkenntnisgewinn auf drei verschiedenen Ebenen:

- Im Hinblick auf die leitende Fragestellung, die Frage nach den Ursachen, die zum Ausstieg aus dem Beruf der Gemeindereferentin beitragen, liefert eine konstruktivistische Perspektive eine ausreichende Erkärung. Dabei verdeutlichen die Handlungs- und Orientierungsmuster der Gemeindereferentinnen, daß ein Verbleiben im Beruf mit einer Konstruktion von Geschlechtlichkeit korreliert, die eng an den kulturellnormativen Weiblichkeitsentwurf angelehnt bleibt, wobei selbst widersprüchliche Orientierungen mit der Etikettierung von Weiblichkeit ausgezeichnet sind. Werden statt dessen Handlungsinteressen ausgebildet, die dahin tendieren, Geschlechtergrenzen zu überwinden, wird ein Verbleiben in einem Arbeitsfeld, in dem die Geschlechterdifferenz und die Geschlechterhierarchie wesentliche Strukturmerkmale institutioneller Berufskarrieren darstellen, zunehmend schwieriger.

- Aus der Perspektive der Geschlechterforschung betrachtet, deuten die Ergebnisse der Interviewstudie auf einen allgemeinen Prozeß der Veränderung geschlechtlicher Konstruktionen hin. Dabei erweisen sich die Berufsaussteigerinnen als ‚Agentinnen des Wandels', die punktuell damit beginnen, die Geschlechterdifferenz aufzubrechen, selbst wenn sie mit der erneuten Favorisierung frauentypischer Arbeitsfelder die bestehenden Grenzziehungen weiter tradieren. Mit dem Ausstieg aus dem Beruf dokumentieren sie nicht nur eine Absage an Berufsstrukturen, die klare geschlechtliche Codierungen vorgeben, sondern sie stellen sich prinzipiell der Möglichkeit, in ihren beruflichen Handlungsmustern mit Geschlechtergrenzen zu experimentieren.
- Auf dem Hintergrund der gegenwärtigen Fluktuation im Beruf der Gemeindereferentin zeigen sich Ansatzpunkte, diesem Phänomen von institutioneller Seite her zu begegnen. Dabei wäre zu fragen, inwieweit die Möglichkeit eines beruflichen Aufstiegs mit erweiterten Leitungskompetenzen und größeren Handlungsspielräumen von den strukturellen Voraussetzungen her realisiert werden könnte. Auf diese Weise würde der Beruf der Gemeindereferentin die Gelegenheit bieten, sowohl männliche als auch weibliche Orientierungen zu integrieren. Ferner könnten solche latent vorhandenen geschlechtsübergreifenden Orientierungen durch entsprechende Weiterbildungsangebote sowohl in das Bewußtsein als auch in die Handlungsmuster von Gemeindereferetinnen befördert werden. Damit würde Kirche als berufliches Handlungsfeld sowohl Schutzraum als auch Gelegenheit zur Entfaltung bieten.

Literatur

Beck-Gernsheim, Elisabeth, 1981: Der geschlechtsspezifische Arbeitsmarkt. Zur Ideologie und Realität von Frauenberufen. Frankfurt/M.: Campus.
Die Deutschen Bischöfe, 1987: Rahmenstatuten und -ordnungen für Gemeinde- und Pastoral-Referenten/Referentinnen. Bonn: Sekretariat der Dt. Bischofskonferenz.
Gildemeister, Regina und Angelika Wetterer, 1992: Wie Geschlechter gemacht werden. Die soziale Konstruktion der Zweigeschlechtlichkeit und ihre Reifizierung in der Frauenforschung. S. 201-254 in: Gudrun-Axeli Knapp und Angelika Wetterer (Hg.): TraditionenBrüche. Entwicklungen feministischer Theorie. Freiburg: Korl.
Gottschall, Karin, 1995: Geschlechterverhältnis und Arbeitsmarktsegregation. S. 125-161 in: Regina Becker-Schmidt und Gudrun-Axeli Knapp (Hg.): Geschlechterverhältnis in den Sozialwissenschaften. Sozialwissenschaftliche Perspektiven in der Frauenforschung. Frankfurt/M.: Campus.
Hagemann-White, Carol, 1988: Wir werden nicht zweigeschlechtlich geboren. S. 225-233 in: Carol Hagemann-White und Maria S. Rerrich (Hg): FrauenMänner-

Bilder. Männer und Männlichkeit in der feministischen Diskussion. Bielefeld: AJZ Verlag.

Hagemann-White, Carol, 1992: Berufsfindung und Lebensperspektive in der weiblichen Adoleszens. S. 64-83 in: Karin Flaake und Vera King (Hg.): Weibliche Adoleszenz. Zur Sozialisation junger Frauen. Frankfurt/M.: Campus.

Hoff, Walburga, 1997: Heraustreten aus dem Schatten. Gemeindereferentinnen zwischen christlicher Nächstenliebe und Professionalität. Hemmingen: Sozialwissenschaftliche Studiengesellschaft.

Knapp, Gudrun-Axeli, 1988: Das Konzept „weibliches" Arbeitsvermögen – theoriegeleitete Zugänge, Irrwege, Perspektiven. Frauenforschung. Informationsdienst des Forschungsinstituts Frau und Gesellschaft 6/4, 8-19.

Knapp, Gudrun-Axeli, 1995: Unterschiede machen: Zur Sozialpsychologie der Hierarchisierung im Geschlechterverhältnis. S. 163-190 in: Regina Becker-Schmidt und Gudrun-Axeli Knapp (Hg.): Das Geschlechterverhältnis als Gegenstand der Sozialwissenschaften. Frankfurt/M.: Campus.

Kraul, Margret und Christoph Lüth, 1996: Religion, Geschlechteranthropologie, Bildung. S. 7-22 in: Dies. (Hg.): Erziehung der Menschen-Geschlechter. Studien zur Religion, Sozialisation und Bildung in Europa seit der Aufklärung. Weinheim: Deutscher Studien Verlag.

Lemmermöhle, Doris: „Ich fühl' mich halt in meinem Frauenpelz wohler". Biographisches Handeln junger Frauen beim Übergang von der Schule in die Arbeitswelt. Feministische Studien 15/1, 323-37.

Wetterer, Angelika, 1995: Dekonstruktion und Alltagshandeln. Die (möglichen) Grenzen der Vergeschlechtlichung von Berufsarbeit. S. 223-246 in: Dies. (Hg.): Die soziale Konstruktion von Geschlecht in Professionalisierungsprozessen. Frankfurt/M.: Campus.

Kornelia Sammet

Die Autorität der Pfarrerin – Charisma, Amt und Tradition in der Arbeit evangelischer Pfarrerinnen

1. Einleitung

Das Pfarramt in der evangelischen Kirche ist ein relativ neues Berufsfeld für Frauen. Es war bis in die jüngste Zeit ausschließlich Männern vorbehalten und beruhte auf einer geschlechtsspezifischen Arbeitsteilung im Pfarrhaus. Aus der Schöpfungsordnung abgeleitete Vorstellungen von Wesen und Aufgaben der Geschlechter waren die Begründungsbasis der komplementär aufeinander bezogenen Rollen von Pfarrer und Pfarrfrau. Der Ausschluß der Frauen aus dem Pfarramt wurde damit begründet, daß es mit ihrem Wesen und der von Gott gewollten Unterordnung der Frau nicht zu vereinbaren sei. In dieser Argumentation zeigt sich als Muster das „Ineinandergreifen von sozialer Schließung und diskursiver Konstruktion der Geschlechterdifferenz" (Wetterer, 1993: 59), das auch in anderen Berufen wirksam war.

Seit Anfang dieses Jahrhunderts wurden Frauen zum Studium an den Universitäten[1] und damit auch an den theologischen Fakultäten zugelassen. Die Existenz examinierter Theologinnen stellte die evangelischen Landeskirchen vor die Frage nach den Möglichkeiten, Bedingungen und (vor allem) den Grenzen eines ‚Dienstes' dieser Frauen. Bis in die sechziger und siebziger Jahre zogen sich die Diskussionen darüber hin, ob für Theologinnen ein eigenständiges Theologinnenamt (ein ‚Amt sui generis') eingerichtet werden sollte oder ob Frauen zum ‚vollen' Pfarramt zugelassen werden können. Im Kern ging es immer wieder um die Frage, ob Frauen Gemeindeleitung, öffentliche Wortverkündigung und Sakramentsverwaltung sowie Amtshandlungen ausüben dürfen. Dies waren die Aufgaben, von denen ausgebildete Theologinnen qua Geschlecht mit Berufung auf die biblische Überlieferung lange Zeit[2] ausgeschlossen blieben, denn mit diesen Tätigkeiten ist eine Herrschafts- bzw. Autoritätsposition verbunden. Frauen im Pfarramt stellen die

---

1 Zur Zunahme der Partizipationsmöglichkeiten von Frauen seit dem Beginn dieses Jahrhunderts und dem damit einhergehenden normativen Geltungsverlust der Geschlechterordnung vgl. den Aufsatz von Wobbe in diesem Band.
2 Es sollte teilweise noch bis in die siebziger Jahre und länger dauern, bis in den evangelischen Kirchen in Deutschland die gleichberechtigte Teilhabe der Frauen im Pfarramt realisiert wurde.

Tradition des Pfarramts *und* die kirchlichen Frauenbilder in Frage, Vorbedingung und Folge ihrer Gleichstellung ist eine Neuinterpretation der Überlieferung[3], die sich in der Abgrenzung von der Tradition gleichzeitig auf diese bezieht.

Ich möchte im folgenden anhand einiger Passagen aus zwei Interviews mit evangelischen Pfarrerinnen zeigen, wie diese sich in den letzten 25 Jahren das Pfarramt gerade im Hinblick auf die männlich konnotierten Bestandteile angeeignet haben. Datenbasis der folgenden Ausführungen sind narrative, auf den Beruf bezogene Interviews mit evangelischen Pfarrerinnen aus Ost- und West-Berlin, die im Verlauf eines an der Freien Universität Berlin angesiedelten Forschungsprojektes geführt und mit der Methode der Objektiven Hermeneutik ausgewertet wurden.[4]

Für die Bereiche *Gottesdienst* und *Predigt* sollen die impliziten handlungsleitenden Orientierungen herausgearbeitet und um eine kurze Zusammenfassung des jeweiligen Verständnisses von *Gemeindeleitung* ergänzt werden. Damit werden zwei Dimensionen der *Autorität* des Pfarramts thematisiert: zum einen die religiöse Autorität im Gottesdienst und zum anderen die alltäglich-praktische Autorität in der Gemeindeleitung.

Die Autorität einer Pfarrerin kann (wie die eines Pfarrers) auf verschiedene Weise begründet sein: durch ihre Person, ihre Funktion oder durch die Tradition. Der Bezug auf die Tradition stellt die Pfarrerin allerdings vor ein Problem, das ein Pfarrer nicht hat: das Problem, daß die väterlich-männliche Tradition des Pfarramts nicht mit ihrem Geschlecht einerseits und die kirchlichen Frauenbilder nicht mit der Autorität des Pfarramts andererseits zusammenpassen. Die beiden Fälle, deren Rekonstruktion ich präsentieren möchte, lösen dieses Problem im Hinblick auf ihre Position im Gottesdienst auf ganz verschiedene Weise, die auf schon in der klassischen Soziologie formulierte Typen der Begründung von Autorität verweisen, die sich aber für die Pfarrerinnen auf den Bereich der Gemeindeleitung – soviel möchte ich schon vorwegnehmen – nicht ohne weiteres übertragen lassen.

Bei den beiden ausgewählten Fällen handelt es sich um Theologinnen, die unmittelbar nach der formalen Gleichstellung von Frauen Anfang bis Mitte der siebziger Jahre ins Pfarramt gelangten. Folgenden Fragen möchte ich nachgehen: Welche Rolle füllen die Pfarrerinnen im Gottesdienst aus? An welche Traditionen und impliziten Leitbilder knüpfen sie in ihrer Arbeit an, und wovon grenzen sie sich ab? Es geht dabei – das möchte ich betonen – nicht darum, was die betreffenden Pfarrerinnen konkret tun, sondern wie sie ihr Handeln beschreiben und legitimieren, also um die jeweilige Konzeptio-

---

3   In den Worten Luhmanns (1998:40) bedeutet dies die „Reproduktion von Kontinuität und Diskontinuität, von Kontinuität durch Diskontinuität".
4   Erste Ergebnisse sind veröffentlicht in Sammet (1998).

nalisierung des Pfarramts und um die dabei zu tage tretenden Konstruktionen von Weiblichkeit[5].

2. Evelyn Hansen: „Das finde ich das Herausfordernde am Predigen, daß es durchgehen muß durch die eigene Person."

Die erste, längere Passage, die ich präsentieren möchte, stammt aus einem Interview mit einer Gemeindepfarrerin, die ich Evelyn Hansen nennen möchte und die zum Zeitpunkt des Interviews ca. 45 Jahre alt war. Sie erzählt im Zusammenhang mit den Themen Exegese und Predigt folgendes über ihren heute wieder „*naiveren*" Zugang zum Bibeltext:

E.H.: Aber daß ich heute wieder genau wie so'n Laie, sage ich mal, mich hinsetzen kann, wenn ich die Predigt mache, und erstmal frage: Was spricht dich an? Was stößt dich ab? Was ärgert dich? Ja, ganz einfach sozusagen wieder rangehe und auch so selber – Ich predige zum Beispiel selten über den vorgeschriebenen Predigttext, sondern ich predige – ich überlege dann, was hat dich diese Woche eigentlich beschäftigt? Was ist dir klar geworden? Oder was möchtest du eigentlich sagen? Also ja wenn man – ja ich hatte dann im vorigen Jahr auch mal ne ziemliche persönliche Krise [...] Ja aber daß man dadurch auch so nochmal neue geistige Einsichten auch wieder gewonnen hat, was es auch heißt, Abschied zu nehmen oder auch was *sterben* zu lassen und so, diesen ganzen Zusammenhang von Sterben und Auferstehen und neuem Leben, und daß so nochmal einfach *existentiell* auch durch das Leben neue Erfahrungen wieder kommen, und ich hab unheimlich gerne gepredigt auch in der Zeit, also wo's mir auch sehr dreckig ging, ja, daß die Leute das auch gemerkt haben, daß wieder ein neuer Ton auch im Predigen drin war. Und das finde ich auch immer das *Spannende* so, ich *kann* eben auch nur predigen, also das macht dann auch wieder meine *Not* beim Predigen aus, wenn ich auch das Gefühl habe, ich *habe* was zu sagen jetzt oder es *ist* etwas, was *mir* wichtig ist, ja. [...]
Und das finde ich auch immer das Herausfordernde am Predigen, daß es *durchgehen* muß durch die eigene Person und daß man eben – Ich *kann* mich nicht einfach hinstellen und einfach nur sowas theologisch Richtiges abliefern. Und wenn es zehnmal theologisch richtig ist, wenn das nicht *meins* ist, was *ich* selber auch empfinde und erlebe und als *meins* irgendwie auch sagen kann, dann kann ich auch nicht predigen. Und das ist auch das, ich glaube, das hat sich auch verstärkt im Lauf der Jahre. Und aber die Leute merken das auch. Die Leute spüren das. Daß sie merken sagen, daß sie eben so dieses Persönliche, daß sie das eben unheimlich *spüren*, daß man auf der Kanzel kein anderer ist als der, der man sonst ist. Das empfinde ich auch als was *Wichtiges*. Manchmal erlebe ich Leute, wenn die auf die Kanzel gehen, klapp – auf einmal sind sie ein völlig anderer

---

[5] Im Unterschied zu den sehr instruktiven pastoraltheologischen Studien von Wagner-Rau und Enzner-Probst gehe ich also nicht von der Annahme einer besonderen „weiblichen Identität" (wie Wagner-Rau) bzw. einem spezifischen „weiblichen Arbeitsvermögen" (wie Enzner-Probst), das Frauen in die pfarramtliche Arbeit einbringen, aus. Stattdessen zielt meine Fragestellung darauf herauszuarbeiten, ob und auf welche Weise Pfarrerinnen sich auf solche Konzepte beziehen.

Mensch. Als wenn sie 'ne Maske anziehen oder irgendwie 'n Personenwechsel vornehmen. [...] Daß die Leute irgendwie spüren, daß man authentisch ist. Daß man das wirklich auch meint, also auch sonst meint, was man da sagt. Und nicht jetzt irgendwie plötzlich so amtlich redet und irgendwas so von oben herab irgendwo sagt. Aber das macht's eben auch schwer.

Evelyn Hansen grenzt hier zwei Predigtmodelle von ihrem eigenen ab: dem „*theologisch Richtigen*" einerseits und dem „*amtlich Reden*" andererseits hält sie ihre Forderung nach Authentizität und ihr Herangehen „*wie so'n Laie*" entgegen. Das „*theologisch Richtige*" wäre die wissenschaftlich bzw. exegetisch erarbeitete und begründete Verkündigung, es betont die theologische Kompetenz, die durch das Theologiestudium erworben wird. „*Amtlich Reden*" ist dadurch gekennzeichnet, daß eine spezifische soziale Rolle ausgefüllt wird, die das Handeln bestimmt, und es ist mit einem hierarchischen Gefälle verbunden: „*von oben herab*". In beiden Fällen kommt das, was gepredigt wird, nicht aus der Person des Predigenden selbst, sondern ist durch eine andere Instanz legitimiert: durch Theologie bzw. Wissenschaft auf der einen und das Amt bzw. die Kirche auf der anderen Seite. Dagegen stellt Evelyn Hansen ihre persönliche Verkündigung: Es gilt nur das von ihr selbst Erlebte und Empfundene, nicht die Tradition oder Dogmen, denn zuerst überlegt sie, was sie zu sagen hat, dann sucht sie vermutlich einen passenden Bibeltext dazu aus.

Verschiedene Momente dieses Verkündigungsmodells, nämlich das persönliche Moment („daß es durchgehen muß durch die eigene Person", „meins, was ich selbst auch empfinde und erlebe"), das Moment der Innovation („neue geistige Einsichten", „wieder ein neuer Ton auch im Predigen drin") und die Labilität („das Spannende so, daß ich kann eben auch nur predigen, also das macht dann auch wieder meine Not beim Predigen aus, wenn ich auch das Gefühl habe, ich habe was zu sagen jetzt"[6]) zeigen, daß es sich um ein charismatisches[7] Verkündigungsmodell handelt, genauer: um die Charismatisierung der Sonntagspredigt, einer im Pfarramt institutionalisierten und versachlichten Funktion. Die dem Pfarramt – und allgemein den Professionen[8] – inhärente Spannung von Alltag und Außeralltäglichkeit, „von gan-

---

6   Die Labilität einer solchen Verkündigung kann es mit sich bringen, daß es – wie Evelyn Hansen in einer hier ausgelassenen Stelle erzählt – ihr durchaus die „*Sprache verschlagen*" kann.
7   Oevermann faßt den Begriff des ‚Charisma' allgemeiner, indem er ihn in den Zusammenhang seiner zentralen Begriffe *Krise* und *Routine* stellt: „Charismatisch soll dann die spezifische Qualität einer aus mehreren unterscheidbaren Phasen bestehenden Ablaufgestalt heißen, in der ein argumentativ unbegründbarer Vorschlag zur Krisenlösung gleichwohl einen prinzipiellen Anspruch auf Begründbarkeit in der Zukunft erhebt und mit diesem Anspruch erfolgreich Glaubwürdigkeit bei einer Gefolgschaft erlangt" (1995: 48).
8   Wie Seyfarth zeigt, ist für Max Weber bei der Analyse der „in die Richtung eines modernen professionellen Typs weisenden Formen des beruflichen Handelns" die Unterscheidung von Außeralltäglichkeit und Alltag zentral: „Für alle diese Berufe hebt Weber ihre historischen *und* strukturellen, als objektive Möglichkeit erhaltenbleibenden ‚charismati-

zer Person und unpersönlicher Rollenförmigkeit" sowie „von diffuser und spezifischer Sozialbeziehung" (Oevermann, 1996) wird hier einseitig in Richtung charismatischer Subjektivität zulasten der institutionalisierten Berufsrolle aufgelöst. Dies stellt Evelyn Hansen vor das Problem, daß sie sich die außeralltäglichen Krisenzustände, die die Voraussetzung ihrer Verkündigungstätigkeit sind, stets von neuem verschaffen muß und damit – wie an anderen Stellen des Interviews deutlich wird – ihre Arbeitsfähigkeit aufs Spiel setzt.

Eine solche anti-institutionelle, den persönlichen Krisen und Empfindungen entspringende Verkündigung ist sicher nicht ausschließlich bei Frauen vorzufinden, liegt jedoch für Frauen besonders nahe, weil sie an Traditionen der Religiosität von Frauen anknüpft. Ich möchte an dieser Stelle beispielhaft nur eine Skizze zur mittelalterlichen Frömmigkeit von Caroline Walker Bynum[9] erwähnen, die zeigt, daß zu einer Zeit, als Frauen keinen institutionalisierten Platz in der Amtskirche hatten, ihre Religiosität subjektive Ausdrucksformen fand, die außerhalb von oder in Opposition zur Kirche stand: „Die Mystik ist immer individualistisch und deshalb immer eine Rebellion gegen kirchliche Strukturen oder ein Versuch, sie zu umgehen." (Bynum, 1988: 364)

Im Fall der Pfarrerin Evelyn Hansen zeigt sich also in Hinblick auf die Predigt ein impliziter Bezug auf Traditionen weiblicher Religiosität[10]. Im Bereich der Gemeindeleitung ist der Rekurs auf Weiblichkeitskonstruktionen dagegen explizit, wie in einer Passage deutlich wird, in der Evelyn Hansen ausführlich den Beitrag, den Frauen im Pfarramt leisten können, erläutert:

E.H.: Und ja und das denke ich, ist eben auch eine Fähigkeit, die Frauen haben in hohem Maße, daß sie Nähe zulassen und Nähe wollen. Und meine Erfahrung ist, genau das suchen die Menschen heute. Die wollen nicht 'ne Amtskirche haben, die irgendwie so abgehoben von ihnen ist, sondern sie wollen Nähe haben. Sie wollen wirklich Gemeinschaft haben, fast sowas wie Familie ja. Also, Gemeinde also Familie. Eine Atmosphäre, wo sie sich zu Hause fühlen, wo sie sich geborgen fühlen. [...]

---

schen' Ursprünge hervor. Kernelement ist die ‚alltägliche' (wie wir noch sehen werden: veralltäglichte und veralltäglichende) Erbringung im Ursprung ‚außeralltäglicher' Leistungen in außeralltäglichen Situationen der ‚Not', in denen die Möglichkeiten des Alltagshandelns erschöpft sind." (Seyfarth, 1989: 379)

9 Für den Zeitraum vom 11. bis 15. Jahrhundert beschreibt sie weibliche Frömmigkeit im Unterschied zur männlichen folgendermaßen: „Für die Religiosität der Frauen und für die Geltungsgründe ihrer Heiligkeit ist die Mystik wichtiger. Paramystische Phänomene (wie Trancen, Levitationen, Stigmata und mirakulöse Inedia) kommen viel häufiger bei Frauen vor. Die Reputation heiliger Frauen beruht viel öfter als bei Männern auf charismatischer Autorität, besonders bei Visionen. Weibliche Frömmigkeit zeichnet sich durch bußfertige Askese aus, besonders durch selbst zugefügtes Leiden. ... Die religiösen Schriften von Frauen sind allgemein gefühlsbetonter als die der Männer ... ." (1988: 360)

10 Das Predigtmodell Evelyn Hansens knüpft aber auch an säkularisierte Weiblichkeitskonstruktionen an, nach denen Frauen „Expertinnen für Gefühle und Empfindungen" sind (vgl. dazu auch Götz von Olenhusen in diesem Band).

Da denke ich immer, da können wir Frauen doch denke ich, was einbringen, sowas ja, wirklich was Mütterliches und Wärmendes.

Evelyn Hansen setzt Gemeinde mit Familie gleich und grenzt sie von „*Amtskirche*" ab. Was impliziert diese Analogisierung von Familie und Gemeinde? Beziehungen zwischen Familienangehörigen sind rollenfrei und diffus, d.h. auf die ganze Person in allen Aspekten zumindest potentiell bezogen. Charakteristisch für die Familie ist auch die Nicht-Austauschbarkeit der Personen und die zeitliche Unbegrenztheit des Engagements (vgl. z.B. Allert, 1998: 227). In allen diesen Hinsichten unterscheidet sich Familie (und nach Auffassung von Evelyn Hansen die Gemeinde) fundamental von anderen Sphären der funktional differenzierten Gesellschaft, wo Rollenanforderungen erfüllt, Leistungen erbracht werden müssen und das Personal austauschbar ist. Die Arbeit der Pfarrerin basiert demnach nicht auf Rollenkompetenz und Verantwortung für spezifische Bereiche und Aufgaben, sondern ist weder inhaltlich noch zeitlich begrenzt.

Persönlich-charismatische Predigt und mütterliche Gemeindeleitung müssen nicht immer miteinander verbunden sein; diese Kombination ist ein für Pfarrerinnen problematisches Erbe des evangelischen Pfarrhauses[11]. Evelyn Hansen sagt an anderer Stelle im Interview, daß sie in ihrem Pfarramt versuche, die Leistungen von Pfarrer und Pfarrfrau, die ihr im elterlichen Pfarrhaus faszinierend und vorbildlich vorgelebt wurden, zu vereinigen. Im Pfarrhaus wurden diese Aufgaben auf zwei Personen verteilt, was dem Pfarrer z.B. ermöglichte – wie es immer wieder in Schilderungen des Alltags im Pfarrhaus auftaucht –, sich in sein Arbeitszimmer zurückzuziehen, aus dem Alltag herausgehoben zu sein und so als Gegenüber seiner Gemeinde zu fungieren. Evelyn Hansen verzichtet als „Mutter der Gemeinde" (wie sie sich selbst nennt) auf diese Entlastung. Die Analogisierung von Gemeinde mit Familie erschwert die Abgrenzung des Privatlebens vom Beruf, aber auch die Zusammenarbeit mit Kollegen – und wahrscheinlich mehr noch mit Kolleginnen, denn es kann nur eine Mutter in der Familie geben.

Die Folge ihres ‚maßlosen', weil nicht begrenzbaren Anspruchs, ist für Evelyn Hansen – wie sich im Interview zeigt – physische und psychische Überforderung, die immer wieder zu körperlichen Zusammenbrüchen und zu schweren und langwierigen Krankheiten führen.

---

11 Eine ähnliche Einschätzung äußert Enzner-Probst (1995: 179): „Die Gefahr liegt nahe, daß die Figur des pastoralen ‚Übervaters' durch die der ‚guten Mutter' ausgetauscht wird. An der familialen Mustern nachempfundenen Struktur innerhalb der Gemeinde ändert sich nichts."

3. Elisabeth Baumgarten: „Wir sind Gottes Mitarbeiter."

Die Pfarrerin, die ich Elisabeth Baumgarten nenne und die zum Zeitpunkt des Interviews ungefähr 50 Jahre alt war, erwähnt schon ganz am Anfang des Interviews ein nicht näher ausgeführtes „*Berufungserlebnis*", aufgrund dessen sie sich über ihr Berufsziel sicher war: „*Da wußte ich ganz einfach, das müßte ich werden.*" Auf die Frage nach ihrem beruflichen Selbstverständnis führt sie – nach einer Einleitung, in der sie in bezug auf Seelsorge ein antihierarchisches Programm formuliert und die Differenz von Laien und Experten tendenziell aufhebt („*ich verstehe mich immer als Gesprächspartner und als jemand, der vom anderen genauso lernt*") – zum Thema Gottesdienst folgendes aus:

E.B.: Und so verstehe ich auch eben zum Beispiel die *Predigt*, also ich bin etwas allergisch geworden, wenn man immer sagt: Predigt ist eben nur Monolog, und ich selber mache deswegen nicht gerne so Gesprächsgottesdienste, also ich mach es *schon* und mal so gelegentlich, habe ich jetzt aber lange nicht. Aber weil ich immer und auch immer mehr die Erfahrung gemacht habe und mir dazu denke, Menschen heute fällt es unheimlich schwer zuzuhören, und ich merke aber, daß es eben eigentlich gar nicht gut ist, wenn man immer nur die eigene Meinung los wird und immer nur die eigenen Gedanken los wird, sondern daß es eigentlich besser ist, tatsächlich mal *zuzuhören* und wenn 's mal, in Anführungsstrichen, ne Viertelstunde lang zwangsweise ist, wenn der Pfarrer da also vorne predigt. [lacht] Und weil ich auch denke, ich gebe mir die allergrößte Mühe, verantwortlich mit dem Bibeltext umzugehen, das heißt, verantwortlich mit dem Wort Gottes umzugehen. Und es den Menschen, die da vor mir sitzen, die ich ja größtenteils auch *kenne*, in einer Weise nahe zu bringen, daß sie auch für ihr eigenes Leben was davon *haben* können. Und ich denke, das ist ne große Verantwortung, und ich nehme diese Verantwortung sehr ernst und verstehe mich dann *schon* als jemand, der hier steht und Gottes Wort weiter sagt. Natürlich bin *ich* es. Aber ich tue es auf *meine* Art und Weise. Aber ich bin eben auch jemand, der – na, Paulus sagt: Wir sind Gottes Mitarbeiter. So verstehe ich mich also *auch*, und denke, wir haben oft genug diese und ähnliche Worte, oder wenn Jesus [...] sagt eben: Ihr seid meine Nachfolger, also viel zu wenig *ernst* genommen, wirklich in dieser Verantwortung, in der wir da eigentlich stehen.

In Kontrast zum Gespräch, in dem für sie beide Seiten gleichberechtigt sind, betont Elisabeth Baumgarten hier ihre Autorität in religiösen Fragen. Im Gottesdienst, wenn sie predigt, ist gerechtfertigt, daß andere ihr „*zwangsweise*" zuhören müssen, auch wenn sie diesen Anspruch durch das Setzen in „*Anführungsstriche*" und durch ihr Lachen gleich wieder relativiert. Ihre religiöse Autorität ist begründet durch ihr Amt, nicht durch ihre Person bzw. ihr persönliches Wirken. Man kann hier also von einer amtscharismatischen Legitimation der Verkündigung sprechen.
    Notwendige Voraussetzung des Amtshandelns ist das im Verlauf ihres langen Theologiestudiums erworbene theologische Fachwissen. Gebhardt nennt als eine Technik, mit der Charisma in Amt überführt und bewahrt wird, neben der „rituellen Übertragung des Charismas auf den neuen Amtsinhaber

durch hierurgische Mittel" (z.B. die Priesterweihe) und die „symbolische Ausstattung des Amtes mit sogenannten Amtsinsignien" (z.b. Kanzel und Talar) die „spezifische Schulung oder Ausbildung des Amtsinhabers, die den besonderen Erfordernissen des Amtes angemesen ist" und „die zwar gewisse Elemente der Fachbildung immer beinhaltet, in der Regel aber auf eine Auslese der charismatisch Qualifizierten durch Askese, körperliche und seelische Exercitia, Heldenproben oder Initiationen zielt." (Gebhardt, 1994: 67f.) Das zeigt sich auch im Interview mit Elisabeth Baumgarten, in dem die Schilderung ihrer Studienzeit in verschiedenen Städten bei verschiedenen beeindruckenden akademischen Lehrern großen Raum einnimmt. Diese Zeit war gleichzeitig wegen materieller Sorgen aufgrund fehlender finanzieller Unterstützung von Entbehrung und Unsicherheit geprägt. So habe sie „*manchmal sehr schmerzhaft gelernt, was Gottvertrauen bedeutet*".

Elisabeth Baumgarten betont in dieser Sequenz ihren verantwortlichen Umgang „*mit dem Wort Gottes*". Von der Sachlogik und von der begrifflichen und theoretischen Konzeptionalisierung[12] her ist die amtscharismatische Autorität unabhängig von der Qualität ihres Trägers; hier hat der Hinweis darauf, daß sie ihre Herrschaftsposition nicht mißbraucht, sondern sich ganz in den Dienst der sie legitimierenden Instanz stellt, die Funktion, ihre Person der religiösen Überlieferung unterzuordnen. Elisabeth Baumgarten nennt sich „*Mitarbeiter Gottes*" und beruft sich damit unmittelbar auf den Religionsstifter Jesus bzw. den Gemeindeorganisator Paulus. Sie konstruiert eine apostolische Sukzession, die vom Geschlecht als Zugangskriterium absieht und damit die Versachlichung des Amtscharismas konsequenter als in der katholischen Kirche fortführt. Ihre Autorität im Gottesdienst ist die von Talar und Kanzel, nicht ihre eigene. Diese Symbole ihres Amtes heben sie heraus und legitimieren ihre Autorität. Im Gemeindealltag stehen solche geschlechtsneutralisierenden Symbole jedoch nicht zur Verfügung.

Elisabeth Baumgarten arbeitete in ihrer Gemeinde lange Zeit in einem Team mit zwei männlichen Kollegen. Ihren Schilderungen[13] der Zusammenarbeit mit den Kollegen kann man entnehmen, daß sie selbst an Aufgaben und Probleme sehr sachbezogen herangeht, daß sie aber häufig zwischen den unterschiedlichen Temperamenten der Kollegen „*ausgleichen*" mußte. Als „*Frau in einem männlichen Team*" habe sie manchmal als „*Puffer*" gewirkt, wobei der Eindruck bleibt, daß es häufiger schwierig für sie war, im Bereich

---

12 Max Weber hat den character indelibilis des katholischen Priesters mit seiner „strengen Scheidung von Amtscharisma und persönlicher Würdigkeit" folgendermaßen beschrieben: „Sie ist die radikalste Form der Versachlichung und Umwandlung der rein persönlichen, an der Bewährung der Person haftenden charismatischen Berufung in eine jedem, der in die Amtshierarchie durch eine magische Handlung als Glied aufgenommen ist, unverlierbar anhängende, den Amtsmechanismus ohne Ansehen des Werts der Person seiner Träger heiligende, charismatische Befähigung." (Weber 1980 [1922]: 675)

13 Eine entsprechende Passage habe ich ausführlicher präsentiert und interpretiert in Sammet (1998: 82ff.).

der Gemeindeleitung ihren Status als Pfarrerin zu behaupten. So bleibt ihre Arbeit als Pfarrerin im Widerspruch zwischen der geschlechtsneutralen Wahrnehmung einer sozialen Rolle und dem Bezug auf besondere ‚weibliche' Qualitäten gefangen.

4. Resümee

Wie ich einleitend gezeigt habe, sind Frauen im Pfarramt mit der strukturellen Widersprüchlichkeit konfrontiert, daß die Autorität des Pfarramts traditionell väterlich-männlich konnotiert ist und die traditionellen kirchlichen Frauenbilder mit Herrschaftspositionen unvereinbar sind. Die präsentierten Fallrekonstruktionen haben gezeigt, daß es für Frauen auch andere, geschlechtsneutrale Handlungsorientierungen für die mit einer Autoritätsposition verbundenen pfarramtlichen Arbeitsfelder gibt: die persönlich-charismatische und die amtscharismatische Legitimierung. Beide bringen jedoch jeweils Probleme mit sich.

Die persönlich-charismatische, vom Geschlecht unabhängige Begründung der Predigt wie im Fall Evelyn Hansen, die auch für den Bereich der Gemeindeleitung vorstellbar ist, steht vor der Notwendigkeit, sich ständig bewähren zu müssen, weil sie auf die Entlastung, die die institutionalisierte Berufsrolle bietet, verzichtet.

Eine amtscharismatische Legitimierung, wie im Fall Elisabeth Baumgarten, entlastet von dem Druck, stets von neuem authentische Krisen und Empfindungen als Voraussetzung der Verkündigung zu erleben. Das Amt kann zudem mittels der Symbole Talar und Kanzel das Geschlecht neutralisieren (vgl. Heintz und Nadai, 1998: 82), allerdings ist ihre Wirkung auf den Bereich gottesdienstlicher Handlungen beschränkt. Im Bereich der Gemeindeleitung setzt sich dagegen die Tradition des evangelischen Pfarrhauses mit seiner geschlechtsspezifischen Arbeitsteilung häufig immer noch durch: wenn z.B. ein weiblicher (z.B. als Sorge für das Betriebsklima) von einem männlichen Führungsstil unterschieden wird. Der Bezug auf traditionelle Weiblichkeitsvorstellungen (als ‚Mütterlichkeit' oder ‚weibliche Qualitäten') bleibt für Pfarrerinnen konfliktträchtig, weil dadurch ihre berufliche Anerkennung unterlaufen und die Abgrenzung von Beruf und Privatleben erschwert wird.

Den Platz auf der Kanzel haben Pfarrerinnen erobert. Persönliches Charisma bzw. Talar und Kanzel als Symbole des Amtes konnten dazu beitragen, daß Geschlechterstereotype überwunden wurden. In der Gemeindeleitung ist – zumindest für die ersten Pfarrerinnengenerationen – die Tradition des evangelischen Pfarrhauses mit seiner geschlechtsspezifischen Arbeitsteilung noch stärker, zumal sich angesichts der zunehmenden Zahl von Pfarrerinnen und berufstätigen Pfarrfrauen eine Lücke bemerkbar macht.

Literatur

Allert, Tilman, 1998: Die Familie. Fallstudien zur Unverwüstlichkeit einer Lebensform. Berlin/New York: de Gruyter.
Bynum, Caroline Walker, 1988: Mystik und Askese im Leben mittelalterlicher Frauen. Einige Bemerkungen zu den Typologien von Max Weber und Ernst Troeltsch. S. 355-382 in: Wolfgang Schluchter (Hg.): Max Webers Sicht des okzidentalen Christentums. Interpretation und Kritik. Frankfurt/M.: Suhrkamp.
Enzner-Probst, Brigitte, 1995: Pfarrerin. Als Frau in einem Männerberuf. Stuttgart: Kohlhammer.
Gebhardt, Winfried, 1994: Charisma als Lebensform. Zur Soziologie des alternativen Lebens. Berlin: Reimer.
Heintz, Bettina und Eva Nadai, 1998: Geschlecht und Kontext. De-Institutionalisierungsprozesse und geschlechtliche Differenzierung. Zeitschrift für Soziologie 27, 75-93.
Luhmann, Niklas, 1998: Religion als Kommunikation. S. 135-145 in: Hartmann Tyrell, Volkhard Krech und Hubert Knoblauch (Hg.): Religion als Kommunikation. Würzburg: Ergon.
Oevermann, Ulrich, 1995: Ein Modell der Struktur von Religiosität. Zugleich ein Strukturmodell von Lebenspraxis und von sozialer Zeit. S. 27-102 in: Monika Wohlrab-Sahr (Hg.): Biographie und Religion. Zwischen Ritual und Selbstsuche. Frankfurt/M.: Campus.
Oevermann, Ulrich, 1996: Theoretische Skizze einer revidierten Theorie professionalisierten Handelns. S. 70-182 in: Arno Combe und Werner Helsper (Hg.): Pädagogische Professionalität. Untersuchungen zum Typus pädagogischen Handelns. Frankfurt/M.: Suhrkamp.
Sammet, Kornelia, 1998: Beruf: Pfarrerin. Eine empirische Untersuchung zu Berufsbild und Berufspraxis von Pfarrerinnen in der Evangelischen Kirche in Berlin-Brandenburg. Berlin: Berlin-Verlag Spitz.
Seyfarth, Constans, 1989: Über Max Webers Beitrag zur Theorie professionellen beruflichen Handelns, zugleich eine Vorstudie zum Verständnis seiner Soziologie als Praxis. S. 371-405 in: Johannes Weiß (Hg.): Max Weber heute. Erträge und Probleme der Forschung. Frankfurt/M.: Suhrkamp.
Wagner-Rau, Ulrike, 1992: Zwischen Vaterwelt und Feminismus. Eine Studie zur pastoralen Identität von Frauen. Gütersloh: Mohn.
Weber, Max, 1980 [1922]: Wirtschaft und Gesellschaft. Grundriß der verstehenden Soziologie. 5. Aufl., Tübingen: Mohr.
Wetterer, Angelika, 1993: Professionalisierung und Geschlechterhierarchie. Vom kollektiven Frauenausschluß zur Integration mit beschränkten Möglichkeiten. Kassel: Jenior & Pressler.

Gregor Siefer
Der geweihte Mann

Vom ‚geweihten Mann' zu sprechen, signalisiert eine Besonderheit im doppelten Sinne:
- im Hinblick auf die *Weihe* als die ritualisierte Heraushebung eines Menschen aus der Masse der anderen,
- im Hinblick auf den *Mann* als den (gegenüber Frauen) ausdrücklich privilegierten Empfänger eines solchen Rituals.

In dieser profilierten Eindeutigkeit gibt es in der ganzen westlichen Welt nur noch eine soziale Figur, die mit dem ‚geweihten Mann' gemeint sein kann: den römisch-katholischen Priester.

1. Erkenntnisse

Die Heraushebung von Personen zu kultischen Zwecken oder Diensten ist nichts spezifisch Christliches. Während über das Auftreten des Charismas soziologisch nichts zu sagen ist – auch der Soziologe muss es als auftretende Realität registrieren, kann aber über seine Entstehung nichts Verbindliches aussagen – ist die Festschreibung des Charismas, also seine Stabilisierung durch die Akzeptierung seitens ‚der anderen' schon ein kompliziertes soziales Regelwerk, das sich in den unterschiedlichsten Variationen in allen Kulturen findet. Nicht zuletzt Max Weber hat dazu Entscheidendes gesagt, und der von ihm geprägte Begriff der ‚Veralltäglichung des Charismas' (vgl. Weber, 1964: 182 ff.) hat in der Priesterweihe eine auch rechtlich gesicherte Form gefunden. Als eigenständigen Hauptberuf gibt es ‚Kultdiener' – schon aus ökonomischen Gründen – nur in hochentwickelten Gesellschaften. Dass sich ein solches System in hierarchischer Differenzierung zu einer ‚der Welt' gegenüber eigenständigen ‚Kirche' (als ‚societas perfecta') entwickeln konnte, ist ein Sonderfall der abendländischen Geschichte. Allenfalls die Versuche zur Bildung von ‚Gottesstaaten' (im alten Judentum und im jüngeren Islam) wären hier vergleichbar, sind aber niemals so weit ausdifferenziert wie die katholische Weltkirche. Um die Sonderstellung des Priesters in einem solchen System zu betonen und auch zu legitimieren, wird die Auswahl der Kandidaten als ‚Berufung' (= Anruf Gottes) interpretiert. Von dieser Sakralisierung des Tuns profitieren auch andere, profane Tätigkeiten – wie die des Arztes, des Wissenschaftlers, des Künstlers, aber auch des Politikers. Entscheidend und schon sprachlich erkennbar ist für diesen profanen Bereich, dass die Akteure selbst es sind, die ‚sich berufen' fühlen oder ‚sich einer Aufgabe weihen'. Selbst in der Wissenschaft habilitiert man ‚sich', man ‚wird' allerdings noch promoviert und vor allem wird man – wenn man Glück hat – berufen. Damit deuten auch die modernen Wissenschaften ihre Herkunft aus der Theologie an, wenn auch ein Ruf heute nicht mehr von Gott, sondern bestenfalls von einem Kultusminister (oder gar einer Kultusministerin!) kommt. – Der Auswahlprozess, den auch heute noch alle Priesteramtskandidaten durchlaufen, erstreckt sich über 5-7 Jahre. Ihn überstehen in der Regel nicht mehr als 50% derer, die sich zunächst einmal melden, ehe am Ende die Berufung durch die Weihe zum Amtsträger ratifiziert wird.

Der Weiheritus selbst ist ein Akt von nicht zu unterschätzender Symbolkraft:

- Die (schweigende) Handauflegung knüpft die Kette der ‚apostolischen Sukzession', deren Behauptung ja gegenüber den reformatorischen Kirchen ein hart verteidigtes Proprium der Katholiken darstellt. Allerdings muss man angesichts der kaum bestreitbaren Tatsache, dass es zeitweise mehrere Päpste nebeneinander gab, die ihre jeweilige Anhängerschaft in den Kirchenbann taten, die Realität dieser Annahme wohl als eine ‚fromme Hoffnung' bezeichnen.
- Die Salbung der Hände begründet die Eucharistiefähigkeit des Kandidaten.
- Die Überreichung von Kelch und Patene ist – profan gesprochen – die Ausstattung mit den notwendigen Betriebsmitteln.
- Die Umarmung am Schluss nimmt den Kandidaten sichtbar in den Kreis der Auserwählten auf.

Symbole sind als äußere Zeichen, die auf Wichtiges verweisen, Voraussetzungen sozialer Beziehungen, ja sie können – man denke an den ‚Symbolischen Interaktionismus' – zum Basiselement ganzer Gesellschaftstheorien werden. Der Weiheritus des katholischen Priesters ist ein dichter Symbolkomplex, der die (theologisch) als notwendig angesehene Vermittlungsfunktion des Priesters zwischen den Gläubigen und ihrem Gott betont. Gegenüber anderen Personen-‚weihen' (wie bei Nonnen oder bei der Ordination in den reformatorischen Kirchen) ist die Priesterweihe ein Sakrament, dessen Spendung nur dem Bischof vorbehalten ist. Diese Sakramentalität der Priesterweihe hat ihre eigene Problematik, da (ihr angenommenes bzw. behauptetes) Fehlen das Amt und auch das liturgische Handeln der Geistlichen in den reformatorischen Kirchen defizitär macht, weshalb katholischerseits eine Abendmahlsgemeinschaft verweigert wird. Allerdings empfinden es auch katholische Frauen als merkwürdig, dass die Weihe von Nonnen und auch die Äbtissinnenweihe in diesem System kein Sakrament ist. Zu erinnern ist allerdings daran, dass die Festlegung auf die 7-zahl der Sakramente erst im Tridentinischen Konzil (1563) erfolgt ist, also per se einen starken gegenreformatorischen Akzent trägt.

Historisch – mit unterschiedlicher Genauigkeit belegbar, aber sicher nicht biblisch zu begründen – sind zwei, etwa seit dem 4. Jahrhundert sich verfestigende Prozesse erkennbar:

- Die Ausdifferenzierung und Entwicklung gestufter Leitungsfunktionen zur Hierarchie, in denen sich die Ämter des Episkopus (Bischofs) und des Presbyters (Priester) allmählich herauskristallisieren.
- Der allmähliche Ausschluss von Frauen aus den kirchlichen Leitungsämtern – und auch aus dem Pfarrhaushalt als Ehefrau des Presbyters. Dabei ist nicht zu verkennen, dass es im frühen Christentum Gemeindeleiterinnen gab (Jensen, 1997) und inzwischen faktisch auch wieder gibt. Die Herausdrängung der Frauen aus dem Haushalt als Ehefrauen dürfte einerseits auf die zunehmende Stigmatisierung der Sexualität zurückgehen (vgl. dazu Gründel, 1977; Jensen, 1991), anderseits aber auch auf das Interesse der Hierarchie zurückzuführen sein, die sich akkumulierenden Kirchengüter nicht in familialen Erbfolgen versickern zu lassen, was 1139 endgültig zum Verbot der Priesterehe führte (vgl. Mörsdorf, 1965). Das konnte allerdings eine Ausbreitung der Konkubinatspraxis nicht verhindern, weshalb ein Konzilsbeschluss von Trient (1563) ausdrücklich verbot, dass die (unehelichen) Söhne von Geistlichen Nutznießer desselben Beneficiums wurden wie ihr Vater (also an derselben Kirche angestellt würden) (vgl. Smets, 1989 [1868]: 192).

Ergebnis dieser beiden, über viele Jahrhunderte hin sich entwickelnden Veränderungen war die Herausbildung zweier Stände: nämlich des Klerus, der nur Männer umfasste, und der Laien. Die Reformation hob zwar den Klerus als Stand auf, nahm den eingeschliffenen Patriarchalismus aber kaum zurück. Um so stärker wurde der Klerikalismus in der alten Kirche. Das zeigt u.a. der Catechismus Romanus, der „in antireformatorischer Zuspitzung Bischöfen und Priestern die Funktion zuspricht, Gott selbst auf Erden zu vertreten, und gar behauptet, wegen dieser Berufung ‚werden sie mit Recht nicht nur Engel, sondern auch Götter genannt, weil sie des unsterblichen Gottes Kraft und Hoheit bei uns vertreten (Cat.Rom 1896, II, 7)'. Für Karl Lehmann ‚stellt eine solche Aussage angesichts der durch die Reformation aufgeworfenen Fragen doch eine bedauerliche und angesichts der Verbreitung des Katechismus nicht folgenlose Lehräußerung dar, die man *heute* unbeschadet des sonstigen Rangs dieses Reformwerks als Verirrung bezeichnen muss (Lehmann, 1969: 131)'. Die gegen die Reformatoren gerichteten Äußerungen des Konzils von Trient wurden von der nachtridentinischen Schultheologie ‚als erschöpfende Sach-‚Definitionen' für das Wesen des Priestertums aufgefasst ... und haben bis heute fast ausschließlich die Ausführungen der theologischen Lehrbücher über das Priestertum bestimmt.'" (ebd. S. 130) (so Hilberath, 1998: 174; vgl. auch Siefer, 1973: bes. 55 Anm. 21)

Abbildung 1: In der Bundesrepublik Deutschland geweihte Priester und neuaufgenommene Priesteramtskandidaten 1981-1997 (Diözesan- und Ordenspriester)

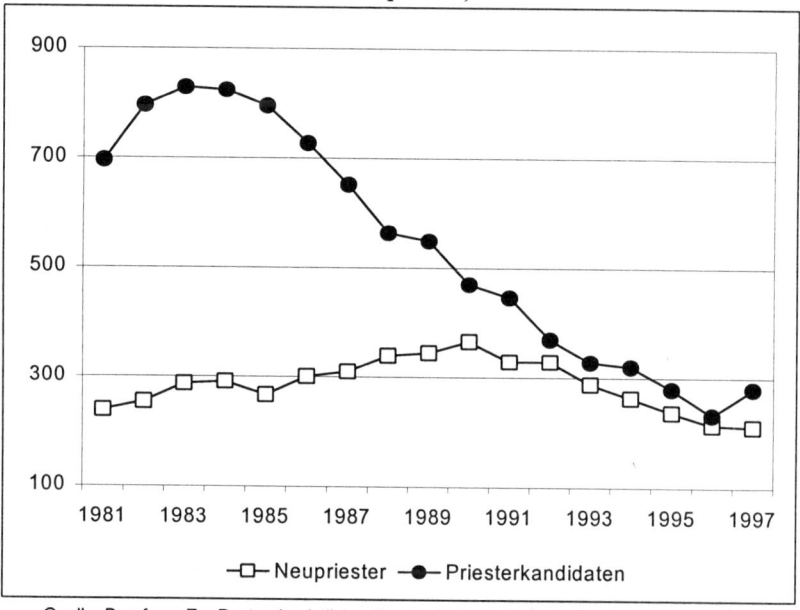

Quelle: Berufung: Zur Pastoral geistlicher Berufe, 1998 Heft 36, 28-29, eigene Darstellung.

Der Priesterberuf hing trotz seiner etwas sakralisierenden Aura (‚Berufung') funktional immer mit den profanen Arbeitsmarktchancen zusammen. Die Priesterzahlen stiegen, wenn und wo dieser Weg der einzige (oder leichteste) soziale Aufstieg war, die Zahlen fallen bei entsprechenden alternativen Arbeitsmarktchancen. So hat ‚Modernisierung' überall zu einem Sinken der Priesterzahlen geführt (z.B. jetzt auch in Irland und in Polen). Das extremste Beispiel für diese Feststellung ist der schlagartige Rückgang der Neuanmeldungen für die Priesterseminare um mehr als die Hälfte bei der Kündigung des von Napoleon I geschlossenen Konkordats durch die französische Regierung im Jahre 1905, womit die Priester die Sicherheit des Staatsbeamtentums verloren und den mildtätigen Gaben ihrer Gemeinden überlassen blieben (vgl. Siefer, 1960: 40). Ein weiteres Indiz für diesen ‚Aufstiegs'charakter des Priesteramtes ist die Tatsache, dass der Anteil der Arbeiterkinder unter den katholischen Theologiestudenten immer schon um ein Vielfaches höher lag als in allen anderen akademischen Berufen (vgl. Dahrendorf, 1965: 12).

Unter den in der Seelsorge hauptamtlich Tätigen ist kürzlich zum ersten Mal weltweit die Zahl der Priester (noch knapp 400 000) unter die der Laien gesunken (vgl. Fischer, 1997). Die vatikanische Instructio (zum Priester-Laie-Verhältnis) vom 15. 8. 97 versucht, der sich abzeichnenden Funktionsverwischung Einhalt zu gebieten, soziologisch gesehen ganz offensichtlich ein Bemühen um ‚Systemsicherung' durch Betonung der ‚Grenze'. Psychologisch ist es allerdings eher als eine Panikreaktion denn als Zeichen der Gelassenheit zu werten. Gelassen reagieren eher die Priester ‚vor Ort', die nach wie vor auch in normalen Gottesdiensten Laien als Kommunionhelfer einsetzen, mit ihnen zusammen kommunizieren, gelegentlich auch einen Pastoralreferenten predigen lassen usw. Das ist als Mut, verantwortbare Entscheidungen ‚auf eigene Kappe' zu nehmen, respektabel, macht den Priester aber noch leichter denunzierbar, als er es seit eh und je schon ist und war (vgl. Götz von Olenhusen, 1994).

2. Erklärungen

Hauptursache der ‚Systemkrise' ist der ‚strukturelle Wirklichkeitsverlust' der Entscheidungsspitzen. Diese – auch in der Profanwelt hinlänglich bekannte – Realitätsabschottung wird in der (katholischen) Kirche noch zugespitzt durch die Kombination von drei zusätzlichen Faktoren:

- Infolge des Zölibats entgeht dem Bischof jegliche unmittelbare Erfahrung aus den Bereichen Familie, Erziehung, Schule etc. Der Gemeindepfarrer kann dies Defizit durch die ‚Probleme', die ihm als Seelsorger aus diesen Bereichen zugetragen werden, noch leidlich kompensieren.
- Das hierarchische Prinzip erschwert es zumindest, dass den Bischof ein kritisches Wort aus dem Klerus wirklich erreicht. (Ein französischer Bischof fand unter den vielen Gratulationen zu seiner Bischofsweihe auch einen Kondolenzbrief – von einem seiner besten Freunde mit der Begründung: von heute an wird dir niemand mehr die Wahrheit sagen). Medienberichte, Offene Briefe etc. werden als Produkte der ‚Welt' in der Regel nicht ernst genommen.
- Die von Wahlperioden unabhängige lebenslange Dauer des Bischofsamtes macht die Position faktisch unangreifbar. Die vom Vatikan ver-

fügte Absetzung des Bischof Gaillot von Evreux vor einigen Jahren widerspricht dem nicht, denn hier hatte jemand den Gruppencodex verletzt, indem er sich mit einigen ‚Randständigen' gegen die Gewohnheiten der ‚Amtskirche' und der ‚Bien-pensants' seiner eigenen Diözese solidarisiert hatte. Die anderen Rücktritte von Bischöfen in den letzten Jahren betrafen Verfehlungen in sexualibus (nachdem sie bekannt geworden waren). Bezeichnend allerdings, dass Kardinal Groer (als bekanntester ‚Fall' der letzten Zeit) einem kleinen Nonnenkloster, einem Konvent im benachbarten Ausland (Diözese Dresden), als Hausgeistlicher zugewiesen wurde, da gerade ein Papstbesuch in Österreich bevorstand.

Da Bischöfe erst mit 75 Jahren dem Papst ihren Rücktritt anbieten müssen, den dieser bei besonders folgsamen Oberhirten keineswegs immer akzeptiert, kommt es in der katholischen Kirche immer mehr zu einer Konzentration der Entscheidungskompetenzen auf wenige alte Männer.

Die Tatsache, dass die Katholische Kirche der älteste ‚global player' (wenigstens des westlichen Kulturkreises) ist, führt dazu, dass sich (zumindest im Bewusstsein der Zentrale) die Krise an *einem* Ort immer mit Erfolgen andernorts kompensieren lässt. So werden heute den ‚alten' Kirchen Europas und der USA stets die ‚jungen' Kirchen Asiens, Afrikas und Lateinamerikas gegenübergestellt, weltweit mobile Personaleinsätze (aus der Zeit der ‚Missionen' längst bekannt) werden zumindest propagiert, in bislang noch wenigen Fällen – etwa durch polnische Priester in Westeuropa – auch realisiert.

Eine besondere Rolle in dieser Hinsicht ist offenbar der Reformbewegung des ‚Neokatechumenats' vorbehalten, dessen Priesterseminare Kandidaten für die Ortskirchen ausbilden, die besonders geringen Priesternachwuchs haben. Ein Seminar dieser 1964 von einem spanischen Maler nach einem Pauluserlebnis gegründeten, inzwischen wohl etwa 500 000 Menschen umfassenden Reformbewegung, befindet sich in Berlin, wo 35 Seminaristen (aus aller Welt) überwiegend von römischen Professoren und Priestern ausgebildet werden. Die ersten Priesterweihen erfolgten im Frühjahr 1998 (vgl. Nientiedt, 1996, 1997). Es ist ganz offensichtlich, dass man mit dieser weltweiten Priestermobilisierung – also den Einsatz orts- und sprachfremder Priester – versuchen will, die vielerorts geforderte Öffnung des Priesteramtes für verheiratete Männer oder auch für Frauen als nicht erforderlich zu widerlegen.

Die Privilegierung von Männern wird theologisch begründet mit den beiden Argumenten: Christus sei ein Mann gewesen und umgekehrt: auch Maria als Gottesmutter und höchste aller Frauen habe kein Amt in der Kirche gehabt. Faktisch dürften schon früh aus dem Orient übernommene Vorstellungen von der ‚naturgegebenen' Unreinheit der Frau (Menstruationsblut!) zu diesem Vorrang der Männer geführt haben, der – erst einmal etabliert – ständig neue ‚sekundäre Rationalisierungen' gefunden hat (vgl. Muschiol, 1997). Wichtig scheinen mir in diesem Zusammenhang auch Erkenntnisse der neueren Exegese, aus denen hervorgeht, dass die Entwicklung der Zwei-Stände-Kirche (Klerus und Laien) biblisch keinerlei Stütze hat und eher auf dem in der Tat ja bewundernswert gut gelungenen Aufbau des Herrschaftssystems Kirche auf und aus den Trümmern des untergehenden Römischen Reiches im 4. Jahrhundert zurückzuführen ist (vgl. dazu Haag, 1997).

Die Anhebung des allgemeinen Bildungsniveaus und die allmähliche Gleichstellung von Frauen in diesem Prozess und die damit verbundene Sensibilisierung der Öffentlichkeit im Hinblick auf Gleichberechtigung, Menschenwürde etc. haben dazu geführt, dass die hierarchisch-patriarchalischen Traditionen (nicht nur) der Römischen Kirche in den Jahrzehnten nach dem Zweiten Weltkrieg immer mehr in Frage gestellt wurden. Hinzu kam, dass die wanderungs- bzw. vertreibungsbedingte Auflösung der konfessionellen Homogenität der meisten Territorien in Europa die ebenso stark bindenden wie stützenden konfessionellen Milieus in der Lebens- und Arbeitswelt der meisten Menschen inzwischen völlig zersetzt hat, was die Fragwürdigkeit vieler dieser Traditionen immer mehr bewusst werden ließ. Ich kann mich des Eindrucks nicht erwehren, dass die entscheidungskompetenten Spitzen des ‚Systems Kirche' die meisten dieser Veränderungen innerhalb ihres individuell relativ geschlossenen Konfessionsmilieus entweder gar nicht wahrnehmen oder schlechtweg als Abfall vom wahren Glauben denunzieren.

Die Unfehlbarkeitsfalle scheint das entscheidende Hindernis zu sein, mit der ‚die Kirche' und damit alle, die in ihrem Namen sprechen, sich selbst oft hindert, das Notwendige zu sagen und zu tun. Es dürfe nicht der Eindruck entstehen, dass ‚die Kirche' sich geirrt haben könnte, also auch hier: excluso scandalo als Handlungsprinzip. Das ist in einer medientransparenten Welt nie sehr lange durchzuhalten. Eines der deutlichsten Beispiele dafür war die Enzyklika Pauls VI ‚Humani vitae' von 1968, in der das Verbot jeglicher Empfängnisverhütung eingeschärft wurde, obwohl die eigens eingesetzte Vorbereitungskommission dem Papst eine verbindlichere, die Gewissensentscheidung der beiden Ehepartner betonende Lösung empfohlen hatte. Dennoch entschied der Papst anders, vor allem, um nicht den Eindruck entstehen zu lassen, dass ‚die Kirche', die 1930 mit der Enzyklika ‚Casti connubii' in dieser Frage hart entschieden hatte, in einer so wichtigen Frage ‚irren' könnte (vgl. Herder-Korrespondenz, 1968: bes. 399).

Einige Jahre später war es ähnlich. Bei der Frage der Frauenordination hatte die Vorbereitungskommission die Frage: „Kann die Kirche Frauen die Dienste der Eucharistie und der Buße anvertrauen, ohne gegen die Intention Christi zu verstoßen", mit 12:5 positiv entschieden. Dennoch blieb die Glaubenskongregation (bis heute) bei ihrer eindeutigen Ablehnung, was damals den Jesuitenpater Davis Stanley, der der Kommission angehört hatte, veranlasste, sein Amt niederzulegen und öffentlich zu sagen: „Die Glaubenskongregation hat ihre eigenen biblischen Argumente konstruiert, die nichts mit dem zu tun haben, was wir vorgelegt haben" (vgl. Herder-Korrespondenz,

1977: bes. 152). Demgegenüber gilt es m.E. in bestimmten ‚neuen' Situationen, die vergessene, scholastische Tugend der Epikie wiederzuentdecken, also den Mut, auf eigene Verantwortung und im Notfall auch gegen das Gesetz zu handeln (vgl. Thomas v. Aquin S. th. II II 120; vgl. auch Virt, 1983).

3. Erwartungen

Der zunehmende Priestermangel wird den (noch) geweihten Mann immer mehr auf das reduzieren, was er allein darf: Messe lesen und Beichte hören – und das an vielen Orten. Bei gleichzeitiger Zunahme der Bürokratisierung der ‚Amtskirche' führt das zur Aushöhlung der Pastoral, macht den Priester zu einem hochspezialisierten und (-mobilen) Funktionär eines (Sakramenten)verwaltungsapparates. Es gibt Anzeichen dafür, dass genau dies es ist, was im gegenwärtigen Klerus das größte Unbehagen erzeugt, weil die Karikatur des ‚rasenden Wandlers' jedes ernst zu nehmende Priesterbild bedroht.

Wie auch immer dem einzelnen Priester dieser Spagat zwischen ‚Seelsorger' und ‚Amtsträger' gelingen mag: das Weiterleben der Kirche wird sich ‚vor Ort' entscheiden – durch das Beispiel glaubwürdiger Personen in der Gemeinde, nicht durch Hirtenbriefe und Enzykliken. Hier liegt m.E. auch der Ansatz zur Öffnung der Ämter – auch für die Frauen; zunächst als Messdienerinnen, als Lektorinnen, als Kommunionhelferinnen und (z.Zt. informell aber faktisch) auch als Gemeindeleiterinnen, wie das in vielen Gemeinden ja schon geschieht. So ist trotz der vatikanischen Instructio vom 15. 8. 97, die manches davon wieder zurückzudrehen sucht, der Zeitpunkt längst überschritten, bis zu dem eine Frau nur als Putzfrau im Altarraum geduldet wurde.

Ob der gegenläufige Prozess – immer weniger Kirchgänger, aber die viel aktiver als früher – schon an ein Ende (oder gar an eine Wende) gekommen ist, das lässt sich kaum abschätzen. Das dürfte auch von den Veränderungen im kirchlichen Umfeld abhängen. Eine deutlich kirchenfeindliche Öffentlichkeit hat den Kernbestand der Kirchen immer gestärkt – das Problem heute ist eher die Gleichgültigkeit der ‚Atheisten'.

Unsicherheit und Kompetenzschwäche in den Führungsspitzen großer Systeme haben in der jeweiligen ‚Gefolgschaft' stets zwei Konsequenzen: Resignation oder Fanatisierung. In der Kirche bedeutet das (z.T. nur innerer) Austritt oder fundamentalistische Aktivierung. Die quantitative Verteilung zwischen beiden Verhaltensvarianten ist ebenso schwer zu kalkulieren wie die ‚Schubkraft' einzelner Anlässe. Insgesamt lässt sich sagen, dass die von den Medien oft hochgespielten ‚Fälle' (z.B. Küng, Drewermann, Meisner, Gaillot, Haas, Vogel, Groer etc.) zwar in der Außenwelt die ohnehin nur noch blasse Vorstellung von Kirche beeinflussen, in den Kerngemeinden aber nahezu folgenlos bleiben. Allerdings dürften sie bei den ohnehin schon Fernstehenden die Neigung zum (auch formalen) Kirchenaustritt stärken. Die Bereitschaft, selbst Priester zu werden, dürfte bei den wenigen, die das überhaupt noch in Erwägung ziehen, dadurch weiter gemindert werden.

Damit sind wir bei einer sehr delikaten Frage: wer wird in einer derartigen Krisenlage noch Priester? Bei den geringen Zahlen verbieten sich verallgemeinernde Aussagen (1998 waren noch aktiv in der Seelsorge: 13.311; Neupriester: 171; Ausgeschieden durch Tod: 373; Pensionierung (mit 75 Jahren!): 307; durch Amtsniederlegung: 29; s. auch Abbildung 1). Zu bedenken ist allerdings, dass für manchen Suchenden das Angebot eines Glaubensgehorsams in einem auf seiner Geschlossenheit bestehenden System auch eine gewisse Entlastungsfunktion hat. Das zwischenzeitlich intellektuell meist verlachte Wort ‚Roma locuta, causa finita' gewinnt in den schwimmenden Grenzenlosigkeiten eines endlosen Diskurspalavers auf einmal eine neue Attraktivität. Nicht für jeden – aber für manche – vielleicht.

Kirche als System war und ist flexibel. Sie ist der ‚normativen Kraft des Faktischen' bislang immer – mal eher, mal später – gefolgt. Abzusehen ist, dass es als erstes (wieder) verheiratete Priester (‚viri probati') geben wird. Verheiratete Diakone – das sind ja schon Kleriker – gibt es bereits ebenso wie verheiratete Priester, die aus anderen christlichen Kirchen konvertiert sind (zuletzt etliche Anglikaner). Angesichts einer generell verlängerten Lebenserwartung gibt es zunehmend häufiger auch eine Priesterweihe *nach* einer (durch Tod der Frau beendeten) Ehe. Diese Spätberufenen werden das Durchschnittsalter des Klerus nicht verringern, das aber auch deswegen noch weiter steigen wird, weil die Bischöfe neuerdings gehalten sind, das regelhaft mit 75 Jahren zu stellende Gesuch eines Priesters auf Amtsverzicht, restriktiv zu handhaben (vgl. Instruktion S. 23 Art. 4, § 2). Die Diako*nin* gab es kaum bestreitbar schon in der frühen Kirche (vgl. Hünermann u.a., 1997: bes. 189ff.). Der Theologenstreit, ob die frühere Diakonin ‚geweiht' oder nur ‚gesegnet' worden ist, dürfte die Neuetablierung des Diakonats auch für Frauen auf die Dauer nicht aufhalten. Dabei ist vor allem an die vielen tausend Ordensschwestern zu denken, die (in aller Welt) faktisch eine Gemeindeleitung längst ausüben (müssen). Die rituelle Legitimierung dessen, was sie ohnehin tun, würde also jeglicher Dramatik entbehren. Ob es zu einer Frauenordination als Priesterin kommen wird, steht dahin. Denkbar wäre auch – allerdings nur bei einer stärkeren ökumenischen Annäherung der Konfessionen – die Normalität eines Wechsels in einen christlichen Traditionszweig, in dem die Frauenordination bereits etabliert ist.

4. Ausblick

Der Klerus in der gegenwärtigen ständischen Form wird absterben. Pastorale Tätigkeiten von Männern und Frauen haben – auch in ritueller Markierung – durchaus eine Zukunft in einer Kirche, die sich (gelegentlich) selbst als eine ‚ecclesia semper reformanda' bezeichnet.

Ein persönliches Nachwort:
Diese Zustandsbeschreibung ist keineswegs als Kritik am gegenwärtigen Klerus zu lesen – fast im Gegenteil. Im Vergleich zu früheren Zeiten und auch anderen Weltregionen – ist die jetzt hierzulande absterbende Priestergeneration in ihrer Glaubenssicherheit und in ihrer Zuwendung zu den ihnen anvertrauten Menschen dem propagierten Priesterideal recht nahe gekommen: in ihrer Ausbildung den anti-modernistischen Ängsten der Neoscholastik gerade entronnen, geprägt oft noch von den Bedrohungen der Totalitarismen des 20. Jahrhunderts, beflügelt von den (vielleicht etwas voreilig-naiven) Hoffnungen der Konzilsära und meist auch bestimmt durch die inzwischen spärlich gewordenen Sekundärtugenden des Bürgertums: Geduld, Verlässlichkeit und Treue. Dass ‚Abweichungen', die es ja immer gegeben hat, gerade in ihrer relativen Seltenheit von einer medientransparenten Öffentlichkeit stark wahrgenommen werden – dies Schicksal teilt der Klerus mit allen irgendwie ‚Prominenten', die allerdings nur selten einen so hohen Maßstab an ihr eigenes Tun legen. Was diesen Klerus zutiefst bedroht (und damit auch ein Nachwachsen absterben lässt), ist nicht der Atheismus und auch nicht der ‚Zeitgeist', sondern das offensichtlich immer stärker werdende Misstrauen der eigenen (römischen) Zentrale, die immer mehr Detailentscheidungen an sich zieht und auch die Bischöfe an eine immer kürzere Leine nimmt. Angesichts der z.T. absurden Argumente, mit denen die immer häufigeren Verbote, Ablehnungen, Rücknahmen (von Genehmigungen) begründet werden, kommt der Klerus, der diese Positionen ja vermitteln soll, immer häufiger in Glaubwürdigkeitskrisen. So ist es kein Wunder, dass mancher sich in solchen Situationen des Stoßseufzers erinnert, den die Hl. Teresa von Avila einmal in einer ‚ekklesiogenen Verzweiflung' auf den Rand ihres Gebetbuches notiert hat: ‚Gott allein genügt'.

Literatur

Bender, Christiane u.a., 1996: Machen Frauen Kirche? Erwerbsarbeit in der organisierten Religion. Mainz: Matthias-Grünewald Verlag.

Böckle, Franz (Hg.), 1968: Der Zölibat. Erfahrungen, Meinungen, Vorschläge. Mainz: Matthias-Grünewald-Verlag.
Böckle, Franz (Hg.), 1977: Menschliche Sexualität und kirchliche Sexualmoral. Düsseldorf: Patmos.
Dahrendorf, Ralf, 1965: Arbeiterkinder an deutschen Universitäten. Tübingen: Mohr.
DIAKONIA, 1998: Als Priester leben (Themenheft), 29: 3, 143-216.
Drewermann, Eugen, 1989: Kleriker. Psychogramm eines Ideals. 4. Aufl., Olten und Freiburg i.Br.: Walter.
Fischer, Heinz-Joachim, 1997: Laien und Kleriker, FAZ v. 18.1.1997.
Götz von Olenhusen, Irmtraud, 1994: Klerus und abweichendes Verhalten. Zur Sozialgeschichte katholischer Priester im 19. Jhdt. Die Erzdiözese Freiburg. Göttingen: Vandenhoek & Ruprecht.
Grieser, Heike, 1997: Gab es Diakoninnen in der Geschichte der Kirche? S. 189-191 in: Peter Hünermann (Hg), 1997: Diakonat. Ein Amt für Frauen in der Kirche – ein frauengerechtes Amt? Ostfildern: Schwabenverlag. (Dokumentation einer Tagung in Stuttgart vom 1. 4. - 4. 4. 1997)
Gründel, Johannes, 1977: Die eindimensionale Wertung der menschlichen Sexualität. Zur Geschichte der christlich-abendländischen Sexualmoral, S. 74-105 in Böckle (Hg): Menschliche Sexualität und kirchliche Sexualmoral. Düsseldorf: Patmos.
Haag, Herbert, 1997: Worauf es ankommt. Wollte Jesus eine Zwei-Stände-Kirche? Freiburg i.Br.: Herder.
Hauke, Manfred, 1982: Die Problematik um das Frauenpriestertum vor dem Hintergrund der Schöpfungs- und Erlösungsordnung. Paderborn: Verlag Bonifatius-Druckerei.
Heine, Susanne, 1991: Paulus, die Frauen und die Wirkungsgeschichte. S. 11-34 in: Veronika Straub (Hg): Auch wir sind Kirche. Frauen in der Kirche zwischen Tradition und Aufbruch. München: Pfeiffer.
Herder-Korrespondenz, 1968: Zur Problematik einer päpstlichen Entscheidung, HK 22: 9, 393-399.
Herder-Korrespondenz, 1977: Zur Frage der Zulassung der Frauen zum Priesteramt. Eine Erklärung der Kongregation für die Glaubenslehre. (Einleitung und Text). HK 31: 3, l51-157.
Hilberath, Bernd Jochen, 1998: ‚Ich bin es nicht'. Grundlegendes zur Aufgabe des priesterlichen Dienstes. DIAKONIA 29: 3, 173-181.
Hünermann, Peter u.a. (Hg), 1997: Diakonat. Ein Amt für Frauen in der Kirche – ein frauengerechtes Amt? Ostfildern: Schwabenverlag (Dokumentation einer Tagung in Stuttgart vom 1. 4. - 4. 4. 1997)
INSTRUKTION, 1997: Instruktion zu einigen Fragen; Über die Mitarbeit der Laien am Dienst der Priester. Verlautbarungen des Apostolischen Stuhls Nr.129 vom 15. 8. 97. Bonn: Sekretariat der Deutschen Bischofskonferenz.
Jensen, Anne, 1991: Die ersten Christinnen der Spätantike. S. 35-58 in: Veronika Straub (Hg): Auch wir sind Kirche. Frauen in der Kirche zwischen Tradition und Aufbruch. München: Pfeiffer.
Jensen, Anne, 1997: Das Amt der Diakonin in der kirchlichen Tradition des ersten Jahrtausend. S. 33-52 in: Peter Hünermann u.a. (Hg): Diakonat. Ein Amt für Frauen in der Kirche – ein frauengerechtes Amt? Ostfildern: Schwabenverlag. (Dokumentation einer Tagung in Stuttgart vom 1. 4. - 4. 4. 1997)

Lehmann, Karl, 1969: Das dogmatische Problem des theologischen Ansatzes zum Verständnis des Amtspriestertums. S. 121-175 In: Franz Henrich (Hg.): Existenzprobleme des Priesters. München: Kösel.

Lenz, Karsten, 1996: Beruf: Priester. Eine berufssoziologische und berufsbiographische Analyse. Soziol. Diplomarbeit an der FU Berlin. (Gutachter: M. Kohli und D. Kamper)

Mörsdorf, Klaus, 1965: Art. Zölibat. Spalte 1395-1400 in: Lexikon für Theologie und Kirche, Bd. 10. Freiburg i.Br.: Herder.

Muschiol, Gisela, 1997: Frauenbilder im Mittelalter und der Zugang zu den Ämtern in der Kirche. S. 186-188 in: Peter Hünermann u.a. (Hg.): Diakonat. Ein Amt für Frauen in der Kirche – ein frauengerechtes Amt? Ostfildern: Schwabenverlag. (Dokumentation einer Tagung in Stuttgart vom 1. 4. - 4. 4. 1997)

NEUE BERUFUNGEN für ein neues Europa. Dokumentation des Kongresses über die Berufungen zum Priestertum ... vom 5. 5. - l0. 5. 1997 in Rom. Hg. v. d. Superiorenkonferenz der männlichen Ordensgemeinschaften Österreichs. Wien: Mayer & Co.

Nientiedt, Klaus, 1996: Geistliche Bewegungen in der Kritik, Herder-Korr. 50: 3, 133-136.

Nientiedt, Klaus, 1997: Neokatechumenat. Erfahrungen in einer englischen Diözese. Herder-Korr. 51: 2, 66-68 und 3, 159.

ORDINATIO SACERDOTALIS – Apostolisches Schreiben über die nur Männern vorbehaltene Priesterweihe. Erklärung der Kongregation für die Glaubenslehre zur Frage der Zulassung der Frauen zum Priesteramt. Verlautbarungen des Apostolischen Stuhles Nr.117, Bonn (DBK) 1994, auch in Herder-Korr. 48 (1994) 7, 355-358.

PRESBYTERORUM ORDINIS, 1966: Konzilsdekret über Dienst und Leben der Priester. S. 553-598 in: K. Rahner u. H. Vorgrimler (Hg): Kleines Konzilskompendium. Freiburg i.B.: Herder.

Sekretariat der Deutschen Bischofskonferenz – Referat Statistik, 1997f.: Kontinuierliche jährliche Erhebungen statistischer Eckdaten über Priester, Diakone und andere hauptamtliche Mitarbeiter/innen in der Pastoral. Bonn.

Siefer, Gregor, 1960: Die Mission der Arbeiterpriester. Ereignisse und Konsequenzen. Ein Beitrag zum Thema: Kirche u. Industriegesellschaft. Essen: Driewer.

Siefer, Gregor, 1973: Sterben die Priester aus? Soziologische Überlegungen zum Funktionswandel eines Berufsstandes, Essen: Driewer.

Smets, Wilhelm, 1989 [1868]: Des hochheiligen, ökumenischen und allgemeinen CONCILS von TRIENT Canones und Beschlüsse – nebst den darauf bezüglichen päpstlichen Bullen und Verordnungen. Reprint, Sinzig. Esser.

Straub, Veronika (Hg.), 1991: Auch wir sind Kirche. Frauen in der Kirche zwischen Tradition und Aufbruch. München: Pfeiffer.

Virt, Günter,1983: Epikie – verantwortlicher Umgang mit Normen. Mainz: Matthias-Grünewald-Verlag.

Weber, Max, 1964: Wirtschaft und Gesellschaft. Grundriss der verstehenden Soziologie. (2 Bde-Studienausgabe), Köln u. Berlin: Kiepenheuer und Witsch.

Gertrud Hüwelmeier

Vom Dienstmädchen zur Dienstmagd Christi – Weiblichkeitskonstruktionen in einer katholischen Ordensgemeinschaft

1. Einleitung

Frauenorden sind als Gegenstand zeitgenössischer sozialwissenschaftlicher Forschung in Deutschland bisher wenig präsent. Dies hängt sicherlich damit zusammen, daß sie lange Zeit in den Bereich kirchenhistorischer Untersuchungen fielen. Hinzu kommt die nur zögerliche Öffnung ihrer Archive. Parallel dazu erscheint die abgeschlossene Lebenswelt einiger Ordensgemeinschaften einen nur geringen oder überhaupt keinen Zugang von außen zu ermöglichen. Und wahrscheinlich haben große Teile der Forscherinnen und Forscher seit den späten 1960er Jahren der Kirche den Rücken gekehrt; es könnten mithin auch biographische Gründe sein, die Wissenschaftler davon abhielten, sich diesem Forschungsgegenstand zuzuwenden.

Im folgenden möchte ich am Beispiel einer weiblichen Ordensgemeinschaft, der Armen Dienstmägde Jesu Christi (ADJC), zunächst einen bestimmten Aspekt geschlechtsspezifischer Erfahrung von Religion beleuchten: die Klassenzugehörigkeit.[1] Warum treten Frauen gerade dieser Gemeinschaft bei, deren Mitglieder sich durch ihre Berufstätigkeit „in der Welt" engagieren und somit ausgesprochen diesseitig orientiert sind? Anders als die kontemplativen Gemeinschaften, die ihr Hauptaugenmerk auf das Gebet richten, zeichnen sich die tätigen Gemeinschaften durch eine Verknüpfung von Arbeit und Gebet aus, eine Kombination, die sowohl hohe Anforderungen an die Einzelnen als auch an die Gemeinschaft stellen. Aus welchen Schichten rekrutieren sich die Frauen? Und welche Bedeutung kommt der Biographie und der Spiritualität der Ordensgründerin zu? Um diesen Fragen nachzugehen, möchte ich zunächst die Figur der Ordensgründerin sowie die Entstehungsgeschichte der Ordensgemeinschaft skizzieren.

---

1   Das empirische Material dieses Aufsatzes basiert auf meiner ethnologischen Feldforschung im Mutterhaus der ADJC. An dieser Stelle möchte ich mich für das lebhafte Interesse, die Aufgeschlossenheit, die Mitarbeit und die Gastfreundschaft der Ordensfrauen herzlich bedanken. Dieser Beitrag entstand im Rahmen eines DFG-Forschungsprojektes, das an der Humboldt-Universität Berlin, Institut für Europäische Ethnologie, angesiedelt ist.

2. Historischer Exkurs

Die Ordensgemeinschaft der Armen Dienstmägde Jesu Christi wurde im Jahr 1851 gegründet.[2] Sie entwickelte sich aus einem „Frommen Verein" heraus, der 1844 ins Leben gerufen wurde. Als Gründerin wurde Katharina Kasper, ein armes Bauernmädchen aus einem kleinen Dorf im Westerwald, bekannt.[3] Sie stammte aus ärmlichen Verhältnissen, verfügte über eine nur rudimentäre Schulbildung und mußte nach dem Tod des Vaters zum Unterhalt der Familie beitragen. Als Tagelöhnerin arbeitete sie auf den Feldern von Bauern, als Wäscherin verdiente sie ein wenig Bargeld in der nahegelegenen Stadt. Schon als junges Mädchen sah man sie häufiger in der Kirche als andere, man berichtete, sie habe sonntags, auf dem Stuhl stehend, vor einem Publikum ihres Heimatdorfes Predigten rezitiert. Zusammen mit einigen Gefährtinnen besuchte sie in ihrer freien Zeit die Armen und Kranken in ihrem Dorf und widmete ihre Aufmerksamkeit den Waisenkindern. Bald verbreiteten sich ihre besonderen Fähigkeiten in der Pflege und Heilung sowie der religiösen Hingabe, und sie wurde zur Versorgung von Kranken auch in Nachbargemeinden gerufen.

Mehrmals sprach sie beim Bischof in der etwa 30 km entfernten Stadt vor und erzählte ihm von ihren Visionen, doch nach dem ersten Besuch wies er sie ab. Von anderen Stadtbewohnern wurde sie gar als verrückt erklärt. Nach einigen Jahren, als sich ihre unermüdliche Tätigkeit für die Armen und Kranken herumgesprochen hatte, konnte sie mit der Unterstützung der lokalen Geistlichkeit eine Kongregation gründen, die schließlich vom Bischof und später von Rom anerkannt wurde. Es waren vor allem ihr steter Einsatz für die notleidende Bevölkerung der Region sowie ihre Standhaftigkeit im Glauben, die sie weit über die Grenzen ihres Heimatdorfes bekannt machten. Ihre tiefe Religiosität muß auch im Kontext der religiösen Erneuerung des Bistums Limburg gesehen werden, einer Zeit, in der sowohl Wallfahrten als auch Volksmissionen wieder aufflackerten (vgl. Schatz, 1983: insbes. S. 128 ff.). Katharina Kasper überzeugte mit ihrem sichtbaren Wirken nicht nur ihre Gefährtinnen, sondern darüber hinaus jene Menschen, mit denen sie in ihrer Arbeit täglich zusammentraf und schließlich auch die männlichen kirchlichen Autoritäten.

Wie viele andere Frauenkongregationen, die zu dieser Zeit in Deutschland, aber auch in Europa und in den USA, gegründet wurden (O'Brien,

---

2   Zur Entstehungsgeschichte und zur Figur der Ordensgründerin vgl. Fuchs (1977), Lamp (1989) und Meyer (1937).
3   Fragen nach der geschlechtsspezifischen Bedeutung von Religion für das proletarische und das kleinbäuerliche Milieu wurden bisher in Deutschland kaum gestellt (Götz von Olenhusen, 1995: 19). Auch die kürzlich erschienene sozialhistorische Studie von Blackbourn (1997) über Marienerscheinungen im Saarland berücksichtigt die geschlechtsspezifischen Dimensionen von Religion nur am Rande.

1988), engagierten sich die Frauen in der karitativen Arbeit. Unter dem Dach der Kirche konnten Ordensfrauen einer Berufstätigkeit nachgehen und ein religiöses Leben mit einem tätigen Leben in der Welt verknüpfen. Diese Lebensweise wurde als Gegenmodell zu bürgerlichen Ehe- und Familienvorstellungen interpretiert (Meiwes, 1995: 88).

Im Unterschied zu anderen weiblichen Ordensgemeinschaften, die ebenfalls um die Mitte des 19. Jahrhunderts entstanden, stammte die Ordensgründerin der ADJC nicht aus einer bürgerlichen Familie, sondern aus einem kleinbäuerlichen Milieu. Anders als beispielsweise die Gründerin der 1844 ins Leben gerufenen „Kongregation der Schwestern vom armen Kinde Jesu", Clara Fey, die zum städtischen katholischen Bürgertum in Aachen gehörte und deren Vater und Brüder Unternehmer in der Textilindustrie waren (Meiwes, 1995: 85), verfügte Katharina Kasper nicht über finanzielle Ressourcen und besaß keine theologische Bibliothek. Mit sehr geringen finanziellen Mitteln, die sie durch selbstverdientes Geld als Tagelöhnerin erwirtschaftete, und schließlich mit Bürgschaften ihrer Heimatgemeinde konnte sie ein kleines Haus errichten, in dem sie mit ihren Gefährtinnen lebte und Waisenkinder aufnahm. Später erhielt die Gemeinschaft Schenkungen von wohlhabenden Katholiken (Baronessen, Fürstinnen und Grafen), wodurch sie ihr Handlungsfeld erweitern und neue Filialen eröffnen konnte (Fuchs, 1977: 157).

Rasch breitete sich die Kongregation der Armen Dienstmägde Jesu Christi aus. Im Todesjahr der Gründerin, 1898, gehörten ihr 1725 Ordensfrauen an, die in 193 Filialen wirkten (Lamp, 1989: 319). Ich kann hier nicht näher auf die Umstände der inneren Entwicklung in der Gründungsphase eingehen, möchte jedoch anmerken, daß es zu Konflikten zwischen den Geschlechtern um die Führung der Gemeinschaft kam, als ein Mann der Amtskirche, ein Priester, vom Bischof zum Superior bestellt wurde und für die finanziellen und politischen Entscheidungen verantwortlich war, die während seiner Amtszeit getroffen wurden.[4] Dies ist kein Einzelfall und trifft auch auf andere Gemeinschaften zu, die in dieser Zeit entstanden sind. Daß Männer sich zu politischen Führern von religiösen Bewegungen aufschwingen, die wesentlich von Frauen getragen werden, Frauen hingegen die spirituelle Führung übernehmen (als Seherinnen, Visionärinnen und Prophetinnen), ist sowohl aus der Sozialgeschichte des 19. Jahrhunderts (Saurer, 1995) als auch aus der Ethnologie außereuropäischer Gesellschaften bekannt (Hackett, 1995).

Im 19. und Anfang des 20. Jahrhunderts gründeten die Ordensfrauen der ADJC sogenannte Fabrik- und Industrieschulen, in denen junge Frauen der unteren Schichten die Näh- und Handarbeit erlernten. Parallel dazu wurde religiöses Wissen vermittelt. Die Ausbildung in der Näharbeit trug auch dazu bei, daß weltliche Frauen eigenes Geld in der Heimarbeit verdienen konnten.

---

4   Hinweise dazu finden sich in den Unterlagen zum Seligsprechungsprozeß, Archiv der ADJC.

In den zumeist von Armut geprägten Dörfern der Region des Westerwaldes gründeten die ADJC „Kinderbewahranstalten" bzw. „Kinderschulen", die es den Frauen auf dem Land erlaubten, die Subsistenzproduktion aufrechtzuerhalten, denn sie waren, nachdem ihre Männer und Söhne als Arbeitsmigranten in weit entlegenen Industrieregionen saisonal beschäftigt waren, nun allein für die kleine landwirtschaftliche Produktion der Haushalte verantwortlich. In den Städten ermöglichte die Einrichtung von Kinderbewahranstalten den Fabrikarbeiterinnen die Lohnarbeit. So trugen Ordensschwestern dazu bei, daß Frauen der unteren Schichten einer außerhäuslichen Tätigkeit nachgehen und Geld für den Unterhalt der Familien erwirtschaften konnten (Hüwelmeier, 1999).

Die ADJC unterhielten auch Mädchenpensionate und Mädchengymnasien, doch im Verhältnis zu den Bereichen Krankenpflege und Kindererziehung waren sie unterrepräsentiert. Sowohl im Kulturkampf als auch im Nationalsozialismus wurden die Schulen enteignet, und seit dem zweiten Weltkrieg gibt es nur noch wenige Einrichtungen dieser Art, die von den Armen Dienstmägden geleitet werden.

Heute zählt die Gemeinschaft etwa 1000 Mitglieder mit zahlreichen Filialen in Deutschland. Darüber hinaus wirken die Ordensfrauen in England, den Niederlanden, in den USA und in der Missionsarbeit in Übersee, vor allem in Indien. Katharina Kasper wurde 1978 in Rom selig gesprochen.

3. Vom Dienstmädchen zur Dienstmagd Gottes

Bis etwa zur Mitte des 20. Jahrhunderts konzentrierte sich die soziale Herkunft vieler Ordensfrauen weitgehend auf kleinbäuerliche Schichten. Insbesondere junge Frauen vom Land, die als Dienstmädchen in den Städten arbeiteten, fühlten sich von den Armen Dienstmägden Jesu Christi angezogen. Aber auch nach dem zweiten Weltkrieg, als der Beruf des Dienstmädchens mehr und mehr verschwand, in den 1950er und 1960er Jahren, besuchten zahlreiche junge Frauen vom Land die Hauswirtschaftsschulen der Armen Dienstmägde Jesu Christi. Etliche Frauen bekamen so zum ersten Mal Kontakt mit der Gemeinschaft, und einige sind später eingetreten.

Die Anziehungskraft der ADJC begründete sich auch darin, daß junge Frauen, die ‚in Stellung waren' und keine Mitgift einbringen konnten, Aufnahme in dieser Gemeinschaft fanden. Hören wir dazu die Stimme der deutschen Provinzoberin, die mir in einem Gespräch erklärte:

„Es gab bis zum Vatikanum durchaus Gemeinschaften, die nur Mädchen mit Mitgift oder Mädchen, die nicht in Stellung waren, also keine Dienstmädchen waren, aufgenommen haben.(...) Es gibt eine ganze Reihe, wo das die Regel war: wir nehmen kein Mädchen, was in Stellung war und niemand, was keine Mitgift mitbringen kann. Und hier in der

Gemeinschaft war das nie [der Fall]. Es konnten auch Mädchen kommen, und es kamen sehr viele Mädchen, die vorher vom Land in die Stadt gekommen waren, als Dienstmädchen, denn für viele war das (...) das einzige Sprungbrett. Die dann eintraten und dann ausgebildet wurden und da waren tolle Frauen dabei. Es hat uns eine Zeitlang auch einen schlechten Namen gegeben. Ich weiß, daß es in Frankfurt zwischen den beiden Weltkriegen die Marienvereine gab, in unseren Schwesternhäusern, wir hatten ja 17 Konvente in Frankfurt, wo die Schwestern ganz bewußt die Mädchen, die vom Land kamen und in der Stadt in Stellung waren, ob bei der Post oder im Haushalt, samstags mittags und sonntags gesammelt haben. Und davon sind viele eingetreten. Und andere Ordensgemeinschaften haben solche Mädchen nicht genommen. Das hat sich heute verwischt."

Der Name der Ordensgemeinschaft, Arme Dienstmägde Jesu Christi, verweist auf eine starke Affinität zur Tätigkeit der Dienstmädchen. Die hautnahe Erfahrung in ihrer Arbeit, und wir assoziieren hier die Trennung von der Herkunftsfamilie, Gehorsam, Armut und Abhängigkeit, mag für etliche Frauen ausschlaggebend gewesen sein, gerade diesem Orden beizutreten[5]. Manche alte Schwestern, so gibt die Provinzleiterin zu bedenken, seien auf der Stufe des Dienstmädchens stehengeblieben, doch die meisten hätten Reifungsprozesse hinter sich, Entwicklungen, die sehr reflektiert seien.

Die Mitgliedschaft in der Ordensgemeinschaft erlaubte den jungen Frauen eine soziale und berufliche Mobilität, in der die Erfahrungen des Dienstmädchen-Daseins bewältigt sowie neu interpretiert werden konnten und eine religiöse Konnotation erhielten. Als Magd Gottes werden eigene Erfahrungen als sinnvoll gedeutet und als sinnhaft erlebt. Maria wird weniger als Königin, Herrscherin oder Mutter gedacht, sondern als eine Frau, die im Willen Gottes steht. Das Kernwort lautet: „Siehe, ich bin die Magd des Herrn".

Ohne die Rolle der Ehefrau und Mutter auszufüllen, ermöglichte der Ordensbeitritt den ehemaligen Dienstmädchen einen sozialen und beruflichen Aufstieg, mit dem sie einen anerkannten Platz in der Gesellschaft fanden. Sie konnten ein Leben in der Gemeinschaft realisieren, das ihnen die Chance eröffnete, als geschätzte Frauen in der Welt zu wirken. Als Krankenschwestern, Erzieherinnen oder Lehrerinnen lebten und leben sie in eigenen Kommunitäten mit anderen Ordensfrauen zusammen und verwirklichen ein religiöses Leben in der Kombination mit einer qualifizierten Berufstätigkeit. Die Ausübung eines Berufes war für viele Frauen, gerade aus dem ländlichen Bereich, bis weit in die 1960er Jahre hinein längst keine Selbstverständlichkeit.

Ordensfrauen, die in den 1990er Jahren zu den Armen Dienstmägden Jesu Christi gehören und in den 1960er, 1970er und 1980er Jahren eingetreten sind, kommen aus sehr heterogenen Herkunftsfamilien. Doch nahezu alle sind in einem katholischen Milieu aufgewachsen und geben als Motiv für ihren Beitritt den Ruf Gottes an. Ihre Entscheidung, gerade den Armen

---

5   Zur sozialen Lage der Dienstmädchen um die Jahrhundertwende vgl. Schulte (1978: 879ff.).

Dienstmägden Jesu Christi beizutreten, begründen sie zum einen mit dem Vorbildcharakter älterer Ordensfrauen, die sie, häufig per Zufall, kennenlernten und die einen tiefen Eindruck bei ihnen hinterließen: „Für mich stimmt es einfach, wie diese Frauen leben," erklärte eine von ihnen. Ein weiteres Motiv für den Ordensbeitritt liegt in dem Charisma und in der Biographie von Katharina Kasper begründet: ihr unermüdlicher Einsatz für die Ärmsten der Welt, ihre einfache Herkunft und ihr tiefer und fester Glaube ist für junge Ordensfrauen im Hinblick auf eine Identifikation mit ihrer Gemeinschaft ganz entscheidend.

Freilich gibt es am Ende des 20. Jahrhunderts in jeder Ordensgemeinschaft Nachwuchsprobleme, was sicherlich auch mit den gestiegenen Optionen für Frauen in beruflicher und sozialer Hinsicht korrespondiert. Heute können Frauen alleine oder in Frauenwohngemeinschaften leben, sie haben die Möglichkeit, sich beruflich zu profilieren, ohne auf die Unterstützung einer Ordensgemeinschaft angewiesen zu sein. Aber sie können nur im Rahmen eines Frauenordens ein religiöses Leben in Gemeinschaft verwirklichen, und daher betrachten Ordensfrauen ihre Gemeinschaften als echte Alternative zu anderen Formen des Zusammenlebens mit Frauen.

4. Auswirkungen des II. Vatikanischen Konzils

Mit der Demokratisierung des Ordenslebens und dem korrespondierenden Abbau interner Hierarchien, die mit dem II. Vatikanum eingeleitet, jedoch erst in den letzten Jahren zunehmend in die Praxis umgesetzt werden, herrscht unter manchen Ordensfrauen eine große Verunsicherung: Jahrzehntelang lebten sie in festgefügten Ordnungen, nun werden sie zu mehr Selbstverantwortung ermuntert. Viele erlebten die Veränderungsprozesse, die mit dem II. Vatikanischen Konzil einhergingen, sehr bewußt und gestalten sie bis heute. Die Prozesse der Erneuerung sind jedoch längst noch nicht abgeschlossen. Es ist keine Generationenfrage, ob Ordensfrauen diesen Prozessen gegenüber aufgeschlossen sind oder nicht, vielmehr gebe es Spannungen zwischen denen, die „zu faul sind zum Denken oder nicht fähig sind zu denken und denen, die ihren Kopf nicht nur für den Schleier haben", erklärt eine von ihnen. Von Seiten der Ordensleitung wird bewußt versucht, alle Schwestern in den Prozeß der Erneuerung einzubeziehen. Auch die nicht gewählten Delegierten der Konvente haben Mitwirkungsrechte und nehmen als Beobachterinnen an Konferenzen und Beratungen teil.

Zu den Veränderungen der vergangenen Jahre gehört nicht nur die Möglichkeit, den Schleier abzulegen, sondern auch die Erprobung neuer Formen des Zusammenlebens. Es gibt eine Tendenz, von den großen Konventen wegzugehen, kleine Konvente wieder aufleben zu lassen, in denen 4 oder 5

Schwestern in einer Wohngemeinschaft leben, sich selbst versorgen, kochen, waschen, bügeln und gleichzeitig ihren Berufen nachgehen.[6] Für Frauen, die dieses Leben bisher nicht gewohnt waren, weil sie in ihren Großkonventen versorgt wurden, bedeutet es eine Umorientierung, die manchen nicht leicht fällt. Doch die meisten sehen die Veränderungen als Chance für einen Neubeginn, für ein intensiveres religiöses Zusammenleben, für mehr Austausch und zwischenmenschlichen Kontakt und als Möglichkeit, eigene Interessen einzubringen und zu vertreten.

Diese Prozesse verlaufen nicht konfliktfrei, doch im Unterschied zu den 1970er Jahren, als nach dem II. Vatikanischen Konzil plötzlich die Möglichkeit eröffnet wurde, ja oder nein zum Klosterleben sagen zu können, und als innerhalb von 5 Jahren 35 Frauen die Gemeinschaft verließen, sind es gegenwärtig nur wenige, die gehen. Heute bietet die Ordensleitung allen Ordensfrauen in Krisenzeiten professionelle Hilfe und Therapiemöglichkeiten an. Wenn eine Frau sich zum Weggehen entschieden hat, wird sie hinausbegleitet und nicht allein gelassen. Im „Katharina-Kasper-Kreis", einem Zusammenschluß von Laien, dem auch Männer angehören, treffen sich auch Ehemalige, um die Spiritualität der Ordensgründerin zu verwirklichen, jedoch ohne an den vorgegebenen Rahmen der Gelübde gebunden zu sein.

Die langsame Verabschiedung vom Beruf der Krankenschwester, die Hinwendung zur Gemeindearbeit, zur Gefängnisseelsorge, zur Arbeit mit Obdachlosen und zur Betreuung von Aids-Kranken sowie die Arbeit mit Straßenkindern in nicht-europäischen Ländern erfordern neue berufliche Profile. In meinen Gesprächen mit Ordensfrauen aller Generationen war ich erstaunt über ihre hohe und oft vielfältige berufliche Qualifikation, etliche absolvierten mehr als eine Berufsausbildung, hinzu kommen Lehrgänge und Fortbildungsveranstaltungen verschiedenster Art. Die meisten Frauen zeigten sich äußerst flexibel in der Umgestaltung ihrer bisherigen Berufs- und Lebenswelt. Sie gehen an jene Orte, wo sie gebraucht werden, wobei ihre Fähigkeiten, Wünsche und Bedürfnisse durchaus Berücksichtigung finden.

In der Ordensgemeinschaft der ADJC können Frauen ein religiöses Leben als Dienstmagd Christi führen und gleichzeitig ihre beruflichen Vorstellungen im Rahmen des von der Gemeinschaft geforderten Engagements realisieren. Dabei werden sie von Männern weder bevormundet noch reglementiert. Wohl haben sie in ihrem Beruf häufig mit Männern zu tun, seien es Ärzte oder Pfleger in Krankenhäusern, seien es Priester, auf die sie zur Durchführung der religiösen Rituale angewiesen sind. Nach meinen Beobachtungen spielen Priester jedoch keine herausragende Rolle im Leben von Ordensfrauen. Dies ist sicherlich ein wesentlicher Unterschied zu dem eher unterwürfigen Verhalten, das ihnen noch vor etwa 20 Jahren entgegengebracht wurde. Ordensfrauen wissen sich „klug den Normierungen der männ-

---

6   Zu den Auswirkungen des II. Vatikanischen Konzils vgl. Lau (1993: 216).

lich verwalteten Kirche zu unterwerfen und dabei dennoch Neues zu schaffen" (Lau, 1993: 212) und sind außerordentlich frei und autonom in der Gestaltung ihrer eigenen Kommunitäten. Sie bedürfen heute keiner männlichen Entscheidung darüber, ob sie ihren Beruf wechseln, ob sie ihre Tracht ablegen, ob sie ihren Taufnamen behalten oder wen sie als geistliche Beratung wählen. Zunehmend mehr Ordensfrauen geben sich gegenseitig geistliche Unterstützung und führen Exerzitien durch, womit die Beziehung zu einem männlichen Beichtvater bzw. einem Priester an Bedeutung verliert.

Die These von der universalen männlichen Dominanz und die Rede vom „Patriarchat der Kirche" sowie die Bezeichnung der katholischen Kirche als „Männerbund" (Götz von Olenhusen, 1995: 11) sollten durch die empirische Untersuchung jener Bereiche überprüft werden, die von Frauen besetzt und gestaltet werden. Gerade Ordensfrauen in tätigen Gemeinschaften sind ein hervorragendes Beispiel dafür, zu zeigen, daß die Dichotomien ‚öffentlich/häuslich' und ‚Kultur/Natur' in ihrer Assoziation mit männlich/weiblich sowie dominant/unterdrückt fragwürdig bleiben. Das Gebären von Kindern und die Beschränkung von Frauen auf den häuslichen Bereich wurde in den frühen Theorien der ethnologischen feministischen Forschung immer wieder als Kennzeichen ihrer Unterdrückung bzw. als zweitrangig gegenüber den von Männern besetzten öffentlichen und politischen Bereichen betrachtet (vgl. die Debatte in Moore, 1990). Doch Ordensfrauen bringen weder Kinder zur Welt noch sind sie auf den häuslichen Bereich beschränkt. Allerdings widmen sie sich in ihren fürsorgenden, pflegenden und erziehenden Berufen jenen Aufgaben, die gesellschaftlich und kulturell als ‚typisch weiblich' gedeutet werden.

In der historischen und ethnologischen Geschlechterforschung geht es vor allem darum, den Erfahrungen von Frauen und Männern nachzuspüren, die Komplexität sozialer Beziehungen und Interaktionen auszuleuchten, verschiedene Lebensentwürfe herauszuarbeiten und sie im sozialen, historischen und kulturellen Kontext zu verorten (vgl. Bynum, 1986; Habermas, 1993; King, 1995; Saurer, 1995). Dabei sind Kategorien von Macht, Herrschafts- und Dominanzbeziehungen nicht nur von Männern gegenüber Frauen – und umgekehrt –, sondern auch zwischen Frauen und zwischen Männern von entscheidendem Interesse. Nimmt man die religiösen Erfahrungen, Wahrnehmungen und Deutungen von Menschen ernst, und blendet man nicht ihre Rolle als Akteure aus, ergibt sich möglicherweise ein differenzierteres Bild von der unterschiedlichen Bedeutung der Religion für beide Geschlechter am Ende des 20. Jahrhunderts.

Literatur

Bynum, Caroline Walker, 1986: Introduction. In: Bynum, Caroline Walker, Stevan Harrell und Paula Richman (Hg.): Gender and Religion: On the Complexity of Symbols. Boston: Beacon.

Blackbourn, David, 1997: Wenn ihr sie wieder seht, fragt wer sie sei. Marienerscheinungen in Marpingen – Aufstieg und Niedergang des deutschen Lourdes. Reinbek bei Hamburg: Rowohlt.

Fuchs, Konrad, 1977: Katharina Kasper (1920-1898), Gründerin der Klostergenossenschaft der Armen Dienstmägde Jesu Christi. In: Nassauische Annalen. Wiesbaden: Verlag des Vereins für Nassauische Altertumskunde.

Götz von Olenhusen, Irmtraud 1995: Die Feminisierung von Religion und Kirche im 19. und 20. Jahrhundert: Forschungsstand und Forschungsperspektiven. S. 9-21 in: Dies. (Hg.): Frauen unter dem Patriarchat der Kirchen. Katholikinnen und Protestantinnen im 19. und 20. Jahrhundert. Stuttgart: Kohlhammer.

Habermas, Rebekka, 1993: Geschlechtergeschichte und „anthropology of gender". Geschichte einer Begegnung. Historische Anthropologie 1, 485-509.

Hackett, Rosalind I.J., 1995: Women and New Religious Movements in Africa. 257-291 in: Ursula King (Hg.): Religion and Gender. Oxford: Blackwell.

Hüwelmeier, Gertrud 1999: Ordensschwestern und Jungfrauen. In: Ulrike Krasberg (Hg.): Religion und weibliche Identität. Marburg: Förderverein Völkerkunde in Marburg (Reihe Curupira Workshop).

King, Ursula 1995: Introduction: Gender and the Study of Religion. In: Dies. (Hg.): Religion and Gender. Oxford: Blackwell.

Lamp, Ida, 1989: Die Kongregation der ADJC. Archiv für Mittelrheinische Kirchengeschichte 41, 319-346.

Lau, Ephrem Else, 1993: Religiöse Virtuosen: Nonnen. S. 206-217 in: Jürgen Bergmann et al. (Hg.): Religion und Kultur. (Sonderheft 33 Kölner Zeitschrift für Soziologie und Sozialpsychologie). Opladen: Westdeutscher Verlag.

Meiwes, Relinde, 1995: Religiosität und Arbeit als Lebensform für katholische Frauen. Kongregationen im 19. Jahrhundert. In: Irmtraud Götz von Olenhusen, Irmtraud (Hg.): Frauen unter dem Patriarchat der Kirchen. Katholikinnen und Protestantinnen im 19. und 20. Jahrhundert. Stuttgart: Kohlhammer.

Meyer, Wendelin O.F.M., 1937: Heiliges Magdtum vor Gott. Mutter Maria Kasper, Stifterin der Genossenschaft der Armen Dienstmägde Jesu Christi. Wiesbaden: Matthias-Grünewald-Verlag.

Moore, Henrietta L., 1990: Mensch und Frau sein. Perspektiven einer feministischen Anthropologie. Gütersloh: Gütersloher Verlagshaus Mohn.

O'Brien, Susan, 1988: Terra Incognita: The Nun in Nineteenth-Century England. Past and Present 121, 110-140.

Saurer, Edith, 1995: Die Autobiographie des Thomas Pöschel. Erweckung, weibliche Offenbarungen und religiöser Wahn. S. 169-212 in: Dies. (Hg.): Die Religion der Geschlechter. Historische Aspekte religiöser Mentalitäten. Wien: Böhlau.

Schatz, Klaus SJ, 1983: Geschichte des Bistums Limburg. Mainz: Selbstverlag der Gesellschaft für mittelrheinische Kirchengeschichte.

Schulte, Regina, 1978: Dienstmädchen im herrschaftlichen Haushalt. Zur Genese ihrer Sozialpsychologie. Zeitschrift für Bayrische Landesgeschichte 4, 879-920.

Donate Pahnke

Priesterinnen und Priester in neuen religiösen Bewegungen

1. Einleitung

Die Esoterikszene hat eine Fülle neuer oder neu aufgelegter alter religiöser Gemeinschaften hervorgebracht. In den sechziger Jahren entstand ein regelrechter Boom der östlichen Religionen mit ihren unterschiedlichen Gurus und Erleuchtungswegen, in den siebziger Jahren standen die sogenannten Jugendreligionen und der bewußtseinserweiternde Drogengebrauch im Blickpunkt der Öffentlichkeit, in den achtziger Jahren kam die ‚Indianer- und Afrikawelle' mit ihrem Interesse an der Praktizierung ‚naturreligiöser' Rituale sowie, daneben, ein Aufblühen spiritueller Therapieformen, und die Gegenwart der neunziger Jahre setzt einen Schwerpunkt auf dem europäischen Paganismus in seinen geschichtlichen und modernen Formen. Beobachtet man diese Entwicklung unter einem systematischen Aspekt, so läßt sich feststellen, daß die jeweils spätere Richtung die Gedanken und Erfahrungen der vorherigen zumindest teilweise aufgenommen hat. So waren beispielsweise die *Transzendentale Meditation*, die *Hare-Krishna*-Gemeinschaft und die *Bhagwan-Rajneesh*-Bewegung ebenso wie die unterschiedlichen *Zen*-Kreise mehr oder weniger direkt auf ihren indischen bzw. japanischen Ursprung bezogen; die darauffolgende ‚Indianer- und Afrikawelle' fügte der Yoga-, Meditations- und Chakrenpraxis die Schwitzhütten und schamanischen Seelenreisen hinzu, und die Wiederentdeckung germanisch-keltischer Religionsformen versah die oben genannten, mittlerweile zum transkulturellen Allgemeingut gewordenen Praktiken mit dem Dach der alteuropäischen Mythologie und Philosophie und verknüpfte sie mit den wiedererweckten Altformen europäischer Esoterik. Durch diese gewachsenen Bezüge ist auch die Selbstverständlichkeit zu erklären, mit der heute Elemente aus den unterschiedlichsten historischen und geografischen religiösen Bereichen je nach Neigung und Bedarf Eingang in die neuentstandenen religiösen Gemeinschaften gefunden haben. Geglaubt und praktiziert wird, was – unabhängig von seinem kulturellen Ursprung – für die TeilnehmerInnen ‚stimmt'. Eine Haltung, die nicht selten zu heftigen Auseinandersetzungen mit solchen Gemeinschaften führt, die für sich in Anspruch nehmen, eine bestimmte religiöse Tradition authentisch und unverfälscht zu praktizieren.

Ich konzentriere mich in diesem Beitrag auf den europäischen Neopaganismus. Zur allgemeinen Information sei vorweggeschickt, daß der europäische und besonders der deutsche Neopaganismus sich in sehr unterschiedlichen Erscheinungsweisen äußert. So gibt es neben historisierenden Gemeinschaften, denen es um eine möglichst authentische Revitalisierung altgermanischer oder altkeltischer Glaubensformen geht (wie z.b. die *Germanische Glaubensgemeinschaft* oder verschiedene Druidenorden), eine Vielzahl freier Ritualgruppen, die ihr Heidentum eher eklektizistisch und situativ verstehen. Das politische Spektrum der Heidenszene reicht dabei von nationalistisch-arisch-arteigen (z.b. die *Gylfiliten*, der *Armanenorden* oder die *Arbeitsgemeinschaft Naturreligiöser Stammesverbände Europas*) bis hin zu maximaler multikultureller Öffnung (*Wicca*-Religion und feministische Hexenkreise). Nach meiner Wahrnehmung ist ein großer Teil der Heidenszene eher in ökologieorientierten Bürgerinitiativen als in der Partei- oder Weltpolitik engagiert.

Die neopagane Szene ist insgesamt mit wissenschaftlichen Methoden kaum zu erfassen. Es gibt keine auch nur annähernd verläßlichen Zahlen über die Anzahl der Beteiligten oder sonstige soziologische Daten. Die einzelnen Gruppen kennen in der Regel keine formelle Mitgliedschaft, und Personen können sowohl in verschiedenen neopaganen Gemeinschaften als auch zugleich in einer solchen Gruppe und einer der christlichen Kirchen Mitglied sein. Mein persönlicher Eindruck aus etwa fünfzehn Jahren Feldforschung in diesem Bereich ist, daß die Zahl der aktiven Neuheiden die Zahl der aktiv praktizierenden Christen beträchtlich übertrifft. Neopagane Gruppen treten in jeder Großstadt zahlreich auf, besonders in den Stadtstaaten, und sind bis in die entlegensten Landstriche zu finden. Am weitesten verbreitet sind neben den bereits genannten Gemeinschaften private Ritualgruppen, die sich zu den acht Jahreszeitenfesten der germanisch-keltischen Tradition oder zu Vollmondfeiern treffen oder solche, die eine eher individuelle Vervollkommnung als Magier anstreben.

2. Zur Funktion des Priesteramtes im Neopaganismus

Im Kontext dieser Situation gewinnt die priesterliche Funktion eine besondere Bedeutung: Zum einen sind der Priester und, soweit zugelassen, die Priesterin RitualleiterInnen und ZeremonienmeisterInnen, zum anderen obliegt ihnen die Wahrung derjenigen Tradition, an die sich die Gemeinschaft jeweils angebunden hat, bzw. die Erschaffung einer neuen Tradition. Ich möchte im folgenden an konkreten Beispielen des Neopaganismus die Funktion des Priesteramtes deutlich machen.

2.1 PriesterIn für sich selbst sein

Die priesterliche Funktion kann im Neopaganismus sehr unterschiedlich verstanden werden. Im Prinzip sind sich die verschiedenen Richtungen darüber einig, daß jeder Mann sein eigener Priester, jede Frau ihre eigene Priesterin ist. Das bezieht sich vorwiegend auf die Einzelarbeit im persönlichen Bereich und meint, daß jede Person ihre eigene religiöse Autorität sein soll. Magische Ausbildungen existieren zwar, sind aber weder genormt noch standardisiert und, soweit vorhanden, keineswegs allgemein anerkannt.

2.2 PriesterIn für die Gruppe sein

PriesterInnen als FunktionsträgerInnen im Ritual sind vor allem mit der Planung und Durchführung von Zeremonien betraut. Sie wissen u.a. über die mythologischen, jahreszeitlichen, astrologischen, elementalen und sozialen Kontexte eines Rituals Bescheid und verfügen über methodische Kenntnisse und Fähigkeiten, ein Ritual zu leiten. Insbesondere obliegt ihnen die Strukturierung des Rituals, verbunden mit der Gestaltung der Übergänge von einem Teil des Rituals in den anderen. Die wichtigste Aufgabe des/der PriesterIn besteht im Erheben, Lenken und Erden von Energien. Damit ist gemeint, die spirituelle Potenz der einzelnen im Kreis versammelten Personen wachzurufen und zu einer bewußten, einheitlichen Verbindung zu bringen, diese kollektive Energie sodann je nach Anlaß und Phase des Rituals zu bestimmten Zwecken wie etwa einer Symbolhandlung, eines Tanzes oder einer Meditation zu bündeln und am Ende wieder zu erden und aufzulösen. Um diese Aufgabe wahrnehmen zu können, müssen PriesterInnen sowohl über ausreichende Kenntnisse und Erfahrungen verfügen als auch von der Gruppe als Autorität anerkannt sein. Fehlt einer dieser beiden Aspekte, ist das Gelingen des Rituals gefährdet. Über diese Funktionen des PriesterInnentums im Gemeinschaftsritual bestehen kaum Kontroversen in der Heidenszene.

2.3 Das Amtspriestertum

Im Höchstmaß strittig ist jedoch die Frage eines Amtspriestertums, d.h. die Frage danach, ob eine Person qua Einweihung/Initiation auf Dauer zum Priester/zur Priesterin geweiht werden kann und soll oder nicht. Die Geister scheiden sich an der Tatsache, daß in diesem Fall der/die Initiierte, durchaus vergleichbar mit der christlichen Praxis, einen Anspruch auf eine dauerhafte Autorität erlangt, die oft über die eigentliche Ritualzeit hinausreicht und sich u.U. von der Akzeptanz der Guppenmitglieder entfernt. In magischen und Hexenkreisen, in denen solche Initiationen durchgeführt werden, übernehmen die Initiierten dann z.B. den Titel eines Magiers oder einer Hohepriesterin und geben sich meist auch einen neuen Namen. Obwohl solche Initiationen im gesamten Bereich der modernen Heiden- und Hexenszene verbreitet sind, steht doch der zahlenmäßig größere Teil der Szene dieser Art Institutionalisierung von Autorität und Macht kritisch gegenüber. Hinzu kommt das Problem, daß die verliehenen Titel, die oft schon in der eigenen Gemeinschaft nicht einhellig anerkannt werden, von anderen Gruppen und Richtungen nicht akzeptiert werden (zumindest nicht in dem Sinne, daß sie ihren TrägerInnen eine besondere Autorität verschaffen), so daß sie nur von eingeschränktem Nutzen sind. Dennoch sind es oft gerade die Träger solcher Titel, die in besonders öffentlichkeitswirksamer Weise in Erscheinung treten, etwa in den Medien, weshalb diese Titel einen relativ großen Bekanntheitsgrad in der Öffentlichkeit haben. Zwei dieser magischen Einweihungssysteme treten besonders oft hervor: die thelemitischen Einweihungsgrade und die Einweihungsgrade der Wicca-Religion.

3. Die thelemitischen Einweihungsgrade

Die thelemitischen Einweihungsgrade gehen auf Aleister Crowley zurück, einen der berühmtesten und berüchtigtsten Magier dieses Jahrhunderts, dessen Lehre bis heute in magischen Kreisen sehr bekannt ist. Crowley (1875-1947) stammte aus einem fundamentalistisch-protestantischen englischen Elternhaus und fand früh zur Magie, indem er sich zunächst mit dem ‚Großen Tier 666' der Apokalypse identifizierte, sich verschiedenen okkultistischen Richtungen zuwandte und später (1898) Mitglied und Führungskraft im *Hermetic Order of the Golden Dawn* wurde, dem um die Jahrhundertwende einflußreichsten magischen Orden des Westens. Aus diesem stark von Rosenkreuzern und Freimaurern geprägten Orden übernahm er das magische Einweihungssystem weitgehend in den 1907 von ihm gegründeten Orden *Argenteum Astrum*. 1912 wurde er Mitglied im *Ordo Templi Orientis*, der Nachfolgegemeinschaft des *Golden Dawn*, in der auch Größen wie Rudolf Steiner, der spätere Begründer der Anthroposophie, und Ron Hubbard, der spätere Begründer von Scientology, praktizierten, und gründete 1920 auf Cefalu bei Sizilien die *Abtei Thelema*, die der thelemitischen Magie bis heute ihren Namen gibt. Nach seiner Ausweisung aus Italien durch Mussolini reiste Crowley viele Jahre durch Europa, bis er verarmt und heroinsüchtig in England starb. Die Reaktionen auf sein Leben und Werk waren zu seinen Lebzeiten und sind bis heute verbunden auf der einen Seite mit Bewunderung für einen großen magischen Meister und auf der anderen Seite mit Abscheu und Ablehnung wegen seiner sexualmagischen und Drogenexzesse sowie seiner Affinität zur satanistischen Vorstellungswelt. Seit den sechziger Jahren erlebt

Thelema eine Renaissance, die sich in der Wiedergründung oder Neugründung einer ganzen Reihe von thelemitischen Orden äußert, z.B. der *Hermetic Order of the Golden Dawn*, der *Ordo Templis Orientis (OTO)*, die *Illuminates of Thanateros (IOT)*, der *Ordo Thelema*, der *Ordo Saturni*, die *Fraternitas Saturni* und die eher anarchistisch gestaltete *Chaosmagie* (Frick, 1978).

Die magischen Einweihungsgrade verlaufen, angelehnt an die Kabbalah, in zehn Stufen vom Neophyten bis zum Magister Templi, Magus und Ipsissimus. Nach dem Nachweis bestimmter theoretischer und praktischer Fähigkeiten erfolgt jeweils die Initiation in den nächsthöheren Grad (Frick, 1978). Nach der vierten Stufe erfolgt die Verbindung des Magiers mit seinem Schutzgeist, einem Symbol für sein wahres Selbst. Dieser Geist leitet ihn und hilft ihm dabei, seinen wahren Willen (*thelema*) herauszufinden. Nach der siebten Stufe durchquert der Magier den ‚Schleier des Abyssus', d.h. den Abgrund, der die profane Welt, die Welt der Wirkungen, von der idealen Welt, der Welt der Ursachen, trennt. Es kommt zu einer völligen Unterwerfung unter den heiligen Schutzgeist, was ein Gleichwerden mit ihm und dadurch eine Überwindung des Ego mit sich bringt. Ab der achten Stufe ist er befugt, zu lehren und das Priesteramt auszuüben. Diese Stufen ziehen sich (zumindest als Ideal) bis heute durch den ganzen Bereich der klassischen Magie. Die Eingeweihten erhalten den Titel Frater und in jüngerer Zeit auch Soror, gefolgt von ihrem individuellen magischen Namen.

Die Kernsätze aus Crowleys Lehre lauten (Crowley, 1904):

- Tue was du willst, soll sein das ganze Gesetz
- Liebe ist das Gesetz, Liebe unter Willen
- Jeder Mann und jede Frau ist ein Stern
- Es gibt keinen Gott außer dem Menschen

Die meisten thelemitischen Gruppen scheinen heute eine Mischung aus Naturmagie und Zeremonialmagie zu praktizieren, wobei gelegentlich eine recht strikte und formalistische Orthopraxie ins Auge fällt. Die priesterliche Funktion des initiierten Magiers liegt in der Durchführung magischer Handlungen im Ritual sowie in der Unterweisung und Initiierung neuer Mitglieder. Im Rückbezug auf Crowley liegt einer der Schwerpunkte thelemitischer Magie auf der Sexualmagie, und dies ist auch der Bereich, der die meiste Kritik an thelemitischen Praktiken hervorruft. Crowley selbst praktizierte eine extrem patriarchale Form der Sexualmagie und benutzte seine Partnerinnen in erniedrigender Weise als lebende Objekte, als Werkzeuge zum Kultivieren und Ausagieren seines ‚wahren Willens'. Sie verkörperten für ihn die ‚Frau in Scharlach', die ‚Große Hure Babylon', welche in der Johannesapokalypse das Große Tier reitet. Seine beiden Ehefrauen und festen Partnerinnen in der Sexualmagie, die auch für jeden anderen, der sie begehrte, bereit sein mußten, starben nach Jahren des Leidens in der Psychiatrie. Andere Sexualpartnerinnen und -partner (Crowley war bisexuell) soll er als zerrüttete Wracks hinterlassen haben (Frick, 1978; Leuenberger, 1985; Symonds, 1983; Tegtmeier, 1992). Frieda Harris, die auf seine Anweisung das sehr populäre Crowley-Tarot malte, war nichts als sein Werkzeug, sein mediales Instrument. Crowleys Menschen- und vor allem Frauenverachtung fand ihre Forsetzung in der Person Michael Eschners, Leiter des *Ordo Thelema* und nach eigenen Aussagen Reinkarnation Crowleys, der 1992 vom Lüneburger Amtsgericht zu sechs Jahren Haft wegen Vergewaltigung, sexueller Nötigung und Körperverletzung eines weiblichen Mitglieds des Ordens verurteilt wurde. Auch die thelemitischen ‚Studienhefte zur Sexualmagie', die inhaltlich im wesentlichen tantrische Standardübungen anbieten, drucken kommentarlos ausführliche frauenverachtende Zitate des Altmeisters (Baar, 1990). Wenn sich auch diese Details nicht auf die gesamte thelemitische Szene verallgemeinern lassen, so werfen sie doch ein bezeichnendes Licht auf die äußerst patriarchalen Grundlagen dieser Tradition. Daß andere Autoren sich dagegen von der Hypothek dieser Vergangenheit freimachen konnten, beweist die partnerschaftliche Darstellung thelemitischer Sexualmagie im ‚Handbuch der Chaosmagie' (Fra..717., 1992).

Die Einweihungsgrade der thelemitischen Priesterschaft waren ursprünglich nur für Männer bestimmt. Mir ist nicht bekannt, ab welcher Zeit auch Frauen offiziell initiiert werden konnten und ob das überhaupt in allen thelemitischen Gemeinschaften der Fall ist. Während zunehmend auch thelemitische Sorores als Autorinnen und Workshop-Leiterinnen an die Öffentlichkeit treten, ist mir neben den in den Medien gerne geführten Titeln ‚Magister Templi' oder ‚Magus' die Bezeichnung ‚Magistra Templi' oder ‚Maga' noch nie begegnet. Diese Beschränkung korrespondiert mit dem immer wieder zu hörenden Axiom der klassischen Magie, daß nur die Männer Magier sein könnten, Frauen hingegen nur Hexen.

4. Die Einweihungsgrade der Wicca-Religion

Die Wicca-Religion ist die verbreitetste und zahlenmäßig bedeutendste Religion im Neopaganismus. Die Etymologie des Namens Wicca ist nicht hundertprozentig klar, wird aber in der Regel als das altenglische Wort für witch = Hexe angesehen. Die Mitglieder sehen sich selbst in einer heidnischen Tradition stehend an, die aus der vorchristlichen Zeit Europas stammt, über die historischen Hexen im Untergrund weitertradiert wurde (Leland, 1899; Murray, 1921, 1931) und heute zu neuer Blüte gelangt ist. Ihren Siegeszug in der Moderne trat die Wicca-Religion Mitte dieses Jahrhunderts in England an, wo sie nach der Abschaffung des Witchcraft-Acts (Gesetz gegen die Hexerei) 1951 durch Bücher populär wurde (Gardner, 1954, 1959), ging zunächst in die USA und kam von dort in den siebziger Jahren nach Deutschland und das übrige Westeuropa (Starhawk, 1979). In mehreren Staaten der USA sind Wicca-Gemeinschaften heute offiziell als Religionsgemeinschaften anerkannt.

Die wichtigsten Richtungen im Wicca sind die nach ihren Gründern benannten *Gardnerians* (nach Gerald Gardner), die *Alexandrians* (nach Alex Sanders) und die *Dianischen Wicca*, eine feministische Richtung, die nur die Göttin, nicht aber den Gott verehrt. Daneben gibt es die *Hereditaries*, Hexen, die angeben, aus Hexenfamilien zu stammen und deren Tradition fortzusetzen. Eine eher marginale Erscheinung in den USA sind die *Seax-Wicca*, eine altsächsisch orientierte Richtung, und das *Gay-Wicca*, das Schwulen-Wicca. Sowohl weibliche als auch männliche Wicca-Mitglieder heißen Hexen. Ich möchte an dieser Stelle darauf hinweisen, daß, auch wenn ein großer Teil der Hexenliteratur aus dem Wicca-Umfeld kommt, nicht alle Personen, die sich Hexen nennen, der Wicca-Religion angehören. Die moderne Hexenbewegung ist in ihrer Gesamtheit sehr viel größer als die Wicca-Religion und geht weit über diese hinaus. Die Bewegung lebt von zahlreichen privaten und halböffentlichen Hexengruppen, von gruppenmäßig nicht gebundenen, sog. ‚freifliegenden' Hexen und von Ritualgruppen, die der Hexenpraxis folgen, sich aber selbst nicht Hexen nennen.

Die Wicca-Religion, die sich auf matriarchale Ursprünge in der Steinzeit zurückführt, verehrt als Hauptgottheit die Große Göttin und daneben ihren Sohngeliebten, den Gehörnten Gott. Im Ritual rufen weibliche Hexen die Göttin in sich hinein, männliche Hexen den Gott. Ein klassischer Wicca-Coven (Ritualkreis) wird von einer Priesterin und einem Priester geleitet und hat bis zu dreizehn Mitglieder. Die Kernsätze der Wicca-Religion, die später Eingang in die Leitsätze der Pagan Federation, der größten europäischen neopaganen Dachorganisation, fanden, lauten (Pagan Dawn Nr. 126, 1998: 14):

- Love for and kinship with Nature: reverence for the life force and its ever-renewing cycles of life and death
- If it harms none, do what thou wilt
- Honouring the totality of Divine Reality, which transcends gender, without suppressing either the female or male aspect of Deity

Die Wicca-Religion kennt drei Einweihungsgrade, die allerdings nur von wenigen Wicca-Richtungen konsequent verwendet werden (Crowley, 1993; die Namensgleichheit der Autorin mit Aleister Crowley ist zufällig): 1. PriesterIn, 2. HohepriesterIn und 3. HohepriesterIn des Geheimen Pfades. Der erste Einweihungsgrad wird als *Geburt* in die Gemeinschaft der Großen Mutter angesehen, zugleich als Geburt in die Gemeinschaft der Wicca, sowie als Geburt in den persönlichen Coven. Der Initiationsritus umfaßt die Offenbarung der Großen Mutter, eine Belehrung über Menschheit und

Götter, den Empfang der magischen Werkzeuge, eine Unterweisung in der Hexenkraft und im Gesetz der Wicca sowie die Annahme eines Hexennamens.

Der zweite Einweihungsgrad thematisiert das Thema *Tod* in der Erfahrung mit dem ‚Mysterium des sterbenden und wiederauferstehenden Gottes'. Der Initiationsritus umfaßt die ‚Aussöhnung mit dem eigenen Schatten', die ‚Initiation in die ewige Priesterschaft', Instruktionen des zweiten Grades, den Empfang des Hexenringes und eine praktische Prüfung in der Verwendung der magischen Werkzeuge.

Der dritte Einweihungsgrad eröffnet der Initiandin/dem Initianden den ‚geheimen Pfad' und unterscheidet sich für Frauen und Männer. Die Initiandin begegnet hier verschiedenen Aspekten des Gottes, der Initiand verschiedenen Aspekten der Göttin. Die Initiierten erhalten die Erlaubnis zum Zelebrieren des sog. Großen Ritus, d.h. der rituellen symbolischen oder (in seltenen Fällen) tatsächlichen sexuellen Vereinigung in der ‚Heiligen Hochzeit'. Darüber hinaus erhalten sie die Ermächtigung und Verpflichtung, selbst Coven zu gründen und Initiationen durchzuführen.

5. Der Weg des magischen Priestertums

Der Weg der Persönlichkeitsentwicklung, den ein Magier oder eine Hexe gehen muß, um zu höheren Weihen zu gelangen, unterscheidet sich bei den Thelemiten und den Wicca. In der thelemitischen Philosophie wird es als unerläßlich angesehen, sich zunächst von allen Bindungen an Herkunft, Erziehung und Ausbildung freizumachen. Das offizielle Einweihungshandbuch des IOT (Illuminaten von Thanateros) beschreibt dazu folgende Schritte (Carroll, 1986, alle folgenden Zitate S. 45ff.): Sakrileg, Häresie, Ikonoklasmus, Bioästhetizismus und Anathematismus.

„Sakrileg: Das Heilige zerstören. Wenn ein Individuum die Regeln oder seine Konditionierung durch irgendeinen Akt des Ungehorsams oder der Blasphemie sprengt, dann wird dadurch Energie freigesetzt. Diese Energie stärkt den Geist und verleiht Mut für spätere Akte der Auflehnung." Der Autor empfiehlt, Dinge zu tun, die man normalerweise als absolut abstoßend empfinden würde, z.B. im kriminellen oder sexuellen Bereich.

„Häresie: Alles, was unterdrückt, eingeschränkt, verhöhnt oder verachtet wird, stellt immer einen aufschlußreichen Gegenpart zu den vorherrschenden Vorstellungen dar. Bei Diskussionen sollte man stets gegenteiliger Meinung sein, besonders, wenn der Andere anfängt, die Vorstellungen zu vertreten, die man selbst hatte." Auf diese Weise soll man sich der Relativität von Vernunft, Logik und Humanität bewußt werden.

„Ikonoklasmus: Man sehe sich doch einmal an, was im Namen der Religion und der Konsumgesellschaft alles geschieht. Genieße einmal die Kakophonie der Neurose und Psychose, die unsere materialistische, sensationshungrige Kultur ihrem ungewissen Ende zutreiben. [...] Zynismus, Trauer und Gelächter – das sind die Privilegien des Magiers." Besonders der letzte Satz wird ernstgenommen, wie man an den Artikeln in thelemitischen Zeitschriften wie *Metathron* oder *Abrahadabra* ablesen kann, die tatsächlich oft in einer ausgeprägt zynischen, traurigen oder lächerlichmachenden Weise geschrieben sind.

„Bioästhetizismus: Es gibt ein Ding, das ist vertrauenswürdiger als alle Weisen und enthält mehr Weisheit als jede noch so große Bibliothek: der eigene Körper. Er verlangt lediglich Nahrung, Wärme, Sex und Transzendierung." Dem Magier wird empfohlen, diese Bedürfnisse in angemessener Weise zu erfüllen.

„Anathematismus: Selbstzerstörung. Esse alle dir abscheulichen Dinge, bis sie dich nicht mehr in Ekel versetzen. Versuche, dich mit allem zu verbinden, was man normalerweise ablehnt. Intrigiere gegen die allerheiligsten Prinzipien – in Gedanke, Wort und Tat. Irgendwann wird man schließlich den Verlust oder die Putrefaktion jedes geliebten Dings erfahren müssen. Also stirb jetzt und schone dich später. Untersuche alles was man glaubt, jede Vorliebe, jede Meinung, und mache alles zunichte. [...] Den einzigen klaren Blick bekommt man auf dem Bergesgipfel seiner toten Selbste." Um das eigene Selbst bzw. die eigenen Selbste zu zerstören, werden, wie mir von einem Mitglied berichtet wurde, in manchen Gruppen regelrechte ‚Ekeltrainigs' durchgeführt, in denen die Adepten dazu angehalten werden, Kot, Urin oder ekelhafte Nahrung zu sich zu nehmen oder widerliche Sexualpraktiken auszuführen oder zu dulden. Das Ziel dieser Vorgehensweise ist, zu erkennen, daß „die geheiligtsten Prinzipien die allergrößten Lügen (sind)." Es geht darum, „sich mit nichts zu identifizieren, was man erfährt". Erst das befreie den Magier zum Erlangen der Kenntnis und des Umgangs mit seinem wahren Willen, welcher auch als heiliger Schutzengel, Genius, Dämon oder Augoides bezeichnet wird.

Ich möchte betonen, daß der hier von Carroll vorgezeichnete Weg in der Praxis nicht unbedingt typisch für die Gesamtheit der Thelemiten ist, zumindest nicht in dieser Rigidität. Allerdings habe ich in der thelemitischen Literatur auch wenig Abgrenzung gegenüber Carrolls Ansichten gefunden, der immerhin zu den meistzitierten thelemitischen Autoren zählt. Anscheinend akzeptieren viele Magier ihn zwar als Autorität, nicht aber unbedingt als Vorbild.

Bemerkenswert ist, daß der magische Weg in dieser Sichtweise als ein Weg verstanden wird, der auf der radikalen Abgrenzung und Vernichtung alles dessen beruht, was man bisher als gut, richtig und heilig beigebracht bekommen hat. Allein die Tatsache, daß es eine soziale oder religiöse Regel gibt, führt zu ihrer Ablehnung. Unklar bleibt, wohin diese vollkommene Dekonditionierung führen soll. Im Gegensatz zu anderen Religionen, die von ihren Proselyten und Mitgliedern ebenfalls ein starkes Maß an Umkehr fordern, wie etwa „zu werden wie ein Kind" oder „alles zu vergessen, was du je gelernt hast" oder „den Geist vollkommen leer zu machen" o.ä., ist in der thelemitischen Philosophie das Ziel des Weges nicht besonders stark ausgeprägt. Es bleibt bei der Zurückweisung des „Es-ist-euch-gesagt-worden-daß"; das „Ich-aber-sage-euch" hingegen beschreibt zwar einen Weg, aber keine konkreten Leit-Utopien für den ‚wahren Willen'.

Auch in den (nicht sehr zahlreichen) Beschreibungen thelemitischer Gruppenrituale geht es in der Regel mehr um individuelle als um kollektive Zwecke und Anlässe im Sinne eines persönlichen Machtzuwachses des Magiers, ohne daß eine Ethik der Verwendung dieser Potenzen thematisiert würde. Wo nur die Verwirklichung des eigenen ‚wahren Willens' zählt, scheint alles möglich zu sein, soweit es den o.g. Kernsätzen der Lehre nicht widerspricht. Jedoch kann magische Macht da, wo sie zum Selbstzweck wird, auch leicht bedroht und angegriffen werden, und so erscheint es nicht erstaunlich, daß sich die thelemitische Literatur in recht kriegerischer Weise mit der Duchführung magischer Angriffe und Verteidigungen beschäftigt (Fra..717., 1992, Frater Enac, 1991/92). Der thelemitische Weg der Magie scheint ein sehr individualistischer Weg zur Erlangung persönlicher Macht zu sein, eine Philosophie, bei der eben nicht ‚der Weg das Ziel' ist, sondern, gewissermaßen l'art-pour-l'art, der Weg bleibt, ohne sich einer politischen oder ethischen Diskussion seiner Ideale zu stellen.

An diesem Punkt unterscheiden sich Thelema und Wicca beträchtlich voneinander. Die Hexenliteratur ist voll von Idealen und Ideen, wie eine bessere, schönere, friedlichere, gerechtere und gesündere Welt zu gestalten sei. Fragen der sozialen Gerechtigkeit, der Gleichberechtigung der Geschlechter, der Ökologie, des Antirassismus und Antisexismus haben neben der Durchführung von Ritualen die meisten Hexenkonferenzen bestimmt, die ich besucht habe, und über nichts scheint unter Hexen so leidenschaftlich debattiert zu werden wie über ethische Fragen in der Magie wie in der Politik. Zwar folgt auch jede Hexe ihrem individuellen und willentlich gewählten magischen Weg, jedoch in der Regel mit Blick auf eine bestimmte Vision, die sie als ihr Anliegen benennt, und unter dem Anspruch der Reflexion der Verwendung ihrer Macht. Selbst Transzendenz kann so zu einem ethischen Begriff werden, wie es in dem ‚Credo einer modernen Hexe' zum Ausdruck kommt: „Transzendenz ohne Macht ist Mystik, Macht ohne Transzendenz ist Technokratie." (Hexenbuch, 1987: 35)

Soweit es mir bekannt ist, gibt es in der Wiccaliteratur keine Beschreibungen für den Weg der Magie im Sinne eines empfohlenen oder vorgegebenen Ausbildungs- und Initiationsweges. Wer etwas lernen will, holt sich dieses Wissen in entsprechenden Kursen, Workshops und Einzelkontakten und/oder tritt einem Coven bei. Es besteht allerdings Einigkeit darüber, daß eine Initiation frühestens ein Jahr und einen Tag nach dem Antritt des Hexenweges möglich ist, falls der/die AspirantIn bis dahin intensiv genug an der Entwicklung ihrer magischen Fähigkeiten gearbeitet hat. Desgleichen müssen die Intervalle zwischen den weiteren Initiationsgraden ebenfalls mindestens ein Jahr und einen Tag betragen, sie können aber auch sehr viel länger dauern. Von einer Hexe wird nicht erwartet, daß sie sich von allem, was sie bisher beigebracht bekommen hat, verabschiedet. Es wird allerdings erwartet und gefördert, daß sie ihre Anschauungen, Kenntnisse und Verhaltensweisen unter dem Aspekt der Zugehörigkeit zur Göttinreligion überprüft und ggf. verändert.

Vielen Hexen geht es ebenfalls um das Erkennen und Ausführen ihres ‚wahren Willens', jedoch unter dem Primat des o.g. Leitsatzes „Tue was du willst *und schade niemand*". „Der Hexenkult fördert nicht die Aufblähung des Ego, wie es viele rein magische Disziplinen tun. Da wir uns als Teil eines Ganzen begreifen, handeln wir im Idealfall auch stets im Bewußtsein um die Verantwortung für unser Tun." (Hexenbuch, 1987: 41) Dabei sieht sich jede Hexe in der persönlichen Verantwortung stehen, ohne diese auf eine Autorität abwälzen zu können. „Man hat den Hexenkult als eine Religion bezeichnet, die ausschließlich aus Priesterinnen und Priestern besteht, aber keine ‚Laiengemeinde' kennt. Das stimmt auch: Jeder von uns besitzt seinen eigenen, unmittelbaren, *ganz persönlichen* Zugang zur Transzendenz. Wir kennen keine autoritären Vermittler oder Zwischenträger, die für uns erst die Wahrheit ‚filtern' müssen, damit wir sie ‚ertragen'." (Hexenbuch, 1987: 37)

Im Gegensatz zu Thelema und anderen stark individualisierenden magischen Vervollkommnungswegen wird im Wicca großer Wert auf die Einbindung der Einzelperson in die Gemeinschaft gelegt. Die ‚Ethik der Immanenz' wendet sich gegen die Ausübung von Macht-über, auch in magischen und rituellen Zusammenhängen, und betont die Chancen und Korrektive, die in der Verbindung mit anderen liegen. So schreibt die kalifornische Hexenpriesterin Starhawk, die vielleicht bekannteste Vertreterin der Hexenreligion: „Die Weltsicht der Immanenz schätzt jedes Selbst als eine Manifestation der Göttin, als einen Kanal für Kraft-von-innen. [...] Macht-über kann ohne Integrität geformt werden, aber Kraft-von-innen kann das nicht. [...] Um Integrität zu haben, müssen wir erkennen, daß unsere Wahl Konsequenzen hat, und daß wir der Verantwortung für die Konsequenzen nicht entfliehen können – nicht weil sie von irgendeiner externen Autorität auferlegt wären, sondern weil sie den Entscheidungen selbst inhärent sind. [...] Immanenz ist Kontext, und so kann das individuelle Selbst nie als getrenntes, isoliertes Objekt gesehen werden. Es ist eine Verknüpfung miteinander verwobener Beziehungen, die andauernd geformt wird von den Beziehungen, die sie formt. Integrität heißt auch Integration – ein integraler und untrennbarer Teil der menschlichen und biologischen Gemeinschaft zu sein." (Starhawk, 1987: 50 ff.)

Der Umgang mit Macht und mit dem persönlichen Machtzuwachs, den die Ausübung der Magie mit sich bringen kann, kann also prinzipiell in zwei Richtungen gehen: Der einen geht es um die Erlangung von Vollkommenheit und Omnipotenz, der anderen darum, mit den erworbenen Fähigkeiten von Nutzen für die menschliche Gemeinschaft zu sein. Das Omnipotenzstreben der patriarchalen Magie erscheint dabei stark individualistisch und konkurrenzorientiert und kann im Extremfall sogar mit einem ausgesprochen kriegerischen Selbstverständnis einhergehen: „Will der Magier den Makrokosmos beherrschen, so muß er zwangsläufig zunächst Macht über seine eigene Welt gewinnen, die zumeist in Körper, Geist und Seele unterschieden wird. Deshalb wird er im Bereich der Seele schnell erkennen, wer der wahre Herrscher über sein Handeln ist: Nicht der eigene Wille ist es zunächst, sondern seine Ängste setzen ihm die Grenzen seines Handelns. Eine Grundregel im magischen Kampf besagt, daß ein magischer Angriff zumeist die bereits *vorhandenen* Schwachpunkte des Opfers ausnutzt – also auch und vor allem seine ureigensten Ängste. [...] Lerne, dich selbst zu einer wahren Kampfmaschine des Lebens zu konditionieren. [...] Das Weltbild der traditionellen Magie sieht den Magier als Herrscher über alle Welten. Diese Position gilt es zu erreichen und zu festigen." (Frater Enac, 1991/92)

In schwächerer Form ist die Idealisierung des Kriegers überall dort in der Esoterikszene zu finden, wo frauenemanzipationsgebeutelte Männer nach einer neuen, starken spirituellen Identität suchen: „Wenn ein Krieger im Dienst eines Wahren Königs – das heißt einer transzendenten Sache – steht, dann fühlt er sich gut, und aus seinem Körper wird ein hart arbeitender Diener, von dem er verlangt, daß er Kälte, Hitze, Schmerz, Wunden, Narben, Hunger, wenig Schlaf, Strapazen aller Art erträgt. [...] Wie kann eine komplexe Kultur ohne starke Kriegerenergien leben? Heutzutage sind die äußeren Krieger in einigen Frauen sehr stark, manchmal stärker als die in Männern. [...] Der Heilige Krieger erfüllt uns wie die Energie eines Hurrikans oder die Kraft eines Wirbelwinds aus dem ewigen Raum. Die Kraft des Kriegers, genährt durch elektrische oder magnetische Energie, dringt in den Körper ein und verändert Stimmungen und Impulse, leuchtet durch die Schutzwand aus Haut und Knochen, läßt den Körper das tun, was die Kraft will." (Bly, 1991: 213 ff.)

Dieser Art von männlichen Heldenbildern entgegnet Starhawk: „Als ein Mittel, Macht-über zu erlangen, ist Magie nicht sehr wirkungsvoll. Mensch zu sein, heißt per definitionem, unvollkommen zu sein. Wir nehmen unsere Unvollkommenheit an und sind nicht länger gezwungen, mit den übermenschlichen Standards des großen Mannes zu wetteifern, Standards, die uns unweigerlich zu Fall bringen" (1987: 58). Und an anderer Stelle: „Krieg verlangt Soldaten. Nicht mythische Krieger, unabhängige, aufopferungsvolle Meister der Strategie, nicht ‚einen Krieger im Dienste eines Wahren Königs – das heißt, einer transzendenten Sache' – nicht innere Krieger oder archetypische Krieger oder spirituelle Krieger, sondern Soldaten. [...] Eine Männerbewegung, der ich trauen könnte, würde sich dem Thema Krieg im Klartext stellen. Sie würde erkennen, daß allein der Begriff *Krieger* als Teil des magierhaften Brimboriums fungiert, das unseren Blick von den brutalen Realitäten moderner Kriegführung ablenkt, indem es sie unter mythischem Glanz verbirgt." (1992: 32f., Übers. DP)

6. Schluß

Die dargestellten Beispiele für das Selbstverständnis als religiöse Autoritäten machen deutlich, daß die Art und Weise, in der Priester und Priesterinnen in der Magie ihre Aufgabe erfüllen, offensichtlich nicht nur von ihrer Ausbildung und ihren magischen Fähigkeiten abhängt, sondern mindestens ebensosehr von ihrem ethischen und politischen Selbstverständnis. Auffällig ist, wie stark weite Kreise der thelemitischen Magie an den althergebrachten patriarchalen Vorstellungen von sakraler Macht und Herrschaft hängen. Die Autorität des Priesters wird vor allem daran festgemacht, wie groß seine Macht über das eigene Selbst, über andere Menschen und über die Götter, Geister und Kräfte ist. Der Weg zu dieser Macht führt nicht selten über Rituale der Demut und Unterwerfung bis hin zu subtilen und offenen Akten seelischer und körperlicher Gewaltsamkeit. Sexualmagische Praktiken werden oft in einen Kontext sexueller Dominanz von Männern über Frauen und andere Männer gestellt. An keiner Stelle der neu-traditionellen magischen Literatur habe ich eine inhaltliche Auseinandersetzung mit patriarchalen Herrschaftsstrukturen gefunden. Die bestehenden Strukturen werden entweder kommentarlos akzeptiert oder es wird schlicht von einer schon erreichten Machtgleichheit der Geschlechter ausgegangen. Unter diesen Umständen verwundert es nicht, daß die Protagonisten dieser magischen Richtung fast ausnahmslos Männer sind, die sich in immer neuen Variationen auf Macht, Herrschaft und Krieg beziehen. Die wenigen Sorores, die daneben als Autorinnen an die Öffentlichkeit treten, bleiben inhaltlich eher blaß und unbestimmt.

Priesterinnen und Priester der Hexenreligion als einer Religion, die sich bewußt ein ausgewogenes Verhältnis der Geschlechter in der Alltagswelt wie in der Anderswelt zur Aufgabe gesetzt hat, sind ständig mit der Frage einer sozialverträglichen Machtausübung konfrontiert. So war es in den Frühzeiten der modernen Wiccapraxis noch so, daß jedes Ritual zugleich von einem Priester und einer Priesterin geleitet wurde, der Priester jedoch sowohl die Kraft des Gottes in sich selbst hineinrief als auch die Kraft der Göttin in die Priesterin. Erst massive Proteste der weiblichen Hexen machten dieser diskriminierenden Praxis ein Ende, und heute werden in aller Regel die göttlichen Kräfte sowohl in die PriesterInnen als auch in den Kreis als Ganzes gerufen, d.h. in alle TeilnehmerInnen gleichermaßen. Dies entspricht dem Bestreben, die priesterliche Funktion auf die Ritualleitung zu beschränken und ihr keine darüber hinaus gehende Heiligkeit zuzusprechen. Die Hexenreligion ist die einzige mir bekannte gegenwärtige Religion, in der weibliche Priesterinnen nicht nur in der Überzahl sind, sondern in der auch zusammen von Frauen und Männern eine feministisch orientierte Theologie entwickelt und praktiziert wird. Die bewußte Reflexion der traditionellen patriarchalen Geschlechtsrollenstereotypen führt dabei zu einem Leitbild von PriesterInnenschaft, das weniger auf die Festigung eines immer weiter anwachsenden magischen Herrschaftswissens ausgerichtet ist als auf die Förderung und Unterstützung der Gemeinschaft und der Beziehungen untereinander. Mein Eindruck ist, daß sich dieser Weg des religiösen Selbstverständnisses als durchaus zukunftsweisend herausstellen könnte, weil hier explizit der Versuch gemacht wird, traditionelle Formen der göttlichen und priesterlichen Autorität durch qualitativ neue Strukturen zu ersetzen, in denen Macht dazu dient, Spiritualität mit aktiver Friedenspolitik (auch zwischen den Geschlechtern) zu verbinden.

Literatur

Baar, Andreas T., 1990: Studienhefte für Sexualmagie. Praktische Anleitung für das selbständige Arbeiten mit Sexualmagie. Studienheft Band 10. Soltendieck: Bohmeier.
Bly, Robert, 1991: Eisenhans. Ein Buch über Männer. München: Kindler.
Carroll, Pete, 1986: Liber Null – Praktische Magie. Das offizielle Einweihungshandbuch des englischen Ordens IOT. Unkel: Edition Magus/Tegtmeier.
Crowley, Aleister, 1904: Liber Al vel Legis. Deutsch: Liber Al vel Legis. Das Buch des Gesetzes. Basel (1981): Sphinx-Verlag und Bergen/Dumme (1993): Kersken-Canbaz-Verlag.
Crowley, Vivianna, 1993: Wicca. Die Alte Religion im Neuen Zeitalter. Bad Ischl: Verlag Sperlhofer.
Fra..717., 1992: Handbuch der Chaosmagie. Soltendieck: Bohmeier.
Frater Enac, 1991/92: Vom magischen Umgang mit Angst. Metathron, Zeitschrift für Magie, Nr.1, Winter 1991/92.
Frick, Karl, 1978: Licht und Finsternis. Teil 1: Gnostisch-theosophische und freimaurerisch-okkulte Geheimgesellschaften bis an die Wende zum 20. Jahrhundert. Wege in die Gegenwart. Teil 2: Geschichte ihrer Lehren, Rituale und Organisationen. Graz: Akademische Druck- und Verlagsanstalt.
Gardner, Gerald, 1954: Witchcraft Today. London: Rider. (Deutsch: 1965, Hexen. Weilheim: Barth)
Gardner, Gerald, 1959: The Meaning of Witchcraft. London : Aquarian Press.

Hexenbuch, das, o.V., 1987: Authentische Texte moderner Hexen zu Geschichte, Magie und Mythos des alten Weges. München: Goldmann.

Leland, Charles, 1899: Aradia. The Gospel of the Witches. (Deutsch: 1988: Aradia. Die Lehren der Hexen. München: Goldmann)

Leuenberger, Hans-Dieter, 1985: Das ist Esoterik. Einführung in esoterisches Denken. Freiburg i.Br.: Bauer.

Murray, Margaret, 1921: The Witch-Cult in Western Europe. Oxford : Clarendon Press.

Murray, Margaret, 1931: The God of the Witches. London: Sampson Low/Marston.

Pagan Dawn, 1998: The PF's Three Principles: Time for a Rethink? Pagan Dawn: The Journal of the Pagan Federation 126, 14.

Starhawk, 1979: The Spiral Dance. A Rebirth of the Ancient Religion of the Great Goddess. San Francisco: Harper & Row. (Deutsch: 1983: Der Hexenkult als Ur-Religion der Großen Göttin. Freiburg i.Br.: Bauer)

Starhawk, 1987: Wilde Kräfte. Sex und Magie für eine erfüllte Welt. Freiburg i.Br.: Bauer.

Starhawk, 1992: A Men's Movement I Can Trust. S. 27-38 in: Kay Hagan (Hg.): Women Respond to the Men's Movement. San Francisco: Pandora Books.

Symonds, John, 1983: Aleister Crowley. Das Tier 666. Leben und Magick. Basel: Sphinx-Verlag.

Tegtmeier, Ralph, 1992: Aleister Crowley. Die tausend Masken des Meisters. Bad Münstereifel: Edition Magnus.

Karin Werner

Weibliche Lebensstile und Neo-Islam in Kairo

Die Frage von Religion und Geschlechterverhältnis wird im folgenden anhand der Ergebnisse einer Feldforschung diskutiert, die ich zwischen 1992 und 1993 in Kairo unter Universitätsstudentinnen durchführte (vgl. Werner 1996, 1997a, 1997b, 1998). Ich verfolgte damals das Anliegen, die alltagspraktische Bedeutung der neuen sozio-religiösen Strömungen zu untersuchen, die mit Begriffen wie ‚islamischer Revivalismus', ‚Fundamentalismus', ‚Islamismus' und ‚Neo-Islam' etikettiert werden. Besonders interessierte mich hierbei die Situation von Frauen. Für ein besseres Verständnis dieser Formen von sozialer Praxis werde ich zunächst einige Entwicklungen auf der gesellschaftlichen Makroebene skizzieren. Vor diesem Hintergrund wird im zweiten Teil das empirische Material präsentiert.

1. Der historische Hintergrund

Nach dem Tod von Präsident Nasser und der Amtsübernahme durch Anwar el-Sadat im Jahr 1970 erfolgte in Ägypten ein weitreichender gesellschaftlicher Strukturwandel. Ein wesentlicher Aspekt war die Transformation der sozialistischen Wirtschaft des Landes in eine duale Ökonomie, in der Unternehmen des öffentlichen Sektors und neue privatwirtschaftliche Unternehmen vor allem im Tourismussektor (aber auch in anderen Wirtschaftssektoren) koexistieren. Infolge dieser Entwicklungen wurde der ägyptische Markt mit importierten Konsumgütern überschwemmt. Gleichzeitig ‚exportierte' das Land vor allem Arbeitskräfte in die reichen arabischen Golfstaaten. Es wurden also zeitgleich zwei Entwicklungen initiiert, nämlich einerseits die Intensivierung der Beziehungen mit westlichen Industrieländern und andererseits derjenigen mit den arabischen Golfstaaten. Hiermit korrespondierte im politischen Feld die Konstruktion einer neuen Nationalidentität, die Ägypten zugleich als ‚Wiege der Menschheit', als ‚modern, innovativ und weltoffen' und als ‚traditionell und islamisch' repräsentierte und damit an das Selbstverständnis unterschiedlicher sozialer Gruppen anschloß. Präsident Sadat etwa setzte sich sowohl als ‚Nachfahre der Pharaonen' wie auch als ‚gläubiger Muslim' auf seinem Weg in die Moschee öffentlich in Szene.

Gleichzeitig entstanden im rapide sich verändernden gesellschaftlichen Gefüge neue soziale Milieus und Lebenstile. So orientierten sich viele ägyptische Arbeitsmigranten an Habitusformen, die sie in den Golfstaaten kennengelernt hatten. In diesen konvergieren materielle Saturiertheit und Sicherheit und eine Islamisierung der Alltagspraxis. Während die Kultur Saudi-Arabiens im Ägypten der 60er Jahre noch als ‚rückständig' und ‚primitiv' galt, änderte sich dies in den 70er Jahren deutlich, und man brachte den saudi-arabischen Islam zunehmend mit dem wirtschaftlichen Erfolg des ölexportierenden Landes in Zusammenhang. In neu entstehenden Lebensstilen demonstrierten die Mitglieder der ägyptischen Remigranten-Mittelklasse ihren Erfolg und faszinierten mit ihrer ganz eigenen Mischung aus Mercedes, Eigentumswohnung, Geschäft und frommem Lebenswandel viele Angehörige der unteren Mittelklasse, die sich für diese Form der Statusrepräsentation empfänglich zeigten.[1] Die Intensivierung der Beziehungen Ägyptens zum Golf erzeugte in vielen gesellschaftlichen Feldern Resonanzen. Islamische Gelehrte nahmen öffentlich wieder mehr Raum ein, die Zahl religiöser Fernsehsendungen vervierfachte sich, und die Zahl religiöser Buchveröffentlichungen explodierte geradezu. Ebenso erhöhte sich die Zahl der Moscheen im Lande deutlich. In der Mitte der 70er Jahre tauchten auch die ersten ‚Kopftuchträgerinnen' in Kairo auf und irritierten mit ihrem neuen Habitus nicht nur westliche Beobachter, sondern gleichermaßen viele Ägypter, die das Kopftuch als Symbol einer überwundenen ‚bäuerlichen' Kultur betrachteten. Mittlerweile hat sich der Anteil von Kopftuchträgerinnen und von vollverschleierten Frauen im Straßenbild der Städte stark erhöht, und Frauen ohne Kopftuch fühlen sich nach eigenen Aussagen zunehmend als Minderheit und bedroht. Sie werden zunehmend zur Zielscheibe von jungen Männern, die die Entscheidung von Frauen gegen den Schleier als Einladung zu Nachstellungen und Belästigungen verstehen.

Gleichzeitig setzte eine verstärkte Westorientierung ein. Die neuen Freiheit, Unabhängigkeit und Wohlstand suggerierenden Güter- und Bilderangebote aus den USA und Europa verfangen besonders bei jungen Leuten, die den Westen als materiell reiche, technisch hochentwickelte und mächtige Zivilisation begreifen. Zu dieser Vorstellung trägt auch die Tourismusindustrie bei, die luxuriöse Hotelpaläste und Restaurants im Lande entstehen ließ und eine große Zahl gutbezahlter Arbeitsplätze schuf. Vor allem im prosperierenden Umfeld der Tourismusindustrie entwickelten sich soziale Milieus, deren expressive Repertoires sich in vielerlei Hinsicht an westlichen Vorbildern orientieren. Die Selbststilisierungen in diesen privilegierten Umgebungen, denen nach wie vor die Mehrzahl der politischen, wirtschaftlichen und

---

[1] Bezüglich der Auswirkungen der Arbeitsmigration auf neue islamische Lebensstile im Sudan vgl. Ruth Klein-Hessling in diesem Band.

kulturellen Größen des Landes angehört, wirken weit über die Grenzen dieser saturierten Milieus hinaus als identitäre Bezugsmomente.

Das Ergebnis der gleichzeitig zunehmenden ‚West-' und ‚Ostorientierung' in unterschiedlichen Segmenten der Mittelklasse ist, daß verschiedene Lebensstile und damit einhergehend verschiedene Geschlechterordnungen um eine hegemoniale Position konkurrieren. Die kulturelle Konkurrenz ist besonders in Sektoren brisant, in denen große soziale Mobilität vorherrscht, so etwa unter den im öffentlichen Sektor Angestellten, die gegen den sozialen Abstieg kämpfen. Eine hohe Akademikerarbeitslosigkeit und niedrige Gehälter in diesem Bereich bilden den Hintergrund für verschärfte materielle und symbolische Auseinandersetzungen, in welche die beteiligten Individuen verschiedene Kapitalien einbringen.

Da es unter diesen wirtschaftlichen Bedingungen einer großen Zahl heiratswilliger Ägypter immer schwerer fällt, die materiellen Voraussetzungen für eine Ehe zu erbringen, bestimmt der Kampf um Prestige zunehmend die Geschlechterinteraktion, und es wird für die einzelnen entscheidend, bei der Selbstdarstellung im umkämpften Terrain auf das richtige Pferd zu setzen. Daß in dieser zugespitzten Situation ‚das richtige Verhalten' nicht nur bei der Suche nach dem geeigneten Lebenspartner bzw. bei der eigenen Qualifikation als Ehefrau oder -mann hilfreich ist, sondern auch der eigenen Stärkung, Selbstversicherung und -festigung in einem zunehmend als bedrohlich empfundenen sozialen Raum dient, soll hier nicht vernachlässigt werden.

Es sollen im folgenden drei von mir typisierte weibliche Lebensstile skizziert werden, die unterschiedliche Positionen in der oben skizzierten Konkurrenz um die kulturelle Hegemonie darstellen. Anhand dieser Fälle soll illustriert werden, daß die Orientierung am Neo-Islam Frauen in verschiedenen Kontexten die Möglichkeit bietet, Widersprüche und Probleme ihrer Lebenssituation zu bewältigen und sich eine respektable Position im jeweiligen sozialen Umfeld aufzubauen. Die in diesen Kontexten beobachtbare weibliche Selbstkonstruktion und -beschreibung als gebildete Staats- und Weltbürgerin, kompetente Ehefrau und Mutter sowie als belesene Muslima wird zu einer attraktiven Option für eine zunehmende Zahl von ägyptischen Frauen.

2. Weibliche Lebensstile in Kairo: Drei Fallbeispiele

2.1 Ein westlich orientierter Lebensstil

Ich beginne die folgende Betrachtung der Lebenssituation von Frauen in unterschiedlichen sozialen Kontexten mit dem Fallbeispiel eines westlich orientierten weiblichen Lebensstils: Die Studentin Mayada ist 18 Jahre alt und wohnt im Obere-Mittelklasse-Stadtviertel Misr el-Gadida. Sie, die fließend amerikanisches Englisch spricht, weil sie eine Privatschule besucht hat, beschreibt ihre Familie als „modern" und vergleicht Kairo mit europäischen Städten. Auf die wachsende Verbreitung neo-islamischer Attribute von Weiblichkeit reagiert sie mit Ablehnung und erklärt, das Kopftuch (Higab) sei etwas für kulturlose Fellachen und Terroristen. In spielerischer Opposition benutzt Mayada den Higab zuweilen, um damit ihre Mutter zu provozieren, die das Kopftuch ebenso wie ihre Tochter als „unter Niveau" bzw. als Bekleidungsstil von sozialen Emporkömmlingen ablehnt.

In Mayadas Familie, deren Angehörige nicht regelmäßig beten, spielt Religion keine prominente Rolle. Von religiösen Autoritäten (und eigentlich von allen älteren Autoritäten) fühlt sich Mayada gelangweilt und reglementiert zugleich.

Mayada trägt enge Jeans und Shirts, trägt ihr langes Haar offen und fügt modische Accessoires wie die Collegemappe und die ‚coole' Sonnenbrille hinzu, um sich als ‚Teenager' der gebildeten Mittelklasse in Szene zu setzen. Mayada ist seit vielen Jahren Mitglied einer Clique von männlichen und weiblichen Jugendlichen, in der es normal ist, ‚Boyfriends' bzw. ‚Girlfriends' zu haben. Gemeinsam mit ihrer Clique verbringt sie einen großen Teil ihrer Freizeit im elitären Shams-Sportclub und den neuen Fastfood-Restaurants ihres Stadtviertels, die im Unterschied zu vielen anderen sozialen Räumen unverheiratete Paare gern als ihre Gäste willkommen heißen. Trotz der scheinbar unbeschwerten Stimmung in Mayadas Clique ist die Situation für die jungen Frauen schwierig, und nach einigen Monaten meiner Feldforschung vertrauen mir Mayada und ihre Freundinnen an, daß sie sich in einem Dilemma befänden, da sie sich zwischen den nach wie vor bestehenden Erwartungen ihrer Familie, als Jungfrau in die Ehe einzutreten, und den beharrlichen Offerten ihrer ‚Boyfriends' hin- und hergerissen fühlten. Mayadas beste Freundin hat bereits zwei schmerzhafte und psychisch belastende Abtreibungen hinter sich und hat nach langem inneren Ringen beschlossen, ihren Freund zu verlassen. Sie erwägt, einen Schlußstrich unter ihr bisheriges Leben zu ziehen und sich einem religiösen Lebenswandel zuzuwenden. Mayada hingegen erzählt, sie habe noch nie mit ihrem Freund geschlafen. Sie habe ihn dafür nicht genug geliebt.

Wie dieser kurze Einblick illustriert, konfligieren die Normen und Praktiken der westlich orientierten Jugendmilieus mit den in anderen Umgebungen weiterhin gültigen Verhaltenserwartungen. Ein Austragungsort dieser Konflikte ist der weibliche Körper, der hier den Gegenstand einer komplexen symbolischen Ökonomie bildet und als solcher zwischen die konkurrierenden Vereinnahmungsversuche ihrer Familien einerseits und die der jungen Männer andererseits gerät. Inmitten dieser Prozesse verhandeln die jungen Frauen ihre Position. Und sie wissen dabei, daß ihre Teilnahme an der westlich orientierten Jugendkultur mit hohen Risiken verbunden ist.

2.2 Ein am offiziellen Islam orientierter Lebensstil

Es folgt nun das Fallbeispiel eines Lebensstils, in dem Aspekte von Traditionalismus und rationalistischem Neo-Islam habituell kombiniert werden. Nach meinen Beobachtungen ist dieser am offiziellen Islam orientierte Lebensstil im gebildeten Segment der unteren Mittelklasse weit verbreitet (vgl. El Guindi, 1981; Macleod, 1991; Zuhur, 1992).

Afaf (21) wohnt im Untere-Mittelklasse-Viertel Dar el-Salam. Sie trägt bereits seit ihrem 13. Lebensjahr den Higab, in ihrem Falle ein größeres Kopftuch in dezenten Farben, das mit Nadeln unter dem Kinn befestigt ist. Sie erzählt, daß ihre damalige Lehrerin sie und viele andere Klassenkameradinnen zu diesem Schritt bewegt habe. Neben dem Kopftuch trägt Afaf Kleidung, die sie als „in Übereinstimmung mit den religiösen Vorschriften" bezeichnet. Auf der anderen Seite klassifiziert sie ihre Kleidung in Englisch als „ladylike" und „chic". Bei der Beschreibung ihrer persönlichen Orientierung bezieht Afaf sich sowohl auf islamische, nationalistische wie auf westlich orientierte kulturelle Muster. So betont sie, daß in ihrem Stadtviertel „die echten Ägypter" wohnten. Anders als viele ihrer Kommilitoninnen, deren Verkehren in gemischten Cliquen sie als moralisch verwerflich und gefährlich zugleich ablehnt, wüßten die Bewohner ihres Viertels noch, was sich gehöre. Sie betont, daß in ihrem Viertel Familien- und Verwandtschaftsbeziehungen von zentraler Wichtigkeit seien. Freundschaften werden als zweitrangig eingestuft. Während die wohlhabenden Mitstudentinnen ihre Freizeit im Club verbringen, fährt sie nach Ende der Vorlesungen sofort nach Hause, um dort ihrem Bruder bei den Hausaufgaben zu helfen und das Abendessen für die Familie zuzubereiten. Im Gespräch über ihre Religion, das Afaf häufig sucht, grenzt sie sich von den vollverschleierten „Fanatikerinnen" ab, obwohl diese sie stark faszinieren und sie eingesteht, daß die Vollverschleierten „konsequenter" und „religiöser" seien als sie selbst, was einer Anerkennung des neo-islamischen Lebensstils gleichkommt. Ebenso wie andere Frauen auch, vertraut Afaf mir an, daß sie, wenn sie den richtigen Mann fände, selbst gerne „ein sauberes, religiöses Leben" als Vollverschleierte führen würde. Der Unterschied zwischen sich und den unverschleierten Frauen ist Gegenstand einer Erzählung, in der Afaf ihr Selbstwachstum und Erwachsenwerden als Rückkehr zur eigenen Kultur (hier: der ägyptischen und islamischen) thematisiert. Sie betont, daß sie sich selbst für „moralisch besser" und „erwachsener" hält als die unverschleierten Frauen, denen sie unterstellt, ihre eigene kulturelle Identität verloren zu haben. Entsprechend klassifiziert Afaf die unverschleierten Frauen als „dumme Imitatorinnen des Westens". In die Schilderung ihrer persönlichen und religiösen Entwicklung gehen verschiedene Elemente ein: Sie beschreibt sich als „hochgebildete" Frau, als ernsthafte, reife und verantwortungsbewußte (Staats-)Bürgerin und belesene Muslima und läßt gerne Zitate in Gespräche einfließen, die sie Schriften prominenter ägyptischer Scheichs entnommen hat. Ganz besonders betont sie ihre große Kompetenz im Verhältnis zu Männern. Hier kenne sie ihre Grenzen ganz genau und lasse sich auf nichts „Schlechtes" ein. Auch legt sie großen Wert darauf, von fremden Männern als „Dame" höflich behandelt zu werden. Afaf unterstreicht die Unterscheidung von unreifen Jungen und erwachsenen Männern, die sie als Heiratskandidaten betrachtet. Wenn sie in ihrem schicken knöchellangen Kostüm, den weißen Stöckelschuhen und mit ihrer Handtasche durch die schlammigen Gassen ihres Viertels geht, vermittelt sie ihrer Umgebung den Eindruck einer gut erzogenen und gebildeten jungen Frau, der man in diesem Umfeld Respekt zollt.

2.3 Ein neo-islamischer Lebensstil

Als drittes und letztes Fallbeispiel wird der Lebensstil eines weiblichen Mitglieds der neo-islamischen Subkultur des Landes behandelt: Randa (19) wohnt in Aguza, einem Mittelklasseviertel im Zentrum Kairos. Sobald sie die Wohnung verläßt, legt sie ein bodenlanges, weites Gewand, Handschuhe, ein Kopf und Oberkörper verhüllendes Tuch und einen Gesichtsschleier an. Randa nimmt an verschiedenen religiösen Gruppen teil, die sich auf dem Universitätscampus und in Privatwohnungen mehrmals wöchentlich treffen und Vorlesungen und Diskussionsrunden veranstalten. Die Mitgliedschaft ist streng auf Frauen begrenzt, und auch ansonsten meidet Randa außerhalb ihrer Familie strikt den Kontakt mit Männern. Ihre religiöse Karriere ist Gegenstand einer dramatischen Erzählung, die Randa häufig und gern zum besten gibt, weil dies, wie sie sagt, gleichermaßen gut für Zuhörerin und Erzählerin sei. In dieser Erzählung werden zunächst schwärmerisch die „wunderbaren Kindheitsjahre in Saudi-Arabien" geschildert, die dann mit einer „schrecklichen" Phase als „Teenager" in Ägypten kontrastiert werden. Die schlimmste Zeit ihres Lebens habe sie mit ihrer Jugendfreundin verbracht, die immer mit Jungen geflirtet und Randa dazu verführt habe, ebenfalls „sexy" Kleidung zu tragen und sich Photos von nackten Männern und

Frauen in einem Gesundheitsbuch anzuschauen, wobei sie bereits damals Gewissensbisse gehabt habe. Auch seien sie fernseh- und popmusikabhängig gewesen und hätten, von den westlichen Kulturgütern geblendet, den „wesentlichen Dingen des Lebens" keine Beachtung geschenkt. Nachdem Randa durch einen Umzug von ihrer Freundin getrennt wurde, fühlte sie sich zunächst sehr allein, und als nach Monaten des Alleinseins ein Mitglied einer religiösen Mädchengruppe an ihrer Schule Randa ansprach, nahm sie das soziale Angebot dankbar an. Von da ab, sagt sie, sei es mit ihr steil bergauf gegangen. Sie habe sich auf einmal so gut und sicher gefühlt und gewußt, das Richtige zu tun. Sie erzählt, daß die Mädchen der Gruppe nicht wie die anderen Schülerinnen abschrieben und mogelten, sondern sich ihre guten Noten selbst erarbeiteten. Sie selbst habe nach einigen Monaten beschlossen, den Higab anzuziehen, obwohl ihre Mutter ihr davon mit der Begründung abgeraten hatte, Randa sei noch nicht reif für diesen Schritt. Sie erzählt, daß sie sich zu Hause gut auf das Kopftuch vorbereitet habe. Sie schildert, daß sie es während dieser Zeit der Vorbereitung täglich angelegt und sich damit im Spiegel betrachtet habe, um sich an ihre neue Gestalt als Kopftuchträgerin (muhaggaba) zu gewöhnen. Doch der Higab genügte nicht, um das ehrgeizige Streben der Mitglieder von Randas Gruppe zu befriedigen. Nicht nur wetteiferten die karriereorientierten Mädchen in ihrer Gruppe um die besten Noten und damit um die ebenso knappen wie heißbegehrten Studienplätze an prestigereichen Fakultäten, darüber hinaus erlegten sie sich auch ein zeitabsorbierendes Lektüreprogramm religiöser Schriften auf, begannen mit dem Besuch von religiösen Vorlesungen und bereiteten sich auf die nächste Stufe der Verschleierung vor, die Randa mir als äußeren (auch verstärkenden) Aspekt einer inneren Entwicklung erklärte. Sie intensivierte ihr Gebet und verfolgte in immer stärkerem Maße eine methodisch-rationale Lebensführung, die ihr gesamtes Alltagsleben erfaßt.[2] Trotz der Tatsache, daß ihre Mutter und ihr Onkel ihren Khimar (den nächsthöheren Grad an Verschleierung) als „Zirkuszelt" verspotteten und Randa damit die Anerkennung verweigerten, verfolgte sie unbeirrt ihre Orientierung, die sie als einzig guten und richtigen Lebensweg bezeichnet.

Auf dem Universitätscampus gilt die belesene und rhetorisch wendige Randa bei den einen als „religiöse Autorität", die man bei Problemen konsultiert, und bei den anderen als „Fanatikerin" und „Terroristin". Um nicht in Kontakt mit männlichen Mitstudenten zu kommen, halten sich Randa und die anderen Mitglieder ihrer religiösen Frauengruppe in der Nähe der kleinen Fakultätsmoschee auf. Hier pflegt sie „weniger religiöse Mädchen" darüber zu belehren, wie sie durch Üben gelernt habe, ihren Blick zu senken und ihren „sexy" Hüftschwung und andere Resultate der „teuflischen westlichen Gehirnwäsche" abzulegen. Randas Vorbilder sind einige ältere Frauen in

---

[2] Vergleichbares beschreiben Nökel und Klinkhammer in diesem Band bezüglich des Lebensstils von muslimischen Migrantinnen der zweiten Generation in Deutschland.

ihrer Gruppe, die im Unterschied zu ihr schwarze Kleidung und einen Gazestreifen vor den Augen tragen, sobald sie das Haus verlassen. Sie schwärmt von diesen „fortgeschritteneren" Frauen, wobei sie betont, welch perfekte Ehefrauen und Mütter diese seien. Auch legt sie großen Wert darauf, daß diese Frauen sich zu Hause für ihre Ehemänner „sexy" zurechtmachten. Sie selbst arbeitet an ihrer „Weiblichkeit" und „Weichheit", indem sie sich zu Hause gelegentlich schminkt, sich das Haar aufwendig frisiert und sich dann zufrieden im Spiegel anblickt.

An ihren zukünftigen Ehemann hat Randa hohe Ansprüche, er müsse mindestens ebenso gebildet sein (das schließt „weltliche" und „religiöse" Erziehung ein) wie sie, und sie beansprucht kompromißlos das Recht auf Mitsprache bei der Entscheidung für einen Bewerber. So ist es nicht verwunderlich, daß der erste Anlauf eines religiös nicht genügend qualifizierten Werbers nicht zur Heirat führte. Daß sich Randa nicht nur weniger „religiösen" Gleichaltrigen überlegen fühlt, sondern auch der Generation ihrer Eltern, zeigt ihr patronisierendes Verhalten gegenüber ihrer Mutter, die sie ständig an die Einhaltung ihrer Gebetszeiten erinnert und die sie des öfteren über richtiges und falsches Verhalten belehrt. Randas Mutter, die selbst zeitlebens auf die Einhaltung ihrer Gebete geachtet hat, äußert sich über Randas religiösen Stil sehr befremdet und bezeichnet ihn als „seltsam", „neu" und „fremd". Besonders der Gesichtsschleier stört sie, doch fühlt sie sich der Vehemenz ihrer Tochter unterlegen, die in ihrem engen Gruppenkontext viel Sicherheit und Bestätigung für ihre Orientierung erhält und deren Selbstverständnis als Mitglied der religiösen Avantgarde keinen Raum für Verhandlungen mit „ignoranten Anhängern der falschen Tradition" läßt.

3. Abschließende Diskussion

Die hier kurz skizzierten drei Fallbeispiele beschreiben typische weibliche Positionen in verschiedenen sozialen Milieus. Das Spektrum hätte noch um das Fallbeispiel einer Studentin ergänzt werden können, die einige Monate lang ein Kopftuch trug, es dann unter dem Druck ihrer Mitstudentinnen ablegte und sich noch bis heute schämt, dem Gruppendruck nachgegeben zu haben. Auch die große Anzahl von unverschleierten Fabrikarbeiterinnen in Kairoer Stadtteilen wie Shubra soll hier erwähnt werden, um einem Schematismus entgegenzuwirken, der in der simplifizierenden Gleichsetzung von ‚unverschleiert' und ‚Oberklassezugehörigkeit' bestünde. Das soziologisch Signifikante an der praktischen Rekonstitution der verschiedenen Positionen in der kulturellen Konkurrenz ist, daß in diesem Kampf um kulturelle Hegemonie alle Beteiligten die anderen vorhandenen Positionen kennen und zu entkräften bzw. abzuwerten versuchen und daß Frauen durch ihre Rolle als

Repräsentantinnen der Moral von ‚imaginierten Gemeinschaften' in diesen Auseinandersetzungen eine besonders exponierte Rolle spielen. So enthalten ihre Inszenierungen gleichzeitig ‚Kommentare' zu den anderen vorhandenen Positionen.

Die beschriebenen neuen sozio-religiösen Formen haben neue Stile der Inskription von weiblichen Körpern in imaginierte Topographien hervorgebracht. Im Unterschied zur Auffassung vieler westlicher Beobachter soll hier betont werden, daß sich Frauen durch ihre Hinwendung zu den beschriebenen sozio-religiösen Formen neue Handlungsfelder erschließen, indem sie sich verbesserte Voraussetzungen für stark versachlichte und formalisierte Reziprozitätsbeziehungen mit Männern schaffen (siehe besonders das letzte Fallbeispiel). Es soll jedoch ebenfalls unterstrichen werden, daß frau sich dieses Privileg durch ein hohes Maß an Selbstdisziplin und die stetige, nicht nachlassende ‚Sorge um sich' verdienen muß. Angesichts der wachsenden sozialen Widersprüche und Risiken scheint dieser Weg der Methodisierung und Systematisierung der eigenen Lebensführung und des direkten Zugangs zu „Allahs Offenbarung" für viele eine zunehmend attraktive Möglichkeit zu sein, sich selbst in einem umfassenden Sinnzusammenhang als gleichermaßen kluge und weise Gestalterin von Welt und Selbst zu verwirklichen.

Literatur

El Guindi, Fadwa, 1981: Veiling Infitah with Muslim Ethic: Egypt's Contemporary Islamic Movement. Social Problems 28, 128-143.

Macleod, Arlene E., 1991: Accommodating Protest. Working Women, the New Veiling, and Change in Cairo. Cairo: American University in Cairo Press.

Werner, Karin, 1996: Zwischen Islamisierung und Verwestlichung: Junge Frauen in Ägypten. Zeitschrift für Soziologie 25, 4-18.

Werner, Karin, 1997a: Between Westernization and the Veil. Current Lifestyles of Women in Cairo. Bielefeld: transcript Verlag.

Werner, Karin, 1997b: Medienpraktiken als Lebenstechnik – Wie Islamistinnen in Kairo ihre Wirklichkeit organisieren. Nord-Süd aktuell 11, 691-698.

Werner, Karin, 1998: Neue Medien und Neue Religionen: Islamisten in Ägypten als Medientaktiker. Asien Afrika Lateinamerika 26, 29-52.

Zuhur, Sherifa, 1992: Revealing Reveiling. Islamist Gender Ideology in Contemporary Egypt. New York: Macmillan.

Ruth Klein-Hessling

Religiöse Praktiken und Wandel der Geschlechterverhältnisse – Eine Fallstudie aus dem Nordsudan

1. Einleitung

Im Sudan wie auch in vielen Teilen der muslimischen Welt ist die Frage „Was ist eine guter Muslim/eine gute Muslima?" seit einigen Jahren ein zentraler Gegenstand zur Bestimmung einer islamischen Identität. Im Zentrum dieser Frage steht der Zugang zu Wissen: Wer bestimmt, was islamisch und was unislamisch ist, wessen Wissen von welchen Gruppen akzeptiert wird, und wie verleiht die Handhabung des Wissens Autorität? Da nichts mehr garantiert zu sein scheint und alles in Frage gestellt ist, beispielsweise die Art des Trauerns, des Feierns, der Kleidung oder der Haltung beim Gebet, operieren die sozialen Akteure in „Räumen von Zweifel und Mehrdeutigkeit" (Masquelier, 1996: 240).

Im Sudan über Islamisierung zu sprechen, mag paradox klingen, da der Sudan seit Jahrhunderten zu großen Teilen islamisch ist und eine bemerkenswerte vielfältige, religiöse Tradition hat. Sufi-Bruderschaften übten darüber hinaus großen Einfluß auf das politische Geschehen aus und waren mit ihm verwoben. Aus den Bruderschaften gründeten sich Parteien wie die Democratic Unionist Party (DUP) und die Umma Party, die sich aus den Ansari, den Anhängern des Mahdi formierte. Seit den fünfziger Jahren sind auch die Muslimbrüder im Sudan aktiv. Im Gegensatz zu anderen Staaten Nordafrikas und der arabischen Welt entwickelten sich die Muslimbrüder im Sudan nicht als Gegenbewegung zu einem relativ säkularen Staat, sondern entspringen einem innerislamischen Diskurs. Selbst der frühere Präsident Nimeri wandelte sich vom sozialistischen Saulus zum islamistischen Paulus. Seine späte Bekehrung, z.B. mit der Einführung der Sharia (dem islamischen Recht), nützte ihm allerdings nicht mehr im Kampf um den Machterhalt. Die Intifada von 1985 errang den Sieg für sich und leitete für vier Jahre die dritte und vorerst letzte Phase der Zivilregierung im größten Staat Afrikas ein. Im Juni 1989 kam durch einen Putsch der Oberst Umar Hassan El-Beshir an die Macht. Mit der sogenannten „Revolution der nationalen Rettung" (*thaurat al-inqaad al-watani*) sollte eine grundlegende Wende im Rahmen der „islamischen Ordnung" (*al-nizaam al-islaami*) der Wirtschafts- und Gesellschaftspolitik durchgeführt werden. Die gegenwärtige Islamisierungswelle ist keinesfalls der erste Islamisierungsprozeß im Sudan. Schon 1881 gründete Mohammed Ahmed, genannt der Mahdi (Messias), einen islamischen Staat, in dem die Sharia Gesetz war. Neu an dem gegenwärtigen Prozeß der Islamisierung ist, daß Frauen als Trägerinnen des sozialen Wandels ganz entscheidend beteiligt sind.

Vor diesem Hintergrund analysiert meine Studie den Wandel von Geschlechterverhältnissen und die Formierung islamischer Lebensstile in einer nordsudanesischen Dorfgemeinschaft. In der Literatur wird Islamismus vor allem als ein städtisches Phänomen behandelt, und der Diskurs wird der urbanen, intellektuellen Mittelschicht zugeschrieben (vgl. El-Guindi, 1981; MacLeod, 1991; Werner, 1997). Mein Interesse ging von einer anderen Perspektive aus, ich wollte wissen, wie sich der islamistische Diskurs in der Gesellschaft im ländlichen Milieu herausbildet, ob lokale Kulturen durch den Hegemonialanspruch eines skripturalen Konzeptes von Islam verdrängt werden und wie über Habitus und partikularen islamischen Lebensstil soziale Distinktion praktiziert wird.

Insgesamt verbrachte ich ein Jahr im Nordsudan (Northern State), davon die meiste Zeit in einem Dorf. Qualitative und ethnologische Methoden – wie teilnehmende Beobachtung, informelle Gespräche, biographische Interviews und die Teilnahme am Alltagsleben – ermöglichten mir, nicht nur die Selbst- und Fremdbeschreibungen einzelner Akteure zu berücksichtigen, sondern auch die Dynamik sozialer Interaktion. Der Alltag und die Alltagserfahrungen der sozialen Akteure sind m.E. deshalb von zentraler Bedeutung, da sie die Lebenswelt und die unterschiedlichen sozialen Felder erschließen, in denen die DorfbewohnerInnen ihr soziales und kulturelles Kapital einsetzen. Unter Berücksichtigung der schichtspezifischen Zugehörigkeit der sozialen Akteure, der religiösen und gesellschaftlichen Gruppen im Dorf, der ökonomischen Rahmenbedingungen und der gesellschaftlichen Krise im Sudan wird Identität so produziert und reproduziert.

2. Migrationsmuster

Der Umgang mit Migration ist Teil der Alltagswelt im Dorf. Vor allem für junge Männer ist die Migration Teil des Lebenszyklus und ist eben nicht nur ökonomisch motiviert. Die Region ist bekannt für eine jahrhundertelange Tradition der Migration; jedoch hat jedes Dorf auch eine eigene Migrationsgeschichte.

Im hier vorliegenden Fall begann Migration nach Saudi-Arabien relativ spät, da die landwirtschaftliche Nutzfläche aufgrund eines Bewässerungsprojektes, das schon in den 20er Jahren eröffnet wurde, im Vergleich zu anderen Dörfern effizienter ist. Die Mechanismen der Migration sind aber vergleichbar. Migration erfolgt auch im hier vorliegenden Fall über soziale Netzwerke. Durch die Vermittlung der Migranten aus dem Dorf werden Arbeitsplätze in Firmen oder Privathaushalten (im vorliegenden Fall vor allem Tätigkeiten in Haushalten von Mitgliedern des saudischen Herrscherhauses) organisiert. Anders als in manchen Dörfern der Region, die ich während dieses und eines vorangegangenen Aufenthaltes aufsuchte, sind die Migranten aber nur bedingt erfolgreich. Der Charakter des Dorfes bleibt bäuerlich, nicht zuletzt, weil die Landwirtschaft in Verbindung mit anderen ökonomischen Tätigkeiten, wie dem Handel, immer noch eine attraktive Alternative bietet. Darüber hinaus muß berücksichtigt werden, daß Geschichten über den ‚Habenichts‘, der als reicher Remigrant ins Dorf zurückkehrt, eben ein Mythos sind. Die Dekonstruktion dieses Mythos wird von den Dorfbewohnern selbst vollzogen, wie zahlreiche Diskussionen der DorfbewohnerInnen belegen. In einem Lied verspotten die jungen Mädchen den Migranten, der als Bräutigam eine Schachtel Streichhölzer mitbringt, statt der versprochenen Tasche voller Kleidung und Luxusartikel.[1]

Dennoch gilt auch hier, daß durch Migration die ländlichen Gebiete längst in Globalisierungsprozesse eingebunden sind. Die soziale Landkarte der Dorfbewohner umfaßt neben den Dörfern der Region auch die großen Städte des Landes, sowie Dschidda und Riad, London und Berlin. Der Informationsaustausch ist kontinuierlich, und neue Konzepte von Kultur werden in das Dorf getragen. Modernität gelangt auch durch die Bildungssysteme und neue Kommunikationsformen ins Dorf. Saudi-Arabien strahlt z.B. täglich zur besten Sendezeit, nämlich kurz vor Sonnenuntergang, eine Sendung aus, die sich v.a. an Frauen richtet und sich mit Fragen des moralisch angemessenen Verhaltens von Frauen beschäftigt. Dies weist auf eine Globalisierung von religiösen Lebensstilen hin. Frauen werden Agentinnen dieses neuen islamischen Lebensstils und integrieren die Diskurse in ihren Alltag. Im folgenden werde ich die Lebenswelt der Dorfbewohnerinnen am Beispiel zweier Frauen beschreiben, die den Umgang mit neuen kulturellen Konzepte repräsentieren.

3. Samia Ahmed – Repräsentantin einer neuen lokalen Elite

Samia ist Repräsentatin einer neuen Agenda, die Werte wie Mutter und Managerin des Haushaltes, beides von Samia häufig beschriebene in einem mühevollen Prozeß erworbene Tätigkeiten, mit einem demonstrativ islami-

---

1 Siehe auch Stauth et al. (1990) und Weyland (1993) für ägyptische Remigranten und Steinhilber (1994) für türkische Remigrantinnen.

schen Lebensstil verbindet. Sie ist 33 Jahre alt, verheiratet und hat fünf Kinder. Ihr Mann ist einer der wohlhabenden Kaufmänner im Dorf. Im Bestreben um kulturelle Dominanz werden so unterschiedliche Dinge wie gesellschaftliche Arbeitsteilung, Zeiteinteilung, Sexualmoral und Speisesitten, anständige Kleidung, Formen des höflichen Umgangs und Hygiene religiös aufgeladen und als verbindliche und islamische Praktiken ausgegeben (Beck, 1992/93: 486). Mit seiner goldenen Brille und seiner weißen Galabiya, seinem Turban und Schal und immer eiligen Schrittes entspricht Samias Ehemann dem Bild des Kaufmannes, der Attribute einer islamischen Lebensführung mit geschäftiger Aktivität und Kreditwürdigkeit kombiniert.

Das Grüßen der Männer gegenüber Frauen wird zu einem Signal, das die innere Haltung widerspiegeln soll. Als ich eines Tages der Begrüßung eines Migranten im getrennten Frauenhof beiwohnte, beschwerten sich die älteren Frauen hörbar darüber, daß der Migrant sich weigerte, seine Tanten zu begrüßen. Diese fühlten sich um den ihnen gebührenden Respekt gebracht, da Status und Prestige sich über das Alter und die den älteren Frauen zugeordneten Kenntnisse der erweiterten Familien und der sozialen Dorfstrukturen definieren.

Samias Sprache ist durchsetzt mit religiöser Rhetorik: Sie zitiert häufig Suren aus dem Koran und betont ihr Wissen des *masHaf* (Manuskript des Koran). Im Zuge der Modernisierung des Islam ist das Textmaterial die erste Basis von Wissen. Autorität, so betont Michael Lambek (1990: 23), erringt man aber erst durch Operationalisierung, also durch den Akt des Lesens, des Zitierens und der Interpretation. Samia gibt ihr Wissen in wöchentlich stattfindenden Koranstunden auch an andere Frauen weiter. Hier werden von den jüngeren Frauen Suren gelesen, die älteren Frauen, des Lesens nicht mächtig, wiederholen die Suren mündlich. Samia erklärt anschließend die Bedeutung der einzelnen Verse und verbindet Alltagserfahrungen mit religiösen Kenntnissen. Von der Generation ihrer Mutter unterscheidet sich Samia eindeutig in der Art, wie sie sich Wissen aneignet, nämlich nicht mehr durch mündliche Überlieferung und Nachahmung, sondern durch Lesen und Interpretation. Dazu gehört natürlich auch, daß sie sich die Zeit nimmt, sich dem *masHaf* zu widmen, vornehmlich frühmorgens nach dem ersten Gebet.

Auch Kleidung wird zum Symbol religiöser Einstellungen. Samia war eine der ersten Frauen, die einen neuen Kleidungsstil im Dorf einführten. Der Tob, ein fünf Meter langes Gewand aus Baumwolle, Synthetik oder Seide wird sorgfältig um den Körper geschlagen, wobei darauf geachtet wird, daß er bis zu den Fußknöcheln reicht. Unter dem Tob trägt sie noch ein eng gebundenes Kopftuch, so daß das Haar auch beim Verrutschen des Tobs bedeckt bleibt. In Samias Narrativ geht ihre äußere Wandlung mit religiösem Erwachen und der Entwicklung eines individuellen Entscheidungsprozesses einher. Bevor Samia lange Kleider trug, wurde sie mehrmals von einer Lehrerin dazu gedrängt. Sie berichtet mir von ihrer anfänglichen Ablehnung und ihrem Argument, daß sie für einen solchen Stil noch zu jung sei. Erst ein Traum, in dem sie sich vom Feuer als dem Symbol der Hölle bedroht fühlte, änderte ihre Einstellung. Trotz der Vorbehalte ihres Mannes setzte sie ihren neuen Kleidungsstil durch.

Die neue Art des Kleidens stellt auch eine Erweiterung der Handlungsspielräume von Frauen dar, im Sinne von wachsender Mobilität und Zugang zu neuen Räumen. Seit einigen Monaten ist Samia bei den Freitagsgebeten in der Moschee anwesend. Der Freitag ist der Höhepunkt der Woche. Allerdings gilt dies im Dorf v.a. für die Männer. Der außergewöhnliche Charakter des Freitags ist visuell nachzuvollziehen: Die Dorfstraße ist bevölkert von Männern, die sich in Gruppen zu den verschiedenen Moscheen begeben, um dort gemeinsam das Freitagsgebet zu beten. Jeder von ihnen ist mit einer frisch gewaschenen weißen Galabiya bekleidet, die sich von ihrer Alltagskleidung abhebt, mit Turban und Schal, manche, die ihre Autorität besonders betonen möchten, auch mit einem Stock in der Hand. Für die Frauen ändert der Freitag dagegen wenig an der täglichen Routine. Samias Anwesenheit in der Moschee verdeutlicht, daß dieser vormals v.a. Männern vorbehaltene Raum in Frage gestellt und neu definiert wird; er ist nicht mehr ein den Männern zugeschriebener Raum, sondern ein Platz, an dem sich islamische Identität manifestiert, die beide Geschlechter einbezieht.

Allerdings kam Kritik von einer anderen Seite, nämlich von den älteren Frauen. Der Moscheebesuch war bis in die 1990er Jahre ein Privileg der älteren Frauen, die im Gegensatz zu jüngeren Frauen aufgrund ihres Alters als moralisch ungefährdet angesehen werden. Mit ihrer Anwesenheit in der Moschee stellt Samia das Privileg und den Status der alten Frauen in Frage. Die moralische Integrität hängt für diese jüngeren Frauen nicht mehr vom Lebenszyklus ab, sondern von der individuellen religiösen Praxis.

Neben ihrem religiösen Wissen, das Samia sich erworben hat, ist es vor allem ihre herausragende Position in der Frauengemeinschaft des Dorfes, die sie zu einer Autorität machen. Samia ist immer zur Stelle, wenn sie gebraucht wird, sie organisiert das Essen für die Gäste der Trauerfeier in der Nachbarschaft, sie bietet der fahrenden Händlerin Unterkunft an, sie unterweist die Töchter im Haushalt, macht Krankenbesuche, ist Wortführerin der Frauen, die das Tanzen auf einer Hochzeit verhindern wollen, sie liest mit den Frauen den Koran, sie ist überall, wo ‚Not am Mann' ist. Auf ihre Kompetenz ist sie (zu Recht) stolz. In ihrem Eifer gleicht sie ihrem Mann, der mit geschäftigem Schritt durch das Dorf schreitet. Ihre Autorität beruht nicht auf Status, den sie aufgrund ihres familiären Hintergrundes zu beanspruchen hätte – sie kommt aus einer einfachen Bauernfamilie –, sondern auf ihrem Ehrgeiz und ihrer Strebsamkeit. Ihr religiöses Wissen versteht sie in ihren Alltag einzubauen, der Zugang zum skripturalen Islam, bisher Männern vorbehalten, ermöglicht ihr eine Erweiterung ihrer Handlungsspielräume und verschafft ihr Autorität, die nicht nur mit ihrem Status als Ehefrau eines erfolgreichen Kaufmannes und Mutter zusammenhängt, sondern mit der davon unabhängigen Variablen des Wissens um religiöse Praktiken. Damit überschreitet sie die Grenzen des Dorfes, ergänzt ihr lokales Wissen um das eines globalisierten islamischen Lebensstils.

4. Fatma Ibrahim – Die Karriere einer Ansar as-Sunna

Das Beispiel von Fatma Ibrahim zeigt eine andere Strategie, religiöse Praxis und sozialen Aufstieg zu kombinieren. Fatma Ibrahim ist 45 Jahre alt, verheiratet und Mutter von sieben Kindern. Sie wuchs in Khartoum auf, im Haus ihres Onkels väterlicherseits, der die Mutter nach dem Tod von Fatmas Vater heiratete. Als ich Fatma das erstemal auf der Dorfstraße traf, war sie die erste *munaaqaba* (also eine Frau, die neben *Higaab* auch Gesichtsschleier (*niqaab*) sowie dunkle Handschuhe und Socken trug), die ich im Dorf sah. Die Art der Kleidung weist auf ihre Zugehörigkeit zu den Ansar as-Sunna hin. Fatmas Mann ist der Sheikh der lokalen Ansar as-Sunna Gemeinschaft. Diese versteht sich selbst als eine Reform-Bewegung, die als Quellen nur Koran und Sunna (Tradition des Propheten) zuläßt. Sie steht in scharfer Opposition zu Sufi-Bruderschaften, denen sie vorwirft, den Islam mit Elementen wie der Heiligenverehrung verwässert zu haben. Seit den 1980er Jahren genießen die Ansar as-Sunna zunehmende Popularität, vor allem unter jüngeren Muslimen. Ihre Ablehnung gegenüber dem Konsumverhalten, das vor allem durch die Migration nach Saudi-Arabien hervorgerufen wurde, und ihr Kampf gegen überhöhte Ausgaben bei Hochzeiten und Beerdigungen machen sie für viele attraktiv. Ihre Reputation im Dorf ist ambivalent. Ihre Ideologie wird als rational und gerechtfertigt eingeschätzt, ihr Weg allerdings wird von vielen als zu rigoros zurückgewiesen. Vor allem die lokale liberale Elite sieht sich von ihnen bedroht und bezeichnet ihre Anhänger als Störenfriede und Aufwiegler, die die vorherige Einheit der lokalen Sheikhs und politischen Institutionen zu zerstören trachten.

In Fatmas Erzählung unterscheidet sie zwischen der Zeit vor und nach ihrer „*iltizaam*" (Bekenntnis, Verpflichtung, hier meint es die Praktizierung einer strikt islamischen Lebensführung). Die Zeit davor hat Fatma als moralisch und ökonomisch entwürdigende Phase erlebt, während sich mit der Entscheidung zu einer strikten islamischen Lebensführung alles zum Guten zu wenden scheint. So setzte sie ihre Entscheidung strategisch ein, um ihre schwierige soziale und ökonomische Situation zu verbessern. In Fatmas Worten:

„Unser Alltag war sehr schwierig. Wir hatten nichts. Er ging aus, aber was tat er? Er war ein Taxifahrer und nahm das Geld und vertrank es. Wir waren wirklich am Ende. Aber nach unserem Bekenntnis wurde alles besser. Er ging nach Saudi-Arabien und blieb dort zehn Jahre. Ich selbst war in Saudi-Arabien, machte die kleine Pilgerfahrt (die ganzjährig möglich ist, ombra, RKH). Wir danken Gott, daß unser Leben nach dem Bekenntnis (iltizaam), nachdem wir die Religion kennenlernten, nachdem wir erkannten, wie wir uns zu kleiden haben, daß unser Leben gut wurde. Wir wurden Muslime, und er fand Arbeit. Er wurde ein Sheikh und baute eine Moschee. Alles wurde gut, nach was? Nach unserem Bekenntnis."

Fatma distanziert sich hier sehr deutlich vom Leben vor dem Bekenntnis, das sie als unreligiös ansieht. Allerdings macht sie hierfür vor allem ihren Ehemann verantwortlich, der sich, wie sie sagt, völlig von der Religion abgewandt hatte. Somit stellt sie ihre eigene moralische Integrität nicht in Frage, wohl aber die des Mannes. Um so auffälliger ist dann auch seine Bekehrung. 1975 betritt er das erstemal die Moschee der Ansar as-Sunna in Khartoum, und von diesem Tag an ist er überzeugt, einen neuen Lebensweg einzuschlagen. Fatma erzählt:

„Er begann die Bücher zu lesen und sagte zu mir: ‚Ich möchte beten, ich möchte mit dieser Bewegung leben. Ich lasse den Alkohol, unser Gott wird uns den Weg weisen. Was wirst du tun? Wirst du mit mir gehen?' Ich sagte: ‚Ja, wenn du dich änderst, wenn du das Trinken läßt, die Zigaretten und das Geld nicht mehr verschleuderst, dann gehe ich mit dir.' Und er sagte mir: ‚Ich möchte als erstes, daß du dich anders kleidest, gehe nicht mehr ohne Schleier auf die Straße, wo die Männer dich sehen. Trag den niqaab. Trage Socken, daß die Männer das Henna an deinen Füßen nicht sehen. Und grüße sie nicht mehr. Laß keinen Mann in das Haus, wenn ich nicht da bin. Wirst du das tun?' Ich sagte: ‚Ja.' Und ich tat es. Und bis jetzt trinkt und raucht er nicht mehr."

Fatmas Dialog mit ihrem Mann ähnelt einer Vertragsverhandlung. Beide Parteien, also Ehemann und Ehefrau, sind in die Verhandlungen involviert und setzen klare Bedingungen. Allerdings sind ihre Ziele unterschiedlicher Art. Fatmas Interesse zielt auf eine Verbesserung der ökonomischen Verhältnisse, ihr Ehemann dagegen betont ein weiblich angemessenes moralisches Verhalten. Für Fatma war die Verschleierung eine wohlüberlegte Entscheidung, den Lebensunterhalt der Familie zu sichern. Dies soll nicht heißen, daß sie nicht religiös ist oder sich gar heuchlerisch verhält. Vielmehr sind in Fatmas Handlungslogik beide Komponenten vorhanden, denn erst das Bekenntnis erlaubte ihnen den wirtschaftlichen Aufstieg.

Heute leben Fatma und ihr Mann wieder im Dorf. Sie haben ein stattliches Anwesen, direkt neben der von ihm gebauten Moschee, die mit saudischer Unterstützung finanziert wurde. Ihr Mann fährt regelmäßig nach Saudi-Arabien, um dort religiöse Fragen zu erörtern, aber auch um Geld zu sammeln, das er in die dörfliche Infrastruktur investiert, etwa in Generatoren oder Tanks für die Wasserversorgung des Viertels.

Fatmas Entscheidung wird von den Frauen im Dorf unterschiedlich diskutiert. Die Art, wie sie sich präsentiert – immer wieder betont sie die ehemalige Abhängigkeit ihres Mannes vom Alkohol –, und ihr sozialer Aufstieg nach dem Bekenntnis werden von einigen als opportunistisch aufgefaßt. Sowohl in der Stadt als auch im Dorf begegnete sie Anfeindungen:

„Die ersten Monate waren schwierig. Ich war ängstlich. Die Leute zeigten auf mich und fragten: ‚Warum kleidest du dich so häßlich? Kauft er dir keine Kleider, tust du es, weil er es so will?' Aber wir waren hungrig, wir waren erschöpft. Das erste Mal, das war besonders schlimm. Was werden die Menschen über mich reden? Aber dann sagte ich mir: ‚Ich werde bekennen, was immer auch die Menschen sagen.' Als erstes ging ich in das Badezimmer. Ich wusch mich, ich betete und zog sofort meine neuen Kleider an. Gott sei Dank, hatte ich da keine Angst mehr, ich war auch nicht mehr verwirrt. Aber ausgehen wollte ich noch nicht, wegen der Leute. Nur wenn er mich im Auto fuhr. Dann schließlich gewöhnte ich mich daran."

Während Samias Mobilität durch ihr religiöses Wissen wächst, ist Fatmas Bewegungsfreiheit begrenzter. Selbst bei Verabschiedungen von Migranten, wenn die Frauen gewöhnlich an der Straße stehen, um auf den Bus zu warten, der die Migranten frühmorgens abholt und sie zum Flughafen bringt, ist ihr Mann bemüht, seine weiblichen Verwandten und die Frauen der Nachbarschaft in ihre Häuser zu drängen. Diese, umgeben von hohen Mauern, vermitteln den Eindruck des ‚Eingeschlossenseins'. Daß diese Interpretation zu kurz gegriffen ist, haben zahlreiche Studien belegt.[2] Mauern, so schreibt Abaza (1987: 23), sind fiktiv, im Dorf weiß jeder alles über den Nachbarn. Das Verwalten der Haushaltsprodukte ist eine öffentliche Funktion; dieses und die sozialen Verpflichtungen, denen die Frauen im Dorf nachkommen müssen, unterliegen der sozialen Kontrolle, wie sie etwa durch Klatsch sanktioniert werden. Was öffentlich ist und was privat hängt somit nicht von der Höhe der Mauern ab. Die Mauern bilden aber manchmal einen Vorhang (*Higaab*) in seiner klassischen Bedeutung. Von Zeit zu Zeit besuchen Sheikhs von auswärts die Gemeinde. Neben den Ansprachen in der Moschee werden auch für die Frauen religiöse Unterweisungsstunden veranstaltet. Während die Frauen im Frauenhof sitzen und Fragen stellen, sitzt auf der anderen Seite der Mauer der Sheikh, der die Fragen beantwortet und sich der lebhaften Diskussion stellt. So sind die Frauen keinesfalls aus den Diskursen ausgeschlossen, aber soziale Interaktion zeigt hier ihre vielfältigen und die nicht visuellen Sinne einschließenden Muster.

Fatmas soziale Welt ist eine Arena verschiedener miteinander konkurrierender und hybridisierender Identitäten. Sie ist nicht nur Mitglied der Ansar as-Sunna, sondern auch in ein Netzwerk von Familienbeziehungen und Loyalitäten eingebunden. Zwar stellt ihr Mann als Sheikh ohne Zweifel eine Autorität im Dorf dar, aber Frauen entwickeln Strategien, sich dieser Autorität zu entziehen. Als er z.B. eine zweite Frau nehmen will, verweigern ihm die potentiellen Kandidatinnen aus der Nachbarschaft ihre Zustimmung. Sie begründen dies mit ihrem guten Verhältnis zu Fatma, das sie nicht gefährden wollen. Intentionen, die mit Heiraten verbunden sind, nämlich die Schaffung von Allianzen zwischen Familien, werden von Fatma und ihrem Ehemann unterschiedlich verfolgt. Fatmas Mann z.B. heiratete schließlich eine nicht

---

2 Vergleiche z.B. Bourdieu (1976) über die Kabylei.

verwandte Frau aus einem weit entfernt liegenden Dorf, die aber auch Ansar as-Sunna ist. Fatma dagegen stärkt die Beziehungen zu ihrer eigenen Patrilineage. Ihren ältesten Sohn, der sich übrigens mit dem Vater entzweite, da er sich nicht seiner Lebensführung unterwarf, verheiratete Fatma mit der Tochter ihrer Schwester. Trotz des Verstoßes durch den Ehemann hält Fatma den Kontakt zu Sohn und Schwiegertochter aufrecht und demonstriert so, daß seine Entscheidung für sie nicht bindend ist.

5. Schluß

Religiöse und kulturelle Transformationen gehen einher mit ökonomischem Wandel. Migration, moderne Bildungssysteme und neue Kommunikationsformen binden das Dorf in Globalisierungsprozesse ein. Als Expertinnen eines religiösen Lebensstils agieren Frauen in einem machtvollen Diskurs, da er im islamischen Idiom geführt wird. Dabei wird dieser Diskurs als modern und islamisch zugleich begriffen. Die sozialen Aushandlungsprozesse sind eingebunden in vorhandene Netzwerke, werden aber gleichzeitig mit Bezug auf das religiöse Wissen ausgetragen. Die Konstruktion neuer Öffentlichkeiten und die Neudefinition von sozialen Räumen verweist darauf, daß Öffentliches und Privates nicht statische Konstrukte sind, sondern im islamischen Diskurs neu verhandelt werden. Der Statusgewinn, den die jungen Frauen durch einen demonstrativ islamischen Lebensstil erringen, verändert nicht nur die Aushandlungsmodi zwischen den Geschlechtern, sondern auch zwischen den Generationen. Tradiertes Wissen erfährt dabei eine Abwertung, und Autoritätsstrukturen verschieben sich durch den Zugang zu und die Handhabung von neuen Wissensvorräten.

Literatur

Abaza, Mona, 1987: Feminist Debates and „Traditional Feminism" of the Fellaha in Rural Egpt. Working Paper 93, Bielefeld Universität.

Beck, Kurt, 1992/93: Hirtengesellschaften in den Savannengebieten des westlichen Sudan und islamische Identität. WUQUF 7-8, Hamburg, 483-506.

Bourdieu, Pierre, 1976: Entwurf einer Theorie der Praxis auf der Grundlage der Kabylischen Gesellschaft. Frankfurt/M.: Suhrkamp.

El-Guindi, Fatwa, 1981: Veiling Infitah with Muslim Ethic: Egypt's Contemporary Islamic Movement. Social Problems 28, 465-485.

Lachenmann, Gudrun, 1994: Systeme des Nichtwissens – Alltagsverstand und Expertenbewußtsein im Kulturvergleich. S. 285-305 in: Ronald Hitzler, Anne Honer und Christoph Maeder (Hg.): Expertenwissen – Die institutionalisierte Kompetenz zur Konstruktion von Wirklichkeit. Opladen: Westdeutscher Verlag.

Lambek, Michael, 1990: Certain Knowledge, Contestable Authority: Power and Practice on the Islamic Periphery. American Ethnologist 17, 23-40.

MacLeod, Arlene Elowe, 1991: Accomodating Protest – Working Women, the New Veiling and Change in Cairo. New York: Columbia University.

Masquelier, Adeline, 1996: Identity, Alterity and Ambiguity in a Nigerien Community: Competing Definitions of „true" Islam. S. 222-244 in: Richard Werbner und Terence Ranger (Hg.): Postcolonial Identities in Africa. London: Zed Books.

Stauth, Georg, Christof Reichert, Petra Weyland und Renate Albrecht, 1990: Fellachen zwischen Überlebenssicherung und Modernität als Lebensstil. Strukturelle Unterentwicklung, Migration, Geschlechterverhältnis und Islamisierung: Die Konflikte der ländlichen Gesellschaft Ägyptens, 1986-88. Projektabschlußbericht. Kairo: Social Research Center der Amerikanischen Universität.

Steinhilber, Beate, 1994: Grenzüberschreitungen: Remigration und Biographie. Frankfurt/M.: IKO Verlag.

Schlee, Günther und Karin Werner, 1997: Introduction: Inklusion und Exklusion, die Dynamik von Grenzziehungen im Spannungsfeld von Markt, Staat, Ethnizität. S. 9-36 in: Dies. (Hg.): Inklusion und Exklusion. Köln: Köppe.

Werner, Karin, 1997: Between Westernization and the Veil: Contemporary Lifestyles of Women in Cairo. Bielefeld: Transcript.

Weyland, Petra, 1993: Inside the Third World Village. London: Routledge.

Sigrid Nökel

Migration, Islamisierung und Identitätspolitiken: Zur Bedeutung der Religiosität junger Frauen in Deutschland

In Deutschland hat im Verlauf der 90er Jahre ein Islamisierungsprozeß innerhalb der zweiten Generation der Arbeitsimmigranten eingesetzt. Im Folgenden möchte ich seine Bedeutung für die ‚Gastarbeitertöchter' als alltagsrelevantes Ordnungsregime, d.h. als produktiv wirkende Anschubkraft zur Selbstbehauptung in der gegebenen sozialen Ordnung aufzeigen. Zentral ist dabei die Verschiebung von Machtbalancen (Elias, 1986) sowohl hinsichtlich einer Klassenhierarchie, in der die ‚Gastarbeiter' und ihre Kinder unten angesiedelt sind, wie auch hinsichtlich der Alters- und Geschlechterhierarchien in der innerethnischen Interaktion.

1. Migrantinnen in den symbolischen Klassenauseinandersetzungen

Narrativ-biographische Erzählungen junger ‚deutschsprachiger Muslimas' (so die zuweilen verwendete Eigenbezeichnung) vorwiegend türkischer und marokkanischer Abstammung zeigen eindeutig, daß ihre Islamisierung im Kontext der ‚normalen' symbolischen Klassenauseinandersetzungen um soziale Ränge (Bourdieu, 1982) steht.[1] Sie sind Töchter von Gastarbeitern, erfolgreich ins höhere öffentliche Bildungswesen integriert. Sie arbeiten zielstrebig an akademischen Abschlüssen oder sind stolz darauf, anerkanntermaßen tüchtige und qualifizierte Angestellte (z.B. Arzthelferinnen, kaufmännische Angestellte) zu sein. In Deutschland geboren oder als Kleinkinder mit der Mutter dem Vater zu Anfang der 70er Jahre gefolgt, gehören sie zur ersten Generation der vollständig hier sozialisierten ‚kulturellen Hybriden'

---

1 Die Daten wurden im Rahmen eines zwischen 1994 und 1996 durchgeführten Forschungsprojektes, das von der Volkswagen-Stiftung unterstützt wurde und an der Fakultät für Soziologie der Universität Bielefeld angesiedelt war, erhoben.

(Pieterse, 1994). Bikulturalität und Bildungskarrieren definieren ihre spezifische, von der ersten Generation unterscheidbare soziale Situierung. Sie sind die Akteure einer neuen Klassenfraktion, die als Profiteure des Bildungssystems aus dem unteren sozialen Stratum herausgewachsen, gleichzeitig aber – und insbesondere als Frauen – mit dem an Habitus und Körper ansetzenden Gastarbeiterstigma konfrontiert sind. Ebenso wie andere soziale Aufsteiger, müssen sie ihre Aspirationen im kompetitiven Raum der Klassenfraktionen und Lebensstile behaupten. Im Rahmen dieses Prozesses setzen Repräsentationspolitiken ein, die einerseits darauf abzielen, die herabsetzenden Fremddefinitionen abzuwehren und andererseits eine deutlich konturierte und unverwechselbare eigene Identität aufzubauen. Bei der Kreierung eines spezifischen Lebensstils fungiert ein moderner rationaler Islam als kulturelles Kapital.

Für diese These spricht, daß Religion in der familiären Sozialisation der jungen Frauen überwiegend eine marginale Rolle spielt. Selbst wenn die Eltern als religiös beschrieben werden, werfen die Töchter ihnen mangelndes Wissen und versäumte Weitergabe islamischer Kultur und Disziplin (z.B. das konsequente Einhalten der täglichen fünf Gebete) vor. Sie bemängeln die fehlende systematische Vermittlung, die bestenfalls eklektizistische, von lokalen Traditionen bestimmte religiöse Praxis der Eltern. Trotzdem entsteht bei den Frauen etwa um das achtzehnte Lebensjahr herum ein starkes Interesse am Islam. Dieses resultiert aus seiner subjektiven Bedeutung als Bestandteil der eigenen Authentizität. Formulierungen wie „Ich habe meine Religion gefunden" oder „Das war das, was ich schon immer gesucht habe" geben darüber Auskunft.

In der Regel wird ein individueller Entwicklungsprozeß beschrieben. An dessen Anfang stehen häufig zufällige Begegnungen mit etwa gleichaltrigen Frauen, die zu ihrer Überraschung die Kombination von Religiosität und modernen Lebensauffassungen aufweisen und dabei noch ‚offen' und ‚locker' sind. Ein sich herausbildender Freundeskreis mit anderen Muslimen schließt Freundschaften mit Nichtmuslimen keineswegs aus. Bindungen an Organisationen sind nicht die Regel. Zentraler Bestandteil der Religiosität ist die individuelle Entwicklung eines möglichst systematischen islamischen Lebensstils und seine Verknüpfung mit den jeweils gegebenen alltagsweltlichen Strukturen. Bedingt durch die Vereinzelung im höheren Bildungssystem und im Angestelltenbereich bleibt jeder Frau, jedem Mädchen die selbstverantwortliche Entscheidung, ob es in ihren Interaktionsfeldern opportun ist, mit Kopftuch zu erscheinen, weil nur sie richtig einschätzen kann, welche möglichen Konsequenzen daraus erfolgen und ob sie es, wie oft formuliert wird, tatsächlich ‚schafft', langfristig als Muslima aufzutreten und sich als Muslima plausibel zu machen. Da das Tragen des Kopftuches als irreversibler Akt gilt, ist dieser Schritt von großer Tragweite. Ihm voran geht eine Phase der Abwägung möglicher Verluste hinsichtlich ökonomischer Chancen, sozialer Anerkennung oder individueller Authentizität. Die Frauen relativieren die Gefahr der Ausgrenzung durch die Erfahrung, daß habituelle Assimilation auch kein Garant für Anerkennung ist. „Du kannst", wie eine Frau formuliert, „dir die Haare rot färben und mit zerrissenen Jeans herumlaufen, für die anderen bleibst du doch immer die Marokkanerin".

Die Anerkennung als Individuum – ein Hauptmerkmal des westlichen Universalismus – wird immer wieder durchkreuzt durch die Zuordnung zum ethnischen Kollektiv. Diese Fremdzuordnung konstruiert Frauen als Opfer einer zurückgebliebenen patriarchalischen Ordnung und nicht als selbständig Handelnde und Denkende. Das zeigt sich z.b. darin, daß das Anlegen des Kopftuches – nicht selten zum Entsetzen der Eltern, die eher Anpassungsstrategien präferieren – zuweilen auch im eigenen Freundeskreis nur als Effekt von Zwang und Gehorsam gedacht werden kann. Die jungen Frauen empfinden diese Einschätzung als Kränkung, weil selbst Nahestehende kein Verständnis für diesen Akt persönlicher Stärke und Autonomie aufbringen und weil diese sie offensichtlich nie als individuelle, frei entscheidende Person wahrgenommen haben. Selbst diese verkennen den erforderlichen Mut für das Wagnis, die eigene Authentizität offen zu zeigen, sich als Andere zu präsentieren und sich von aufoktroyierten Normen und Werten, die andere zum Maßstab für soziale Rangzuordnung und damit zum Instrument für ein Spiel von Anpassung und Unerreichbarkeit machen, zu befreien. Die Präsentation als Muslima hat die subjektive Bedeutung, sich offensiv von diesen einseitig gesetzten Regeln abzukoppeln und Besitzerin einer eigenen gleichwertigen Kultur zu sein.

Der Islam als Ordnung einer höheren Vernunft bietet durch seine detaillierten, gleichwohl interpretationsbedürftigen Regulierungen ein nahezu perfektes Gerüst, um eine eigene Kultur aufzubauen und sich gegen die Willkür der anderen und ihre Ansprüche zu wappnen. Er liefert die Komponenten für eine Gegenkultur, die aus der niedrig bewerteten ‚Gastarbeiter-Kultur' nicht zu ziehen sind. Offensichtlich wird in diesem Zusammenhang auch eine Ambivalenz: Einerseits wehren sich die jungen Frauen gegen die Abwertung der ethnischen Kultur, der sie durchaus auch positive Seiten zumessen wie etwa die Gastfreundschaft; andererseits übernehmen sie das negative Bild von der ‚Gastarbeiter-Kultur', weil sie die einzelnen Komponenten nicht falsifizieren können. So z.B. belächelt in einen Gespräch ein junges türkisches islamisches Ehepaar das Vorurteil der Deutschen, türkische Ehemänner schlügen ihre Frauen, verweist jedoch auf einzelne bekannte Paare, in denen es tatsächlich der Fall sei – womit sich die Fremddefinition am Einzelfall bestätigt. Als Ausweg aus dieser ethnischen Falle bleiben nur individuelle Strategien.

2. Komponenten des neo-islamischen Lebensstils

Die Entwicklung eines alternativen islamischen Lebensstils ist angesiedelt zwischen der von den Töchtern als traditionell bezeichneten Kultur der Elterngeneration und einer ‚deutschen' Kultur. Diese stehen im ungleichen Verhältnis einer ‚niedrigen' partikularen Kultur, die lebensweltlich diffus ist, und einer ‚hohen' universalen Kultur, die diskursfähig ist und sich durch einen institutionell (z.B. im Bildungssystem) verankerten Korpus rational nachvollziehbarer Werte und Normen auszeichnet. Der neo-islamische Lebensstil – ich verwende den Begriff neo-islamisch, um ihn von den volkskulturellen, orthodoxen und staatspolitischen Varianten abzugrenzen – rekurriert auf die partikulare Kultur, ist aber durch seine Komponenten einer methodisch-rationalen Lebensführung, durch die stete Reflexion und Begründung dessen, was man tut und warum man es tut, sowie durch den Rückbezug auf die schriftlichen frühislamischen Quellen deutlich von ihr unterschieden. Im Neo-Islam wird der Islam zur Herstellung einer gleichberechtigten Beziehung zur anderen universalen Kultur als diskursfähige und vergleichbare hohe Kultur rekonstruiert. Zugleich fordert er diese universale Kultur, die Gleichberechtigung als zentrales Gut formuliert und diese Maxime durch die Errichtung des Kulturgefälles zugleich unterläuft, heraus. Diese Rekonstruktion geschieht auf der alltagsweltlichen Ebene nicht durch die Konkurrenz der Ideen oder Ideologien, sondern auf der Basis einer Selbsttechnologie, die unmittelbar am Körper ansetzt. Darüber realisiert sich eine Idee vom autonomen, eigenverantwortlichen Selbst – auch ein universalistisches Ideal. Zentral ist nicht die Abgrenzung im Sinne von Negation, sondern das Projekt der Konstitution des Selbst. Dieser Prozeß ist interaktiv, aber es geht den jungen Frauen um eine eigenständige, die Fremddefinition entmachtende Definition des Selbst. „Den Anderen", so formuliert eine junge Frau, „kann man es sowie nicht recht machen". Und denen will man es auch nicht mehr länger recht machen. Anstelle der entwürdigenden und letztlich nicht erfolgreichen Akte der Assimilierung rückt die „Konstitutierung als Moralsubjekt" (Foucault, 1989), die wiederum, in Übereinstimmung mit Pierre Bourdieu und Norbert Elias, mit dem Projekt der Affirmation als Klassenfraktion konvergiert.

Wesentliche Komponenten des neo-islamischen Lebensstils sind die Ästhetisierung des Leibes und die Aristokratisierung des Verhaltens. Verbunden mit der persönlichen Islamisierung ist die reflektierte Selektion der Kleidung. Gemäß der koranischen Vorgabe sollen die weiblichen Reize ‚nicht zur Schau getragen werden, bis auf das, was davon sichtbar sein muß'. Zur Definition steht, was im Einzelnen als weiblicher Reiz definiert ist[2] und was

---

2 Manche männliche deutsche Muslime z.B. halten die Bedeckung des Haares im Westen für überflüssig.

sichtbar sein muß. Hier liegen, abgenabelt von lokalen Traditionen, Spielräume für individuelle Aushandlungen und Selbsttechniken. Zum Beispiel ist in der Diaspora nicht verbindlich zu klären, ob die nackten Füße sichtbar sein dürfen. Dieses ist allerdings eine Frage von minderem Belang. Zentraler und eindeutiger ist die Frage des Kopftuches. Nahezu ausnahmslos stimmen die jungen Frauen darin überein, daß ein Kopftuch als Zeichen der perfekten Muslima unerläßlich ist. Sich nicht zu trauen, ein Kopftuch zu tragen, weil man auf Ablehnung stoßen könnte, gilt ihnen vom Kopf her als verzeihlich; letztlich komme es auf die innere Einstellung an und nicht auf äußere Zeichen. Zugleich aber fällt der Vorwurf von Charakterschwäche, mangelndem Willen sich durchzusetzen, vom Verrat an der individuellen Authentizität.

Bei der Einstellung zum Kopftuch fällt zweierlei auf: Die Vollverschleierung wird im Kreise der Neo-Muslimas durchweg als übertrieben abgelehnt. Der uniformierende Charakter eines Tschadors widerspricht der Affirmation und Präsentation als Individuum. Die Einschränkung des Handlungsradius und die erhöhte Schamschwelle reduzieren die eigene Effizienz (z.B. wenn die Hände als bedeckungspflichtig gelten) und führen zu sozialer Exklusion. Das widerspricht dem Projekt des aufstiegsorientierten und diskursfähigen Selbst. Das Kopftuch, welches erlaubt, die offene Stirn zu bieten, bildet eine Art kompromißbereite Minimalkonstruktion, eine wohldosierte Synthese zwischen partikularistischer Selbstbehauptung und dominierenden Körperbildern bzw. ästhetischen Vorstellungen. Die zweite Auffälligkeit ist, daß diese Minimalkonstruktion im Kreis der neo-islamischen Frauen kompromißlos hinsichtlich der Bedeckung des Haares ist. Ein eminent hoher Wert wird darauf gelegt, daß nicht ein Härchen sichtbar ist. Folglich besteht eine ständige Selbstüberprüfung und Rückversicherung durch andere Frauen. Dabei gehe es, wie eine Frau erklärt, nicht etwa darum, daß „ein Mann umfallen würde, wenn er nur ein Stück meiner Haare sieht", sondern darum, daß man perfekt sein will, perfekte Leistungen erbringen will und sich immer wieder daran erinnert. Überdies wird den anderen die Fähigkeit zu Perfektion und Selbstdisziplinierung vor Augen gehalten.

Bezüglich der Kleidung halten sich die jungen Frauen an die Regel der dezenten Körperkonturen. Zugleich aber legen sie mehrheitlich großen Wert auf modische und abwechslungsreiche Kleidung sowie ein augenfällig sorgfältiges und geordnetes Äußeres (vgl. auch den Beitrag von Wohlrab-Sahr in diesem Band). Ein Arsenal an Kopftüchern in verschiedenen Farben und Dessins stellt die perfekte Abstimmung von Tuch und Kleidung sicher. Bezüglich Rock oder Hose sind die Meinungen geteilt. Während die einen aus Gründen der Perfektion auf die geliebte Jeans verzichten, behalten andere sie bei. Für manche aus strengen traditionellen Elternhäusern symbolisiert sie die Überwindung ‚ethnischer Enge'. Der Kleidungsmodus der Neo-Muslimas und die bewußt gewählte Ästhetik hat eingestandenermaßen die Funktion der Distinguierung vom Gastarbeiter-Milieu und vom Bild des ‚Aldi-Türken'.

Den Nichtmuslimen wird bewiesen, daß auch Muslime Disziplin und Geschmack haben. Ihnen wird über Mode und Kleidung symbolisch die Beherrschung des sozialen Regelwerkes und das hohe, über die Erwartung der bloßen Anpassung hinausgehende Integrationsniveau demonstriert. Zudem verweist die sorgfältige Ordnung des Körpers auf die kultivierte innere Ordnung, auf Islamischsein als individuelles Projekt und nicht als Effekt von Fremdkontrolle.

Ein Problem der in Deutschland aufgewachsenen jungen Muslimas ist die Ortung und Definition eines authentischen islamischen Habitus. Die Elterngeneration gibt als Repräsentant islamischer Kultur wenig her. Im Gegenteil: sie gilt als verantwortlich für das schlechte Image des Islam im Westen. Ihre Prinzipien und Verhaltensweisen gelten als überholt, mechanisch, eklektizistisch oder gänzlich unislamisch, spontan statt systematisch. Die jungen Frauen hingegen sind orientiert an Normalisierung (Foucault) und Affektkontrolle (Elias). Sie legen großen Wert darauf, ihre Weltsicht und Handlungen mit den Vorgaben der islamischen Quellen (Koran und Sunna) abzustimmen. Dazu gehört, bereits im Vorfeld zu erkunden, ob und inwieweit einzelne Handlungen im islamischen Sinne richtig sind. Das setzt voraus, sich Koran und Hadith sowie Teile der Sekundärliteratur nach und nach anzueignen, bei anstehenden Fragen nachzuschlagen und wenn, wie häufig, keine fertigen Antworten für eine situationsgebundene Frage zu finden sind, selber nachzudenken und abzuleiten. Nicht die traditionell hoch bewertete Ästhetik der Koranrezitation (Murata und Chittick, 1994) oder das Aufgreifen von Leitsätzen, die andere vorformulieren, sondern die eigene Auslegung ist zentral. Es ist dieser intellektuell-rationale ‚männliche' Umgang mit den Quellen, der kennzeichnend für die jungen Frauen ist.

Das anvisierte authentische islamische Verhalten kann, kurz auf den Punkt gebracht, als ‚würdiges Verhalten', als Ästhetisierung des Selbst bezeichnet werden. Dazu gehören Verzicht auf die Herabsetzung Anderer, stete Hilfsbereitschaft und Höflichkeit, überlegte, gemessene, damenhafte Reaktionen anstelle teeniehaftem Gekichere und überflüssiger Mimik und Gestik, geräuschloses Essen und Trinken. Im Grunde handelt es sich um konventionelle Attribute aus dem Katalog der prophetischen Tugenden, die im Kampf um Anerkennung für die Affirmation von Selbst und Klasse aktiviert werden. Zentral ist eine reflektierte Selbstdisziplinierung als Mittel zur Konstruktion eines Respekt einfordernden, Autonomie beanspruchenden Selbst, das sich ins Spiel der Definitionen und Rangzuordnungen einklinkt. Verbunden mit der Emphase für die islamische Regulierung des Verhaltens ist die Aristokratisierung des Selbst, die Projektion eines Oberschicht-Habitus, der das (klein-)bürgerliche Regime, das sich entweder in der Attitüde der konservativen Rigidität und Xenophobie oder der Scheinfreiheit und Scheintoleranz gefällt und je eigene Varianten des Gastarbeiterstigmas erzeugt, zur Nichtigkeit erklärt. Dieser Aspekt kommt in aller Deutlichkeit bei Saida, die durch ihren jahrelangen Aufenthalt und ihre ‚Fundamentalisierung' im Herkunftsland der Eltern als Vermittlerin authentischer islamischer Kultur und distinguierten weiblichen Verhaltens fungiert, zum Vorschein: ihr Vorbild sind die Ladies des britischen Adels, die „nicht in Discos gehen, sich nicht verhalten wie kleine Kinder".

3. Die Verschiebung der Machtbalancen innerhalb der Generationen und der Geschlechter

Mit Hilfe des islamischen Habitus werden Kontrollansprüche der Eltern über ihre Töchter auf elegante Weise abgewehrt. Zum Beispiel griff die 19jährige Aynur vor ihrer Islamisierung zur Eroberung ihrer kleinen Freiheiten zu Mitteln wie Lügen, Trotz, Beschimpfungen. Als Folge verstärkten sich die Spannungen, vor allem mit der Mutter zunehmend (der Vater versuchte, sich den Auseinandersetzungen möglichst zu entziehen). Zudem forderte diese seit Jahren, insbesondere aber seit sie 18 wurde, ständig, aber erfolglos, sie solle sich doch endlich ordentlich anziehen, d.h. enge Jeans und knappe Oberteile durch weite Kleidung und Kopftuch ersetzen; die Nachbarinnen würden über sie reden. Seit Aynur Muslima ist, hat sie die unwürdige Rolle der schlechten Tochter, die sich ihre Freiheiten ertrotzt oder durch Vertrauensbrüche erschleicht, abgelegt. Wenn sie Parties ihrer nunmehr vorwiegend islamischen Freundinnen besuchen will, bettelt sie nicht mehr tagelang darum, gehen zu dürfen und macht keine Szenen mehr, sondern gibt sachlich an, wohin sie geht und wann sie zurückkehrt. Im Übrigen haben sich die Rollen verkehrt: jetzt ist sie es, die die Kleidung der Mutter moniert, indem sie ihr z.B. vorhält, dem vom Vater überraschend mitgebrachten Gast das Essen im kurzärmeligen T-Shirt zu servieren. Da die Mutter Beweise verlangte für Aynurs Behauptung, daß die Ärmel bis zu den Handgelenken statt bis zum Ellbogen reichen sollen, las sie ihr die entsprechende Stelle im Koran vor. Ihr Mißtrauen konnte sie jedoch nicht zerstreuen, weil sie nicht lesen und somit den Wahrheitsgehalt nicht überprüfen kann. Auch bemängelt Aynur die Art der Mutter, das Kopftuch zu tragen. Ihrem Argument, sie könne ein eng am Kopf anliegendes Tuch, das freilich den Haaransatz sichtbar läßt, nicht ertragen, setzt sie die eigene Selbstdisziplin, die es ihr ermöglicht, sich ohne Gewöhnung auf das perfekte Kopftuch einzulassen, entgegen. Aynurs gewählte Veränderung ihrer Selbstdefinition vom beaufsichtungsbedürftigen Kind zur selbstverantwortlichen Erwachsenen löst die bestehende Machtbeziehung nicht auf, aber gibt ihr Trümpfe zur Umordnung in die Hand.

Zwar verfährt Aynur nach dem islamischen Leitsatz, daß den Eltern Achtung entgegenzubringen sei, indem sie auf offene Machtkämpfe verzichtet, aber die elterliche Autorität wird rational, auf der Basis des Gegensatzes ‚wahrer' islamischer und scheinbar islamischer bzw. traditioneller Regeln, demontiert. Das Feld der Auseinandersetzungen verlagert sich. Die Töchter erzielen Macht- und Legitimationsgewinne durch den Bezug auf einen skripturalen Islam und auf heilige, unbestreitbare Quellen. Die Geste des Respekts gegenüber den Eltern hat für diese den Vorteil, daß die radikalen und spontanen Konfliktformen sich reduzieren, aber zugleich den Nachteil, daß ihnen die Konditionen für diese Achtung diktiert werden: nämlich eine vernünftige, islamgemäße Ausübung von elterlicher Autorität, die die Wahrung der Persönlichkeitsrechte der Töchter einschließt. Ihnen wird ein vom Universalismus durchdrungener Diskurs aufgezwungen, in den sie sich aber nicht ohne weiteres einklinken können, weil ihnen die islamischen Grundlagen fehlen. Mit der Anerkennung ihrer Gläubigkeit verbinden die Töchter zugleich die Anerkennung als selbstbestimmte Persönlichkeiten, denen aufgrund ihrer Vernunft, Moral und Selbstkontrolle größere Handlungs- und Entscheidungsspielräume zustehen. Sie kombinieren das Angebot einer hochwertigen Selbstkontrolle mit der Reduktion der minderwertigeren Außenkontrolle. Unter Bezug auf den Islam wird die traditionelle Hierarchie scheinbar bestätigt und zugleich demontiert. Wissen, Moral und rationale, kalkulierbare Praktiken, die nicht lebensweltlich verankert sind, werden als Kriterien einer Ordnung der Gleichen eingeführt (vgl. auch Nökel, 1997).

Mit der Konstruktion als modernes islamisches Selbst erfolgt auch eine Rationalisierung der Geschlechterbeziehung.[3] Anhand der islamischen Quellen wird das Verhältnis der Geschlechter zueinander neu vermessen. Koran und Sunna bieten ein relativ fest umrissenes Repertoire von Rechten und Pflichten für beide Geschlechter. Dieses stellen die Neo-Muslimas dem verbreiteten Verteilungsmodell, das Pflichten primär mit Weiblichkeit und Rechte mit Männlichkeit konnotiert, entgegen. Sie verknüpfen alte normativ-rechtliche Regulierungen mit modernen Vorstellungen von Weiblichkeit und Geschlechterverhältnis. Ein zentraler Aspekt ist die Absage an das Hausfrauenmodell und die damit einhergehenden Geschlechterasymmetrie. In diesem Zusammenhang wird festgestellt, daß die Heirat eine Frau nicht zwangsläufig zur Hausfrau und damit zum Gegenstand patriarchalischer Attitüden mache. Der Mann habe die Pflicht, seiner Ehefrau den Lebensstandard zu bieten, den sie vor der Ehe gewohnt war. Das bedeutet im Hinblick auf die aktuelle Lebenssituation der jungen Frauen ein unbestreitbares Recht auf die Fortführung von Ausbildung oder Berufstätigkeit. Ferner sei der Ehemann zuständig für den Haushalt. Er habe entsprechende Leistungen zu vergüten bzw. eine Haushaltshilfe zu finanzieren oder, als moderne Alternative, einen Teil der Hausarbeit zu übernehmen. Diese Beispiele zeigen eine universalistisch aufgeladene Vorstellung vom modernen islamischen konjugalen Paar, die wie-

---

3 Vgl. auch die Beiträge von Klein-Hessling, Klinkhammer und Werner in diesem Band.

derum im Kontext steht von Selbst- und Klassenaffirmation (Foucault, 1989). Die Demontage eines traditionalen Patriarchalismus erfolgt durch eine Feminisierung im, für den guten Muslim, freiwilligen Verzicht auf Vorrechte zugunsten der Frauen. Das zeigt sich auch in der Feststellung, daß die Männer sich ebenso tugendhaft und selbstdiszipliniert wie die Frauen zu verhalten hätten, da sie die gleiche Sorge für die Aufrechterhaltung der gesellschaftlichen Moral trügen. Die alltagspraktische Relevanz liegt auf der Hand: die gleiche Verteilung der Last des „modesty code" (vgl. z.B. Antoun, 1968) verringert die Möglichkeiten weiblichen Fehlverhaltens, z.b. wenn die Männer angehalten sind, in Anwesenheit von Frauen die ‚Augen niederzuschlagen'. Schuld steht ebenso zur Teilung an wie Verzicht, wenn z.b. der Aufenthalt in Schwimmbädern ohne Geschlechtertrennung auch für Männer als unbotmäßig gilt.

Ein anderer Bereich, in dem die Verschiebung der Machtbalancen deutlich zu Tage tritt, ist die Praxis einer Ehevermittlung, in der die Eltern zentrale Positionen innehaben. Das Ideal vom gleichgesinnten konjugalen Paar als Affirmation des Selbst und der Klasse setzt voraus, daß zwei ‚wahre' Muslime zusammenfinden. Da die Eltern als unwissend hinsichtlich der islamischen Prinzipien sowie des Wertes der Übereinstimmung von Bildungsniveau und vor allem Interessens- und Weltanschauungsübereinstimmung gelten und somit außerstande sind, einen ‚wahren' Muslim zu erkennen, begeben sich die jungen Frauen (und Männer) nun selbst auf die Suche nach einem adäquaten Partner. Behilflich sind, wenn nicht der Zufall (z.B. bei Muslimtreffen) vermittelt, gleichgesinnte Freunde. Sie sind auch bei den ersten Treffen zugegen und verleihen der peinlichen Situation des ‚Schaumarktes', die sich aus der Privatheit des elterlichen Wohnzimmers in die größere Distanz erlaubende Öffentlichkeit von z.B. Cafés verlagert, den Schein der Absichtslosigkeit. Erst wenn die Heirat beschlossen ist – ein Entschluß, den nach neo-islamischer Lesart die Eltern nicht torpedieren können, wenn der Auserwählte nachweislich ein guter Muslim ist – erfolgt ein Einklinken in die traditionellen Bahnen. Dann werden die Eltern einbezogen, die ihrerseits den Bewerber und seine Familie prüfen.

Als Resümee läßt sich festhalten, daß Islamisierungsprozesse nicht zwangsläufig in Desintegration und ‚Parallelgesellschaft' (Heitmeyer, 1997) münden. Sie können, im Spiel von Universalismus und Partikularismus ‚auf den Rücken der Einzelnen', ebenso Bestandteil eines hochintegrativen und produktiven Projekts sein.

Literatur

Antoun, Richard T., 1968: On the modesty of women in Arab Muslim villages. American Anthropologist 70, 671-697.

Bourdieu, Pierre, 1982: Die feinen Unterschiede. Frankfurt/M.: Suhrkamp.
Elias, Norbert, 1986: Wandlungen der Machtbalance zwischen den Geschlechtern. Kölner Zeitschrift für Soziologie und Sozialpsychologie 38, 425-449.
Foucault, Michel, 1989: Sexualität und Wahrheit, Bd. 2 und 3. Frankfurt/M.: Suhrkamp.
Heitmeyer, Wilhelm, Joachim Müller und Helmut Schröder, 1997: Verlockender Fundamentalismus. Frankfurt/M.: Suhrkamp.
Murata, Sachiko und William C. Chittick, 1994: The Vision of Islam. New York: Paragon House.
Nökel, Sigrid, 1997: „Vielleicht bin ich sowas wie eine Emanze": Islam und Authentizität in Deutschland. Feministische Studien 15:2, 6-22.
Pieterse, Jan N., 1994: Globalisation as Hybridisation. International Sociology 9, 161-184.

Gritt M. Klinkhammer

Zur Bedeutung des Kopftuchs für das Selbstverständnis von Musliminnen im innerislamischen Geschlechterverhältnis

1. Einleitung

1980 hat Ursula Neumann eine Studie zu den Erziehungszielen und Bildungsvorstellungen der Väter der ersten Generation der türkischen Migranten vorgelegt. Hier lassen sich bereits einige der Konflikte erahnen, die die heute mittlerweile gut ausgebildeten und studierten sogenannten Neo-Musliminnen durch ihre neue entschiedene Religiosität und ihre selbstverständliche Präsenz im öffentlichen Raum dokumentieren.

In der Studie heißt es beispielsweise: Während es mehr als 95% der Väter positiv bis sehr positiv bewerteten, daß ihre Kinder mehr Wissen vermittelt bekommen als sie, daß auch ihre Töchter einen Beruf erlernen und gut deutsch sprechen, fanden es dagegen nur noch 13% gut, wenn ein 12-jähriges Mädchen mit Jungen zum Spielplatz geht, 40%, wenn ein türkisches Mädchen sich wie eine Deutsche kleidet. Lediglich 4% hielten es noch für gut bzw. 16% für weder gut noch schlecht, wenn ein türkisches Mädchen mit deutschen Freunden ins Kino oder zum Tanzen gehen will. Alle Väter waren sich darüber hinaus einig, daß die Religion wichtig für den Menschen sei, nur 39% hielten aber Religionsunterricht für zwar wünschenswert, keineswegs jedoch für unbedingt notwendig.

Die türkischen Väter äußerten also durchaus den Wunsch, daß sich ihre Töchter auf der Ebene von beruflicher und intellektueller Leistung emanzipieren und in die deutsche Gesellschaft integrieren. Gleichzeitig bestand aber die Erwartung, daß sich die Töchter nicht von traditionellen Werten entfremden sollen. Ausdruck finden diese traditionellen türkischen Werte für die Väter im Islam. Der Islam wird von weiten Teilen dieser Generation nicht mit einem Prozeß der aktiven Aneignung und Reflexion des Glaubens und seiner Regeln identifiziert. So betonten die befragten Väter, die angaben, sich enger dem Islam verbunden zu fühlen, den Wunsch, die patriarchalische Struktur der Familie sowohl im Verhältnis zwischen den Geschlechtern wie auch zwischen den Generationen beizubehalten.

Heute sind es insbesondere die gut ausgebildeten und studierten Frauen, die die von den meisten Vätern geforderte islamische Geschlechtertrennung verteidigen. Sie betonen, daß sie sich damit gegen Verwestlichung, Werteverfall und Entfremdung wenden. Ihr nach außen hin unverzichtbares Merkmal ist das Kopftuch, oft auch die entsprechende weite Verhüllung des ganzen Körpers. Diese sich von westlicher Vereinnahmung abgrenzende und um Anerkennung streitende Attitüde teilen sie mit den islamistischen Männern (vgl. die Studien von Göle, 1995; Mihciyazgan, 1995; Nökel, 1996; Seufert, 1997); hier gibt es eine klare Grenzlinie zu einem ‚Außen'. Das Tragen des Tuches kann insofern auch als eine mobilisierte Ausdehnung und symbolische Repräsentation der traditionellen räumlichen Segregation betrachtet werden, die das ‚westliche' Ideal der Geschlechtsneutralität des öffentlichen Raumes negiert. Dennoch sind nach innen, hinter dieser imaginären Frontlinie zum ‚Westen', Modernisierungen und Veränderungen der Geschlechterverhältnisse zu beobachten, die muslimische Frauen gerade durch die Annahme des Islam und das Anlegen des Tuches erstreiten und beanspruchen (hierzu auch Schiffauer, 1984; Seufert, 1997; Mihciyazgan, 1995). Ich möchte dies im Folgenden an zwei Fallbeispielen[1] verdeutlichen.

2. Mihriban und die Neuordnung der Räume

Mihriban war zum Zeitpunkt des Interviews 20 Jahre alt und stand kurz vor ihrer Abiturprüfung. Ihre Eltern beschreibt sie als *„traditionelle"* Muslime. Explizit religiöses Handeln wurde vor allem durch den Vater repräsentiert. Der Vater ging regelmäßig allein in die Moschee. Nur durch *„das Handküssen"* bei Verwandtenbesuchen habe Mihriban realisiert, daß ein muslimischer Festtag ist.

Mit sechs Jahren haben ihre Eltern sie in den Korankurs geschickt. Den Korankurs besuchte sie bis zu ihrem 14. Lebensjahr, allerdings nicht freiwillig, doch sie traute sich nicht, ihrem Vater zu widersprechen. Sie fand den Kurs unsinnig: *„als ob ich irgend einen chinesischen Brief lese und immer wieder, und ich versteh' das nicht, ja?"*. Da sie aber viele ihrer Freundinnen dort traf, waren diese Wochenenden auch angenehm. Über Inhalte der Religion habe sie dort aber nichts gelernt. Das Fasten habe sie schon als Kind gerne mitgemacht, obwohl die Mutter damals immer betonte habe, daß sie dafür noch zu jung sei. Zum Beten habe der Vater sie ab und zu aufgefordert.

---

1 Die Fallbeispiele sind meiner laufenden Untersuchung zu Deutungsmustern junger sunnitisch geprägter Frauen der zweiten Migrantengeneration in Deutschland entnommen. Die Erhebung wurde mittels halboffener Interviews durchgeführt. Zum Verständnis der Beispiele ist anzumerken, daß es hier nicht um die Rekonstruktion faktischer Handlungsabläufe geht, sondern um die Darstellung der Deutungsmuster und Orientierungsrahmen der erzählten Selbstbilder der Frauen.

Mihriban sei dem aber nicht nachgekommen, allerdings ohne dies dem Vater offen zu sagen.

Diese Handlungsstrategie, sich ohne eine offene Konfrontation mit den Eltern gegen Regeln des Islam zu wehren, schien für sie nicht weiter problematisch zu sein. Insbesondere aber die Erwartung, daß Mihriban auch solche Regeln, die ihr Leben außerhalb der Familie beschneiden, einzuhalten habe, habe zu Spannungen im Elternhaus geführt und zu ihrer negativen Einstellung gegenüber dem Islam beigetragen. So erzählt sie, daß sie als Mädchen abends gerne mit ihren Freundinnen ausgegangen wäre und das Verbot, das die Eltern aussprachen, als eine ungerechte islamische Regel verstand. Während sie sich gegen die Ausgangsregeln nicht durchsetzen konnte, eskalierte der Streit in der Frage um das Tragen des Kopftuchs: Das begann damit, daß ihr Vater zur Hadsch fuhr, als sie 14 Jahre alt war. Nach seiner Rückkehr legte die Mutter wieder regelmäßig das Kopftuch an und auch von Mihriban wurde nun verlangt, das Kopftuch zu tragen. Sie wehrte sich aber dagegen, und es gab regelmäßig Auseinandersetzungen in der Familie über diesen Punkt.

Die Gründe, die der Vater für das Anlegen eines Kopftuchs anführte, fand Mihriban inakzeptabel. Sie wirft ihm auch heute noch vor, daß es ihm nur um die Anerkennung seiner muslimischen Freunde ging, die das Tragen des Kopftuchs zur Bewahrung der patriarchalischen Tradition von den Frauen erwarten. Die weitere Begründung des Vaters, daß dies „*der Wille Allahs*" sei, war ihr keine hinreichende Erklärung. Das Verhalten und die Äußerungen des Vaters bestätigten nur ihre Einschätzung, daß der Islam die Frau unterdrücke. Die Religion erschien ihr insgesamt als reine Männersache, die die Männer in der Moschee verhandelten. Zuhause half der Vater nicht im Haushalt, und bei Streitigkeiten darum wies er auf das islamische Recht hin, sich weitere Ehefrauen ins Haus zu holen, was Mihriban „*immer so aufgeregt*" hat, weil es ihr als eine „*Ungerechtigkeit*" erschien.

Die Zeit vor ihrer Hinwendung zum Islam stellt Mihriban insgesamt als Abwehr gegen die Tradition ihrer Eltern dar, vor allem soweit diese ihre Bewegungs- und Handlungsfreiheit unter Nicht-Muslimen und Deutschen betraf. Der Islam scheint in dieser Zeit für Mihriban immer auch eine bedrohliche Größe gewesen zu sein, die ihre Freiheit und Selbständigkeit gefährdete.

Obwohl sie sich ihren Eltern gegenüber scheinbar rein praktisch durchgesetzt hatte, stellt sie die Folgesituation als unbefriedigend dar. Mihriban begründet dies mit der starken Trennung von familiärer und schulischer Situation. Für sie änderte sich diese Situation, als zum Ende der 10. Klasse durch den Klassenlehrer eine Projektwoche zum Thema ‚Islam' angeregt wurde. Sie beschreibt, wie sie nun zum ersten Mal als Türkin und Muslimin von ihren Mitschülerinnen und Mitschülern wahrgenommen und befragt wurde. In der Klasse überantwortete man ihr selbstverständlich die Kompetenz zum

Thema, und sie empfand zum ersten Mal ihre Unkenntnis über den Islam als Mangel: Mihriban fühlte sich plötzlich zugehörig zum Islam und selbstverständlich verbunden mit dieser Religion als ‚ihrer Religion'.

Daraufhin begann sie, sich über den Islam zu informieren. Sie ließ sich für das Klassenprojekt von einem verwandten Hodscha beraten und stimmte dann auch seinem Vorschlag zu, in den Ferien eine deutsche islamische Sommerschule zu besuchen. Entgegen ihren Erwartungen fühlte sie sich in der Sommerschule sehr wohl. Sie traf dort andere gleichaltrige Mädchen, die die gleichen Probleme mit dem Islam und mit ihren Eltern hatten wie sie.

Mihriban hebt als besonders positiv hervor, daß sie von ihren Lehrern nicht nur zur Nachfrage motiviert, sondern auch zum Selbststudium des Koran aufgefordert wurde, was ihr bis dahin völlig fremd war. Ihre Kritik, daß *„die Frau ... wirklich unterdrückt (ist) im Islam"* konnte sie vorbringen und diskutieren. Insbesondere die Erläuterungen zu Entstehungsbedingungen des Islam und koranischer Verse eröffneten ihr neue Perspektiven zum Verständnis islamischer Ideen. Mihriban verarbeitet die unterschiedlichen Erfahrungen, die sie mit dem Islam macht, indem sie fortan zwischen *„wahrem Islam"* und *„Tradition"* unterscheidet:

„... das ist der Knackpunkt, ... und das mach' ich jetzt immer noch, immer diesen Strich zwischen den Muslimen und dem Islam zu ziehen, zwischen Tradition und dem wahren Islam. Und das konnte ich halt früher nicht, weil ich nicht wußte, was der Islam ist, ..."

Unverständliche und von ihr nicht akzeptierte Handlungsvorschriften, die sie bisher dem Islam zugeschrieben hatte, bezieht sie nun auf die Unwissenheit der Muslime und die Unzulänglichkeit der Traditionsbildung. Insbesondere in bezug auf das Thema ‚Frau im Islam' macht sie neue Entdeckungen und versteht den Islam nun als fortschrittlich gegenüber den Rechten der Frau.[2] Diese Entdeckungen benennt sie als entscheidend für ihre Hinwendung zu ihrer Religion. Sie fühlt sich bestätigt in ihren emanzipativen Grundpositionen: das, was Allah im Koran über die Frauen sagt, *„gefällt"* ihr. Somit begann sie, sich für ‚ihre Religion' zu *„faszinieren"* und sie anzunehmen.

Schon bei der Rückkehr aus dieser Sommerschule verteidigte sie den Islam gegenüber ihren skeptischen und unwissenden Cousinen und Freundinnen. Sie beschloß, es sich zur Aufgabe zu machen, die Musliminnen aufzuklären. In der einen Woche, die sie noch Ferien hatte, begann sie das Kopftuch zu tragen, das sie fortan auch in der Schule anlegte. Mihriban engagierte sich weiter, begann Bücher über den Islam zu lesen und setzte ihren Wunsch um, muslimische Frauen aufzuklären, indem sie eine Frauengruppe gründete.

---

2 In diesem Rahmen können nur wenige Beispiele angedeutet werden: Zentral ist beispielsweise eine historisch gebundene Rekonstruktion zur Frage der Polygynie und der Interpretation, daß Allah für die Gläubigen das Ideal der Monogamie vorgesehen habe. Ähnliches gilt für die allgemeine Verbesserung der rechtlichen Stellung der Frau durch den Islam. Verschiedene Koranstellen und Hadithe werden als Beleg für die religiöse Gleichbehandlung und Wertschätzung von Frauen angeführt.

Nachdem sie in der Moschee einen Frauenraum erstreiten konnte, geht sie heute regelmäßig in die Moschee und leitet dort ihre Frauengruppe. Sie ist Mitglied der Milli Görus (AMGT) geworden und koordiniert den Austausch von muslimischen Mädchengruppen in den umliegenden Städten.

Mihriban hebt in ihren Erzählungen und Beschreibungen hervor, daß und wie sich durch ihre Annahme des Islam die Familiensituation für alle Beteiligten verbessert habe. Sie resümiert, daß in der Familie der Islam nun „*wirklich praktiziert*" werde. Dazu führt sie aus, daß der Vater heute im Haushalt hilft, die Familie sich durch Aufgabenteilung gegenseitig unterstützt und nun nicht mehr die Mutter den Haushalt allein führen muß. Auch habe sie nun die Freiheit, außer Haus zu gehen, wann sie will, ohne sich rechtfertigen zu müssen.

Mihriban erzählt ihre Entwicklung hin zum Islam als eine Geschichte der Intellektualisierung des Umgangs mit der Religion und der Emanzipation von Fremdzwängen, insbesondere in bezug auf ihre Familie. Die Aneignung des Islam bedeutet für sie die Befreiung aus der Vormundschaft der Eltern, ohne sich aber von der Familie abkehren zu müssen. Im Gegenteil leistet ihre erworbene Kompetenz und Autorität in Sachen islamischer Lebensführung die Möglichkeit, nach ihren Vorstellungen auf Rollenveränderungen innerhalb der Familie zu insistieren. Die intellektuelle Aneignung der islamischen Lehre stellt sich für Mihriban sowohl im Rahmen der Familie als auch der Moscheegemeinde als ein emanzipativer Akt dar, durch den sie einen Zuwachs an Handlungsautonomie, insbesondere gegenüber den männlichen Muslimen, gewinnt.

3. Hatice – Selbstbehauptung durch Sakralisierung des Körpers

Eine spezifische Bedeutung in bezug auf ihren Selbstentwurf bekommt auch für Hatice das Anlegen des Kopftuches. Hatice war zum Zeitpunkt des Interviews 23 Jahre alt und bereits geschieden von einem türkischen „*nicht gläubigen Muslim*", den sie gegen den Willen ihrer Eltern geheiratet hatte. Sie studiert Politik, Anglistik und Arabisch 600 km von dem Wohnort ihrer Eltern entfernt.

Anders als Mihriban beschreibt Hatice ihren Weg zum Islam als einen längeren persönlichen Entwicklungsprozeß, der durch Krisen, insbesondere vor und während der Scheidungsphase, von einer inneren Annäherung und Gläubigkeit zur auch äußeren Zugehörigkeit führte. So betont auch sie für ihren Weg, daß sie das Kopftuch freiwillig anlegte. Mehr noch, sie erzählt, daß sie mit der Entscheidung, das Kopftuch zu tragen, gegen die Erwartungen ihrer Eltern gehandelt habe, die Angst hatten, daß Hatice sich damit ihre berufliche Laufbahn verbaut. Während Mihriban eine Integration in das Leben der Moschee anstrebte, lebt Hatice vor allem im Kreis anderer Musliminnen, liest mit ihnen im Koran und studiert die dazugehörigen Kommentare. Mitglied in einem muslimischen Verband möchte Hatice auf keinen Fall werden. Diese Art von Festlegung und Abgrenzung durch eine Mitgliedschaft ist ihrer Ansicht nach unislamisch, weil es der Einheit der Umma, der muslimischen Gemeinschaft, widerspreche.

Wie Mihriban auch erkennt Hatice die islamische Auffassung an, daß es der Frau obliegt, die Abgrenzung zum männlichen Geschlecht durch die Verhüllung des Körpers vorzunehmen. Hatice hat sich schon nach kurzer Zeit der Verhüllung ihrer Haare einen grünen Tschador geschneidert. Obwohl sie die Wahl der Farbe und die Größe des Tuches mit rein ästhetischen Argumenten begründet, dürfte seine Symbolkraft gegenüber anderen Muslimen nicht zu unterschätzen sein: Die Farbe grün ist die Farbe des Propheten, und der Tschador wird mit einer besonders strengen Einhaltung der islamischen Gebote verbunden. Hatice beschreibt sodann sehr anschaulich, wie sie gerade im Kontext islamisch sozialisierter Männer durch das Tragen des Tschadors Respekt und auch Macht erfährt:

„Für mich ist es eine Form der Befreiung. Ich kann mich besser entfalten, ich kann, ich werde ganz anders auch behandelt von den anderen Menschen. Hm, das ist ziemlich interessant, wenn Du bloß in die Unibibliothek schon gehst, wie dich da die ganzen, wie sich da die Araber benehmen, die Palästinenser, die Türken gegenüber einer verschleierten Frau. Die Männer, die aus einem islamischen Kontext herauskommen, wie die sich gegenüber verschleierten Frau benehmen und einer nicht-verschleierten. Das ist halt so. Die gläubigen, natürlich die gläubigen Männer verhalten sich gegenüber allen Frauen gleich. Es ist aber halt so sehr interessant zu sehen, wie die, ja, Halbgläubigen (lacht) sich verhalten, das ist sehr interessant. Manche fressen andere Frauen mit Blicken auf, und wenn ich da langkomme, trauen sie sich nicht hochzugucken."

Hatice exemplifiziert in dieser Erzählung, wie ihre durch den Schleier öffentlich gemachte Gläubigkeit die *„Halbgläubigen"* in Schranken weist und die Männer an die religiösen Pflichten und den Respekt erinnert, den sie einer gläubigen Frau schulden. Der Tschador ist für sie öffentlicher Ausdruck ihrer Religiosität und auch ihrer Unantastbarkeit, weil Rechtgläubigkeit, gegenüber muslimischen Männern. Durch das Tragen des grünen Tschadors betont sie ihre besondere Gebundenheit an Allah, nicht die Gebundenheit an einen männlichen Haushalt. Denn sie setzt durch ihre selbstverständliche Vereinnahmung der öffentlichen Räume ein Zeichen ihrer Eigenständigkeit. Ihrem selbstbewußten Umgang mit islamischer Symbolik entspricht auch, daß sie sich individuell eine gewisse Wahlfreiheit im Blick auf Abweichungen von den religiösen Pflichten zugesteht, zum Beispiel vom fünfmaligen täglichen Gebet.

In diesem Sinne, daß Hatice eigenständig ihren Handlungsraum und ihre Handlungsweise bestimmt, formuliert sie auch ihre Zukunftsvorstellungen:

Zwar hält sie Mutterschaft und die Erziehung der Kinder für eine wichtige Aufgabe einer muslimischen Frau. Allerdings möchte sie – wie auch Mihriban – berufstätig bleiben. Hierin liegt ein besonderer Konflikt zwischen ‚islamistischen' Männern und ‚neo-muslimischen' Frauen. Beide bewerten es ganz im islamischen Sinne als positiv, daß beide Geschlechter Bildung erstreben. Während jedoch von männlicher Seite immer wieder auf die religiöse Pflicht der Kindererziehung hingewiesen wird, die mit der Berufstätigkeit nicht zu vereinbaren sei, versuchen Frauen auf die Wichtigkeit ihres Beitrages im öffentlichen Raum der Gesellschaft hinzuweisen. Hatice legitimiert darum ihr Studium und ihren Wunsch auf Berufstätigkeit damit, daß sie ihre spätere Berufsausübung zum ‚Dienst am Islam' erklärt. In Abgrenzung zu einem westlichen „Ich-Findungs-Drang" erklärt sie ihr Studium und vor allem den späteren Beruf als Dienst für eine alternative islamische Gemeinschaft. In einer nicht-islamischen Gesellschaft wird damit der Frau ein quasi innerislamischer Missionsauftrag zugesprochen. Das bedeutet insgesamt eine Aufwertung ihrer Rolle: Zum einen ist ihre Pflicht nicht mehr darauf beschränkt, das Haus ‚nur' zu versorgen, sondern das islamische Leben zu fördern und zu gestalten durch ihren öffentlichen Erziehungsauftrag. Zum anderen wird die Frau durch solche Aufgaben nicht nur praktisch, sondern auch theoretisch aus der Abhängigkeit vom Mann bzw. der Familie gelöst, da dieser Auftrag von ihr in der Verantwortung vor Gott und nicht in einer Dienstschaft gegenüber dem Mann als Oberhaupt der Familie verstanden wird. Das Kopftuch – und bei Hatice der Tschador – bekommt zur innerislamischen Durchsetzung dieser öffentlichen Aufgabe eine tragende Bedeutung: Das Tuch kann innerislamisch als Erweis einer echten islamischen Gesinnung und Lebensführung dienen, ohne daß die Frau an einen Haushalt räumlich oder sozial gebunden ist. Nach außen kann das Tuch der Frau als sichtbares und darum öffentliches Zeichen der Präsenz der Muslime in der deutschen Gesellschaft dienen und wird darum gleichzeitig mit einer Demonstration des Anspruchs auf die Durchsetzung islamischer Werte verbunden.

4. Resümee

Das Tragen des Tuches bedeutet für Mihriban und Hatice sicherlich nach wie vor die Anerkennung gewisser sittlicher und moralischer Werte gegenüber muslimischen Männern und Frauen. Darüber hinaus erscheint im Falle Mihribans das Kopftuch als symbolisches Instrument der Konfliktlösung zwischen den widersprüchlichen Ansprüchen und Erwartungen der Generationen und Geschlechter. In beiden Fällen erwerben sich die Frauen Autorität und eine gewisse Unabhängigkeit gegenüber den traditionellen bzw. islamistischen Männern; man könnte sagen: durch die Einsetzung einer ‚höheren'

Autorität – der des Islam bzw. der persönlichen Beziehung zu Allah wie im Falle Hatices – verschaffen sie sich eine Instanz zum Schutz vor einer vermeintlichen Autorität muslimischer Männer gegenüber den Frauen. Wenn auch die Auffassungen der Frauen mit dem Anlegen des Tuches äußerlich in traditionellen islamischen Bahnen zu verlaufen scheinen, so ist es gerade für die innerislamische Dynamik von Bedeutung, daß dies nicht auf der Basis eines traditionalen Beziehungs- und Religionsverständisses geschieht. Die beiden interviewten neo-muslimischen Frauen haben ihre Verhüllung vom Selbstverständnis her individuell gewählt, sie fühlen sich weder an einen Mann noch an ihre Eltern gebunden, und die Religion des Islam interpretieren sie von der Erfahrung ihrer Eigenständigkeit her. Im Rahmen dieser Einzelfälle ist überdies zu beobachten, daß die Frauen sich jeweils ein eigenes islamisches soziales Netzwerk schaffen, das sie zur Unterstützung und Weiterentwicklung ihrer selbstbewußten Position nutzen.

Die Bedeckung durch das Kopftuch hat für Mihriban und Hatice eine jeweils persönliche Bedeutung über die allgemein ideell islamische Bedeutung hinaus. Beiden dient das Kopftuch als symbolisches Zeichen und die intellektuelle Reflexion der islamischen Gebote auf ihre Weise als Versöhnung mit ihrer religiösen Tradition. Das Kopftuch ist für sie das äußere Zeichen der Zugehörigkeit zum Islam, das sie befähigt, innerhalb des Islam ihre emanzipativen Ansprüche gegenüber muslimischen Männern zu artikulieren und durchzusetzen. Nur aufgrund dieser Eröffnung von Handlungsmöglichkeiten können sie das Kopftuch auch als einen inneren Ausdruck ihrer Religiosität annehmen.

Literatur

Göle, Nilüfer, 1995: Republik und Schleier. Die muslimische Frau in der modernen Türkei. Berlin: Babel-Verlag.
Mihciyazgan, Ursula, 1995: Geschlechterdifferenz in kulturvergleichender Perspektive. Unveröffentl. Vortrag gehalten in Marburg.
Neumann, Ursula, 1981: Erziehung ausländischer Kinder. Erziehungsziele und Bildungsvorstellungen in türkischen Arbeiterfamilien. Zweite Auflage, Düsseldorf: Schwann.
Nökel, Siegrid, 1996: „Ich hab ein Recht darauf, meine Religion zu leben": Islam und zweite Migrantengeneration in der Bundesrepublik Deutschland. S. 275-303 in: Günther Schlee und Karin Werner (Hg.): Inklusion und Exklusion. Köln: Köppe.
Schiffauer, Werner, 1984: Religion und Identität. Eine Fallstudie zum Problem der Reislamisierung bei Arbeitsmigranten. Schweizerische Zeitschrift für Soziologie 10, 485-516.
Seufert, Günter, 1997: Politischer Islam in der Türkei: Islamismus als symbolische Repräsentation einer sich modernisierenden muslimischen Gesellschaft. Stuttgart: Steiner.

Monika Wohlrab-Sahr und Julika Rosenstock

Religion – soziale Ordnung – Geschlechterordnung. Zur Bedeutung der Unterscheidung von Reinheit und Unreinheit im religiösen Kontext[1]

1. Einleitung

Der Zusammenhang von Religion und Geschlechterverhältnis ist bisher eher im Kontext der feministischen Theologie reflektiert worden als daß er Gegenstand eigenständiger soziologischer Betrachtung geworden wäre. Wo soziologische Arbeiten vorliegen, nähern sie sich dem Thema häufig über den Zugang ‚Frauen im religiösen Kontext' (so mehrheitlich in: Swatos, 1994), ohne daß dabei allerdings der Zusammenhang von Religion und Geschlechterverhältnis systematisch untersucht wird. Erst in den letzten Jahren begann im Zuge der Auseinandersetzung mit dem Thema ‚Fundamentalismus' in seinen christlichen (Riesebrodt, 1990; Griffith, 1997), jüdischen (Davidman, 1991; Kaufman, 1991) und islamischen Spielarten (Riesebrodt, 1990) sowie vereinzelt auch in Bezug auf neue religiöse Bewegungen (Palmer, 1994) ansatzweise die Reflexion über diesen Zusammenhang.

Fundamentalistischen Bewegungen kommt im Hinblick auf diese Frage insofern eine besondere Bedeutung zu, als sie in der Regel eine explizite Verbindung zwischen religiöser Ordnung, sozialer Ordnung und Geschlechterverhältnis behaupten. Die Ordnung des Sexuellen, das Verhältnis von Männern und Frauen sowie die strikte Trennung von öffentlicher und privater Sphäre und damit verknüpfte geschlechtstypische Zuschreibungen nehmen dabei eine zentrale Stelle ein. Allerdings, so wollen wir in diesem Aufsatz zeigen, ist dieser Zusammenhang nicht nur auf den Fundamentalismus beschränkt. Im Verlauf der Religionsgeschichte haben religiöse Gruppen immer wieder eine enge Verbindung zwischen Religion, sozialer Ordnung und Geschlechterordnung hergestellt.

Wir wollen in diesem Aufsatz einige theoretische Überlegungen zur Logik dieser Verbindung anstellen. Wir beginnen mit einem Überblick über einige neuere Arbeiten zum Fundamentalismus, die wir daraufhin betrachten werden, in welcher Weise die religiös legitimierten und reaktualisierten For-

---

1 Für kritische Anmerkungen zu einer früheren Fassung dieses Textes danken wir Detlef Pollack und Werner Sahr.

men der Geschlechterdifferenzierung auf soziale Veränderungen im Sinne verstärkter funktionaler Differenzierung bezogen sind. Während es in diesem ersten Teil darum geht, am Beispiel des Fundamentalismus faktischen Verknüpfungen zwischen Religion, sozialer Ordnung und Geschlechterordnung und deren ‚sozialem Sinn' nachzugehen, wollen wir uns in einem zweiten Schritt der Frage zuwenden, worin die enge Verbindung dieser beiden Bereiche begründet liegt. Dabei nehmen wir Bezug auf Max Webers These von der „wechselseitigen Vertretbarkeit" der religiösen und der erotischen Sphäre, die – anders als die Beziehung zwischen anderen Sphären – in einer vergleichbaren Erfahrungsqualität, der Erfahrung der „Einswerdung", begründet liegt. Diese dient, so unsere These, einerseits der *symbiotischen Fundierung'* sozialer Regulierungen, wird aber durch diese Regulierungen andererseits in ihrer Dynamik auch unter Kontrolle gehalten.

In einem dritten Schritt befassen wir uns mit der Seite der sozialen Regulierung, die die Verbindung von Religion und Geschlechterverhältnis auf Dauer stellt. Neben der religiösen Legitimierung der Ehe als zentraler institutioneller Fassung des Geschlechterverhältnisses ist es vor allem eine symbolische Unterscheidung, die in dieser Hinsicht relevant wird: die Unterscheidung von Reinheit und Unreinheit. Im Anschluß an die Religionstheorie Niklas Luhmanns entwickeln wir die These, daß die Unterscheidung von Reinheit und Unreinheit sich als Zweitcodierung mit der für das Religionssystem charakteristischen Unterscheidung von Immanenz und Transzendenz verbindet. Es ist, so unsere Annahme, diese Verbindung, über die sich der Zusammenhang von Religion und Geschlechterverhältnis stabilisiert. Die Relevanz dieser Verbindung besteht in drei Leistungen: (a) sie macht – *auf der Ebene des Religionssystems* – die Seite der Transzendenz anschlußfähig an immanente Problemlagen; (b) sie erbringt – *auf der Ebene sozialer Ordnungen* – die Leistung der Legitimierung und religiösen Überformung einer zentralen gesellschaftlichen Ordnungsdimension, und (c) sie verbindet – *auf der Ebene religiöser Gruppen* – die Ordnung zwischen den Geschlechtern im Inneren der Gruppe mit einer Abgrenzung gegenüber der ‚unreinen' Umwelt, so daß religiöse Wir-Gruppenbildung und Geschlechterordnung sich wechselseitig stützen.[2]

---

2   Dieses Phänomen ist auch für nichtreligiöse Gruppenbildung relevant. Dort wird die auf die Grenzen zwischen In- und Outgroup zielende Unterscheidung rein/unrein häufig zur Unterscheidung sauber/schmutzig (Elias und Scotson, 1993 [1965]). Fremde werden als solche dann vor allem auch moralisch-hygienisch identifiziert (vgl. Guttandin, 1994). Zu Wir-Gruppen-Prozessen allgemein vgl. Elwert (1989).

2. Religion, soziale Ordnung und Geschlechterordnung im Fundamentalismus

Welch zentrale Stelle Fragen des Geschlechterverhältnisses in fundamentalistischen Gruppen einnehmen, zeigte sich erst kürzlich wieder an der Reaktion jüdischer Fundamentalisten auf die Nominierung der transsexuellen Sängerin Dana International als Repräsentantin Israels beim Grand Prix d'Eurovision 1998. Dies provozierte den Protest von Vertretern der ultraorthodoxen Shas-Partei, die die Geschlechtsumwandlung als einen Akt „schlimmer als Sodomie" bezeichneten. Während die Fundamentalisten hier letztlich erfolglos waren, hatten sie kurze Zeit vorher einen Sieg davon getragen: sie verhinderten den lange geplanten Auftritt eines Balletts bei den Feierlichkeiten anläßlich des 50. Jahrestags der Staatsgründung, weil dort Tänzer mit nacktem Oberkörper auftreten sollten. Bestand der Affront im einen Fall in der ‚Vermischung' von als natürlich angesehenen Geschlechterunterscheidungen, also in der Aufhebung der Geschlechterklassifikation, die mit der Überschreitung der Grenze zwischen Mensch und Tier gleichgesetzt wurde, galt im anderen Fall die öffentliche Präsentation halbnackter Körper als verwerfliche Aufhebung der Grenze von Öffentlichkeit und Privatheit und damit als Unzucht.

Auch eine Fülle neuerer Arbeiten über fundamentalistische Bewegungen im Kontext des Christentums und des Islam weisen auf die zentrale Stellung hin, die in den dort vertretenen religiösen Vorstellungen und der religiös begründeten Lebensführung dem Geschlechterverhältnis zukommt. In einigen dieser Arbeiten werden auch Zusammenhänge aufgezeigt zwischen der Propagierung einer religiös fundierten Geschlechterordnung und Veränderungen in der Sozialstruktur in Richtung auf funktionale Differenzierung. Die fundamentalistischen Bewegungen erscheinen auf diesem Hintergrund als eine spezifische Form des Protests gegenüber diesen Veränderungen und den damit verbundenen Konflikten und Entwertungserfahrungen. Begriffe wie „patriarchale Protestbewegung" oder „accomodating protest" stehen für diese Perspektive.

Aber auch umgekehrt finden sich Belege dafür, daß dort, wo die soziale Ordnung als solche im Sinne einer stärkeren funktionalen Differenzierung verändert wird und dabei der öffentliche Einfluß der Religion zurückgedrängt werden soll, in exemplarischer Weise die Geschlechterordnung ins Visier genommen wird. Dies zeigt sich am Beispiel der kemalistischen Reformen in der Türkei, auf die wir später noch einmal eingehen werden, besonders deutlich.

2.1 Fundamentalismus als „patriarchalische Protestbewegung"

In seinem Buch „Fundamentalismus als patriarchalische Protestbewegung" analysiert Martin Riesebrodt in einer vergleichenden Perspektive den christlichen Fundamentalismus in den USA zu Beginn des Jahrhunderts und den schiitischen Fundamentalismus im Iran während der 1960er und 70er Jahre. Trotz vieler Unterschiede, so Riesebrodt, weisen doch beide Bewegungen, die er als städtische Protestbewegungen identifiziert, einige zentrale gemeinsame Grundzüge auf. Einen dieser Grundzüge sieht er darin, daß es sich in beiden Fällen um Formen radikalen Traditionalismus handle. Dabei zielt der Begriff „Tradition" auf spezifisch strukturierte Sozialbeziehungen und ethische Regulierungen der Lebensführung, gegen deren Transformation der Protest sich richtet (Riesebrodt, 1990: 216). Es handle sich „primär um patriarchale Strukturprinzipien und kulturspezifische patriarchalische Strukturformen, die der Fundamentalismus zu erhalten bzw. wiederherzustellen sucht". Insofern sei „der radikale Traditionalismus unter dem Einfluß rapider Urbanisierung und Modernisierung im Kern ein radikaler Patriarchalismus" (ebd.: 216), dessen Radikalisierung wiederum bedingt sei durch den Legitimationsdruck, unter den die ‚traditionelle' Lebensform in Folge dieser Transformation gerate (ebd.: 215).

Im Zentrum der fundamentalistischen Gesellschaftskritik, so zeigt Riesebrodt an beiden Bewegungen, steht die Auseinandersetzung mit dem, was als ‚moralischer Verfall' der Gesellschaft aufgefaßt wird. Dabei geht es an zentraler Stelle um die Veränderung der Familienstrukturen und insbesondere um die Rolle der Frau. Der Großteil der angeprangerten Phänomene bezieht sich auf die Präsentation des weiblichen Körpers und die Entprivatisierung der weiblichen Sexualität. An der unzüchtigen Bekleidung von Frauen in der Öffentlichkeit, die die männliche Sexualität aufreize, aber auch an unkontrollierten Begegnungsmöglichkeiten zwischen den Geschlechtern, an Prostitution und Pornographie, Ehebruch und Scheidungen offenbaren sich der fundamentalistischen Kritik zufolge die Dekadenz der Gesellschaft und der Abfall vom göttlichen Gesetz. Daraus resultieren dann in dieser Perspektive zwingend notwendig die Wiederherstellung oder weitestgehende Erhaltung einer strikten Rollentrennung und die Zuweisung getrennter Sphären an Mann und Frau, in denen beide ihre ‚natürlichen Aufgaben' finden.

Riesebrodt verweist darauf, daß der Fundamentalismus zwar vorrangig die Auflösung patriarchalischer Strukturen und Moralität in den primären Sozialbeziehungen zum Thema macht, daß sich dasselbe Grundmuster jedoch auch in der Kritik an Politik und Ökonomie findet. Folglich sieht er den Konflikt zwischen Fundamentalismus und Modernismus – und hier schließt Riesebrodt explizit an Max Weber an – als „eine Auseinandersetzung um gesellschaftliche Organisationsprinzipien" (ebd.: 239) an, insofern die Vorstellungen des Fundamentalismus von einer legitimen Ordnung an patriarchale Strukturprinzipien und Wertvorstellungen geknüpft seien, gegen deren Erosion und Transformation in versachlichte, entpersonalisierte Strukturprinzipien er protestiere. Fundamentalismus sei demnach eine Reaktion auf einen epochalen Umwandlungsprozeß der Grundlagen zwischenmenschlicher Beziehungen in allen Gesellschaftsbereichen und in diesem Sinne „antimodernistisch".

Riesebrodt betont, daß der radikale Patriarchalismus sich in vielerlei Hinsicht vom traditionellen Patriarchalismus unter kleinstädtischen oder ländlichen Bedingungen unterscheidet. Gerade weil sich im industrialisierten und urbanen Kontext die strikte Trennung der Geschlechterrollen nicht mehr konsequent verwirklichen lasse, müßten die Anstrengungen zur Kontrolle der weiblichen Sexualität in der Öffentlichkeit verstärkt werden. Der Verlust an realer Separierung werde durch verstärkte symbolische Separierung kompensiert, und so versuche man das, was an strukturellen Wandlungsprozessen nicht zu verhindern sei, zumindest sozialmoralisch zu kontrollieren und zu kanalisieren.

2.2 Islamischer Neotraditionalismus und „accomodative protest" muslimischer Frauen

Der Rolle der Frauen in islamischen Kontexten und der Bedeutung eines ‚neotradionalistischen' Bezugs auf den Islam widmen sich auch die Studien von Arlene MacLeod (1992) und Karin Werner (1996; in diesem Band). Beide Autorinnen setzen in ihren Untersuchungen bei der unter muslimischen Frauen in Kairo zunehmend verbreiteten Praxis, sich wieder zu verschleiern, an und fragen nach der Bedeutung dieser Praxis. Sie gehen dabei in ihrer Argumentation mit Riesebrodts Analysen über weite Strecken konform, untersuchen jedoch genauer die spezifischen Konfliktlagen, die für Frauen in Ägypten aus den gesellschaftlichen Veränderungsprozessen resultieren. MacLeod spricht in diesem Zusammenhang davon, daß Frauen in einem Double Bind von ökonomischer Ideologie, die Frauen verstärkt auf den Arbeitsmarkt drängt, auf der einen Seite und einer von Männern wie von Frauen gleichermaßen geteilten Geschlechterideologie, die Frauen die Aufgaben der Ehefrau und Mutter als ‚natürliche' Aufgaben zuweist, auf der anderen Seite, gefangen seien. Da die Frauen der Mittelschicht in ihrer Lebensführung dieser Geschlechterideologie nicht mehr entsprechen könnten, diese aber gleichwohl aufrechterhalten werde, seien sie mit dem Verlust sozialer Achtung konfrontiert, den die geringen ökonomischen Gewinne nicht kompensieren könnten. Auf diesen Hintergrund sieht MacLeod die Verschleierung bezogen: Sie symbolisiere einerseits den Protest der Frauen gegenüber den Erfahrungen sozialer Entwertung, signalisiere aber gleichzeitig die Akzeptanz einer Sicht, derzufolge Frauen sexuell suspekt und von

Natur aus dem häuslichen Bereich zugeordnet sind und daher – als berufstätige Frauen – als Eindringlinge in der Welt der Männer zu betrachten seien. MacLeod interpretiert die Verschleierung als eine Form von fügsamem Protest (accomodating protest) und als einen hoch selektiven Versuch, bestimmte Ideale der islamischen Tradition wieder zu beleben. Einen janusköpfigen Versuch allerdings, insofern das Symbol des Schleiers zwar die Würde der Frau betone, dies aber mit der Konnotation von Abschluß und Restriktion verknüpfe.

Im Symbol des Schleiers verbinden sich religiös begründete Vorstellungen von Reinheit mit dem Konzept der Geschlechtsehre, das für Männer und Frauen unterschiedliche Verhaltensweisen normativ festlegt. Ehre aber rekurriert als partikulares Konzept immer auf soziale Schließung. Die Paradoxie der Verwendung des Schleiers, wie sie in MacLeods Untersuchung deutlich wird, besteht also darin, daß sich Momente sozialer Öffnung mit solchen sozialer Schließung verbinden: Der Zutritt von Frauen in öffentliche Bereiche erfolgt nicht in ‚geschlechtsneutraler' Weise, sondern indem mittels des Schleiers gerade ihre Differenz und zudem ihre Nichtzugänglichkeit als sexuelle Wesen herausgestellt wird. Gerade diese Paradoxie von Öffnung und Schließung aber ist es, die es Frauen in bestimmten Kontexten möglich macht, das Tragen des Schleiers instrumentell einzusetzen.

Karin Werner (1996; in diesem Band) analysiert die strukturellen Widersprüche, die für junge, unverheiratete Frauen in Ägypten mit Modernisierungsprozessen verbunden sind. Sie zeigt, mit welchen Paradoxien diejenigen jungen Frauen konfrontiert sind, die einerseits an einer westlich orientierten, gemischten Jugendkultur inklusive sexueller Kontakte partizipieren, gleichzeitig aber außerhalb dieser Subkultur der Norm der Jungfräulichkeit und dem Prinzip arrangierter Heiraten verpflichtet bleiben. Die Partizipation am öffentlichen Raum – differenzierungstheoretisch gesprochen: die stärkere Inklusion von Frauen in neue gesellschaftliche Bereiche – verursacht für sie extrem hohe Kosten und ist mit massiven Entwertungen verbunden. Jene Frauen, die beginnen, sich – teils in moderater, teils in äußerst strenger Form – zu verschleiern, signalisieren die Abgrenzung gegenüber dieser Jugendkultur und damit auch von den jungen Frauen, die daran teilhaben und sich dadurch in ihren Augen als künftige Ehefrauen disqualifizieren. Die Verschleierung impliziert demnach zwar eine Einschränkung des persönlichen Handlungsspielraums, entlastet aber auch von den damit verbundenen Risiken. Sie verringert so die Folgekosten widersprüchlicher Modernisierung, wirkt aber gleichzeitig distinktiv im Hinblick auf andere Frauen, die als unrein und damit im Sinne einer moralischen Ökonomie als ‚ehrlos' kategorisiert werden.

Die genannten Untersuchungen stimmen darin überein, daß sie den Fundamentalismus bzw. die Verwendung zentraler Symbole islamistischer Bewegungen als Antwort auf Probleme interpretieren, die für bestimmte Gruppen aus dem Modernisierungsprozeß resultieren. Dabei wird dieser Prozeß – explizit oder implizit – als Tendenz zu stärkerer funktionaler Differenzierung gefaßt. Bei Riesebrodt meint dies die Ablösung personalistisch-patriarchaler durch versachlichte Sozialbeziehungen, bei MacLeod und Werner geht es vor allem um die verstärkte – aber in sich widersprüchliche – Inklusion von Frauen in gesellschaftliche Funktionsbereiche. Fundamentalismus oder islamistische Praktiken wären dann eine Antwort auf anomische Prozesse im Zuge funktionaler Differenzierung.

Betrachtet man die hier zum Tragen kommenden religiösen Lösungsformen in einer differenzierungstheoretischen Perspektive, so rekurrieren die Gruppen, indem sie die Geschlechterdifferenzierung symbolisch verstärken (vgl. dazu Tyrell, 1986), auf ein fundamentales Ordnungsprinzip, das als ‚natürliches' den Verwerfungen des neuen funktionalen Differenzierungsprinzips entgegengestellt wird. Entgegen der ‚gleichmacherischen' Entwicklungstendenz funktionaler Differenzierung wird eine hierarchische und extrem polarisierte Geschlechterklassifikation als ‚natürliche' und von Gott gewollte Ordnung festgeschrieben.

2.3 Geschlechterverhältnis und Religion im türkischen Modernisierungsprojekt: „Zivilisierung des Familienlebens"

Mit demselben Zusammenhang – dabei aber die Vorgeschichte des Fundamentalismus stärker akzentuierend – befaßt sich die Studie der türkischen Soziologin Nilüfer Göle (1995) „Republik und Schleier". Diese Vorgeschichte ist in der Türkei bestimmt durch den Modernisierungsprozeß im Kemalismus. Göle zeigt, daß diese Modernisierung von oben, die auch eine Zurückdrängung der Rolle der Religion in der Gesellschaft zur Folge hatte, an zentraler Stelle eine Zerschlagung der alten Form des Geschlechterverhältnisses implizierte. „Zivilisierung", wie das Modernisierungsvorhaben etikettiert war, meinte im Kern „Zivilisierung des Familienlebens" und bedeutete eine Auflösung der alten Grenze zwischen privatem und öffentlichen Bereich, denen die beiden Geschlechter in einer polaren Konstruktion zugeordnet waren. Diese „Zivilisierung" manifestierte sich an der physischen Sichtbarkeit der Frau in der Öffentlichkeit und bekämpfte neben den alten Formen sozialer Grenzziehung auch die damit verbundenen Formen körperlicher Repräsentation, zielte also auf den gesamten Geschlechterhabitus. Die Einführung der Koedukation gehörte dazu ebenso wie die Abschaffung des Schleiers und die Beseitigung der Vorhänge, die Männer und Frauen in den Trambahnen und Schiffen trennte sowie die Propagierung des Korsetts. Am Verhalten der Frauen manifestierten sich auch die Gegenbewegungen, für die das, was nun als modern und zivilisiert galt, Inbegriff von Schande und Entehrung war.³ Auch Nilüfer Göle interpretiert – ähnlich wie MacLeod und Werner – die Beteiligung von Frauen an der islamistischen Bewegung in der Türkei als Antwort auf die Probleme, die aus einer solcherart verordneten Modernisierung und den damit verbundenen Veränderungen resultieren.

2.4 Öffnung durch Schließung?

Alle genannten Studien analysieren die Verbindung von Religion und Geschlechterverhältnis auf der Ebene konkreter Konfliktlagen in sozialen Umbruchprozessen. Dabei liegt der Akzent auf den Ambivalenzen von Modernisierungsprozessen und auf den Gegenmodellen von sozialer Ordnung und Geschlechterordnung, die im fundamentalistischen Kontext entwickelt werden. Während Riesebrodt die symbolische Akzentuierung von Geschlechtergrenzen und patriarchalen Beziehungsformen betont angesichts einer Situation, die solche Grenzen und Beziehungsformen nachhaltig unterminiert und entwertet, geht es in den Studien von MacLeod und Werner um einen Prozeß, den man als „Öffnung durch Schließung" bezeichnen könnte (vgl. zu diesem Punkt auch Klein-Hesseling in diesem Band). Damit ist eine spezifische soziale Kompromißbildung gemeint, mit der in gewissem Maße Tendenzen funktionaler Differenzierung und sozialer Inklusion Rechnung getragen wird, allerdings bei gleichzeitiger Betonung der Geschlechtergrenzen. D.h. die Partizipation an öffentlichen Bereichen und die damit einhergehenden funktional-spezifischen Kontakte zwischen Männern und Frauen werden ermöglicht bzw. ‚abgefedert' durch die Symbolisierung sozialer Schließung im Hinblick auf partikularistisch-diffuse Kontakte zwischen den Geschlechtern. Es findet – partiell – eine gewisse Öffnung gegenüber der neuen Ordnung statt, allerdings um den Preis einer verschärften Restabilisierung der alten Geschlechterordnung.

Was diese Studien jedoch nicht thematisieren, ist die Frage, warum es überhaupt naheliegt, daß die Normierung und Regulierung des Geschlechterverhältnisses und – damit verbunden – die Steuerung von Sexualität *religiös* verankert wird. Nun läßt sich diese Frage sicher teilweise damit beantworten, daß es immer auch eine der Funktionen von Religion war, soziale Strukturen in Berufung auf höhere Instanzen und Heilsordnungen zu legitimieren. Dies erklärt jedoch noch nicht die prominente Stellung, die dabei der Legitimie-

---

3   Auch im Iran spitzte sich die Auseinandersetzung zwischen Schah Reza Pahlavi und den Geistlichen an der Frauenfrage zu. So kam es bereits im Sommer 1935 zu einer von Geistlichen initiierten Protestaktion, nachdem das Tragen des Schleiers verboten und die Polizei ermächtigt worden war, Frauen zwangsweise zu entschleiern. Kurz vor der islamischen Revolution standen dann das Frauenwahlrecht und das 1967 verabschiedete neue Familienrecht, das die Stellung der Frauen erheblich verbessert hatte, im Mittelpunkt der Auseinandersetzungen (s. dazu Riesebrodt, 1990: 135ff.).

rung (und traditionalistischen Neuordnung) des Geschlechterverhältnisses zukommt.

3. Die Nähe erotischer und religiöser Erfahrung als ‚symbiotische Grundlage' der Verbindung von Religion und Geschlechterverhältnis: Zwischenüberlegungen im Anschluß an Max Webers „Zwischenbetrachtung"

Max Weber (1988 [1920]) hat in seiner berühmten „Zwischenbetrachtung" ein Argument vorgebracht, das uns zur Klärung der Frage nach der Fundierung dieser engen Verbindung von Religion und Geschlechterverhältnis hilfreich scheint. In seinen Überlegungen, die Weber als „Beitrag zur Typologie und Soziologie des Rationalismus" verstanden wissen will, geht es um die Herausbildung verschiedener gesellschaftlicher „Wertsphären", die im Zuge des Rationalisierungsprozesses zur Religion zunehmend in Konkurrenz treten. Es sind vor allem die Erlösungsreligionen, die zu den weltlichen Ordnungen in besonderer Weise in Spannung treten und dies um so mehr, je stärker diese ihrerseits ihre Eigengesetzlichkeiten entfaltet haben.

Weber diskutiert diese Spannung im Hinblick auf die Sippengemeinschaft, die ökonomische Sphäre, die politische Ordnung, die Wissenschaft, die Ästhetik und die geschlechtliche Liebe, vor allem dort, wo diese zur Erotik sublimiert ist. Darauf wollen wir an dieser Stelle unser Augenmerk legen. Waren Sexualität und magische Orgiastik ursprünglich eng verbunden, so entsteht durch die Sublimierung der Sexualität zur Erotik eine bewußt gepflegte außeralltägliche Sphäre im Sinne einer „Hinwegentwicklung vom unbefangenen Naturalismus des Geschlechtlichen" (ebd.: 558). Allerdings – so Weber – erscheint gerade in dieser Steigerung die Erotik als „Pforte zum irrationalsten und dabei realsten Lebenskern gegenüber den Mechanismen der Rationalisierung" (ebd.: 558).

Das außeralltäglich gewordene Geschlechtsleben wurde so zur „Sensation einer innerweltlichen Erlösung vom Rationalen" und geriet dadurch in „die schärfste überhaupt mögliche Konkurrenz" (ebd.: 561) zur Erlösungsreligiosität, „gerade deshalb, weil die erotische Beziehung unter den angegebenen Bedingungen den unüberbietbaren Gipfel der Erfüllung der Liebesforderung: den direkten Durchbruch der Seelen von Mensch zu Mensch, zu gewähren scheint. Allem Sachlichen, Rationalen, Allgemeinen so radikal wie möglich entgegengesetzt, gilt die Grenzenlosigkeit der Hingabe hier dem einzigartigen Sinn, welchen dies Einzelwesen in seiner Irrationalität für dieses und nur dieses andere Einzelwesen hat. Dieser Sinn und damit der Wertgehalt der Beziehung selbst aber liegt, von der Erotik aus gesehen, in der Möglichkeit einer Gemeinschaft, welche als volle Einswerdung, als ein Schwinden des ‚Du' gefühlt wird und so überwältigend ist, daß sie ‚symbolisch': – sakramental – gedeutet wird. Gerade darin: in der Unbegründbarkeit und

Unausschöpflichkeit des eigenen, durch kein Mittel kommunikablen, darin dem mystischen ‚Haben' gleichartigen Erlebnisses, und nicht nur vermöge der Intensität seines Erlebens, sondern der unmittelbar besessenen Realität nach, weiß sich der Liebende in den jedem rationalen Bemühen ewig unzugänglichen Kern des wahrhaft Lebendigen eingepflanzt, den kalten Skeletthänden rationaler Ordnungen ebenso völlig entronnen wie der Stumpfheit des Alltages." (ebd.: 560f.)

Die Spannung der beiden Sphären resultiert also nicht nur aus der Ablehnung der ‚chaosstiftenden' Sexualität durch die rationale Askese, sondern besonders aus dem Gegensatz der Erlösungsreligionen zur innerirdischen Erlösung in der Liebe, die nun Höchstrelevanz erlangt (und beansprucht) und folglich aus der religiösen Perspektive als Kreaturvergötterung erscheint. Dieses ‚Konkurrenzverhältnis' wird verstärkt durch eine ‚psychologische' Verwandtschaft dieser beiden Sphären, die, so Weber, in einem „Verhältnis wechselseitiger psychologischer und physiologischer Vertretbarkeit" stehen (ebd.: 561).

Im Anschluß an diese allgemeine Herauspräparierung der Spannung der Wertsphären von Religion und Erotik skizziert Weber eine Typologie dieses Verhältnisses, wobei auch die Formen sozialer Organisation der „erotischen Sphäre" Berücksichtigung finden.

	innerweltlich	außerweltlich
außeralltäglich	**orgiastische Religiosität** Einklang mit der Sexualität	**Mystik** innere Spannung und psychologische Vertretbarkeit „Surrogats- und Zusammengeschmolzenheitsbeziehung"
alltäglich	**rationale (Berufs-) Askese** Ehe als göttliche Ordnung	**rationale Mönchsaskese** Geschlechtlichkeit (Sexualität und Ehe) als diabolische Macht

Im Einklang stehe der erotische Rausch nur mit der orgiastischen, außeralltäglichen, aber in einem besonderen Sinne innerweltlichen Form der Religiosität. Das Verhältnis zur außerweltlichen und außeralltäglichen Mystik sieht Weber geprägt durch schärfste innere Spannung, die aber aufgrund der psychologischen Vertretbarkeit leicht in eine unbewußte und labile Surrogats- und Zusammengeschmolzenheitsbeziehung übergehen und schnell ins Orgiastische umkippen könne. Die innerweltlich rationale Askese (Berufsaskese) könne nur die rational reglementierte Ehe als eine der göttlichen Ordnungen für die verderbte Kreatur akzeptieren, in der es gelte, rationalen Zwecken nachzuleben. Die außerweltliche rationale Askese (Mönchsaskese) dagegen lehne alles Sexuelle als heilsgefährdende, diabolische Macht ab.

Zur Beantwortung unserer Frage, warum religiöse Gruppen gerade Fragen der Geschlechterordnung ins Zentrum rücken, lassen sich in den Ausführungen Webers zwei Hinweise finden:

(a) Der erste Hinweis besteht darin, daß die „wechselseitige Vertretbarkeit" der beiden Sphären in einer Ähnlichkeit der erotischen und der religiösen *Erfahrung* begründet liegt, nämlich in der Erfahrung der Einswerdung, also der Ausschaltung jeglicher Differenz im Augenblick der erotischen/ mystischen Verschmelzung.

(b) Diese Erfahrung, die gewissermaßen das symbiotische Fundament der jeweiligen Sphären bildet,[4] bleibt allerdings auf wenige außeralltägliche Momente beschränkt und muß im Bereich des Alltäglichen in soziale Ordnungen überführt werden: in Formen dauerhafter Organisation. Im Bereich der Religion entspricht dem – idealtypisch betrachtet – die Form der Kirche, im Bereich der erotischen Sphäre entspricht ihm die der Ehe.

Nun dokumentiert sich die Geschlechterordnung sicherlich nicht ausschließlich im Bereich von Sexualität und Erotik, sondern läßt sich als „Arrangement der Geschlechter" (Goffman, 1994: 105ff.) in allen gesellschaftlichen Teilbereichen aufzeigen. In der Sphäre der Erotik bzw. im System der Intimbeziehungen allerdings verdichtet sie sich, und hier ist sie in besonderer Weise körperlich und emotional verankert. Zudem symbolisiert die Ehe als „dyadisch-gegengeschlechtliche Koalition" (Tyrell, 1986: 467) in besonderer Weise den Dualismus der Geschlechterklassifikation inklusive der damit in der Regel einhergehenden hierarchischen Implikationen. Insofern hat Weber mit dem Spannungsverhältnis zwischen Erotik und Religion und der daran anschließenden Typologie auf eine latente Ebene in beider Verhältnis hingewiesen, die eine Analyse des Zusammenhangs von Religion und Geschlechterverhältnis zu berücksichtigen hätte. Die Nähe beider Bereiche wird unmittelbar deutlich in manchen neureligiösen Gruppen, wie etwa der Bhagwan- oder Osho-Bewegung, in denen sexuelle und religiöse Implikationen von ‚Hingabe' verschmelzen und gerade in ihrer ‚wechselseitigen Vertretbarkeit' eine spezifische Dynamik auslösen. Sie zeigt sich auch in bestimmten Praktiken der Rekrutierung neuer Mitglieder, etwa im ‚Flirty Fishing' der Children of God, und schließlich in der Weise, auf die in neureligiösen Bewegungen mit männlichen Führungspersonen bei weiblichen Konvertiten religiöses ‚Commitment' durch sexuelle und romantische Konnotationen verstärkt wird (vgl. dazu Jacobs, 1984). Und – was die stabilen Organisationsformen religiöser und erotischer Erfahrung angeht – kann man vielleicht sogar die enge Verknüpfung von starker Kirchenbindung und dem Festhalten an traditionellen Formen von Ehe und Familie als Ausdruck dieser Verbindung von Religion und Geschlechterordnung interpretieren (vgl. dazu den Beitrag von Ahrens und Volz in diesem Band.)

---

4   Man könnte hier im Anschluß an Niklas Luhmann von „symbiotischen Mechanismen" sprechen (s. Luhmann, 1982: 31ff.).

In den Ausführungen Webers wurde aber auch deutlich, daß gerade dasjenige Moment der „erotischen Sphäre", aus dem die größte Nähe zur Religion resultiert, nämlich das der „Hingabe" an ein Gegenüber, mit Hilfe der Institution Ehe und der mit ihr verbundenen Regeln sozial geordnet und damit in seiner Dynamik entschärft wird. Dabei kommen Maßstäbe zum Zuge, die Verbotenes und Erlaubtes definieren und damit – für den Fall der Verletzung der festgelegten Ordnung – auch Kriterien sozialen Ausschlusses bestimmen. Diese kulturellen Regulierungen bedienen sich häufig einer zentralen Unterscheidung – Reinheit vs. Unreinheit –, die – so unsere These – leitend wird für den engen Zusammenhang von Religion und Geschlechterverhältnis. Wir sehen darin eine Zweitcodierung für das Religionssystem begründet, die diesem in Konfliktfällen neben der Unterscheidung von Transzendenz und Immanenz zur Verfügung steht.

4. Codierung und Zweitcodierung: Transzendenz/Immanenz und Reinheit/Unreinheit

Niklas Luhmann (1987) hat die Unterscheidung von Immanenz und Transzendenz als spezifischen Code des religiösen Systems bezeichnet: „Immanenz garantiert als Positivwert dem Code die Anschlußfähigkeit an die Erfahrungen des täglichen Lebens. Transzendenz setzt diese Erfahrungen in ein anderes Licht, erlaubt die Reflexion, und die semantische Ausstattung des Code hat dann die Frage zu beantworten: wie? Es gibt demnach keine Transzendenz ohne Immanenz, aber auch keine Immanenz ohne Transzendenz." (ebd.: 239) Die verbreitetste Form dieser Unterscheidung sei, so Luhmann, die von profan und sakral, wodurch Gott im Bereich der Transzendenz plaziert wurde, von wo aus er – als allmächtiger und allwissender – auf die immanenten Geschehnisse einwirke. Daraus resultiere aber das Problem der Anschlußfähigkeit des Transzendenten. Dieser Anschlußbedarf habe dazu geführt, daß für die Transzendenz ein Zweitcode entwickelt worden sei, der das Schicksal im Jenseits strukturiere: „der Code von Heil und Verdammnis. Es geht hier um Himmel und Hölle" (ebd.: 240). Dieser Zweitcode allerdings setze voraus, daß bereits in der Immanenz zu erkennen sei, wovon die Zuordnung zu Himmel und Hölle abhängen werde. Dies erfordere einen engen Anschluß an die weltgängige Moral: „Wenn es überhaupt zu dieser Zweitcodierung der Transzendenz kommt, läßt sich eine enge Bindung der Religion an Moral nicht mehr verhindern. (...) Die Vorbedingung des Codes Heil und Verdammnis liegt in der Erkennbarkeit, ja mehr noch: in der Institutionalisierbarkeit von Kriterien der Selektion." (ebd.: 240f.)

Wenn aber die Zweitcodierung von Heil und Verdammnis im Bereich der Immanenz an Kriterien der Selektion gebunden ist, heißt das, daß auch hier Unterscheidungen zur Anwendung kommen müssen. Unsere These ist nun, daß dort, wo Religion sich mit Moral verbindet, dies vorzugsweise mit Hilfe der Unterscheidung von Reinheit und Unreinheit geschieht. Diese Unterscheidung aber manifestiert sich insbesondere, wenn auch sicher nicht ausschließlich,[5] im Bereich des Geschlechterverhältnisses und der Sexualität. Sie gründet oft auf Vorstellungen von Unreinheit und Angst vor Pollution, die bereits in vorindustriellen Gesellschaften weit verbreitet und insbesondere mit der Geschlechtlichkeit der Frau und den damit verbundenen Ausscheidungen, v.a. der Menstruation, verknüpft sind (vgl. Dux, 1997: 33ff.; Whyte, 1978: 30ff.). Sie setzt sich fort in Regeln, die das sexuelle Verhalten betreffen, kann aber auch eine idealisierte Form „innerer Reinheit" annehmen bzw. Vorstellungen von äußerer und innerer Reinheit miteinander verbinden.

Wenn wir nun im folgenden – schlaglichtartig – Beispiele aus unterschiedlichen religiösen Kontexten anführen, beanspruchen wir dabei nicht, diesen Kontexten selbst umfassend gerecht zu werden, sondern wollen lediglich den Nachweis führen, *daß* diese Unterscheidung in ganz unterschiedlichen Kontexten relevant wird.

4.1 Judentum und Christentum

In das Judentum hat die Unterscheidung von Reinheit und Unreinheit in vielfacher Weise Eingang gefunden und ist in eine Reihe sozialer Regeln und ritueller Praktiken überführt worden, in denen es darum geht, Unreinheit zu meiden oder den Zustand der Reinheit wiederherzustellen.[6] Dabei verbinden sich in der hebräischen Bibel Vorstellungen von dem, was rein und was unrein ist, mit Prozessen der Wir-Gruppen-Bildung, indem etwa Orte der Verehrung heidnischer Götter bzw. gelegentlich auch Nichtisraeliten generell als unrein angesehen werden (vgl. Rendtorff, 1986: 943).

Im frühen Christentum tritt dieses Konzept von Unreinheit im Sinne einer materiellen Verschmutzung, die dem Kontakt mit Gott im Wege steht, in den Hintergrund zugunsten eines Verständnisses von Reinheit im Sinne eines

---

5 Daß die Unterscheidung von Reinheit und Unreinheit ein zentrales Mittel sozialer Strukturbildung ist, ist eine Annahme von Mary Douglas (1988 [1966]). Die Autorin geht davon aus, daß Vorstellungen geschlechtlicher Verunreinigung dort besonders stark ausgeprägt sind, wo das Prinzip der männlichen Vorherrschaft nicht ohne Einschränkungen und mit dem vollen Recht zum physischen Zwang gilt, sondern durch andere Prinzipien infrage gestellt wird (ebd.: 186). Generell – so Douglas – droht die Gefahr der Verunreinigung dann, wenn die „Form" angegriffen wurde (ebd.: 138).

6 Vgl. dazu besonders das Buch Leviticus im Alten Testament und den Abschnitt „Seder Taharuth" („Von der Reinheit") im babylonischen Talmud, insbesondere den Traktat „Nidda" („Die Menstruierende").

Ethos, einer inneren Haltung, die der äußeren Reinheit übergeordnet wird.[7] So heißt es etwa bei Matthäus: „Wehe euch, ihr Schriftgelehrten und Pharisäer, ihr Heuchler, daß ihr die Außenseite des Bechers und der Schüssel reinigt; inwendig aber sind sie gefüllt mit Raub und Unmäßigkeit. Du blinder Pharisäer, mache zuerst den Inhalt des Bechers rein, damit auch seine Außenseite rein wird!" (Mt. 23, 25f.)[8]

Allerdings ging es im Verlauf der Kirchengeschichte dann doch primär um äußerlich sichtbare Zeichen von ‚Reinheit'. Für unser Thema von besonderer Bedeutung ist etwa die idealtypisch-kontrastierende Symbolisierung des weiblichen Geschlechts im Katholizismus anhand der Figuren Eva und Maria. Als ‚Tochter Evas' gilt die Frau als lüstern und in vielerlei Hinsicht von Schwäche befallen: Eigenschaften die – so die Doktrin – das Ende des ‚paradiesischen' Reinheitszustandes verschuldeten. Gegenbild dieser Erbsünde und Sexualität gleichermaßen in die Welt bringenden Frau ist Maria, die gleichzeitig Mütterlichkeit und Reinheit repräsentiert und damit sowohl die Anknüpfung an das Alltagsleben[9] als auch die Unterscheidung davon erlaubt. Die in der Verehrung Marias und den Dogmen von der Jungfrauengeburt und der unbefleckten Empfängnis zum Ausdruck kommende Gleichsetzung von Reinheit und Jungfräulichkeit und die darin implizierte Absetzung vom Alltäglichen korrespondiert mit der Höherbewertung des zölibatären Priesterlebens gegenüber dem Leben des Laien. In Maria wird Reinheit durch eine Frauenfigur verkörpert, die in ihrer Asexualität der Unreinheit des weltlichen Alltagslebens, das Sexualität einschließt, polar gegenübergestellt werden kann. Insofern ist Maria die komplementäre Ergänzung zu Eva (vgl. Warner, 1982: 296), und die beiden Figuren artikulieren auf der Ebene des Mythos den Gegensatz von Reinheit und Unreinheit.

Im Protestantismus wird die Höherbewertung des Klerikerstandes und damit auch des zölibatären Lebens verabschiedet, allerdings impliziert auch dies keinen dauerhaften Verzicht auf Vorstellungen von Reinheit, die sich im Bereich der Sexualität und des Geschlechterverhältnisses manifestieren. Dies zeigt sich etwa in verschiedenen Studien, die sich mit den im Gefolge der Reformation in mehreren Städten verabschiedeten ‚Zuchtordnungen' befassen. Lyndal Roper (1995), die die zwinglianisch beeinflußte Reformation in Augsburg untersucht hat, spricht in diesem Zusammenhang von einer „Domestizierung der Reformation", die zwar einerseits die Stellung der Ehefrau aufwertete, gleichzeitig aber alle nichtehelichen Lebensformen – seien es

---

7 Solche Vorstellungen innerer Reinheit sind bereits in der antiken Philosophie aufzufinden.
8 Aber auch im Hinblick auf Vorstellungen innerer Reinheit werden Elemente aus der hebräischen Bibel aufgegriffen (vgl. Mt. 5,8 mit Spr. 22,11 und Ps. 51,12, sowie Mk.7,6ff. mit Jes. 29,13 und Am. 5). Zur Frage der Reinheit im Neuen Testament vgl. auch Lohse (1986: 943).
9 Ebertz (1986) betont, daß in der Volksfrömmigkeit vor allem Maria als „Mutter" adressiert wird.

Frauenklöster, nichteheliche Sexualität oder Prostitution – einem immensen Druck aussetzte und überdies auch die öffentliche Kontrolle ehelichen Zusammenlebens verstärkte. Susanna Burghartz (1992) zeigt in ihrer Untersuchung, die sich auf die Auswertung von Basler Ehegerichtsakten im 16. und 17. Jahrhundert stützt, wie mit der Durchsetzung der reformatorischen Ehelehre zu Beginn des 17. Jahrhunderts das im Volksbrauch verankerte Verständnis von Jungfräulichkeit verabschiedet wird. Dem alten Verständnis zufolge war ‚Jungfräulichkeit' nicht vorrangig an physiologische Tatsachen geknüpft, sondern in volkstümliche Praktiken der Eheanbahnung eingebunden, nach deren pragmatischer Logik voreheliche Sexualität dann nicht zum Verlust der ‚Jungfräulichkeit' führte, wenn ihr ein Eheversprechen vorausgegangen war. Dieses Konzept, so Burghartz, wurde im Zuge der reformatorischen Veränderungen verdrängt durch eine theologisch begründete Moral, in der Sexualität nun nach prinzipiellen Normen „von Reinheit und Unreinheit" (ebd.: 23) beurteilt wurde. Der Durchsetzung des neuen Glaubens korrespondiert hier demnach die Reformierung des Geschlechterverhältnisses im Sinne von Züchtigkeit und Reinheit. Gleichzeitig wird in der verstärkten Verfolgung all dessen, was Unzucht repräsentiert, vor allem aber durch die Verfolgung der Prostitution, eine Gruppe geschaffen, die – vorher zumindest geduldet und in gewisser Weise als notwendiges Übel angesehen – nun mit ‚Unreinheit' stärker denn je assoziiert ist und der Tugendhaftigkeit der Ehefrau gegenübergestellt wird. Damit werden gleichzeitig zweierlei Unterscheidungen aufgemacht. Die erste gilt einer Kategorie von Personen, insbesondere aber von Frauen, deren Lebensführung sie als ‚unrein' ausweist, also all jenen, die den religiös begründeten Züchtigkeitsnormen innerhalb der Gruppe nicht gerecht werden. Damit verbindet sich als zweite Unterscheidung eine Abgrenzung nach außen, insofern das ‚züchtige Leben' auch die Überlegenheit der religiösen Ingroup gegenüber der Outgroup dokumentiert.

Im Puritanismus des 18. Jahrhunderts (Leites, 1988) kommt es schließlich zu einer Polarisierung der Geschlechtscharaktere, die mit der jahrhundertealten Vorstellung, Frauen seien das lüsternere der beiden Geschlechter, brach und in auffälliger Weise Weiblichkeit mit Reinheit verknüpfte: „Frauen galten nun als rein und ohne starke sexuelle Antriebe, und wenngleich sie noch immer aus öffentlichen Institutionen mit moralischer Autorität wie den Universitäten ausgeschlossen waren, galt Sittlichkeit doch als das Zentrum ihres Wesens." (ebd.: 29f.)

Damit löst sich die enge Verbindung von Weiblickeit und sexueller Unreinheit auf, allerdings um den Preis weitgehender Entsexualisierung auf Seiten der Frauen und als Ausdruck einer Geschlechterhierarchie, der zufolge die sozial Unterlegenen als moralisch überlegen gedacht werden.

4.2 Islam

Auch im Islam – in den sakralen Texten ebenso wie in den rituellen Praktiken – spielt die Unterscheidung von Reinheit und Unreinheit eine wichtige Rolle. Es gilt auch dort, Unreinheit zu vermeiden bzw. die – als ursprünglichen Zustand angenommene – Reinheit wiederherzustellen. Tayob (1995: 370) weist darauf hin, daß in klassischen arabischen Lexika „Reinheit" (tahur) der Gegenbegriff zu „Menstruation" ist und eine ganze Reihe von traditionellen Reinheitsvorschriften sich mit der Reinheit der Frauen befassen. Menstruierende Frauen gelten als rituell unrein. Verunreinigungen unterschiedlichen Grades entstehen unter anderem durch Ausscheidungen, Ejakulation, Geschlechtsverkehr, in manchen Kontexten auch durch die Berührung einer Person anderen Geschlechts. Diverse rituelle Waschungen richten sich auf diese Formen der Verunreinigung.

Allerdings beziehen sich Vorstellungen von spiritueller Unreinheit auch auf „Ungläubige", und im traditionellen schiitischen Islam macht der körperliche Kontakt mit „Ungläubigen" ein rituelles Bad erforderlich (ebd.). Die Befolgung von Reinheitsvorschriften dient also der Regelung von Beziehungen im Inneren der Gruppe und des Kontakts des Gläubigen zu Allah ebenso wie der Konstituierung einer Wir-Gruppe in Abgrenzung gegenüber anderen, die als unrein angesehen werden.

Dieser Zusammenhang zwischen Reinheit im Inneren der Gruppe, die oft am Verhalten von Frauen exemplarisch verdeutlicht wird, und der Unterscheidung nach außen zeigt sich auch an verschiedenen Stellen im Koran. So heißt es etwa in der Sure 33:59 (nach der Übersetzung von Rudi Paret): „Prophet! Sag deinen Gattinnen und Töchtern und den Frauen der Gläubigen, sie sollen (wenn sie austreten) sich etwas von ihrem Gewand über den Kopf herunterziehen. So ist es am ehesten gewährleistet, daß sie als (ehrbare) Frauen erkannt und daraufhin nicht belästigt werden. Gott aber ist barmherzig und bereit zu vergeben."

In dieser Textstelle werden verschiedene Unterscheidungen erkennbar: (a) eine *Geschlechterunterscheidung*, insofern die Frauen der Gläubigen gesondert angesprochen werden. Dabei wird implizit auch (b) eine *Unterscheidung von Gläubigen und Nichtgläubigen* sowie (c) die *Unterscheidung verschiedener Kategorien von Frauen*, nämlich ehrbarer und ehrloser Frauen, vorgenommen. Fatima Mernissi (1992) hat darauf hingewiesen, daß hier das Problem der Prostitution und sexuellen Belästigung von Frauen in der Öffentlichkeit im Hintergrund stehe und hat folglich die Einführung des Schleiers (Hijab) als Notmaßnahme angesichts dieser Situation interpretiert, die dem ursprünglich egalitären Impetus des frühen Islam zuwiderlaufe.

Uns kommt es an dieser Stelle weniger auf Fragen nach dem Ursprung und der Authentizität religiöser Entwicklungen, sondern vielmehr auf einen strukturellen Zusammenhang an, der in dem Text angelegt ist und später in der Organisation des religiösen Lebens durchgesetzt wird: daß nämlich die Unterscheidung der Gläubigen von den anderen zusammenfällt mit der Unterscheidung von Ehrbaren und Ehrlosen, Reinen und Unreinen und daß beides symbolisch repräsentiert wird im Körper der Frau. Den Frauen und der durch sie repräsentierten Geschlechterordnung kommt damit exemplarische Bedeutung zu im Hinblick auf die Präsentation der religiösen Gruppe. Dies zeigt sich auch an einer anderen Stelle im Koran (Sure 33: 32-35), wo bestimmte Anforderungen, die zum Teil speziell an die Frauen des Propheten gerichtet sind und auf deren Verhalten gegenüber fremden Männern ebenso abzielen wie auf Gebet, Almosengeben und Gehorsam gegenüber Gott, mit dem Ziel der ‚Reinheit' der gesamten religiösen Gruppe begründet werden: „Gott will (damit, daß er solche Gebote und Verbote erläßt) (heidnische) Unreinheit von euch entfernen, ihr Leute des Hauses, und euch wirklich rein machen." Auch hier sind wieder religiöse Wir-Gruppenbildung und Geschlechterordnung aufs engste verzahnt. Dies bedeutet freilich nicht, daß das Gebot der Reinheit ausschließlich den Frauen gälte.[10] Frauen und Männer bilden gleichermaßen die religiöse Wir-Gruppe und sind ihren Regeln unterworfen. Allerdings kommt den Frauen offenbar eine besondere Rolle zu, Reinheit nach außen hin zu verkörpern.

5. Schluß

Das, was wir hier versuchsweise als ‚Zweitcodierung' des religiösen Bereichs bezeichnet haben und die damit verbundene Regelung des Geschlechterverhältnisses haben ihr Fundament – so unsere These – in dem, worin nach Max Weber die „wechselseitige Vertretbarkeit" von Religion und erotischer Sphäre gründet: nämlich in der Nähe von religiöser und erotischer Erfahrung. Die Dynamik dieses Erfahrungstypus macht im Alltag Regulierung notwendig. Zudem legt das daraus resultierende Konkurrenzverhältnis der beiden Bereiche – vom normativen Anspruch eines religiösen Systems her betrachtet – die Reglementierung des Bereiches der Sexualität nahe. Die Zweitcodierung

---

10 In Sure 10:100 heißt es allgemein: „Niemand darf gläubig werden außer mit der Erlaubnis Gottes. Und er legt die Unreinheit auf diejenige, die keinen Verstand haben (und daher verstockt bleiben)." Und Sure 33:35 formuliert auch die sexuellen Gebote gegenüber beiden Geschlechtern: „Was muslimische Männer und Frauen sind, Männer und Frauen, die gläubig, die (Gott) demütig ergeben, die wahrhaftig, die geduldig, die bescheiden sind, die Almosen geben, die fasten, die darauf achten, daß ihre Scham bedeckt ist, (oder: die sich des (unerlaubten) Geschlechtsverkehrs enthalten (?), w. die ihre Scham bewahren) und die Gottes ohne Unterlaß (w. viel) gedenken, - für sie (alle) hat Gott Vergebung und gewaltigen Lohn bereit."

Reinheit/Unreinheit trägt – neben der nun religiös abgesicherten Institution der Ehe – zur Erfüllung dieser Funktion bei.

Nun tritt diese Zweitcodierung in den ‚Erlösungsreligionen' im Zuge funktionaler Differenzierung zwar in den Hintergrund, sie verschwindet jedoch nicht völlig. Sie artikuliert sich etwa in Verbindungen von Religion und Ehre, wobei Ehre als das entsakralisierte Äquivalent von Reinheit verstanden werden kann. Wo sich Reinheit mit Ehrbarkeit verbindet, geht sie einher mit der Zuschreibung partikularer Eigenschaften und (Rollen-)funktionen und steuert darüber die Geschlechterordnung. Daraus resultiert gleichzeitig ein Abgrenzungseffekt nach außen. Der Code der Reinheit dient dabei – im Innen- wie im Außenbezug – gleichzeitig der Hierarchisierung, die durch den Naturalismus der Reinheitsvorstellung legitimiert wird.

In der Regel gilt die Norm von Ehrbarkeit und Reinheit für beide Geschlechter. Häufig wird der Frau allerdings eine größere Nähe zum Status der Unreinheit zugeschrieben, sei es, weil sie durch die Menstruation regelmäßig in einen Zustand gerät, der als unrein par excellence verstanden wird (Tayob, 1995), oder weil die ihr zugeschriebene Triebhaftigkeit sie zum bevorzugten Instrument des Bösen macht und ihre ‚Schwäche' so zu einer Gefahr für die Gruppe werden kann.

Gerade indem sich aber besondere – nach außen hin sichtbare – Formen der Reglementierung auf sie richten, kommt den Frauen innerhalb diverser religiöser Kontexte exemplarische Bedeutung als Repräsentantinnen von Reinheit zu. Sie symbolisieren die Ordnung des Geschlechterverhältnisses im Inneren ebenso wie sie als symbolische Verkörperung der ‚Reinheit' der Gruppe eine Differenz gegenüber der ‚ungläubigen' Umwelt markieren.

Man könnte die Leistung der Zweitcodierung Reinheit/Unreinheit für das Religionssystem darin sehen, daß hierüber – im Anschluß an eine für alle Gesellschaften zentrale Strukturdimension und rekurrierend auf eine für alle Gesellschaften charakteristische Ungleichheitsdimension – im Bereich der Immanenz die Kriterien für Heil und Verdammnis formuliert werden und damit der Anschluß an den Bereich der Transzendenz gewahrt wird. Über die Symbolisierung von Reinheit im Diesseits und den Versuch ihrer Realisierung durch Zucht vermittelt sich – so könnte man sagen – eine spezifische Art präsentischer Eschatologie. Die Gesellschaft oder Gruppe, die Reinheit realisiert, nimmt damit ein Stück des Jenseits – einen Teil der Heilsrealisierung – vorweg.[11] Indem aber Reinheit sich vorzugsweise im Geschlechterverhältnis dokumentiert, bekommt dieses – als spezifisch geordnetes – eine

---

11 Das Ausmaß dieser Vorwegnahme des Heils ist im Einzelfall abhängig von der Ausgestaltung des Verhältnisses von Diesseits/Jenseits sowie Körperlichkeit/Seele in den jeweiligen Religionen. Religionen, die die materielle Welt per se als sündenverursacht, als Täuschung oder Verkörperung eines – wie auch immer gedachten – bösen Prinzips ansehen, werden vermutlich diese präsentische Heilsrealisierung über den Weg der Geschlechterordnung nur in schwächerem Maße gestalten.

zentrale Funktion für den religiösen Kontext. Es ist diese Anbindung einer Form sozialer Ordnung an das Transzendenzproblem, die die in der Ähnlichkeit religiöser und erotischer Erfahrung gründende ‚wechselseitige Vertretbarkeit' von Religion und Geschlechterverhältnis zu einer stabilen Verbindung werden läßt. Die fundamentalistischen Bewegungen mit ihrer oft obsessiven Beschäftigung mit dem Geschlechterverhältnis zeugen von dieser engen Verbindung zwischen Heilsordnung und Geschlechterordnung.

Auch wenn die Unterscheidung von Reinheit und Unreinheit nicht unter allen Umständen realisiert wird, bleibt doch die Möglichkeit des Rekurses auf sie vorhanden. Sie kann in Situationen gesellschaftlichen und religiösen Umbruchs und den damit verbundenen Wir-Gruppenbildungen aktualisiert und instrumentalisiert werden und Verbindungen eingehen mit nationalistischen oder ethnischen Abgrenzungen. In der eschatologischen Konnotation der Unterscheidung liegt vermutlich auch ihre größte soziale Brisanz.

Literatur

Burghartz, Susanna, 1992: Jungfräulichkeit oder Reinheit? Zur Änderung von Argumentationsmustern vor dem Basler Ehegericht im 16. und 17. Jahrhundert. S. 13-40 in: Richard v. Dülmen (Hg.): Dynamik der Tradition. Studien zur historischen Kulturforschung IV. Frankfurt/M.: Fischer Taschenbuch.
Davidman, Lynn, 1991: Tradition in a Rootless World. Women Turn to Orthodox Judaism. Berkeley and Los Angeles: University of California Press.
Douglas, Mary, 1988 [1966]: Reinheit und Gefährdung. Eine Studie zu Vorstellungen von Verunreinigung und Tabu. Frankfurt/M.: Suhrkamp.
Dux, Günter, 1997: Die Spur der Macht im Verhältnis der Geschlechter. Über den Ursprung der Ungleichheit zwischen Frau und Mann. Frankfurt/M.: Suhrkamp.
Ebertz, Michael, 1986: Maria in der Massenreligiosität. Zum Wandel des populären Katholizismus in Deutschland. S. 65-83 in: Michael Ebertz und Franz Schultheis (Hg.): Volksfrömmigkeit in Europa. Beiträge zur Soziologie populärer Religiosität aus 14 Ländern. München: Kaiser.
Elias, Norbert und John L. Scotson, 1993 [1965]: Etablierte und Außenseiter. Frankfurt/M.: Suhrkamp.
Elwert, Georg, 1989: Nationalismus und Ethnizität. Über die Bildung von Wir-Gruppen. Kölner Zeitschrift für Soziologie und Sozialpsychologie 41, 440-464.
Goffman, Erving, 1994: Das Arrangement der Geschlechter. S. 105-158 in: Ders.: Interaktion und Geschlecht. Frankfurt/M.: Campus.
Göle, Nilüfer, 1995: Republik und Schleier. Die muslimische Frau in der modernen Türkei. Berlin: Babel-Verlag.
Griffith, R. Marie, 1997: God's Daughters. Evangelical Women and the Power of Submission. Berkeley et al.: University of California Press.
Guttandin, Friedhelm, 1994: Der Geruch des Fremden. Der Fremde als Relationsbegriff. Sociologia Internationalis 32, 55-75.

Jacobs, Janet, 1984: The Economy of Love in Religious Commitment: The Deconversion of Women from Nontraditional Religious Movements. Journal for the Scientific Study of Religion, 23, 155-171.

Kaufman, Debra Renee, 1991: Rachel's Daughters. Newly Orthodox Jewish Women. New Brunswick/London: Rutgers.

Leites, Edmund, 1988: Puritanisches Gewissen und moderne Sexualität. Frankfurt/M.: Suhrkamp.

Lohse, Eduard, 1986: Art. „Rein und Unrein, III. Im NT". S. 943 in: Die Religion in Geschichte und Gegenwart, Bd. 5. 3. Aufl., Tübingen: Mohr.

Luhmann, Niklas, 1982: Liebe als Passion. Zur Codierung von Intimität. Frankfurt/M.: Suhrkamp.

Luhmann, Niklas, 1987: Die Unterscheidung Gottes. S. 236-253 in: Ders.: Soziologische Aufklärung, Bd. 4. Opladen: Westdeutscher Verlag.

MacLeod, Arlene, 1992: Hegemonic Relations and Gender Resistance: The New Veiling as Accomodating Protest in Cairo. Signs 1992: 533-557.

Mernissi, Fatima, 1992: Der politische Harem. Mohammed und die Frauen. Freiburg i.Br.: Herder.

Palmer, Susan J., 1994: Moon Sisters, Krishna Mothers, Rajneesh Lovers. Women's Roles in New Religions. Syracuse: Syracuse University Press.

Rendtorff, Rolf, 1986: Art. „Rein und Unrein, II. Im AT". S. 942-943 in: Die Religion in Geschichte und Gegenwart, Bd. 5. 3. Aufl., Tübingen: Mohr.

Riesebrodt, Martin, 1990: Fundamentalismus als patriarchalische Protestbewegung. Amerikanische Protestanten (1910-28) und iranische Schiiten (1961-79) im Vergleich. Tübingen: Mohr.

Roper, Lyndal, 1995: Das fromme Haus. Frauen und Moral in der Reformation. Frankfurt/M.: Campus.

Swatos, William H., Jr., 1994 (Hg.): Gender and Religion. New Brunswick: Transaction Publishers.

Tayob, Abdulkader I., 1995: Art. „Purification". S. 370-372 in: John L. Esposito (Hg.): The Oxford Encyclopedia of the Modern Islamic World. Oxford: Oxford University Press.

Tyrell, Hartmann, 1986: Geschlechtliche Differenzierung und Geschlechterklassifikation. Kölner Zeitschrift für Soziologie und Sozialpsychologie 38, 450-489.

Warner, Marina, 1982: Maria: Geburt, Triumpf, Nidergang – Rückkehr eines Mythos. München: Trikont-dianus-Buchverlag.

Weber, Max, 1988 [1920]: Zwischenbetrachtung: Theorie der Stufen und Richtungen religiöser Weltablehnung. S. 536-573 in: Ders.: Gesammelte Aufsätze zur Religionssoziologie I. 8. Aufl., Tübingen: Mohr.

Werner, Karin, 1996: Zwischen Islamisierung und Verwestlichung: Junge Frauen in Ägypten. Zeitschrift für Soziologie 25, 4-18.

Whyte, Martin King, 1978: The Status of Women in Preindustrial Societies. Princeton: Princeton University Press.

Verzeichnis der Autorinnen und Autoren

Ahrens, Petra-Angela, EKD-Kirchenamt, Herrenhäuser Str. 12, 30419 Hannover, Tel.: (0511) 2796-359, e-mail: petra-angela.ahrens@ekd.de

Bender, Christiane, Ruprecht-Karls-Universität Heidelberg, Institut für Soziologie, Sandgasse 9, 69117 Heidelberg, Tel.: (06221) 54-2971, e-mail: ju9@ix.urz.uni-heidelberg.de

Federmann, Sabine, Bergischer Ring 67, 58095 Hagen, Tel.: (02331) 33 76 44

Franke, Edith, Universität Hannover, Seminar für Religionswissenschaft, Im Moore 21, 30167 Hannover, Tel.: (0511) 762-4024, e-mail: efranke1@aol.com

Götz v. Olenhusen, Irmtraud, Albert-Ludwigs-Universität Freiburg, Historisches Seminar, Werthmannplatz, KG IV, 79085 Freiburg im Breisgau, Tel.: (0761) 203-3427, e-mail: goetzvon@ruf.uni-freiburg.de

Graßl, Hans, Ruprecht-Karls-Universität Heidelberg, Institut für Soziologie, Sandgasse 9, 69117 Heidelberg, Tel.: (06221) 54-2971, e-mail: hans.grassl@urz.uni-heidelberg.de

Hoff, Walburga, Universität Koblenz-Landau, Abt. Koblenz, Fachbereich 1: Erziehungswissenschaften, Rheinau 1, 56075 Koblenz, Tel.: (0261) 9119-137, e-mail: gender@uni-koblenz.de

Hüwelmeier, Gertrud, Humboldt-Universität zu Berlin, Institut für Europäische Ethnologie, Schiffbauerdamm 19, 10117 Berlin, Tel.: (030) 30874-371, e-mail: gertrud.huewelmeier@rz.hu-berlin.de

Kecskes, Robert, Universität zu Köln, Forschungsinstitut für Soziologie, Greinstr. 2, 50939 Köln, Tel. (0221) 470-2341, e-mail: kecskes@wiso.uni-koeln.de

Klein-Hessling, Ruth, Universität Bielefeld, Fakultät für Soziologie, Entwicklungssoziologie und Sozialanthropologie, Postfach 10 01 31, 33501 Bielefeld, e-mail: Ruth.Klein-Hessling@t-online.de

Klinkhammer, Grit M., Universität Bayreuth, Kulturwissenschaftliche Fakultät, Geschwister-Scholl-Platz 3, 95440 Bayreuth, Tel. (0921) 55-5020, e-mail: gritt.klinkhammer@uni-bayreuth.de

Lukatis, Ingrid, Evangelische Fachhochschule Hannover, Pastoralsoziologisches Institut, Blumhardtstr. 2a, 30625 Hannover, Tel.: (0511) 530-4424, e-mail: psi@efh-hannover.de

Motzkau, Heidrun, Ruprecht-Karls-Universität Heidelberg, Institut für Soziologie, Sandgasse 9, 69117 Heidelberg, Tel.: (06221) 54-2970, e-mail: heidrun.motzkau@urz.uni-heidelberg.de

Nökel, Sigrid, Universität Bielefeld, Fakultät für Soziologie, Entwicklungssoziologie und Sozialanthropologie, Postfach 10 01 31, 33501 Bielefeld, e-mail: sigridnoek@aol.com

Pahnke, Donate, Universität Bremen, SG Religionswissenschaft, Sportturm, Postfach 330440, 28344 Bremen, Tel. (0421) 218-3287, email D.Pahnke@t-online.de

Reihs, Sigrid, Neutorstr. 8c, 48653 Coesfeld, Tel.: (02541) 880084

Rosenstock, Julika, Freie Universität Berlin, Tel.: (030) 89 09 04 33, e-mail: rosensto@cedat.fu-berlin.de

Sammet, Kornelia, Freie Universität Berlin, Berlin-Forschung, Gärtnerstr. 3, 12207 Berlin, Tel. (030) 7926247

Siefer, Gregor, Dreieichenweg 7, 21029 Hamburg, Tel.: (040) 7213365

Sommer, Regina, Kirchplatz 1, 34590 Wabern, Tel.: (05683) 319, e-mail: Regina.Sommer@t-online.de

Volz, Rainer, Sozialwissenschaftliches Institut der EKD, Postfach 25 05 70, 44743 Bochum, Tel.: (0234) 70 20 92, e-mail: swi-ekd-bochum@tmr-online.de

Werner, Karin, Rohrteichstr. 26, 33602 Bielefeld, Tel.: (0521) 123725, e-mail: common@digitron.teuto.de

Wilke, Annette, Universität Münster, Seminar für Allgemeine Religionswissenschaft, Hüfferstr. 27, 48149 Münster, Tel.: (0251) 83-31981, e-mail: allgrews @fb02.uni-muenster.de

Wobbe, Theresa, Berlin-Brandenburgische Akademie der Wissenschaften, AK Frauen in Akademie und Wissenschaften, Jägerstr. 22-23, 10117 Berlin, Tel.: (030) 203 70-608, e-mail: wobbe@bbaw.de

Wohlrab-Sahr, Monika, Universität Leipzig, Institut für Praktische Theologie, Abt. Religions- und Kirchensoziologie, Emil-Fuchs-Str. 1, 04105 Leipzig, Tel.: (0341) 97-35463, e-mail: wohlrab@theologie.uni-leipzig.de

Wolf, Christof, Universität zu Köln, Forschungsinstitut für Soziologie, Greinstr. 2, 50939 Köln, Tel.: (0221) 470-4397, e-mail: Christof.Wolf@uni-koeln.de